드라마
Drama

씨어터
Theater

퍼포먼스
Performance

사이먼 셰퍼드 / 믹 월리스
정우숙 역

연극과인간

◆ 번역 관련사항

- 책 전체의 제목은 원어 그대로 『드라마/씨어터/퍼포먼스』로 한다.
- 글 안에서 드라마는 극, 씨어터는 연극, 퍼포먼스는 상연이나 공연
  으로 번역되기도 하나, 그대로 드라마, 씨어터, 퍼포먼스로 둔 경
  우가 많다. 주변 문맥을 고려하여 그 용어 자체를 구별해 살릴 필
  요가 있을 땐 단어들을 번역하지 않았고, 드라마나 퍼포먼스에 비
  해 씨어터는 우리말로 읽을 때의 최소한의 자연스러움을 고려하여
  자주 '연극'으로 옮겼다.

  또한 한글맞춤법에서 '시어터'를 권장하나, 시각적 표기·관용적
  발음상 익숙한 '씨어터'를 선택했음도 밝혀둔다.
- 동사 perform은 공연하다, 상연하다, 수행하다 혹은 수행·상연하
  다 등으로 번역하되, 우리 문장에서 어색하더라도 필요한 경우 '퍼
  폼하다'로 그대로 둔 경우가 많다. 퍼포머티비티, 퍼포머티브, 퍼포
  머 등에 대해서도 마찬가지이다.
- 핵심어 항목들이기도 한 '액션' '미메시스' 등을 비롯해 많은 용어나
  단어 중에도 원래의 어감을 살리는 우리말로 대체하기 힘들어 옮
  기지 않은 경우가 많으나, 같은 단어라도 주변 문맥에 따라 때로는
  우리말로 옮겼다.

  하나의 논의 진행 중에, 원어와 번역어를 함께 쓰기도 했다.
- Theater Studies는 연극학으로, Performance Studies는 주로 퍼포먼
  스 연구로 옮겼다.
- 첫 철자가 대문자로 시작되는 데 따라 의미 차이를 드러낼 경우
  (예를 들어 대문자로 시작되는 Performance, Woman 등에 대해
  선, 가능한 한 **퍼**포먼스, **여**성 등) 한글 첫 자를 굵은 글씨체로 표
  시했다.

- 잦은 콜론, 세미콜론 등을 가능한 한 살리며 옮겼다.
- 글씨체의 변화 등도 가능한 한 원서에 따랐으며, 저서명은 『*번역명(원서명)*』, 작품명은 「*번역명(원작품명)*」, 에세이 제목은 '번역명(원제목)'으로 처리하였다.
- 인명은 한글로 옮기고 괄호 속에 원명을 밝히면서 일단 제시하였다.
- 인용에 따른 괄호 속 정보 안에는 해당 인명을 원어 그대로, 해당 원서의 쪽수 그대로 두었다.
- 책 뒷부분의 참고문헌은 원서의 내용대로 첨부하였다.
- 색인은 원서의 알파벳 순서대로 배열한 후, 각 항목마다 우리 글로 옮기거나 읽으면서 역서의 해당 쪽수를 밝혔다.

역자의 글

Simon Shepherd와 Mick Wallis의 저서 『Drama/Theatre/Performance』('The New Critical Idiom' Series)는, 문학으로서의 희곡 연구와 무대 예술로서의 연극 연구, 나아가 광범위한 의미에서의 퍼포먼스 연구가 학문적·이론적으로 어떻게 전개되어 왔는지 그 실제적이고도 역사적인 흐름을 제시하는 연구서이다. 흔히 학자나 저서의 개별적 특성에 따라 그 세 영역 중 어느 한 부분 중심으로만 논의가 집중되는 경우가 많은 데 비해, 이 책은 그 세 영역을 통합적으로 아우르며 살핀다는 데 특징이 있다. 그 원래 단어 자체의 어감과 의미망을 존중하기 위해, 번역서의 제목 또한 그대로 『드라마/씨어터/퍼포먼스』라 하였다.

일반적으로 희곡 및 연극 전공자들에 의해 번역 소개되는 책들은, 특정한 하나의 이론을 집중적으로 심화 학습하는 데 도움이 되거나 혹은 서양 연극사 전반을 훑어보는 데 안내 역할을 하고, 아니면 학부 수준에서의 작품 분석 방법 개론, 작품 창작 실습 개론 등을 제시하는 경우가 많았다. 이 책은, 드라마, 씨어터, 퍼포먼스 세 영역의 학문적 담론들을 폭넓게 짚어가기 위해 해당 분야 자체의 이론뿐만 아니라 그에 대한 이해에 유용한 철학적·문화사적 이론들을 광범위하게 거론하고 있다. 그렇기에 학부 수준에서 소개되기엔 무리가 있는 저서로 보이며, 인문학 전반의 이론에 관심을 가진 대학원생에서부터 전문 연구자들에게 도움을 주는 책이라고 할 수 있다.

이 책의 경우, 따로 떼어놓고 보면 연극 연구와 인문학 연구에서 익숙한 이론(가)일지라도 드라마/씨어터/퍼포먼스의 지형도 안에서 거론되면서 새로운 관점이나 위상의 맥락을 다시 그려 보이게 된다.

연구자들에게도 낯선 많은 이론가와 그 저서들까지 풍부하게 인용되고 있으며, 영국 중심의 서술 시점에 따른 또 다른 입장을 드러내 보이기도 한다. 독자는 이 책이 미처 건드리지 않고 있는 영역, 이를테면 국내에 많이 소개된 독일 중심의 포스트드라마 이론 등을 떠올리고 연관 지으면서 더 입체적인 읽기 과정으로 나아갈 수도 있다. 책의 전개 과정을 따라가다 보면, 전반부에서는 영문학 분야와의 관계, 중반부에서는 페미니즘이나 후기구조주의 등 다양한 현대 이론들과의 관계가 중요하게 떠오르는데, 후반부에서는 특히 퍼포먼스 이론에 있어 미술 분야와의 긴밀한 상호 관계가 집중적으로 눈길을 끈다. 달리 말하면, 이 책의 제목만으로는 본인들과 직접 상관이 없다고 여기기 쉬운 다양한 타 분야 연구자들과 인접 분야 연구자 및 실제 종사자들에게, 부분적으로라도 관심을 불러일으킬 여지가 있는 것이다.

그러나 이 책이 지닌 이러한 미덕과 가능성들에 비해, 우리말로 옮기기 힘든 지점을 그대로 두면서 생긴 어색한 어감, 번역상의 부족한 부분들을 해결하지 못한 채 책을 내놓게 되었다. 그 미흡한 부분들을 보완하고 바로잡는 다음 기회가 오길 바라며, 우선 이 책이 다루는 관심 영역들을 국내 소수의 독자들에게 소개하는 데만 이번 작업의 의의를 두기로 한다. 어수선한 번역서를 위해 애써주신 도서출판 연극과인간의 모든 분들께 감사드린다.

◆ 드라마/씨어터/퍼포먼스

우리가 '드라마', '씨어터' 또는 '퍼포먼스'와 같은 공연 예술의 연구에 대해 언급할 때 의미하는 바는 무엇인가? 각 용어는 사고의 다른 전통을 확인하고 학생 또는 전문직 종사자에게 다양한 가능성을 제공한다. 이 책은 용어의 역사와 활용을 점검하고 연관된 다른 철학, 정치, 언어와 제도를 조사한다.

사이먼 셰퍼드(Simon Shepherd)와 믹 월리스(Mick Wallis)는:

· 다른 역사적인 지점에서 드라마, 씨어터 그리고 퍼포먼스에 대한 태도를 분석하고
· 분야에 대한 정치 개입의 범위를 추적하며
· 드라마와 씨어터가 대학 과목으로 제도화되는 과정, 그 다음 실습과 이론, 학문적 훈련으로서 퍼포먼스의 출현을 탐구하고 맥락을 설정한다.
· 드라마, 씨어터, 퍼포먼스에 대해 연극사와 사회학에서부터 제의와 놀이의 이론을 거쳐 포스트모던 시대를 위한 패러다임으로서 퍼포먼스의 아이디어에 이르기까지 주요 접근을 통해 독자를 안내하고
· 액션, 소외, 카타르시스, 캐릭터, 감정이입, 문화상호주의, 미메시스, 현존 및 재현과 같은 주요한 용어를 실질적인 '핵심어' 부문에서 논의한다.

지속적으로 그들의 분석을 더 넓은 문화적인 관심사에 연결하면서, 저자는 역동적이고 빠른 속도로 움직이는 분야에 사용할 수 있는 가장 광범위하고 신뢰할 수 있는 가이드를 제공하고 그것의 성격,

목적 그리고 학계에서의 위상에 대한 격렬한 논쟁을 제공한다.

사이먼 셰퍼드는 런던에 있는 스피치 앤 드라마 센트럴 스쿨 (Central School of Speech and Drama)의 프로그램 디렉터이고, **믹 월리스**는 리즈대학교(the University of Leeds)의 퍼포먼스와 문화 담당 교수이다(2004년 기준).

서론

'드라마(drama)', '씨어터(theatre)', 그리고 '퍼포먼스(performance)'
는 오래 전부터 사용되어온 용어들이다. 최근 영국 TV의 한 보험 광
고에서는 회사가 '위기를 극적으로 침소봉대하지(make a drama out
of a crisis)' 않을 것이라고 했다. 우리는 '전쟁의 연극적 현장(theatres
of war)'이라는 말을 한다. 특히 퍼포먼스는 의미하는 영역이 넓다.
어린이는 실망했다고 '연기하지 말라(make a performance)'는 경고
를 들을지 모른다. 요구대로 '수행한' 결과(claimed 'performance')에
따라 자동차가 판매 촉진되고 사람들이 해고된다; 또한 우리는 '책무
를 수행(perform responsibilities)'하는 것이다.

역사를 보면 이들 용어를 정의하려는 시도들이 있었다. 아리스토
텔레스는 '드라마'와 '서사시'를 구분했고 '드라마'가 무대에 적합한
형식이라고 주장했다. 브레히트는 그 두 부분을 뒤집었다. 역시 역
사를 통해 사람들은 같은 단어의 다른 측면들 사이의 생산적 관계를
발견해왔다. 이제 '퍼포먼스'는 음악, 춤, 연극, 공연 예술과 같은 공
연 장르, '퍼포먼스 아트'라는 구체적 장르, 그리고 일반적인 문화 연
구를 위한 패러다임 등을 포괄하는 용어가 됐다.

드라마, 씨어터, 그리고 퍼포먼스의 모델들은 또 다른 학문들, 특
히 사회 과학에 의해 다른 시점들에서 사용되어 왔다. 특히 위기와
해법을 둘러싼 드라마적 형태는 사회가 행동하거나 수행하는 방식들
을 위한 모델들을 제공했다; 문화는 제의와 예식 같은 '문화적 퍼포
먼스' 속에서 스스로를 드러낸다; 그리고 개별적인 사회 행동과 그
때의 정체성이 씨어터와 퍼포먼스의 관점에서 생각된다. 특히 20세
기 중반 이래 드라마, 씨어터, 퍼포먼스의 전개와 학문적 장 사이에

생산적인 피드백이 있어왔다. 그리고 동시에 포스트모더니티로의 근본적인 문화 이동이 퍼포먼스와 퍼포머티비티(performativity) 면에서 이론화됐다.

단어의 어원학과 다양한 어법이 암시적일 수 있다. '씨어터'는 '본다'는 뜻과 '이론(theory)'이란 뜻 양쪽에 연관된 단어 무리의 일부인 그리스어 'theatron'에서 유래했다. 또한 '씨어터'는 활동과 건물 그리고 문화적 기관을 표시한다.

단어는 서로와의 관계에 의해 구조적으로 그려질 수 있다. 전통적인 서구 연극에서, 글로 써진 드라마는 연극적 이벤트를 대본으로 작성한 것이고, 우리는 그것들을 연속적으로 그릴 수 있다. 퍼포먼스는 라이브 예술의 의미에서 미술과 실험 연극으로부터 출현했다; 일각에선 **퍼**포먼스가 지금 드라마와 씨어터를 대체하고 있다고 주장한다.

이 책의 구성을 들여다보면 두 부분으로 나뉘는데, 그 중 첫 부분은 여러 장으로 나뉜다. 여기에서는 학문적 패러다임으로서의 드라마, **씨**어터, **퍼**포먼스의 연속적인 출현을 대략적으로 추적한다: 드라마적인 문학으로서의 희곡 연구에서부터; 특별히 드라마와 씨어터 연구에 집중했던 학과의 출현을 거쳐; 새롭게 제안된 패러다임으로서 퍼포먼스의 도전에 이르기까지 말이다. 그리고 첫 부분에서는 학문 체계적 장의 계보를 그린다. (비슷한 시도가 섀넌 잭슨(Shannon Jackson)에 의해 미국에서 이뤄졌는데 그 책인 『*퍼포먼스의 공언 (Professing Performance)*』은 우리 책이 인쇄중인 동안 출간됐다. 그녀는 푸코를 적용하여, 드라마, 씨어터, 퍼포먼스가 학문적 탐구 분야로 지명돼온 다양한 '담론적 합법화'(p.21) 과정의 복잡한 역사를 추적한다(Jackson 2004: 1-39).)

1장은 대학 과목으로서 드라마와 **씨**어터의 설정에 관해서 다룬다; 2장은 영국 문학 전통 내에서 드라마의 위치, 그리고 그것이 드라마 연구에 어떻게 영향을 미쳤는지를 탐구한다. 3장은 드라마와 씨어터 그리고 역사학 및 사회학 사이의 관계를 추적한다. 그런 다음 4장은 인간 본성과 기원에 대해 특수한 관계와 설명될 수 있는 본질을 가진 자율적 장르로서 드라마 개념을 다룬다.

5장부터 현재 상황으로 전환되기 시작한다. 학계에서의 지배적 추정들이 많은 방향에서 도전을 받는 동안, 특히 페미니즘이 지금까지 제도적으로 가장 큰 충격을 주었다; 5장에서는 씨어터와 대학 모두에 대한 페미니스트 논쟁을 검토한다. 6장은 동시대 퍼포먼스와 역사적 아방가르드 사이의 연관성을 설명하고, 1960년대 후기구조주의적 사고의 출현을 추적한다. 7장은 퍼포먼스 연구가 과목으로 설정됐듯이, '퍼포먼스'를 '씨어터'를 대체할 새 패러다임으로 간주하는 데 대한 찬반 논쟁을 검토한다. 8장은 새로운 학제가 작동시킨 몇몇 핵심 개념들을 그려 보인다. 그리고 9장에서는 포스트모더니즘과 퍼포먼스 사이의 복잡한 관계를 검토한다. 그런 후 10장에서는 '드라마', '씨어터', '퍼포먼스'라는 용어가 서로와의 관계에서 그려온 가장 최근의 방식들 중 일부를 들여다본다.

두 번째 부분은 핵심어들을 다루는데, 일부 핵심 개념들을 둘러싼 논쟁 및 혹은 그 계보학을 제공한다. 이것은 포괄적 목록을 의도한 것이 아니다; 이 책의 제목인 세 용어의 설명과 관련해 가장 적절하거나 논쟁적이라고 생각하는 단어들을 골랐다. 책 전체에 대해서와 마찬가지로; 독자들은 이 두 번째 부분에도 들락거리길 바란다. 첫 번째 부분은 대략 연대순으로 배치되었고, 논쟁을 펼쳐 가려는 것은 아니다. 각 장은 자유로운 독립체로 읽힐 수도 있고; 또는 논쟁들이 교합하는 망의 일부로 읽힐 수 있다.

이 책은 어떤 정의도 제공하지 않으며; 그보다는 지도와 서술로 시작한다. 이 작업의 주요 부분은 다른 사람들이 만든 정의, 지도, 그리고 서술을 어느 정도까지; 어떠한 상황에서 조사하느냐 하는 것이다. 그래서 이것은 많은 면에서, 학제적 장의 계보임은 물론 용어들의 계보이기도 하다. 다른 사람들이 더 넓은 시야를 가지고 일한다면; 때때로 우리는 매우 가까이 초점을 맞추고 작업한다. 하지만 우리는 법률적 개관을 취하려고 시도하지 않는다. 오히려 실을 잡아당기듯 담론과 제도적 관행, 그리고 특히 문제가 많은 것들을 풀어나간다.

이 책은 원래 발행자에겐 두 부분으로 구상되었다: *드라마와 씨어터*, 그리고 *퍼포먼스와 퍼포머티비티* 등 두 부분이었다. 하지만 이는 계층화된 이분법적 구분을 강화하는 작업으로서 해체가 요구되고, 실제로 바스라지기 시작하고 있다. 이 구분은 '씨어터'를 문학적 모델과 아리스토텔레스식 전통으로 격하시키고; 일상생활의 공연성과 관련된 미적 퍼포먼스의 새 형태와, 퍼포먼스의 틀을 통한 문화의 이론화 사이에, 필수적인 일치를 제시한다. 하지만 이야기는 우리가 보여주려고 희망하듯이 이처럼 단순하지 않다. 우리의 목적은 드라마, 씨어터, 퍼포먼스라는 세 용어가 구체적인 역사적 상황 속에서 서로 비벼대면서 작동하는 것이기에, 사라지는 이분법의 어느 쪽에도 구속되지 않는 것이 우리 입장이다.

모든 책은 한계를 밝혀야 한다. 우리의 주요 서술 초점과 틀은, 예를 들어 동양에서의 퍼포먼스를 고려하지 않았다; 그리고 압도적인 서구적 범주를 배제하려고 도전했던 페미니즘을 넘어 다른 담론들을 추적하지 못했고, 춤에 대해 충분히 주목하지 못했다. 그리고 우리는 이를테면 과정(Process) 또는 기록화(Documentation)를 핵심어에 진입시키도록 보장해줄 충분한 소재도 발견하지 못했다. 그럼에도 불구하고 이 책이 드라마, 씨어터, 그리고 퍼포먼스에 대한 연구에서뿐만 아니라, 지금 '퍼포먼스'라는 용어를 사용하는 모든 학문분야에서도 유용하길 희망한다.

대부분의 용어는 분명히 파악되지 않고 퍼포먼스라는 용어 또한 그렇다. 실천(Practices) 역시 다른 이름이 붙곤 한다. 이 책 내에서 일관성을 유지하기 위해 노엘 캐롤(Nöel Carroll)이 제안한 대로, '라이브 아트', '퍼포먼스 아트', 또는 '아트 퍼포먼스'로도 불리는 것들은 대문자 P로 시작하는 '퍼포먼스(Performance)'로 지칭하는 관례를 채택했다(p.121 참조).

출판사 루트리지(Routledge)의 편집자 리즈 톰슨(Liz Thompson)과 탈리아 로저스(Talia Rodgers)의 지도편달과 끊임없는 인내에 특별히 감사드리며; 시리즈 편집자인 존 드라카키스(John Drakakis); 그리고 자극이 되는 조언을 준 소피 닐드(Sophie Nield)에게도 감사드린다.

• 목차 •

1부 계보학

1장 대학 과목으로서의 드라마와 씨어터   21

2장 드라마와 문학적 전통   31
    왕과 광대를 어우르기: 시드니   31
    더 높은 음조에서의 자연: 드라이든   33
    무대는 무대일 뿐이다: 존슨   36
    드라마와 질서: 시드니, 드라이든, 존슨   38
    자연적 사물 질서의 혼란: 콜리지   40
    모방: 막간극   42
    현대적 비극: 브래들리   45
    극시: 나이츠와 신비평   48
    인간의 필요와 만족: 엘리엇   50
    역사와 존재의 구현: 윌리엄스   53

3장 역사, 연극, 사회   58
    드라마, 연극 그리고 역사   58
    드라마와 사회   69

4장 드라마의 본질   86

  드라마의 본질 및 유래   86

  드라마의 기원과 인간의 본성   89

  드라마의 기원과 인간 조직   91

  니체   93

  아르토   96

  드라마의 정신분석적 진실   99

5장 여성, 연극 그리고 학문의 윤리   104

  페미니즘과 연극학 분야   104

  페미니즘, 비극 그리고 가부장적 학문   106

  페미니즘 윤리학과 위치성   108

  페미니스트 공동체, 텍스트성 그리고 초월   111

  젠더의 기술과 페미니즘적 주체   115

  표시된 것과 (다시) 표시되지 않은 것   117

6장 퍼포먼스, 예술 그리고 아방가르드   120

  퍼포먼스의 서사 정의   120

  비평의 질문   128

  플럭서스와 상황주의: 또 다른 서사의 열쇠들   132

  서구 마르크시즘과 그 이후   140

7장 퍼포먼스 연구의 증가   148

첫 퍼포먼스 연구학과   148

셰크너와 퍼포먼스 연구의 윤리학   150

퍼포먼스 연구와 학문적 제국주의   154

퍼포먼스 연구의 등장에 대한 역사화: 경계적 규범   158

퍼포먼스의 일반 이론   161

8장 퍼포먼스 연구: 몇 가지 기본 개념   167

미학적 및 사회적 드라마   167

제의   169

플레이(놀이)   175

연극 인류학   182

문화적 퍼포먼스   186

9장 포스트모더니즘과 퍼포먼스   191

미니멀리즘, 연극성 그리고 예술의 권위   193

포스트모던 퍼포먼스의 예감   195

결정불가능성, 아방가르드 그리고 모더니즘의 회복   198

형식주의, 페미니즘 그리고 퍼포먼스   200

결정불가능성의 세 가지 시스템   202

실천, 비평 그리고 신체   204

신체와 포스트모더니티   207

분야 정의: 예술 대 퍼포먼스   211

급진주의, 나르시시즘 그리고 공연 이론   213

10장 드라마-씨어터-퍼포먼스에 대한 최근의 지도 그리기   215
　　퍼포먼스 대 씨어터   215
　　드라마, 씨어터, 퍼포먼스… 스크립트와 텍스트   218
　　드라마 대 씨어터   228

2부 핵심어

　　액션(ACTION)   237
　　도박적인, 우연에 의한(ALEATORY)   244
　　카타르시스(CATHARSIS)   248
　　캐릭터, 가면, 사람(CHARACTER, MASK, PERSON)   254
　　낯설게 하기와 소외(DEFAMILIARISATION AND ALIENATION)   261
　　체현(EMBODIMENT)   269
　　감정이입, 공감(EMPATHY)   274
　　문화상호주의(INTERCULTURALISM)   277
　　운동감각적(KINAESTHETIC)   289
　　미메시스, 모방(MIMESIS)   295
　　퍼포머티비티(PERFORMATIVITY)   306
　　현존과 재현(PRESENCE AND REPRESENTATION)   312
　　기호학과 현상학(SEMIOTICS AND PHENOMENOLOGY)   326

BIBLIOGRAPHY / 333
INDEX / 354

drama/theatre/performance

1부
계보학

1장 대학 과목으로서의 드라마와 씨어터

　미국에서 첫 번째 드라마 학위 프로그램은 1914년에 설립됐다. 영국 대학에서의 최초의 드라마 학과는 1947년에 창설됐다. 왜 이런 오랜 시간적 격차가 생겼을까? 이 물음에 답하기 위해서는, 제도로서의 대학 드라마에 대해 상이한 태도들에 대해서뿐만 아니라 과목 그 자체의 서로 다른 개념들에 대해서도 살펴봐야 할 것이다. 이것으로 드라마와 씨어터(연극)의 이해 범위를 그려내는 이 책의 긴 장정을 시작할 것이다.

　영국에서 학과가 설립됐던 순간으로부터 논의를 시작한 후, 미국의 경우로 돌아가 보자. 첫 학과는 브리스틀(Bristol)대학에 설립됐다. 두 가지 주요한 이유가 있었다: '드라마를 텍스트의 살아있는 투사물로 연구하고, 대중극적 연예물의 급속한 발전에 의해 생성된 사회문제들을 다루기 위한 것이다.' 씨어터를 위해 학생들을 훈련시킬 의도는 없었다. 하지만 그들은 드라마란 과목을 '문학으로서 뿐만 아니라 예술, 건축과 사회적 조건의 관점, 씨어터의 관점에서도 연구하려 했다'(Wickham in James 1952: 106-7).

　많은 부분에서 이들 목적은 학과의 형성을 가능하게 만든 조건들로부터 왔다. 내적으로 브리스틀 대학은 이미 현대 및 고전어 학과에 드라마의 열렬한 지지자들과 전문가들을 확보하고 있었다. 외적으로도 도시 내에, 연극 학교도 가진 씨어터 로열(Theatre Royal)의 올드 빅(Old Vic) 극단과, BBC란 존재가 있었다; 브리스틀 대학 부

총장은 이 두 기관 모두에 관여했다. 텍스트에 초점을 맞추는 것은
언어학과에서 행해진 작업들로부터 발전된 것이고; '극적 연예물'의
발전에 대한 관심은 BBC의 관심 분야에 더 가깝다. 하지만 학과 설
립은 그 이상의 일이었다. 1961년 글린 웍캠(Glynne Wickham)이 첫
번째 교수로 취임한 순간을 돌아보게 된다. 그는 학과를 발족시키면
서 말하길, 브리스틀이 '희미하고, 탐구되지 않고, 표현되지 않은 많
은 방식으로, 헤아릴 수 없을 정도로 수많이 광범위하게 사람들의
관심을 끌어왔던 그 무엇인가에 형식과 내용을 주게 됐다'고 했다
(1962: 44). 1940년대 중반, 드라마는 광범위한 사회적 의제에 관한
것이고, 대학 학과의 형성은 사회적 필요에 부응하는 것이란 인식이
있었다.

　하지만 그러한 최초의 학과로서, 역할과 임무에 대한 불확실성이
있었다. 학과는 스스로를 정의해야 했는데, 세 가지 언급 대상과 관
련해 자신의 위치를 잡음으로써 그 일을 했다. 우리는 이들을 각각
살펴볼 것이다. 브리스틀 학과 커리큘럼의 목표가 더욱 지역적으로
그것을 지지하는 사람들의 이해에서 비롯되긴 하지만, 대학 드라마
의 습관적인 관심과 논쟁의 범위는 제도적 위치 잡기와 역사에서 비
롯된다고 할 수 있다.

　1940년대 후반과 1950년대 초에 영국의 대학 드라마가 우선적으
로 참고한 것은 미국이었다(대학의 변화하는 사회적 사명의 맥락에
서 연극학의 출현에 대한 설명을 보려면 잭슨(Jackson(2004)) 참조).
1912년에 조지 피어스 베이커(George Pierce Baker)는 하버드
(Harvard) 대학에서 자신의 영어 수업에 희곡 쓰기를 도입했고, 희곡
을 공연할 장소를 설립했다. 하지만 학위로 이어진 첫 드라마 프로
그램은 1914년 카네기 공과대학(Carnegie Institute of Technology)에
설립됐다. 1926년엔 예일(Yale)대학에서 첫 전문 대학원 프로그램이
시작됐다. 그러나, 미국 대학에서의 드라마 학과의 역사가 더 오래됐

다고 해도, 그것은 영국의 대학에서 시도하려던 것과는 다른 것으로
인식됐다. 미국 대학의 드라마는 실기에 더 중점을 둔 것으로 여겨
졌다.

이 문제는 1951년 4월 브리스틀 대학에서 열린 콜스턴(Colston)
심포지엄에서 불거졌다. 주제는 '연극에 대한 대학의 책임'이었는데,
의미심장하게도 '순수 학문에 있어서 이전 심포지엄에 비해 덜 모험
적인 것'으로 설명되었다(James 1952: v). 토론자 중 한사람인 소이
어 포크(Sawyer Falk)가 미국 시스템에 대해 설명했다. 그는, 드라마
는 훌륭한 학문 주제로 여겨지며, 미국 학과들은 '단순히 직업에 맞
는' 졸업생을 생산하기보다 '완벽한 남성과 여성'을 교육시키는 데 관
심이 있다고 강조했다. 하지만 연극이란 직업이 주된 목표가 아니더
라도, '의과 대학에서 의사를 실습시키는 것과 마찬가지로 드라마 학
과가 연극 예술가들을 연습시키는 것이 비이성적인 것은 아니다'고
주장했다. 커리큘럼이 '내용'과 '퍼포먼스' 양쪽 과정에 걸쳐 있는 중
에서, 그는 퍼포먼스와 관련한 속물근성에 주목했다. 동시에 그는 어
떤 기능이 대학 공부에 적합하고 그렇지 않은지 신중하게 묘사했다:
즉 무대 디자인과 의상은 적합하지만 목수 일과 분장은 그렇지 않다
(in James 1952: 8-11).

비록 포크의 글에서 인문교육의 원칙이 가장 중요한 것일지라도,
타이론 거스리(Tyrone Guthrie)는 세미나 논문집의 서론에서 '우리들
중 일부는 포크가 현실적인 작업을 지나치게 강조하고 있다고 생각
되어 반감이 크다'고 말했다 … '우리가 유지하는 입장에 따르면, 드
라마의 기술은 전문가 직업 학습이고 그러한 학습은 대학에 속하는
게 아니라 초급 단계의 경우 기술학교에, 또는 더 전문화된 형태로
는 연극아카데미에 속한다.' 대학 드라마와 직업적 실습과의 관계에
대해 추가 토론을 거친 후 거스리는 결론 짓는다: '즉 드라마와 관련
한 대학의 기능은, 내가 보기엔 드라마 이론을 공급하기 위한 것 같

다 … 우리는 대학으로부터 실습 활동에 관련될지 모를 이론적, 철학적 기반을 원한다'(in James 1952: 2). 대학 학문으로 개설된 지 4년 후인 시점에서, 드라마란 과목은 그 과목에 없어선 안 될 실습의 적합한 역할을 둘러싼 불안감을 내보이고 있다. 포크에 대한 '큰' 반감은, 텍스트에 기반한 대학 인문학과의 맥락에서 기능 및 직업 훈련에 대한 신경과민적 반응을 시사하는 것 같다.

이들 인문학과는 새롭게 부상한 대학 드라마를 위해 두 번째 참고 기준을 제공했다. 이미 지적했듯이 브리스틀 대학에서 그들은 새로운 학과를 발족하는 데 역할을 했지만, 그 관계 역시 일반적으로 인정됐다. 네빌 코그힐(Neville Coghill)은 1951년 콜스턴 세미나에 참석했던 이들 중 하나로, 그는 옥스퍼드(Oxford) 대학에서 영어를 가르쳤고 학생 연극 제작에 적극적이었다(Bentley 1948: 서문). 그는 대학 드라마는 역사, 그리고 최근 설립된 현대 언어학 및 영어영문학과 비교될 수 있다고 제안했다. 이러한 비교를 하면서 코그힐은 대학에서 드라마 연구를 위해 필요한, 그리고 드라마 연구에 의해 발전되는 정신의 질을 규정하려 했다.

코그힐은 다른 과목들에 있어서 '이성적인 지식'의 비율을 '직관적 인식'과 대조했다. 역사학에서 직관은 이성에 종속되는데, 이성은 '학생들에게 강인성을 주고 정확성과 인내를 가르친다'. 학습의 적합한 대상이 역사적 사실이라기보다는 시인의 상상적 작업인 영문학에 있어서는, 그 균형이 다르다. 그럼에도 불구하고 문학 학습은 '정확하고 세부적인 사실적 지식의 추구'를 격려한다. 하지만 희곡의 의미는 리허설과 제작에서만 발견될 수 있다. 그래서 '독자가 흠잡을 데 없는 3차원적 상상력을 갖추지 못한다면, 인쇄된 페이지에서 벗어난 희곡의 실제 스타일을 읽을 수 없다.' 코그힐이 '스타일'이란 단어를 사용했을 때 그는 예술과 과학 사이의 차이점을 표시하는 어떤 것을 분명히 지적하려고 했다. 스타일은 파악하기 힘든 단어이고, 그것의 정의 역시 똑같이 파악하기 힘든 어떤 것에 의존한다. 스타일은 우선적으로 '질'과 관련 있기 때문에, '그것을 이해하기 위해서는 … 제안 그 자체에 덧붙여 제안의 질을 인식하는 것이다'. 코그힐은 사실적인 것과 상상적인 것 사이의 구분으로부터 분리된 어떤 것을 제안하고 있다 : 그것이 '스타일'이다(in James 1952: 41-3).

그는 드라마 학습이 '어떤 설득력 있는 방식으로, 사고의 교육을 잘 받아들일 수 없는 상당히 많은 주관적 판단들을 포함해야' 한다고 결론 내린다. 드라마 학습은 '문학보다 덜 엄격한 훈련'을 제공한다. 예를 들면 옥스퍼드에서 중세와 고대 영문학을 가르치는 것은 부분적으로 '강인성'을 보장하기 위한 것이다. 이것을 손상시키는 것은 '즐거움'이고, 즐거움은 특히 드라마와 관련이 있다. 드라마는 '드라마적이지 않은 문학보다 더 전적으로 오락에 목표를 둔' 것이다. 그렇긴 하지만 드라마는 '문학의 장 내에서 *특별한* 기여를 했고' 제작을 통해 이해될 필요가 있다. 문학은 일반적으로 인간 사상과 역사의 '영속적인 흐름'을 반영하는 데 반해, 뛰어난 극 문학은 '불연속적'이다. 학생들은 '인류 발전의 너덕너덕 기운 지식만을' 획득할 수 있다(in James 1952: 45-7).

코그힐이 확인한 지적 특성은 브리스틀 학과의 초기 몇 년 간에 제도화된 듯싶다. 1961년부터 그 세월을 되돌아보면서, 웍캠은 어떻게 학과의 강의 개요가 희곡과 극작가 연구로부터 장소, 장면, 기계, 그리고 관객으로 옮겨갔는지를 설명했다. 적대적이었던 사람들은, 자신들의 조사 대상이 건축가, 과학자, 경제학자, 그리고 사회 역사학자와 더 적절하게 관계되어 있다고 말했다. '간단히 말해, 드라마는 과목의 주제가 아니었고; 다소 재미있는 파편들의 수집일 뿐인데', 하지만 이미 존재하는 학문 분야에 대해서는 '주변적인 것'이다(Wickham 1962: 46). 추후 학과목의 발전에 대한 설명에서, 로즈(Rose)는 드라마에 대한 이런 태도가 또 다른 우려의 영역으로 이어진다고 했는데, 즉 공연된 드라마와의 더 '직관적인' 연계는 학문적으로 적절하게 접근될 수 없어 수업 지도에서 불균형을 초래하게 된다고 주장한다(1979: 13). 미국 학과에 대해 참고해보면 학과목에 대한 지속적인 불안이 실습을 둘러싸고 분명히 형성되는 것을 볼 수 있듯이, 그래서 또 다른 지속적인 특징의 뿌리를 지켜볼 필요가 있다. 이것이 중요하게 남겨진 문제이긴 하지만, 로즈가 학과목에 대해 평가한 의견의 요점이라 할 수는 없다: 그 대신 요점은, 사실(텍스트적, 역사적)과 감정(직관적, 주관적) 사이의 일견 분명한 구분에 대한 집착이다. 이는, 드라마가 지적으로 '존중받을 만한 것'(웍캠의 표현)이 되려고 할 때 학과목이 되기를 그만둔다는 생각과 연결된다. 그것은 문학, 건축, 사회학 등등의 영역으로부터 그들의 지적 규약을 주시하지 않은 채 차용한다. 그것은 '파편들의 수집'이다. 비록 그것이 뒤바뀌어 왔을지라도, 이런 종류의 관측은 1990년대까지 지속됐다: 일부 퍼포먼스 연구의 지지자들은, 그 학과목의 힘은 분명 절충적이고 다방면에 걸친 성격에 있다고 주장한다.

웍캠은 1961년에 다른 대답을 했었다. 다른 학과목의 적대감을 묘사하면서 그는 다음과 같이 말했다: '우리는, 지식의 분열, 주제의 한 면을 다른 면에서 인위적으로 분리시키는 일이 전문화에 내재돼 있음을, 스스로에 대항하는 사회의 분열이 무정부주의로 귀결됨을 직면하고 있다.' 전문화는 학생이 관심을 가져야 하는 모든 것을 무시한다: '그 자신의 사회, 그 사회의 전통, 전망을 이해하기 위해 준비하는 대신에, 그는 체계적으로 그것으로부터 소외되고 암암리에 졸업생으로서 지배계급의 일원이 되도록 강요받는다 … 그리고 그는 사회의 더 큰 부분으로부터 단절되는데, 그 사회의 꿈과 투쟁이야말로 애초에 자신을 대학으로 몰고 갔던 것이다'(Wickham 1962: 48). 드라마를 학부 커리큘럼에 설정한 이유 중 하나가 이러한 훼손의 특성이 있는 전문화를 피하려는 것이다. 실제로 코그힐이 10년 전에 문학을 위해 주장했던 모든 것을 할 수 있고 심지어 더 잘할 수 있다: '드라마는 서구 문명을 동질적인 단일 전통으로 취급할 수 있다. 그 중반 이상의 지점에서 출발하는 영문학과 같지도 않고, 현대 언어학처럼 지리학적 기반 위에서 인위적으로 나뉘지도 않으며, 현대사와 고대 역사라는 자족적인 세계처럼 둘로 갈라진 것도 아니다'(p.50). 이러한 동질성, 연구를 통한 전체에의 이런 접근성은, 연구를 수행하는 사람에게 유익한 영향을 준다: '예술 과목 내에서 손은 가슴, 머리와 재결합될 수 있다; 전인적인 성격이 공동 작용할 수 있는 독립체로 작동한다. 현대 정신의학이 연극 활동에서 치료법적 가치를 발견한 것은 우연의 일치가 아니다'(p.51). 그리고 대학 드라마 학습에 부여된 또 다른 가치는 심지어 더욱 중요한 것으로- 이는 전후 부흥기의 복지 국가 영국을 위한 것이다: 드라마는 '도덕적 가치의 연구와 토론을 위한 장을 제공한다. - 그것은 우리에게 얼마 남아 있지 않은 토론 장 중의 하나로, 그곳에서 군주의 관심과 청소부의 관심은 개별적으로 분리되어 토론되는 것이 아니라 사회의 틀 속에서 상호 연계되어 공공복지로서 토론될 수 있다'(p.53).

하지만 윅캠의 말 속에는 복지 민주국가에 대한 열정 이상의 것이 담겨 있다. 거기에, 새로운 대학 드라마가 그것에 반해 스스로 위치를 잡고 있는 세 번째 참조 지점이 있다. 윅캠이 주장한 커리큘럼은 당시 자신들의 사회적 의무를 인식하는 전인을 육체적으로 키워내는 것이었는데, 이는 전쟁 전의 교육학자들로부터 나온 논쟁이다.

1921년 교육위원회는 성인교육위원회(Adult Education Committee)를 설립했다. 성인교육은 1880년대 대학 '확대' 운동으로부터 성장했는데, 이는 대학 교육의 혜택을 이를테면 자기개선에 관심을 가진 노동계급 구성원들에까지 넓히는 것을 추구했다. 교육이사회는 성인교육위원회로부터 '*성인 교육에서의 드라마(The Drama in Adult Education)*'(1926)란 보고서를 받았다. 이 토론에서 교육위원회를 대표한 사람은 아마추어 연극사학자인 에드먼드 챔버스 경(Sir Edmund Chambers)이었다. 증인 중 하나였던 극작가이자 연출가 할리 그랜빌 바커(Harley Granville Barker)는, 현재 관심사는 '단지 자기 표현만 추구하려는 노력이 아니라, 드라마가 제공하는 훨씬 더 복잡하고 협력적인 표현을 추구하려는 노력임을' 믿는다고 말했다. 다른 증인들은 '교실 학습은 한 가지 능력, 즉 지능을 개발하는 반면, 희곡의 제작은 전인의 훈련을 필요로 한다'고 말했다(in Rose 1979: 5). 성인 교육위원회는 대학과 지역 교육당국에 '드라마 문학 수업을 늘릴 것을' 권고했다 : '공부한 희곡들을 차후에 제작하는 여건의 수업에서 진지한 학습이 통합되면서, 드라마가 교육 도구로서 정점에 놓이게 됨을 보게 된다'(in Rose 1979: 5). 이스트 런던 칼리지 드라마 학습 연구 학교(School of Dramatic Study and Research at East London College)(앨러디스 니콜(Allardyce Nicoll)이 일했던)와 런던 대학교 드라마 예술 과정(University of London Diploma in Dramatic Art)의 발족을 환영하긴 했지만, 주된 권고 내용은 연극 예술(Art of the Theatre) 교수직이 대학의 시간제 학생들을 위해 학과 외부에 설립돼야 한다는 것이었다(Rose 1979: 5).

드라마의 이상한 지위 - 공식적이지만 항상 외적인 - 는 옥스퍼드(Oxford)에서 증명됐다. 이 대학은 1880년대 이래 (케임브리지(Cambridge)가 그랬던 것처럼) 학생 드라마의 강력한 전통이 있어왔으며, 강사진으로부터 지지를 받았다. 하지만 학생 드라마는 결정적으로 과외활동이었다. 전국적으로 드라마 작업이 그랬던 것처럼, 원동력은 아마추어로부터 비롯되었고, 아마추어와 관련되어 있었다. 대학이 연극학을 학부 교과과정에 도입하려는 실행 가능성을 탐색했을 때, '옥스퍼드 드라마위원회의 보고서(Report of the Oxford Drama Commission)'(1945)는 그것이 적합하지 않다는 결론을 냈다(그랜빌 바커(Granville Barker)가 암시를 주었는데, 스스로에게 몰입하는 배우들과, '거리를 두고' '비평적인' 상태를 유지하는 학생들을 구별함으로써 그렇게 했다). 다른 한편으로 옥스퍼드는 드라마가 성인 교육 작업의 일부로 남는 데 대해 매우 반겼다.

'전인' 훈련이 성인 교육의 분야였다면, 학부 교육을 정의하는 자질은 비판 능력과 전문성에 초점을 맞췄다. 드라마의 적합성에 대한 최초의 가정은 정확히 워캠이 브리스틀에서 직면했다고 느꼈던 것이다. 그는 1961년 취임 연설에서 완전히 이 생각을 뒤엎었다. 우리가 보았던 것처럼, 그는 문명화된 '공공복지'에 있어서 대학 교육은 실질적으로 온전함에 관한 것이어야 하며 그것을 위한 매개가 드라마라고 주장함으로써 당시의 시대정신을 파악했다. 드라마 학과를 위한 길을 닦은 것이다. 1961년 발족한 맨체스터 대학교(Manchester) 학과 프로그램은, '드라마 전공 학생의 교육은 머리 못지않게 가슴과 몸을 통해 추구돼야 한다'고 밝혔다; 이와 비슷하게 1963년 헐 대학교(the Hull) 학과는, 공식적 가르침이 실습 작업에 의해 강화됐다면서 그리하여 '머리, 가슴, 그리고 손이 한 곳에 동시에 관여한다'고 했다(in Rose 1979: 20, 21).

드라마 학과를 위해 '전인' 교육에 초점을 맞춘 성인 교육은 대학 문화 속에서 스스로를 정의하는 유용한 방법이었을지 모른다. 하지만 성인 교육 자체는 여전히 아웃사이더로 머물고 있었다. 리즈(Leeds) 대학에서도 다시 한 번 드라마의 강력한 아마추어 전통이 있었다. 하지만 드라마 학과를 발족하기 위한 결단은 1960년 성인 교육위원회의 조지 하우거(George Hauger), 교육위원회의 아서 와이즈(Arthur Wise)로부터 이뤄졌다. 그들이 제시한 강의 요강에는 상연자, 관객, 그리고 사회학, 심리학, 철학의 장르 숙고에 대한 작업이 나란히 놓여 있었다. 비록 드라마에 새 장학금을 지원하는 것으로 타협하긴 했지만, 대학은 별도의 과를 발족할 시기가 아니라고 결정했다. 하우거와 와이즈가 그려본 상당히 염치없을 정도로 비문학적인 학과는 결국 출현하지 않았다; 리즈(Leeds) 대학의 드라마는 영문학과의 일부가 됐다(Kane nd: 8-12).

리즈의 사례는 윅캠의 미사여구에 의해 깔끔하게 감춰졌던 어떤 것을 다시 표면화한다. 그것은 대학 내 드라마 교육의 장소, 사회적 위임 대 드라마 예술의 분석을 둘러싼 불안이다. 이런 불안은 역사의 기관 시설적 장소와 텍스트적 분석이 어떤 것이어야 하느냐를 둘러싼 논쟁에서 스스로 드러날 수 있다; 그리고 드라마의 적합한 연구가 동시대적이고 사회적 '관련이 있는' 것에 초점을 맞춰야 하느냐 여부에서(선호되는 단어를 쓰기 위해) 드러날 수 있다.

온전함의 경험인 손과 머리의 재결합은 드라마 담론 내의 주요 매력인데, 우리가 주목한 잠재적 반대 요소들이 서로 화해하도록 제의하기 때문이다: 이론 대 실습, 사실과 느낌 사이의 차이, 다방면에 걸친 것이면서 파편들의 수집으로서의 드라마 말이다. 그러나 그것이 등장한 지 오래지 않아 그 신뢰성의 기반이 부서지기 시작했다. 온전함이란 미사여구는 길게 이어져온 자유분방한 성인 교육 전통에서 나왔고, 1880년대 개혁적 국교회주의의 임무와 '전체적' 인간의 이데올로기로까지 거슬러 올라간다. 그것은 새로운 민주적 영국의 전후 재건시기에는 그 자체로 절박한 것이었다. 하지만 1970년대 초에 그러한 사고는 감상적인 것으로 보였다. 1980년대 초, 총리로 일할 사람은 그러한 사회는 없다고 선언했다. 그리고 1981년 대처 정부의 초기 법률 중 하나는, 일련의 드라마 학과들을 폐지하는 것이었다.

2장 드라마와 문학적 전통

이 장에서는 전통적인 문학 비평으로 간주되면서 드라마 이론에 기여해온 내용들을 조사한다. 드라마 제작은 비평 활동을 불안하게 한다고 논의된다. 이 장의 방식은, 한편으로는 드라마가 시와 맺는다고 추정되는 관계, 다른 한편으로는 드라마가 라이브 퍼포먼스의 조건과 맺는다고 추정되는 관계를 동시에 주목하면서, 고전 작가들의 일련의 핵심적 생각들을 서술하는 것이다. 이런 상호 관계로부터, 문학적이라기보다는 문화적인 비평이 출현한다.

왕과 광대를 어우르기: 시드니

영국에서 드라마의 기능을 설명하려는 초창기 시도 중 하나는, 엘리자베스 1세 시대의 작가이자 이론가인 필립 시드니(Philip Sidney)(1554-86)의 글 '시의 옹호(*Defence of Poetry*)'(c.1579)에 담겨 있다. 드라마에 대한 언급은 영국에서의 시의 중요성을 개괄적으로 설명하는 일환으로 나온다. 호라티우스(Horace)로부터 파생된 매우 유명한 주장을 사용하여, 시드니는 시는 철학과 대조적으로 독자 또는 청중을 즐겁게 하기 때문에 가르침의 효과적인 수단이라고 말했다. 시의 두드러진 특성인 감정이입 능력의 과시는, 청중과 예술작품 사이의 관계에 관한 반영으로 이끌려간다: '아이네아스(Aeneas)가 늙은 안키세스(Anchises)를 등에 업은 것을 읽은 사람은, 그렇게 뛰어난 활약을 하는 것이 아이네아스의 운명이라고 바라지 않겠는가?'(1975: 41).
이 감정이입 형식이 독서 활동에서 나오는 것이다. 하지만 지켜보는
관중의 경우에는 경험이 좀 다르다: 비극은 '왕이 폭군이 되는 것을
두려워하게 만들고, 폭군들은 자신들의 압제적인 기질을 드러낸다;
즉, 감탄과 동정의 감정을 부추김으로써 현세의 불확실성을 가르친
다'(p.45). 동정이 자리를 잡을지라도, 시드니의 공식은 비극에 대한
지배적인 반응이 도덕이라는 점을 제시하는 편이다.

감탄과 동정을 일깨우기 위한 매체로서, 시드니가 본 실제의 희곡
들은 이상에 미치지 못한다. 그들은 '모든 육체적 행위의 필수적 두
친구인' 장소와 시간을 존경하지 않기 때문에 그렇게 행동한다(1975:
65). 관객들은 무대의 한 편은 아시아이고 또 다른 한 편은 아프리카
라는 점, 또는 2시간 이내에 아이가 태어나고 자라서 자신의 아이를
가진다는 점을 받아들여야 당연한 듯하다. 장소와 시간에 대한 시드
니의 견해는 아리스토텔레스(Aristotle) 뿐 아니라 '일반적 이성'과도
일치한다(1975: 65). 실제로 장소와 시간의 이러한 '일치'는 16세기
이탈리아 이론가 카스텔베트로(Castelvetro)에 의해 아리스토텔레스
덕분으로 돌려졌다. 1579-80년 영국에서 글을 썼던 시드니의 경우,
후기 엘리자베스 1세 시대의 드라마는 아직 만개하지 않았다; 그의
글은 실제 연극 실습에 관한 해설이라기보다 주요 유럽 이론들의 종
합에 가까웠다. 유럽 이론들을 영국 문화에 수입하는 데 있어 '시의
옹호'가 핵심 위치에 놓인다. 하지만 그것의 전망은 영국 내 예술적
실천에 의해 완전히 영향 받지 않는 것은 아니다.

그 관점이 '육체적 행위'를 고려하는 쪽으로 더 가까이 옮겨감에
따라, 즐거움을 통해 효과적으로 교육하는 시의 모델은 복잡해졌다.
그가 장소와 시간에 있어서의 실패에 유의하면서, 희곡들이 일반적
경계들에 대해 존중하지 않는다고 주장했을 때 이는 분명해진다: '왕
과 광대를 섞는 일은 … 감탄과 동정을 위한 일도 아니고 올바른 즐

거움을 위한 일도 아니며, 잡종 희비극에 의해 획득된다'(1975: 67)
(족보 있는 개를 자랑하는 문화만이 잡종견에 대해 문제가 있을 것
이다). 비극의 희극적 부분은 '순결한 귀엔 상스럽고 무가치한 데 불
과한, 혹은 극도로 멍청한 볼거리를 보여줄 뿐으로, 참으로 큰 웃음
을 터트리는 데나 알맞을 뿐, 그밖엔 아무 것도 아니다'(p.67).

실질적인, 너무도 '육체적인' 모든 드라마의 실천은 진짜 관객이
존재하는 가운데 이루어지며, 순수한 공감을 제공하는 시의 이상 세
계로부터 멀리 떨어져 나간다. 시는 보고와 묘사의 수단이어서, 재현
될 수 없거나 또는 차라리 재현되어선 안될 것을 보여주려고 시도한
드라마의 결과, 그 부적절한 행동과 혼란을 피할 수 있다.

더 높은 음조에서의 자연: 드라이든

85년 후 왕정복고시대의 시인 존 드라이든(John Dryden)(1631-
1700)이 드라마에 대해 쓴 글의 제목에 시가 다시 나타난다. '극적인
시에 대한 에세이(Of Dramatic Poesy: An Essay)'가 1665-6년에 씌
어졌고, 다시 한 번 그것은 왕정복고시대의 중요한 드라마 융성기
이전에 나온 것이다. 그리고 시드니의 글과 마찬가지로 이 에세이도
유럽 사고의 종합물이다. 그러나 자국의 드라마가 시드니를 당황스
럽게 한 반면, 드라이든이 쓴 글의 선입견은 국가와 동시대를 겨냥
한다. 에세이는 대립되는 사항들을 거쳐 가는 대화체로 씌어졌다: 현
대 대 고대에선 현대를 지지하고, 영국 대 프랑스에선 영국을 편든
다. 일단 즉각 동시대를 선호하는 입장에 도달하여, 드라이든은 압운
시의 가치를 높이기 위해 언어의 자연스러움에 관한 토론을 준비한
다. 그리하여, 이상적인 드라마는 현대적이고 영어로 씌어졌으며 예
술적으로 고양된 것이다.

압운시는 '자연과 특별한 관계를 가진다. 이러한 토론이, 아마도

드라이든 스스로 가장 흥미를 느낀다고 할 수 있는 영역으로 그를 이끌어간다. 에세이 초반에 적절히 '아리스토텔레스식'이 된 표현들이 나오는데 특히 유명한 명명이 3일치(Unities)로서, 이는 영어로는 처음으로 이름 지은 것이다. 아리스토텔레스 설명은 시드니의 것이며, 연민과 두려움은 동정심과 걱정, 그리고 새로운 세 번째 요소인 '감탄'으로 대체된다('감탄'은 시드니가 이탈리아 시인이자 비평가인 민투르노(Minturno)로부터 가져온 것이다). 하지만 시드니가 동시대 실천의 뒤범벅을 싫어한 반면, 드라이든에게 실천은 그 자체로 중시된다. 존슨(Jonson)의 드라마에서, 그는 프랑스 드라마에는 없지만 영국 드라마에선 특징적인 '유머'의 개념을 발견한다. 실제로 드라이든의 대변인은, 영국은 프랑스로부터 극에 관해서는 아무것도 차용하지 않았다고 주장한다: '우리의 줄거리는 영국의 직조기에서 짜진다'(1968: 65).

이 직조기 이미지로 행해진 일은, 그들이 생산한 모든 것이 영국산이기 때문에 훌륭하다고 우선적으로 주장하는 것이 아니다. 그보다는, 영국 직조기가 생산한 것은 참으로 영국적인 어떤 것임을 암시한다. 다른 말로 하면, 가공품의 형식은 그것이 생산된 사회와 관련이 있다는 것이다. 이런 생각은, 프랑스 사람들이 희극보다 비극을 선호하는 이유를 드라이든이 제시할 때 분명히 표현된다; '더 뚱한 사람인 우리가 우리의 희곡에서 기분전환을 하는 것처럼, 경쾌하고 유쾌한 기질을 가진 그들은 자신들의 희곡에서 스스로를 더 심각하게 만든다'(p.60). 프랑스인에 대한 영국인의 장점을 둘러싼 논쟁은 극적 형식에 대한 시드니의 토론을 상대화하고, 형식을 제작 조건들로부터 분리할 수 없게 만든다(비록 이들 조건이 국민 성격의 일반화된 개념에 의존한다 할지라도).

상대화하는 추동력이 암묵적으로 아리스토텔레스 이론에서 출발하는 반면, 운문의 토론은 명쾌하게 그것을 반박한다. 드라이든이 주목했듯이, 아리스토텔레스는 산문에 가장 가까운 운문의 형태로 비극을 쓰는 것이 최고라고 주장했다. 하지만 드라이든 자신은, 희극은 '보통 사람들과 일상의 발언을' 모방하는 반면 비극은 '자연을 재현하되 그 자연은 더 높은 음조에 도달한 것'이라는 이유에서, 비극이 압운시로 씌어져야 한다고 말했다(p.87). 이 주장을 진전시키면서 드라이든은 드라마와 시의 관계에 대한 시드니의 입장을 역전시켰는데, 비극을 서사시보다 우수하다고 간주한 것이다. 그리고 서사시처럼 희곡은 '자연과 같이 되기 위해 자연 위에 놓여야 한다; 높이 위치한 조각상이 실물보다 크게 만들어졌을 때, 그 조각상들은 비율에 맞춰 시야로 내려오게 될 것이다'(p.88).

이 역설적인 공식 – 자연 위에 놓임으로써 자연처럼 되는 것 – 은, 삶을 모방하는 드라마에 대한 생각을 단박에 더욱 복잡하게 만든다. 그것은 모방이 보여지고 인식되는 활동과 관련이 있다. 드라이든이 잘 알고 있었듯이, 보는 과정은 예를 들어 원근법에 의해 생기는 왜곡의 범위를 담고 있다. 조각상은 자연처럼 만들면 밑에서 보았을 때 자연처럼 보이지 않는다. 그렇게 보고 듣는 방법이 결정적 역할을 하는 것이다. 여기서 드라이든은, 청자와 극적 형식 사이의 바람직한 관계에 대해 감각적인 설명을 하는 쪽으로 즐겁게 이동한다. 재담의 형식으로 그는, '신속하고 독성 있는 간결성은 … 운문의 억양과 감미로움에 합쳐지고, 듣는 사람의 혼에는 원하는 아무 것도 남겨놓지 않는다'고 말한다. 회화에서의 '그림자 만들기'처럼, 그것은 사라지기 위해 나타나는 예술이다. 그려진 객체의 둥근 형태에 대해 숙고할 때, 우리는 어떻게 그것이 둥글게 보이게 됐는지 잊어버린다: '우리가 소재의 다른 미에 주목하는 동안, 운율의 조심스런 과업은 우리로부터 운반되어 가거나, 아니면 적어도 그 자체의 감미로움 속에 익사하는데 마치 벌이 가끔 자기 꿀 속에 파묻혀 죽는 것처럼 그러하다'(p.89).

무대는 무대일 뿐이다: 존슨

그러나 80년 후, 달콤함 속에 익사하는 데 대한 드라이든의 즐거
움은 다소 다르게 보였다: '찰스(Charles)의 재치는 명성을 얻는 더
쉬운 길을 찾았다, / 존슨(Jonson)의 예술 또는 셰익스피어(Shakespeare)
의 불꽃을 소망하지 않았다.' 비록 부정확할지라도, 이런 주장은 당
시의 영국 문화다웠다. 그 문화는 이제 왕정복고시대를, 자산가들이
정치적 주도권을 쥔 1688년 명예혁명에 의해 단호하게 끝낼 필요가
있었던 감각적 방종의 시기로 보았다: 그들은 네덜란드 총독 오렌지
공 윌리엄(the Dutch William of Orange)에게 왕위에 오를 것을 요
청했고, 프로테스탄트교의 윤리 규칙을 도입했으며 잉글랜드 은행을
설립했다(1694). 왕정복고시대의 관능성은 반발을 불렀다. 그래서 인
생이 자연 그 자체보다 위에 있는 것으로 시작되었던 비극은 쇠퇴했
고 '규칙들에 의해 깔아뭉개졌으며, 세련된 것만큼 약화됐다'(Johnson
1971: 81). 모든 것이 공허해지고 형식주의적이며 철학적인 것이 되
었고- 열정적이지도 자연스럽지도 않은 것이 되었다.

다음 2세기 동안 각인된 이 특별한 드라마의 역사는 1747년 드루
어리 레인(Drury Lane)의 새 극장이 개관되던 날 밤의 무대에서
언급됐다. 연사는 배우이자 극장 지배인인 데이비드 개릭(David
Garrick)(1717-79)이었다. 그는 드라마 역사의 형태를 위한 책임을
관객에게로 옮기면서, 배우이자 지배인이라는 두 가지 지위에서 말
한다:

> 무대는 공공의 목소리를 반향 시킨다.
> 드라마의 규칙은 드라마 후원자가 주는 것이며.
> 즐기기 위해 사는 우리는 살기 위해 즐겨야만 한다.

이제 기쁨은 개별적으로 꿀에 빠져 죽는 것이 아니라, 기쁘게 해야 한다고 여겨지는 것을 공동으로 규정하는 문제가 됐다. 그리고 드라마가 자연을 모방하는 존재로 돌아간다고 주장하는 것은 관객의 일이다.

시드니의 과격한 청교도주의는 관객의 천한 취향에 맞춰 표를 매진시키는 드라마의 형식을 개탄해왔다. 청교도 영연방이 붕괴된 몇 년 후 글을 쓴 드라이든은, 형식과 기질 사이의 관계를 일종의 불가지론적 상대주의를 가지고 봤다. 하지만 개릭에게 1740년대 런던은 그자체가 '시민' 사회였다. 관객은 스스로를 부와 영향력을 가진 사람들의 모임인 '타운'이라고 불렀지만, 그들은 시골 귀족이라기보다는 도시 신사들이었다. 취향과 판단의 독립성을 실천함으로써 그들은 절대주의와 압제 그리고 타락한 책략으로부터의 자유를 선언했다. 자연의 복귀에 대한 지지자들인 이들 관객의 반응은, 그 개관일 밤에 개릭을 위해 그 대본을 쓴 사람에게 주요한 관심사였다. 그가 바로 사무엘 존슨(Samuel Johnson)(1709-84)이다.

존슨은 주로 셰익스피어 희곡들에 관해 자신이 하고 있던 작업과의 관계 속에서, 드라마와 관객에 대해 생각했는데, 그가 준비하던 셰익스피어 희곡 관련 편집본은 1765년 발간되었다. 서문에서 그는 관객의 반응에 대한 이론을 전개한다. 셰익스피어 우수성의 핵심은 일반화에 기반을 둔 것이라고 존슨은 제시했다: '셰익스피어 희곡에 나오는 사람들은 어떤 일반적 열정과 원칙의 영향에 의해 행동하고 말하는데, 그 열정과 원칙이란 모든 이들의 마음이 동요하고 인생의 전체 시스템이 계속 움직이게 하는 것이다'(1969: 59). 이러한 토대를 깔아놓음으로써, 존슨은 어떻게 드라마가 관객을 감동시킬 수 있는지 나중에 스스로 설명할 수 있게 된다. 그의 주장은, 아리스토텔레스적 전통이라고 간주되기도 하는 것으로부터 온다. 그것은 관객이 희곡의 세계를 믿으리라고 결코 기대되지 않는다고 제안한다: '관객은 항상 제정신으로 있으며, 첫 막에서부터 마지막까지 무대는 무대일 뿐이고 배우들은 배우일 뿐이라고 알고 있다'(p.70). 그러면서 존슨은 묻는다. 어떻게 희곡이 관객을 감동시키는가? 일반화를 통해 그렇게 한다는 것이다: 그것은 '청중에게, 거기서 벌어지게 되어 있거나 저질러진 듯 가장하는 그 일을 자신이 행하거나 겪는다면 스스로 어떻게 느끼게 될지' 재현해준다. '마음에 충격을 주며 반사되는 생각은, 우리 앞에 있는 악이 진짜 악이라는 점이 아니다. 그것들이 우리 스스로 노출될지도 모를 악이라는 점이다.' 존슨은 이렇게 관찰한 것들을 정돈된 공식으로 엮었다. 그의 주장은, 관객들이 '빈곤의 존재를 추측하기보다 그 가능성을 한탄한다는 것이다'(p.71).

드라마와 질서: 시드니, 드라이든, 존슨

믿음과 현존에 관한 이러한 회의론이, 존슨으로 하여금 다시 새로워진 힘으로 드라마에 관한 문학 이론에서의 강박적인 주제로 돌아가게 했다: 그것은, 글로 써진 것에 대한 무대화된 것의 관계, 희곡과 시 혹은 시로서의 희곡, 그 관계라는 주제이다. 이런 관계에 대한 시드니의 견해는 왜 그것이 불안 투성이인지 명확한 입장을 취한다: 글로 써진 텍스트는 고정된 것이다. 관객과 그들의 즉각적인 요구 앞에서 다른 것들이 추가되고, 그것은 고정되지 않는 유동적인 것이 된다. 그에 따른 불안이 글쓰기와 책으로 둘러싸인 모든 드라마 이론가들의 특성을 이룬다. 글을 읽고 쓸 줄 아는 능력이 분명한 계급적 특징이 되는 사회에서, 글로 써진 것의 취약점은 미학적 측면만큼이나 사회적 측면에서의 두려움에 스스로 이끌린다. 심지어 드라이든에게 있어 드라마는 압운 시에 의해 제자리를 지킬 필요가 있다. 압운 시는 '[판단이] 그 구조물을 촘촘하고 평탄하게 유지하게 하는 규칙과 선이며, 그렇지 않다면 규칙 없는 상상력이 불규칙적이고 느슨하게 일어날 것이다'(Dryden 1968: 91).

각각의 사례에서 글로 써진 드라마의 대본은, 구축된 질서 정연함과 그것에 도전할 힘 사이의 협상 장소로 떠오른다. 문학적 작가가 분석한 다른 어떤 예술 형식도 그와 비슷한 협상에 직면하지 않는다. 극적 텍스트의 문제는, 대부분의 사회에서 극적 텍스트의 초기 발간과 소비의 요점이 사회적인, 즉 관객으로 가득 찬 극장이라는 점이다. 이는 독자와 문자 텍스트 사이의 고독한 연관성만 있는 게 아니라는 문제일 뿐 아니라, 텍스트가 어떻게 받아들여지는가 하는 증거는 물적으로 존재한다는 문제이기도 하다. 말하자면, 질서정연한 극적 형식에 대한 시드니의 숙고를 관객들의 목소리가 돌연 가로막는다: '올바른 희극' 대신에 '큰 웃음을 일으키기에 알맞은 … 멍청한 어떤 극단적인 볼거리'가 있다(Sidney 1975: 67).

비언어적 소리인 웃음은, 시드니가 균형이나 질서를 파괴하는 힘을 일컫는 이름이다. 질서의 반대 항에 대한 이 명명은, 각 작가의 사회가 변화하듯이 변화한다. 시드니의 런던은 저렴한 입장료로 장인과 도제도 들어올 수 있었던 첫 상업 극장의 개관을 보았던 곳이다. 연극 구경은 사람들이 존경이나 숭배의 규율 없이도 모일 수 있는 장소를 제공했다. 웃음이 그러한 부적절한 행동을 나타낸다. 대조적으로, 1660년 이후 런던이 같은 엘리트 그룹으로 구성된 관객들을 위한 두 개의 허가 받은 극장만을 가졌을 때, 웃음은 덜 중요했다. 질서있는 형식에 대한 위협은 다른 이름을 얻었다. 드라이든은 복합적 플롯에 대해 논의하면서, 그 플롯들이 계층적으로 배치돼야 한다고 말한다. 계급 서열과 종속으로 지배받는 조직의 반대 항은, 모든 것이 '협조적으로 편성된' 것이다: 그렇기에 복합적 플롯에 있어, '희곡에서의 협조는 한 국가에서처럼 위험하고 비정상적이다' (Dryden 1968: 59).

드라마는 그 형식에서의 '협조적 편성'(또는 평등)이 국가의 형식과 연결되는 매개체다. 그래서 존슨은, 셰익스피어 연극이 '시적 언어보다는 성대함 또는 행진에 더 수완을 가진' 사람들을 위해 고안된 것이라고 설명한다(Johnson 1969: 75). 청각보다 시각을 선호하는 것은 교육 수준의 징후이다: '지식이 발전하면서 즐거움은 눈에서 귀로 이동하지만, 그것이 감소할 때 귀에서 눈으로 돌아온다'(p.75). 이것은 친숙한 문학적 주제로, 시각적인 것이 우상숭배적이거나 배반적인 것으로 보이는 영국의 신교도 문화 속에 깊이 뿌리내리고 있다. 그것은 또 상류 계급이 그들의 읽을 수 있는 능력으로 구분되는 계급 기반을 가졌다. 이 점에서 이론상의 차이점에도 불구하고 입장의 동질성이 나타난다: 시드니에서 존슨까지 드라마의 문학적 옹호자들은 식자층 소속이었다. 그들은 드라마를 신체적 구경거리에서 분리시킴으로써 드라마의 품위를 보존하려고 한다. 희극이 배우의 안면 찡그림으로 도움을 받을 수 있는 반면, '어떤 목소리나 몸짓이 카토의 독백에 품위를 더할 것으로 기대할 수 있나?'(p.72). 시드니의 '시의 옹호'가 그가 '신체적' 행위에 대해 더 밀접하게 생각할수록 더 공황상태에 빠지는 것과 마찬가지로, 존슨에게 있어 카토의 독백도 신체적 흔적이 없을 때 가장 강력하고 품위가 있게 된다.

자연적 사물 질서의 혼란: 콜리지

극적 텍스트와 신체적 퍼포먼스 사이의 이러한 긴장 관계는 시인이자 철학가인 새뮤얼 테일러 콜리지(Samuel Taylor Coleridge)(1772-1834)에게도 문제점들을 만들었다. 그가 말하길, 셰익스피어와 같은 영국과 프랑스의 초기 극작가들은 '희극에서 단순히 우리를 웃기려고 하지 않았고, 더 더욱 찡그린 얼굴, 은어 행위, 그 시대의 속어 구절, 또는 상점이나 등장인물의 정비공 직업으로부터 나온 은유로 이루어진 흔한 도덕성의 옷으로 웃기려 하지 않는다.' 비극에서의 장면들은 우리에게 영향을 주길 의도하지만, '즐거움의 범위 및 우리가 이해하기도 하고 상상하기도 하는 행위와 일치하는 범위 안에서 그렇게 한다'(Coleridge 1985: 437). 이 인용 속에 콜리지 문제의 전체가 담겨 있다.

콜리지가 생각하기에, 예술 형식으로서 드라마는 그것의 퍼포먼스가 그것을 '일종의 실제 경험'처럼 현실적으로 만들기 때문에 분명히 시보다 잠재력이 많다(Coleridge 1930: 1.209). 그래서 드라마는 관객의 정신 능력을 교육시키고 개조하는 강력한 방법이 될 수 있고, 그것이 올바른 종류의 드라마로 남아 있는 한 결국 정치 개혁으로 이어질 것이다.

콜리지가 찰스 마투린(Charles Maturin)의 「*버트럼(Bertram)*」이라는 동시대 멜로드라마를 보러 갔을 때, 그는 4막의 시작을 공포와 혐오로 지켜봤다. 버트럼이 간통을 저지른 후 입장했을 때 콜리지는 관객의 열렬한 박수에 섬뜩했다. 드라마를 이용해 대중의 정신을 개조하려는 그의 계획이 두 가지 문제점에 부딪힌 것이다: 첫째, 희곡들이 옳지 않다. 그러나 둘째, 경험에 대한 직접적인 호소가 관객 모두에게 적절하지 않았다. 독일 드라마(그리고 「*버트럼*」 같은 멜로드라마)의 '도덕적이고 지적인 쟈코뱅주의(Jacobinism)'(쟈코뱅주의는 평등주의와 혁명적 이상을 암시한다)를 토론하면서, 그는 '극적 인기의 전체 비밀은 … 사물의 자연 질서의 혼란과 전복에 있다'고 했다, 그것은 '자유의사를 존중하는 자질과 세련된 감정, 유머의 멋진 감각이 … 경험에서 배운 대로라면 우리가 그것을 거의 예상하지 않게 되는 사람들과 계층에게서 재현되는 것을' 포함한다(1985: 440).

당시 드라마와 콜리지의 관계는, 익숙한 특징들에 의해 엉망이 됐다. 비록 그가 개념상 생생한 공연의 힘에 전념할지라도, 그는 지속적으로 희곡에 대한 설명에서 '독자'를 언급하고, 그의 분석과 평가 시스템은 희곡이 공연 안으로 들어가면서 불가능해질 일종의 밀접한 구두 분석에 의존한다. 그리고 생생한 공연이 강력한 반면, 그것의 관객은 잘못된 계급이다. 19세기 초의 런던에서 관객은 주로 장인 계급에서 나왔는데, 그들의 취향과 정치성은 정확히 드라마가 개혁해 왔어야 할 그런 경향에 가까웠다.

시드니와 드라이든과 마찬가지로 콜리지의 사례에서도, 문학 비평의 드라마 이론은 그 이상이 무엇이건 실제 관객들의 행위에 의해 부분적으로 형태가 갖춰지는 것 같다. 드라마 텍스트가 공연을 통해 사회적 존재로 들어가는 지점에서 그 텍스트에 다른 정도의 압력을 행사하는 것은, 그 계급 기반과 문화적 위상이다. 그리하여, 드라마의 실천에 있어서의 이러한 물질적 환경, 실제의 공연자와 관객은, 드라마란 무엇인가에 대한 근본적인 정의에 대해 스스로 느끼게 한다. 예를 들면 드라이든은 그것은 '자연의 생생한 모방'이라고 말한다(Dryden 1968: 56).

모방: 막간극

이 공식을 놓고 잠시 멈추어, 모방과 자연 그 양쪽에 관한 생각들을 모아보기로 한다. 모방 행위(핵심어: '미메시스(Mimesis)' 참조)는 흔히 관객들에게 믿음을 불러일으킨다고 여겨지는데, 콜리지의 유명한 구절을 빌려 말한다면 '시적 신념을 구성하는, 잠시 동안의 자발적인 불신의 정지'를 고취하는 것으로 생각된다(Coleridge 1985: 314). 이 발언의 맥락은, 징후적으로, 읽는 행위이다: 콜리지는 『서정민요집(the Lyrical Ballads)』에 기고한 시의 효과에 대해 얘기하고 있다. 하지만 그것은 그가 드라마 텍스트에도 적용한 모델이었다. 셰익스피어 작품 속 등장인물의 경우에, 시인은 '우리에게 꿈에 스스로 굴복하라고 요청한다; 그리고 이는 또한 우리가 눈을 뜨고, 우리 판단을 커튼 뒤에 숨긴 상태에서, 우리 의지의 첫 움직임에 우리를

깨울 준비를 하고 있다: 그리고 그동안, 단지 불신하지 않기 위해서
이다'(p 459). 은유적 언어는 공공 객석이라기보다 사적 공간 - 커튼
이 쳐진 침대 - 을 가리키는 것 같다. 아마도 그것만이 콜리지의 모
델을 두드러지게 만드는 것이다. 정지된 불신의 개념은 시드니 이래
로 드라마 이론의 빈번한 특징이 돼왔기 때문이다. 드라이든은 '희곡
은 자연의 모방이기 때문에, 우리는 속는 것으로 알고 있고, 그렇게
되길 원한다'고 말한다(Dryden 1968: 79) 존슨조차 인정한다: '사색을
하면서 우리는 쉽게 실제 행위의 시간을 축소하고, 따라서 그들의
모방을 볼 때 그것이 축소되는 것을 기꺼이 허용한다'(Johnson 1969:
70-1).

속기를 원하는 것과 속임이 일어나도록 허용하는 것 사이의 차이
점에 주목하게 될지 모르지만, 어느 경우에건 희곡이 그 작업을 하
도록 허용하는 것은 관객이다. 그런 작업은 단순한 반영이라기보다
는 생산인 것으로 드러났다. 드라이든은 '자연'이 모방된다고 말한다.
하지만 그가 높은 음조의 자연을 얘기할 때, 이는 희곡 밖보다는 안
에 있는 어떤 것을 시사한다. 압운 시와 같은 그런 장치를 통해 희
곡은 자연을 모방하기보다는 생산하는 것이다. 독일 철학자 칸트에
영향을 받은 콜리지는 이렇게 표현했다: '프랑스 비극들은 일관된 예
술작품이다 … 부분들에서 적합함을 지키고 전체적으로는 조화를 보
존하면서, 그들은 거짓 자연일지라도 그들 자신의 자연을 형성한다'
(Coleridge 1985: 436). 이 생각은, 드라마가 모방하고 재현하며 반영
하려는 그 외부 세계에 드라마가 영합하고 있다는, 바로 그 끈질긴
추정으로부터 드라마를 해방시키는 잠재력을 지녔다.

드라마가 그 자체의 자연을 가졌다면, 드라마는 단독으로 서 있을
수 있다. 그 바깥의 현실을 참조할 필요가 없다. 퍼포먼스조차 필요
하지 않을지 모른다. 문학 비평의 역사에서 드라마가 사적인 독서
실습을 위해 가장 확고하게 징발되는 것은 이 지점에서다. 우리가

보아온 대로, 콜리지는 독자로서 희곡에 접근한다. 그의 동시대 비평가인 찰스 램(Charles Lamb)(1775-1834)은 희곡은 연기의 대상이 되기보다는 읽혀져야 한다고 권고했다: '우리가 무대에서 보는 것은 신체와 신체 행동이다; 우리가 독서에서 의식하는 것은 거의 배타적으로 정신과 그것의 움직임이다.' 물질성은 방해된다. 그래서 셰익스피어 희곡은 실제로 '무대 위에서의 공연을 위해 계산되지 않는다'(Lamb 1903: 99). 매우 악명 높게도, 램과 (주로) 그의 누이는 셰익스피어 작품을 일련의 산문 이야기로 축소했다.

비평가 윌리엄 해즐릿(William Hazlitt)(1778-1830)이 쓴 셰익스피어 등장인물에 대한 설명 역시 거의 비슷하게 악명이 높다. 그 역시 희곡 읽기에 대한 선호를 공유했다. 그러나 해즐릿이 동시대 무대를 비판했을 때, 공연이 실제로 가치 있는 영향을 미칠 수 있다는 토대에서 그렇게 한 것이었다. 그가 보았던 것처럼, 드라마의 핵심적인 자질은 개인과 구체성을 다룬다는 데 있다. 이는 드라마가 관객의 상상력을 사로잡게 만든다: '극적인 시의 목표는 연민에 의해 우리에게 영향을 미치는 것이다'(Hazlitt 1991: 330). 연민에 차서 사로잡히기 때문에, 관객은 정상적 선입견을 넘어, 그 자체로부터 벗어난다(핵심어: '감정이입(Empathy)'에서 홀크로프트(Holcroft)의 초기 견해도 참조). 정치적인 해즐릿에게 있어, 이는 보수적 사회에서 가치를 지닌 것이다. 하지만 그 효과는, 이를테면 「맥베스(Macbeth)」의 마녀들에게 적합하지 않은 동시대 연기와 상연의 한계에 의해 가로막혔다. 드라마의 힘이 구체성을 다루는 데 있는 반면, 무대화된 형상화의 구체성은 어설프고 마음을 흐트려 놓는다. 단어에 대한 무대의 이런 위협은 친숙한 개념이지만, 해즐릿은 그것을 수정했다. 그는 그것이 역사적으로 지역적인 것이라고 이해했다. 그것은 일반적인 기술적 부정확성에 의해 그렇게 많이 야기되진 않는다; 실제로 해즐릿은, 관객에게 항상 용감히 맞서진 않는 것과 같은, 비극적 인물을 연기하는 다른 방식을 제안했다. 실제 문제는, 콜리지를 포함해서 동시대 무대와 극작가들의 욕구가 좋은 드라마의 적인 추상화 쪽을 향하고 있었다는 것이다. 이러한 욕구는 그들이 '공공의 정신 및 시대의 양식을' 공유한 것이었다(p.112). 맥베스의 성격이 미신과 원시성의 맥락으로부터 힘을 얻는 반면, 마녀들에 구현된 그러한 것들은 현대 무대에 서면 우스꽝스럽게 보인다. 그래서 라이브 퍼포먼스의 효용성이 쇠퇴하는 것은 사회적 진화와 관계가 있다: '양식과 지식의 발전은 … 아마도 시간이 지나면서 비극과 희극 모두를 파괴할 것이다'(p.345).

현대적 비극: 브래들리

드라마에 대한 낭만주의의 캐릭터 중심의 접근 방식은 19세기가 끝나갈 무렵에 첫 번째 의미 있는 수정을 거쳤다. 문학 비평가 A.C. 브래들리(A. C. Bradley)(1851-1935)의 글을 통해, 비극적인 주인공은 희곡의 주요 갈등이 놓인 위치로서 중요성을 얻었다. 이 과정에서, 브래들리는 극적인 사람을 더욱 심리학적으로 읽어내기 위한 길을 열었다.

브래들리의 관점은 독일 철학자 게오르그 빌헬름 프리드리히 헤겔(Georg Wilhelm Friedrich Hegel)(1770-1831)에 의해 제안된 비극의 이론의 연구에서 성장했다. 이 주제에 대한 1901년 강의에서 브래들리는, 헤겔의 그리스 고대 비극에 대한 선호를 확인한 후 현대 드라마를 설명할 수 있도록 이론을 수정하기 시작한다.

헤겔의 관점에서 현대 비극은 보편적인 관심사를 단지 개인적인 관심사로 대체하는 것이다. 하이 모더니즘의 출현 즈음에 쓴 글에서 브래들리는 다음과 같이 요약했다: '주체성에 주어진 중요성 - 그것이 현대 감정과 현대 예술의 특징적인 흔적이다; 그리고 바로 비극들이

그러한 인상을 지닌다'(Bradley 1911: 77). 아이스킬로스(Aeschylus)
의 희곡 「신에게 술을 바치는 사람들(Libation Bearers)」의 주인공인
오레스테스(Orestes)에 대한 우리의 관심은, 오레스테스는 그가 대변
하는 윤리적 위치 또는 힘과 동일하다는 우리의 느낌에서 파생된다.
그와 대조적으로, 우리가 햄릿(Hamlet)에게서 관심을 갖게 되는 것
은 그의 갈등인데, 그것은 '반대되는 영적인 힘과 벌이는 것이 아니
라 주변 정황, 특히 자신의 본성에서 나오는 어려움과 벌이는' 갈등
이다(p 77). 현대 - 즉, 셰익스피어 시대 - 비극의 개인은, 브래들리
가 보기에 '주변 정황'에 의해 내적으로 분할되고 형성된 듯 복잡하
게 생각된다. 칼 마르크스(Karl Marx), 그리고 지그문트 프로이트
(Sigmund Freud)의 이론에 의해 형성된 지적 문화는 현대의 개인에
대한 이 설명을 인식할 수 있을지도 모른다.

   헤겔이 개인에 둔 가치에 대한 브래들리의 교정은, 헤겔 이론에
대한 '보충'의 필요성으로 이어진다. 브래들리에 따르면, 고통에 대한
관심은 생략된다. 이로써 비극의 결말에서의 화해에 대한 강조가 허
용되는데 이는 부적절한 것이다. '바로 그 갈등의 존재가… 고통스러
운 사실로 남아 있고, 꽤 많이 이해되지 않는 사실로 남아 있기 때문
이다. 어떤 의미에선 우리가 반대되는 영적인 힘이 어떻게 발생하는
지 보고 있다고 말할 수 있을지 몰라도, 우리 안의 최고의 무엇인가
가 여전히 그에 대해 큰 소리로 항의하기 때문이다'(Bradley 1911:
83). 여기에서 브래들리는, 양측 모두에 영적인 가치가 있는 비극적
갈등, 필수적인 '영혼의 분열'이 다양한 상황에서 발견될 수 있다고
주장함으로써, 헤겔의 이론을 다시 써내려가길 계속한다. 삽화처럼,
그는 맥베스가 도덕적으로 선하지는 않을지라도, 존경받을 수 있고
동정의 대상이 될 수 있는 좋은 자질을 가졌다고 주장한다. 비극적
인 것은 '그 사람의 본성의 요소들이 너무 불가분하게 섞여 있어, 우
리가 존경하는 그의 선함이 단순히 악을 반대하는 대신 악을 강화하

는 것이다'(pp 88-9). 중심적인 비극적 갈등에서 대항하는 두 요소는
변증법적으로 서로 연결된다: 하지만 대립적인 두 요소 모두 다른
한쪽보다 더 나쁜 것은 아니다. 유명하게도 소포클레스(Sophocles)
희곡의 안티고네(Antigone)는 왕에 대한 의무와 형제에 대한 의무
사이에서 선택해야 한다. 브래들리는 이 갈등이 비극의 정황 속에
있다기보다는 변증법적으로 해석돼야 하는 캐릭터 속에 있다고 말한
다. 갈등을 겪는 캐릭터는 결국, 거기에 이끌렸지만 마찬가지로 갈등
을 겪게 되는 관객을 생산한다.

　브래들리는 헤겔하고만 논쟁하지 않는다. 또 다른 인물이 그 배경
에 있는데, 아마도 그가 헤겔 읽기를 제어하는 듯하다. 『셰익스피어
의 비극(Shakespearean Tragedy)』(1904)에서 브래들리는 헤겔의 드
라마 이론이 아리스토텔레스 이후 가장 중요하다고 말한다. 그 이론
을 동시대 비극에 적합하게 만들기 위해 다시 씀으로써, 브래들리는
그 현대적 시대에 아리스토텔레스의 후계자로 자신을 자리매김할 것
으로 보인다. 그리고 실제로, 헤겔의 생략을 요약한 후 그는 적어놓
는다: '만약 아리스토텔레스가 이와 같은 생각을 『시학(Poetics)』의
일부 손실된 부분에서 논의하지 않았다면, 그는 그리스 비극에 대한
완벽한 이론적 근거를 제공하는 데 실패한 것이다'(Bradley 1911: 85).
현대의 아리스토텔레스식 논의를 적는다면, 액션이 물론 비극의 중
심에 있기는 하지만, 셰익스피어의 더 위대한 희곡에선 '액션이 본질
적으로 캐릭터의 표현인 것이다'(Bradley 1983: 13).

　헤겔의 강의에서 이 캐릭터가 명확하게 갈등을 겪는 반면, 『셰익
스피어의 비극』에 묘사된 캐릭터는 거의 비극적으로 단일해진다. 그
들은 '강화'되었기 때문에 특별한 지위를 가진다: '전체를 하나의 의
도, 대상, 열정, 또는 마음의 습관과 동일시할 수 있는 결정적인 성
향. 이것은 셰익스피어에게 근본적인 비극 정신으로 보일 것이다'
(p.13). 여기서 발생하는 일은, 갈등을 겪는 캐릭터 혹은 변증법적인

캐릭터라는 견해로부터 단일한 '비극적 특성'에 집중하는 견해로 이동하는 것이다. 이것이 아리스토텔레스의 '하마르티아(hamartia)'와 유사하게 지닌 특성이 표명된다; 그러나, 두 가지 모두 '치명적 결함'이라는 단순한 생각 속으로 들어가 평평한 개념이 된다. 자기 주장을 하면서 브래들리는, 단순히 비극적 특성의 핵심 색출을 위한 분석 형식을 변증법적으로 작동시키고 고무시키는 해석으로부터 물러났다: '그러면 이아고(Iago)의 액션을 실제로 움직이는 힘은 무엇이었는가?'(p.185).

영문학 과정의 많은 학생들에게 이런 종류의 질문은 전문학교 시험, 때로는 대학 시험의 상투적 유형이 되었다. 그러나 그와 함께 자주 다른 종류의 질문, 브래들리에 대한 공격에서 비롯된 질문이 나타났다.

극시: 나이츠와 신비평

L. C. 나이츠(L. C. Knights)의 에세이 제목인 '맥베스 부인의 아이들은 몇 명인가?'(How Many Children had Lady Macbeth)'(1933)는 독자들에게 브래들리의 법정심리학적 방법을 희곡 텍스트로부터의 출발로 보도록 자극한다(그것이 현대 스타니슬랍스키 식(Stanislavskian) 연기자를 위한 적절한 질문이었을지는 모른다 하더라도). 나이츠는 구체적으로 희곡 텍스트에 있는 것, 그 단어들로 돌아가는 데 대한 찬성론을 편다: '주의하여 읽어라, 희곡들 스스로 그것이 어떻게 읽혀야 하는지 방법을 알려줄 것이다'(Knights 1946: 5). 그러나 구체적인 것에로 돌아가는 이 작업은 또한 놀이로서의 희곡의 가능성을 폐쇄하는 일이기도 하다. 셰익스피어 희곡이 행동과 동작을 사용하더라도, '그것의 결말은 단어를 통해 풍부하고 세심히 관리된 경험을 전달하는 것이다'. 그것은 한마디로, '극적인 시'이다(p.4).

문학비평의 드라마 논의에 자주 출몰하는 것이 시인데, 시가 귀환하여 자체 내에 희곡을 포함한다. 나이츠의 에세이가 나온 2년 후에는 또 다른 영향력 있는 글, 캐롤라인 스펄전(Caroline Spurgeon)의 '셰익스피어의 이미저리(Shakespeare's Imagery)'가 뒤를 이었다. 여기서 스펄전은, 이미지 패턴의 세심한 독서를 통해 희곡의 주요 관심사를 식별하는 것이 어떻게 가능한지 보여준다. 이들은 오히려 무대의 장면화되고 구현된 이미지라기보다 시의 언어적 이미지로 생각된다. 셰익스피어 희곡의 본질적 의미에 접근하는 경로를 제공하면서, 이러한 분석 방식은 언어로 된 텍스트와 독서 행위에 특권을 준다.

그러한 형식으로 그것은 셰익스피어의 작품으로부터 모든 드라마로 확산된다. 그리하여, 예를 들어 1945년 클리언스 브룩스(Cleanth Brooks)와 로버트 헤일먼(Robert Heilman)의 학생용 교재, 『드라마의 이해(Understanding Drama)』에서, 저자들은 드라마를 단순한 언어적 교환과 구별 짓는 것은 '단지 행동이 아니라' '의미 있는 행동'이라고 주장한다. 의미는 대화에 의해 제공되는데, '언어는 아마도 의미 있는 표현의 가장 풍부하고 미묘한 수단이기 때문이다'(1966: 11). 이것은 저자들을 기본적인 정의로 이끈다:

> 정당한 드라마는 주로 청각 예술이며, 그리고 … 대화는 그 기본 요소다. 따라서 드라마의 경우, 의상, 무대 세팅, 심지어 연기 자체도 결국은 부차적이다. 여기서 주된 것은 단어이다; 이 사실은, 단지 서재나 교실에서 읽을 경우에도 훌륭한 희곡은 극적인 힘의 많은 부분을 유지하는 이유를 설명해줄지 모른다. (p.12)

1945년은 비평론의 효과적이고 영향력 있는 방식, 신비평의 전성기였다; 클리언스 브룩스(1906-94)는 그 주요 전문가 중 한 명이었다. 그 방식은, 충분히 정확한 독서가 시인의 비전으로 이어질 수 있다는 생각에 근거를 두고 있다. 그 시인의 비전이란, 아이러니하게도 어떤 것을 의미할 의무도 없이 세계로부터 멀어져 있는 채로 독립적인 시 안에서 스스로 표현되는 것이다. 이 독서의 관계와 비참조적 예술작품 모두의 중심적인 중요성은, 시가 주목을 받는 선호 대상이었음을 의미했다. 그래서 그것을 드라마에 스스로 적용할 때, 브룩스의 접근 방식은 극적 퍼포먼스의 사회적 이벤트, 실질적이고 다중적인 관객과의 협상을 피해가는 것이었다. 브래들리가 관객이 원하는 것에 관심을 가진 동안, 브룩스와 헤일먼은 형태의 본질을 정의하는 탐구에 최고의 지위를 준다. 그때까지의 브래들리주의가 분석을 통해 가공품의 정확한 형태를 잊을 수 있는 캐릭터의 세계로 들어갔던 반면, 신비평은 관객의 현실을 잊을 수 있는 가공품의 정확한 형태에 그토록 관심을 가질 수 있었다. 두 방법 모두 수십 년 동안 영문학 비평에 매우 영향력 있는 것이 되었다.

이런 접근 방식들이 우세해지면서 주변부로 밀려난 것이, 그 체현에 대해 무시하지 않으면서 극적 가공품을 면밀하게 돌본 두 가지 입장이다. 이 중 첫 번째 것은 나이츠의 브래들리 공격보다 먼저 나왔다.

인간의 필요와 만족: 엘리엇

시인 T. S. 엘리엇(T. S. Eliot)(1888-1965)의 드라마에 대한 첫 에세이들은 1919년부터 씌어졌다. 그 글들에서 그는 의식적으로 극적인 것에 대한 문학 전통의 관점, 특히 셰익스피어와 그 동시대 작가들에 대한 관점을 문제 삼았다. 1919년 벤 존슨(Ben Jonson)에 대한 에세이에서 엘리엇은, 존슨의 캐릭터는 도식적인 반면 셰익스피어의 캐릭터는 리얼하다는 일반적인 가정을 뒷받침하는 기준에 도전한다.

그는 그 캐릭터들을 서로 어울리면서 상호 의거하여 연기하는 것으로 보기보다는 전체의 부분들로서 생각한다. 「볼포네(*Volpone*)」 같은 희곡에선 캐릭터보다 큰 무언가가 있다; 희곡을 지탱해주는 것은 플롯이 아니라 '영감의 일치'다(Eliot 1999: 155). 엘리엇은 그가 다른 곳에서도 반복하고 있는 입장을 향해 나아간다. 즉 위대한 희곡은 자신만의 세계를 창조하는데, 그것은 자신만의 규칙을 가지고 있으며 외부 현실에 따라 측정될 수도 없다: '존슨의 캐릭터들은 자신들 세계의 감정의 논리에 합치한다'(p.156).

자율적인 작품에 대한 이 신비평적 -또는 실제로 콜리지 식의- 개념이 엘리엇으로 하여금 추후 '4명의 엘리자베스 시대 극작가(Four Elizabethan Dramatist)'([1924] 1999)란 에세이에서, 브래들리와는 매우 다른 이유로 고전 드라마와 현대 드라마 사이의 싸움을 없애도록 했다. 현대 드라마를 망친 것은 드라마와 문학 사이의 가정된 구별이라고 엘리엇은 말한다. 이렇게 말하면서, 하지만 그는 나이츠와 신비평가들을 기대하고 있지 않다. 결정적 차이는, 엘리엇에게 있어서 텍스트는 단어 이상이라는 것이다: '그리스 드라마의 대화 아래에서 우리는 항상 구체적인 시각적 현실을 의식하고, 그 뒤에선 특정한 감정적인 현실성을 의식한다. 단어의 드라마 뒤에 행동의 드라마, 목소리와 목소리의 음색, 위로 들어 올린 손이나 긴장된 근육, 그리고 특별한 정서가 있다'(p.68). 시는 구현되고 몸에 작동한다: '강렬한 정서에 있어서 인간의 영혼은, 시에서 스스로를 표현하기 위해 노력한다. 이것이 왜 그런지, 느낌과 리듬이 왜 그리고 어떻게 관련되는지 발견하는 것은 내가 아닌 신경학자가 할 일이다'(p.46). 느낌과 리듬의 그런 상호연관이 관객에 적용될 때, 그것은 마치 참여처럼 보이는 관찰의 형태를 가정한다. 그래서, 위대한 드라마가 관객에게 작동하는 방식에 대한 엘리엇의 생각은, 희곡의 별도의 세계뿐만 아니라 신체적이면서 사고 너머에 있는 힘까지 호출한다. 존슨의 작품

속엔 '지성 아래로부터 오는… 일종의 힘이 있는 것이다'(p.157).

엘리엇이 그리스 시 뒤에 있는 신체를 볼 것을 주장했지만, 한편 그의 생각은 그를 둘러싼 실제 몸들로부터 스스로 떨어져 나온다. 현대 세계의 기술적 성과는 작업하는 사람의 반응을 무디게 한다고 그는 말한다. 그 동일한 세계가, 엘리엇과 엘리엇이 보는 드라마 사이에 스스로 끼어든다: '나는 예술 작품과 나 자신 사이의 직접적인 관계를 원한다, 그리고 나는 퍼포먼스가 이런 관계를 방해하거나 바꾸지 않을 어떤 것이길 원한다'(pp.114-115). '사실주의적인' - 엘리엇에겐 모던이라고 말해지는 - 드라마의 문제점은, '당신이 더욱 더 배우에게 의존하게 된다는 것이다'(p.115). 어떻게든 위대한 드라마는, 지성 아래로부터 온 힘을 가지면서도, 배우의 물질성으로부터 비틀어 떨어져 나와야 한다.

다시 한 번, 공연의 육체적 실행은 시적 효과와 상충될 것으로 보인다. 따라서, 역설적인 움직임으로, 엘리엇은 극적 텍스트의 본능적 자질을 주장하지만, 그는 현대성으로부터 거리를 두기에 그리스 드라마, 더 위대한 엘리자베스 시대 희곡들, 그리고 대례 미사에 대한 예문들에 가까워진다. 마지막을 제외하고 모든 예들은 과거 사회에서 왔다. 그리고 대례 미사는 드라마로 보이진 않지만 신자들의 참여로 이루어지는 것이다. 신자는 미사를 예술로 생각하진 않는다. 미사에서 신체적 현실은 그리스도의 몸으로서 개념적으로 필요한데, 이는 물론 동시에 몸으로서 신체적으로 부재한 것이다.

비록 대례 미사가 드라마가 아니더라도 하나의 연결성이 있다. 엘리엇의 '극시에 관한 대화(Dialogue on Dramatic Poetry)'에서 그의 대변자 중 한 명은 이렇게 표현한다: '드라마는, 시대가 제공하는 종교적 욕구와 만족에 대한, 인간의 욕구와 만족의 관계를 나타낸다. 그 시대가 정해진 종교적 실행과 신념을 가진 경우, 드라마는 리얼리즘의 경향을 지닐 수 있고 지녀야 좋다'(p.49). '유동적'이고 '혼란

상태'인 믿음의 시대에는, 드라마가 '예배식의 방향'을 취하면서, '형식'을 지향해야 한다(p.49). 엘리엇은 1926년 총파업이 계급 관계의 유동성을 시험한 후 이것을 1년 남짓 쓰고 있었다. 드라이든은 영연방 설립 후 5~6년 뒤, 복원된 군주제였던 고귀한 본성을 이미지화하는 방법으로서 운을 맞춘 시로 된 드라마를 옹호했다. 리얼리즘에 대한 각각의 부인은, 극적 세계의 자율적이고 물리적인 힘의 감각을 그 속에 갖고 있다; 그리고 동시에, 민주주의적 유동성에 직면하여 질서를 만들기 위한 필요도 갖고 있다. 각각의 보수적인 관점은 형식과 문화적 순간 사이의 관계에 대한 감각을 가진다. 이들 관계에서 특정한 필요성이, 말하자면 질서를 위한 필요성이, 형식에 의해 충족된다. 이로부터 새로운 어떤 것이 나온다: 드라마가 특별한 역사적 욕구를 중재한다고 일단 당신이 제안하면, 당신은 절대적이기보다는 상대적인 관점에서 생각하는 문화적 생산의 이론을 개발하기 시작하는 것이다.

역사와 존재의 구현: 윌리엄스

그렇기에, 비평가이자 이론가인 레이몬드 윌리엄스(Raymond Williams)(1921-88)는 자신의 영향력 있는 문화 생산 이론을 개발하는 과정에서, 드라마야말로 자신의 주장에 권능을 부여하는 매체임을 발견했던 것이다. 우리는 드라마에 대한 문학적 고려가 시드니부터 줄곧 어떻게 그늘져 왔는지, 실제의 다양한 관객 앞에서 그 형식을 시험하는 드라마의 구체적인 물질성 때문에 얼마나 귀찮았는지에 대해 주목해왔다. 윌리엄스 이후, 문학 비평으로부터 문화 연구라고 불려야 할 영역으로의 이동을 용이하게 한 것은 정확히 드라마의 이러한 특질이다.

윌리엄스에게 있어 드라마는 다른 문학양식과 다르다. 이것은 비극에 대한 그의 생각에서 분명해진다. 그는 특별한 예술 종류로서의 비극과, 일상생활에서의 상실이나 죽음의 경험에 주어진 이름으로서의 '비극' 사이의 분리에 주목한다. 그런 다음 그는 실제 생활의 경험과 관련된 예술형식의 개발을 추적한다. 그리고는 고대 그리스 비극에 대해 이렇게 말한다:

> 대부분의 창조적 활력과 비극의 긴장은, 특별하면서도 지금 경험하는 극적 액션으로 신화를 다시 만드는 독특한 과정에 있다. 하지만 이것은 축제의 유기적 성격 내에서, 동시대 경험과 그 사회 제도와의 피할 수 없는 일반적인 관련성을 가지고 있다.(Williams 1966: 18)

특정 예술은 항상 - 피할 수 없이 - 일반적인 연결성을 가진다. 그러나 이들 스스로 특수한 형태를 가진다. 예술은 '정확한 감정의 구조에 깊이 뿌리를 두고 있다'(같은 책에서).

정기적으로 수정했더라도 '감정의 구조'가 핵심 개념이다. 그에 대한 하나의 정의는 다음과 같다.

> 그것은 '구조'란 말이 시사하는 것처럼 확고하고 명확하지만, 우리 경험의 가장 깊고 거의 만져지지 않는 요소에 기반을 두고 있다. 그것은 실제로는 … '의식적인' 방식이 아니지만, -경험상으론 가능한 유일한 방법, 특정 세계에 응답하는 방법이다. 그것의 수단과 요소들은 제안이나 기술이 아니다; 그것들은 구현되고, 관련된 감정들이다.(Williams 1973: 10)

따라서 윌리엄스에게 중요한 것은 예술작품에 의해 제기된 제안이나 논쟁이 아니라 그것의 형태와 리듬이다.

분석은 특수성을 단순히 설명하기 위한 것이 아니라 거의 그 특수성과 함께 거주하는 것이다. 그래서 자연주의 드라마에 대한 글에서 윌리엄스는 자연주의자의 방에 초점을 맞춘다. 『*입센부터 브레히트 까지의 드라마(Drama from Ibsen to Brecht)*』(1973)의 마지막 장에서 그는, 감정 구조와 그 극적인 관습 사이의 관계에 대한 어떤 정확한 분석이든 '사람들과 그들의 환경 사이'의 관계에 대해 만들어진 추정을 보게 되리라고 주장한다: '만약 인간이 창조해온 환경을 우리가 상세히 본다면, 그들에 대한 진실을 배울 것이다'(p.386). 입센과 체홉이 요구한 방에 대해 언급하면서, 그는 그러한 무대 설정이 부르주아 사회의 특정 단계에 필요하다고 느껴지고 그것을 명확히 표현하는 것으로 느껴진다고 한다.

> 결정적인 액션은 다른 곳에 있고, 방의 덫에 걸려 살아가는 것이 인간의 결과이다. … 인생이 결정되는 곳을 창에서 응시하는 것: 그러한 의식이 이 대단한 초반부에 명확하다.(p.387)

방의 종류는 역사적 시대와 정확하게 관련이 있다. 그러나 윌리엄스가 그리려고 시도하는 결정적 요소는 이보다 더 포착하기 어려운 것이다. 독백에 관한 에세이에서 그는, 르네상스 무대에서 사용되던 독백(soliloquy)의 발화 양식은 그 시기에 고유한 것이라고 주장한다: 그것은 '정신적 *생산물(product)*의 분명한 표현과는 별개의 것으로서의… 정신적 *과정(process)*의 표현'이다(Williams 1983: 54). 르네상스 시기의 독백에서 '연설의 강도는 … 현대의 사적/ 공적 이분법이 해석할 수 없는 훨씬 더 다양하고 복잡한 관계를 제어한다; 실제로 종종 문자 그대로 읽을 수 없다'(p.55). 인간의 경험은 그 고유의 문화적 순간에 의해 함축적으로 형성된다. 그리고, 상속된 것과 새로운 것, '잔류하는 것'과 '신생의 것' 사이에서 모양을 갖추고 움직이는 것의 일부가 드라마이다:

우리 시대의 것을 포함해 어느 시기의 드라마든, 그것이 일부 포함된 일
련의 복잡한 실행들이다 - 알려진 리듬과 움직임들이 잔류하지만 여전히 능
동적인 체계이고- 그 중 일부는 탐험적이며- 새로 나타난 어려운 리듬과 움
직임들이다.(p.16)

그래서 그가 르네상스 시기의 독백을 다루든 자연주의자의 방이나
혹은 일반적인 비극적 형식을 다루든, 윌리엄스는 드라마의 특정 형
태와 구현을 통해 문화적 · 사회적 변화를 그릴 수 있다고 느낀다:
'나는 내게 효과적으로 보이는 드라마를 분석함으로써 무언가 배운
다 … 우리가 사회 그 자체로 무리 짓는 근본적 관습의 일부를 돌파
하는 방법으로서 그러하다.' 그러나 여기서, 드라마가 사회 분석을
수행하기 위한 도구로 자리매김 할 듯 보이는 것과 마찬가지로, 사
회 분석이 교대로 드라마의 특이성에 대한 새로운 평가에 이르게 됨
을 추가함으로써, 그는 자신의 방식에 자격을 부여한다 - '무대와 텍
스트 양쪽을 모두 보고 그들을 통해 상연된 살아 있는 사회를 지켜
봄으로써', 그는 '극적이기도 하고 사회적이기도 한 사실로서의' 밀폐
된 방의 의미를 파악하였다(p.20).
　극적인 사실을 동시에 사회적 사실로 봄으로써, 그는 주요한 개입
을 했다. 그것은 그가 1968년, 저항의 그 해에 선언한 비평 방식에서
의 변화로 이어졌다(비록 장악하는 데 또 다른 10년가량이 걸렸다
하더라도):

여전히 드라마 비평에 자주 나오는 유형론은 이제 분명히 아무런 가치도
없다. 그것의 고유의 개념들 - 계층 구조, 분리, 각 종류에 대한 고정된 규칙
- 은, 정확히 그들 원칙 위에 세워진 사회적, 철학적 질서에 속한다. 질서와
이론이 함께 추락했다. 사회에서와 같이 예술에서도 성공한 용어는, 움직임
에 대한 것들이었다.(Williams 1973: 381)

유형론은 어쩔 수 없이 드라마의 사회적 작동을 적절하게 설명할 수 없다. 그 작동에 집중하는 일은 움직임에 대한 의식, 사회적이고 문화적인 형성물을 만들고 다시 만드는 데 대한 의식을 개발하는 것이다. 따라서 문학 비평은, 드라마이기도 한 사회적 실행을 거쳐 문화 연구로 변한다.

3장 역사, 연극, 사회

드라마, 연극 그리고 역사

1790년에 나온 셰익스피어의 희곡 및 시를 묶은 열 권짜리 전집에 에드몬드 말론(Edmond Malone)(1741-1812)은 '영국 무대에 대한 역사적 해설'을 포함시켰다. 그는 셰익스피어의 글이 나온 맥락과 그의 뛰어난 업적 모두를 독자들이 더 잘 이해하기 위해서, 이러한 해설이 필요하다고 설명했다. 1790년 무대의 역사는 야만으로부터 문명을 향해 지속적인 발전을 다루는 것으로 가정 한다: 말론의 전체 제목이 그것의 '발흥과 진전'인 것처럼 말이다.

기원

드라마, 연극, 역사 사이의 관계는 주로 두 가지 형태를 띤다: 연극과 그 실천에 대한 '내부적' 역사, 또는 연극이 - 혹은 더 자주 드라마가 - 더 큰 문화적 역사와 맺는 관계에 대한 '외부적' 설명이 그것이다. 내부적 역사는 비문학적인 자료에 반대하는 것으로, 문학 텍스트에 부여된 가치에 의해 나뉜다. 사실, 모든 경우에 역사를 알리는 가치는, 반드시 분석돼야 하는 것의 일부이다.

따라서, 말론의 설명대로라면 적절하고 진지한 씨어터의 역사는 문학성에 놓인 가치로 정의된 과정의 일부라고 주장돼 왔다. 이 설명은 셰익스피어 전집의 부속물이다. 그 중요한 일은 그 당시에 탁월했던 저자의 작품에 초점을 맞추고, 그 탁월함을 확인하는 역사를 쓰는 것이다. 이 전략에 의해 지워진 것은 연극사를 쓰는 더 오래된 전통이었다.

그 전통은 1699년에 제임스 라이트(James Wright)와 1708년 존 다운스(John Downes)에 의해 출판된 글들로 시작하여, 재키 브래튼(Jacky Bratton)의 권위 있는 개요에 새겨져 있다(1691년 제라드 랭베인(Gerard Langbaine)의 '영국 극시인들에 대한 해설(Account of the English Dramatick Poets)'을 추가할 수도 있다). 이들로부터 그녀는 두 가지 주요 요소를 추적한다. – 희곡, 저자, 공연 날짜 등에 관한 정보를 제공하는 '희곡 목록', 그리고 연극적으로 행해진 일들에 대한 '연대기'가 그것이다. 그러한 글들의 저자는 이류 배우 또는 프롬프터로서 이미 연극과 연관되는 경향이 있다. 그리고 그들의 책은, 아주 세밀한 전시를 통해서 그리고 소문과 일화를 다시 이야기로 만들면서 이를 반영했다. 브래튼이 주목했듯이, 글로 써진 것뿐만 아니라 구비적 전통이 이 작업을 알려준다.

말론은, '진지한' 도서목록과 '사소한' 연극 정보를 차별한 18세기 후반 과정의 일부로 이 이야기에 들어간다. 말론은 학문적 사실을 일화들로 대체했다. 이는 이후 존 페인 콜리어(John Payne Collier)의 『영국 극시의 역사(History of English Dramatic Poetry)』의 1831년 출판을 위한 길을 닦았다. 브래튼에게 있어서 이는, 그 자체로서가 아니라 그것으로 구성된 활용으로 인해 중요한 전환점이다. 콜리어는 1832년 드라마의 현황을 조사하는 선정위원회 앞에 나간 중요한 증인이었다. 브래튼이 보여주듯이, 이 위원회는 개혁적이고 문학적인 중산층이 연극을 점유할 수 있었던 수단이었다. 그렇게 함으로써 그들은 저급 문화와 고급 문화, 써지지 않은 텍스트와 써진 텍스트를 차별했다. 1830년대 초 이 계급의 움직임이 연극의 역사에 현대적인 접근을 낳았다고, 브래튼은 말한다.

문학성과 사회적 실천

말론이 연극적 일화를 생략했을지 모르지만, 그는 또한 다른 어떤 일을 했다. 그의 '역사적 해설'은 그 제목에 두 번째 부분을 가진다: '그리고 우리 고대 극장의 경제와 용도에 관하여'가 그것이다. 그 해설이 기원으로 돌아가 철저히 조사하면서, 텍스트가 아닌 일련의 실행을 발견한다. 말론은 8세기 박람회에서 무역 상인을 위해 핵심적 역할을 했던 토마스 와튼(Thomas Warton)의 관찰을 인용한다: '이들 박람회를 자주 왕래했던 상인들은 … 사람들의 이목을 끌기 위해 모든 예술을 고용했다. 따라서 그들은 마술사, 음유 시인들, 그리고 어릿광대와 함께했다'(in Malone 1790: 5). 말론 및 다른 이들에게 있어, 문명을 향한 발전은 셰익스피어의 시적 텍스트에 비언어적 곡예의 변형을 가하는 것으로 특징지어졌다. 그럼에도 불구하고 그들의 역사는, 무대의 설명이 부분적으로 경제와 용도의 역사, 사회적 실행의 역사라는 의미를 가졌다. 새롭게 고양된 셰익스피어의 텍스트가 중심적인 참조점이 된 반면, '문학' 텍스트는 점점 위치가 낮아지고, 사회사 기록의 옆자리로 추락했다. 그리하여 1600년 이후, 중세 신비극 상연에 대한 최초의 기록 중 하나는 존 스티븐스(John Stevens)의 『고대 수도원의 역사(History of the Antient Abbeys)』(1722)에 들어 있다. 더 유명한 예로, 윌리엄 혼(William Hone)은 『고대 신비극의 묘사(Ancient Mysteries Described)』(1823)에서 신비극과 민속 풍습을 묘사하고 인용했다.

저자이자 출판인, 정치 논객이었던 혼(1780-1842)에게 있어, 민속 풍습과 신비극에 대한 출판은 민중 예술의 부활이었다. 그들의 오락물에 대한 텍스트와 설명은, 섭정시대 영국의 억압, 검열 정권과 극명한 대조를 보였다. 혼이 여기서 한 일은 세 가지 이유로 중요하다. 첫째, 그는 분명히 영국 문화의 '상승과 발전' 모델을 거부했다. 그의 중세 텍스트는 현재보다 더 자유로운 사회를 제안했다. 둘째로, 그의 글은 문학적 가치에 대한 가정에 의해 제약되지 않았다. 오히려 이미 확립된 교회법의 역사에 대해 말하는 것을 목표로 삼아, 텍스트를 사회적 실천의 기록물로 취급했다. 그리고 셋째로, 역사와 관련된 그의 활동은, 현재와 관련해 의식적이고 명시적인 목적이 있었다. 그의 중세 기록물은, 지배적인 동시대의 가정에 도전했다.

　혼의 글이 지닌 이러한 특징은 드라마 역사 편찬의 중요한 부분에 자리한다. 예를 들어, 왕정복고시대 드라마에 대한 1820년대의 작업, 르네상스 희곡에 대한 1880년대의 머메이드 판(Mermaid editions), 그리고 왕정복고시대에 관한 몬태규 서머스(Montague Summers)의 1920년대의 작업, 이들은 모두, 현재의 제약을 조롱하는 게 아니라면, 그것을 지속하기 위해 이전의 극적인 양식을 활용하는 것 같다. 가장 눈에 띄게 압력을 받은 것은 섹슈얼리티와 성적인 실천에 대한 생각들이었다: 머메이드 시리즈의 편집책임자 해브록 엘리스(Havelock Ellis)가 섹슈얼리티에 대한 출판물로 가장 유명했다; 가학-피학증에 대한 서머스의 관심은 명확했다(여기의 모든 세부사항에 대해 1996년 셰퍼드와 워맥(Shepherd and Womack) 참조).

　머메이드 판 텍스트가 나타났을 무렵, 다소 다른 형태의 학문이 르네상스 드라마와 관련되어 있었다. 옥스퍼드에서 고전을 공부하고 졸업한 직후에 E. K. 챔버스(E. K. Chambers)(1866-1954)는 옥스퍼드의 여성 교육 협회를 위해 엘리자베스 1세 시대 문학을 강의했다. 1892년 그는 셰익스피어의 「리처드 2세(Richard II)」를 편집하고, 같은 해에 교육위원회의 공무원으로 직업을 얻었다. 여가 시간에 그는 학교에서 사용하기 위해 영어 고전, 특히 셰익스피어를 편집했고, 동시에 『중세의 무대(Medieval Stage)』(1903), 『엘리자베스 1세 시대의 무대(Elizabethan Stage)』(1923), 셰익스피어에 관해 1930년에 발간하는 2권의 책 등, 추후 권수가 많은 연속물로 성장할 작업을 시작했다. 『중세의 무대』에서 '드라마의' 여건을 묘사하려는 챔버스의 관심은, 종교적 희곡에 대한 일반적인 집중으로부터 전체적 작업의 균형을 옮겨 민속극에 관한 긴 분량으로 이어졌다. 윌슨과 윌슨(Wilson and Wilson)(1956)이 말한 대로, 참으로 챔버스는 그가 종교적 희곡에 대해 썼을 때 종교를 배제시킨 것처럼 보였다. 프레이저(Frazer)에 영향받은 그는, 그리고 케임브리지 학파(p.58 참조)에 앞서, 극적 퍼포먼스에 계절적 기반을 두는 이론을 개발했다.

그의 전기 작가는, 『중세의 무대』 두 권과 함께 '우리가 가진 최초의 연속적 역사'가 열렸다는 점에서, 챔버스야말로 '영국 무대에 영향을 미치는' 사회적·경제적 '사실들'을 기술한 최초의 인물이라고 주장한다(Wilson and Wilson 1956: 277). 영어가 옥스포드 대학에서 연구 과목으로 개설되기 이전에 시작된 챔버스의 '아마추어' 문학 연구는, 단순히 배우들의 일화 모음집이나 일련의 희곡텍스트로 존재하기보다 시대의 사회적·경제적 실행으로서 드라마를 이해하려는 욕구에 의해 동기를 얻은 듯했다. 그래서 챔버스의 역사적 접근 방법은 그를 법률 문서, 편지, 관객에 대한 설명으로 이끌었다. 조사의 목적은, 무대 기술의 지역화된 전개로서, 그리고 사회의 더 큰 관습과 행위로서, 그 양자로서의 드라마의 실천이다. 1906년 말론 학회의 창립 회원이자 1939년까지 회장으로서, 챔버스는 희곡 텍스트뿐만 아니라 사회적 기록물의 발행을 관장했다.

이는 기록 문서를 가지고 작업하는 한에 있어서 가능한 문학적 접근이었다. 그것은, '문학성'과 연관된 추정과 가치, 글로 쓴 허구적 텍스트의 우월성, 행위와 반대되는 독서에의 주력 등에 의해 지배되지 않았다. 부분적으로, 엘리트의 텍스트로부터 전체로서의 문화로 향하는 이 움직임은 자유주의적 가치를 포용하는 챔버스를 반영할지 모른다. 이후에 드라마에 관한 작업은, 모든 종류의 기록물을 복구하고 분석하는 전통뿐만 아니라 드라마가 사회의 공유 가치를 이해하고 유지하는 핵심 양식이란 제안을 계속한다. 하지만 우리가 보게

될 것처럼, 이 두 가지 요소는 학문이 발전하고 제도화되면서 분리
되어갔다.

사실들의 전문화된 역사

우리는 문학성에 의해 배척된 종류의 역사를 다시 선택하여 그 제
도화에 접근한다.

말론과 대략 동시대인 극작가 찰스 딥딘(Charles Dibdin the elder)
(1745-1814)의 『*무대의 완전한 역사(Complete History of the Stage)*』
가 1797년과 1800년 사이에 나왔다. 그것은 연극의 사업적 업무들에
대한 상세한 설명 및 공연자들에 대한 기록을 제시하는 연대기의 전
통을 이어간다; 그러나 그것은 또한 고대 그리스로 시작되는 대단히
중요한 역사적 서술 및 프랑스와 영국의 연극을 비교하는 문화 상대
주의도 갈망한다. 언론인 T. J. 울러(T. J. Wooler)(1786- 1853)는
『*무대(The Stage)*』(1814-17)라는 책에서 연극에 관한 새로운 양식의
글쓰기를 도입하려고 시도하면서 실질적으로 이것에 기반을 두었을
것이다. 그는 드라마에 대한 역사적 설명과 함께 희곡 비평, 그리고
동시대 연극의 사회적 환경에 대한 논평을 통합했다.

딥딘의 아들, 찰스 딥딘 주니어(Charles Dibdin, Jr.) 또한 극작가
이면서 그 자신의 연극사를 생산했다. 그의 '영국에서의 드라마의 기
원과 진전에 대한 해설(Account of the Origins and Progess of the
Drama in England)'은, 말론의 경우와 마찬가지로, 큰 작업의 일부였
다. 그러나 말론의 큰 작업은 셰익스피어 출간본이었던 반면, 딥딘의
큰 작업은 건물들에 대해 조사한 『*런던 극장의 역사와 삽화(History
and Illustrations of the London Theatres)*』(1826)였다. 그는 건물 지
도와 도면의 그림과 더불어 공간과 가구를 묘사했다. 세부 사항에
대한 연대기 편자의 열정으로부터 성장한 이런 면은, 주력 대상인
특정 영역이 될 것이었다.

1927년 앨러디스 니콜(Allardyce Nicoll)은 자신의 개요 『연극의 발전(The Development of the Theatre)』이 '그 시초부터 연극 예술을 요약하려고 시도한 최초의 영어로 된 책이라고 주장했다(p.5). 이 주장은 연극 예술과 기술에 대해 별개로 분리된 관심의 출현을 알려준다. 그러한 예가 리처드 서던(Richard Southern)의 『조지 왕조 시대의 극장(The Georgian Playhouse)』(1948)인데, 이는 연극사 책으로서가 아니라 '조지 왕조 시대 건축과 장식의 양상'에 대한 삽화가 있는 논문 시리즈의 부분으로 의뢰된 것이다. 그 저자는 1930년대 후반 이래로, 무대 장치 만들기와 같은 희곡 상연의 기술적인 측면에 관해 책을 쓰고 있었다. 『조지 왕조 시대의 극장』에서 서던은 특히 희곡 상연을 위한 엔진으로서의 건물을 탐구하는데, 그 기술적 가능성을 묘사하고 무대의 형태 및 규모에 의해 생성되는 관객과의 관계를 설명한다. 이로부터 극장 특유의 물리적 측면에 대한 일련의 연구가 나오게 되는데, 서던이 1953년에 낸 『조사와 실제로 본 개방 무대와 근대 연극(The Open Stage and the Modern Theatre in Research and Practice)』, 그리고 테렌스 리스(Terence Rees)의 『가스의 시대에서의 극장 조명(Theatre Lighting in the Age of Gas)』(1978)과 같은 작업이 이에 포함된다.

서던의 『개방 무대』는 브리스틀 대학교 드라마 학과를 위해 행해진 일련의 강의에서 비롯되었다. 자기 정의를 위한 표시로 새 학과는 전문적 종사자를 강의에 초청했다. 그러나 그것은 또한 연극사의 제도적 위치와 가치를 확인하는 데 도움을 준 조치였다.

20세기 초기 '영어'의 성장은 문학 텍스트에 대한 초점을 강화했는데, 이로써 축연 사무실이든 어디든 기록물들을 다양하게 검색하는 챔버스의 방식은 배제되었다. 나중에 드라마가 대학 과목으로 등장할 때, 영문과에서 당시 유행하던 텍스트 분석과 연기 학교에서 행해지는 실습 훈련 사이에는 긴장이 있었다. 역사 기록학의 측면에서,

희곡에 대한 해설과 실행에 대한 역사는 각각 분리된 경로를 따라갈 태세였다. 문학과의 차이점을 유지하는 연극의 역사는, 분석과 해석보다는 보관되고 서술된 기록물들의 수집과 관련된다. 이러한 경향의 가장 유명한, 혹은 악명 높다고 할 만한 예가 초기 영국 드라마의 기록(Records of Early English Drama)에 관해 작업한 학자들의 연구인데, 그들은 중세에 작성된 텍스트들로부터 조금씩 가져온 자료들을 드라마 활동의 사실들로서 중립적으로 제공한다(Shepherd and Womack 1996: 44; Bratton 2003: 4).

희곡에 대한 설명과 실행에 대한 역사 사이의 분리는, A. M. 내글러(A. M. Nagler)의 『연극사의 사료집(Source Book in Theatrical History)』 도입부 논쟁에서 상당히 격렬하게 언급됐다. 1952년에 그 글을 쓰면서, 그는 연극사란 학문이 어떻게 50년밖에 되지 않았는지 지적했다. 그는 1901년 베를린 대학에서 막스 헤르만(Max Hermann)이 행한 첫 번째 강의로부터 그 날짜를 계산했다(헤르만은 이후 1923년에, 연극 실행의 역사에 대해 고찰하기 위한 연구소인 '연극학(Theaterwissenschaft)' 연구소를 설립했다). 내글러가 보기에, 초기 주도권은 독일과 프랑스에서 이뤄졌다. 영국 연극의 역사는 1948년에 연극 연구를 위한 학회(the Society for Theatre Research)의 창립과 함께 제도적으로 스스로를 자각하게 되었고, 그 간행물인 『연극 노트(Theatre Notebook)』는 독일과 프랑스 학자의 연극 백과사전과 비교해 두께가 얇다. 내글러에 따르면 1952년 미국은 연극사 간행물을 전혀 갖고 있지 않았다. 그러나 우리가 이미 여기에서 제안했던 것처럼, 영국 학문에 대한 내글러의 그림은 완전히 정확해 보이진 않는 듯하다. 예를 들어, 중세 드라마에 대한 챔버스의 작업은 헤르만의 첫 강의보다 단지 약간만 시기가 늦다. 마찬가지로, 프랑스 연극사 학회(French Société d'Histoire du Théâtre)가 1932년에 설립된 반면, 1928년에 공산주의 소설가이자 극작가인 몬터규 슬레이터

(Montagu Slater)는 영국 멜로드라마의 텍스트와 광고전단을 찾아내고 그에 대해 썼다.

챔버스와 슬레이터가 '아마추어'인 한에 있어서는, 영어로 써진 연극사에 대한 제도적 기반이 부족하다는 내글러의 주장이 확실히 옳았다. 그 주장은 그의 학문적 임무에서 파생된다. 그는 문학 분석과 직업주의 사이의 구분이 여전히 존재하는 미국에서 집필했다. 그의 입장을 뒷받침하는 것은, 건물이나 무대장치 요소, 검열 등에 관한 사실들, 연극사로서 더 적절히 간주될 수 있는 측면으로부터 드라마 텍스트에 대한 분석을 매우 확고하게 분리시키려는 욕구이다. 사실에 기반을 둔 이런 주장은, 하나의 학문으로서의 연극사가 가진 진지함을 위한 논쟁으로 남아서, 그것을 공식적인 대학 기초 학문의 가치가 있는 것으로 만든다.

그러나 기관과 사회적 실천 사이의 다른 관계에서, 사실의 가치는 사회적 실행으로부터 분리되기보다는 오히려 그 실행의 적용에서 파생될지 모른다. 내글러와 동시대적으로, 전후 영국에서는 예술을 민주화하고 분권화하는 운동이 런던 외곽의 새로운 극장들에 대한 계획으로 이어졌다. 새로운 극장의 건축양식은 예술 형식의 민주적 접근성을 반영하는 것이었다. 접근성은 '아마추어'의 가치에 대한 재평가를 포함했다. 이것은, 무대배경 화가이자 레스터 폴리테크닉(Leicester Polytechnic)의 건축과 주요 강사로 일한 리처드 리크로프트(Richard Leacroft)의 경력에서 증명된다. 그의 초기 작업 중 하나는 특별 소책자 『극장과 당신(The Theatre and You)』(1946)이었고, 1947년 『로열 극장: 레스터에서의 드라마에 대한 계획(The Theatre Royal: A plan for the drama in Leicester)』, 이어서 1949년 펭귄 소책자인 『건물 짓기(Building a House)』가 뒤따랐다. 이들은 새로운 관객, '지방'의 아마추어 관객에게 건네는 작업이었다. 1958년, 헬렌 리크로프트(Helen Leacroft)와 함께 쓴 소책자인 『연극(The Theatre)』

에서, 그들은 다시 비학문적인 관객에게 말했다: 극장의 역사에 대한 설문 조사 후, 그들은 '1920년대에 많은 실험적 작업이 자신들의 극장을 지은 아마추어 집단에 의해 이루어졌다'고 지적하고, 극장 건물들을 제한했던 한계를 깨트릴 수 있게 될 일링(Ealing)의 새로운 검찰관 극장(Questors theatre)을 기념한다. 아마추어리즘은 민주주의와 혁신 모두에 연결되어 있다. 그런데 1950년대 영국에서 성장한 극장의 역사는, 산업과 스타보다 공동체와 실험에 대한 것이었다. 실제 사람과 관계를 맺는 공간에 초점을 맞춘다는 점에서 이 작업은, 몇 십 년 후 더욱 과학기술적으로 관료화된 학계에 등장한 극장 건물의 추상적이고 비사회적인 컴퓨터 모델링과는 분명히 매우 다르다.

학문을 다시 만들기

1989년 연극사는 '제대로 된' 학문이 되었다. 포슬웨이트(Postlewait)와 맥코나치(McConachie)의 『연극의 과거에 대한 해석(Interpreting the Theatrical Past)』(1989)을 시작하는 장에서, R.W. 빈스(R.W.Vince)는 제도화에 대해 자세히 이야기하고 나서 학문에 있어서의 '위기'를 식별한다. 그는 '고려'할만한 4가지 영역이 있다고 제안한다:

> 1. 드라마 문학 연구에 대한 연극사의 관계, 2. 연극 실행에 대한 연극사의 관계, 3. 학문적 분야로서 연극사의 본질과 범위, 4. 자료와 역사가의 관계.(1989: 8-9)

이들 영역에 대해 설명하면서 그는, 드라마 연구에서 아마도 중복될 수는 있겠지만, 문학 연구와 연극 연구는 완전히 다른 활동인 듯하다고 지적한다; 연극 역사가는 동시대 드라마보다는 과거의 상연물에 관심이 있다; 연극사는, 교양 교육의 중심에 존재한다는 입장과 적합한 학문이 되기엔 너무 주관적이라는 입장, 그 양극단 사이를 배회하면서, 대학 학문으로서 불확실한 소관으로 남아 있다; 그리고 그들의 해석을 위해 자료 수집에 특권을 주는 것은 부적절하다.

1989년에 잘못된 또 한 가지 점은, 그것이 페미니즘을 간신히 따라잡았다는 것이었다. 대서양을 사이에 두고 트레이시 데이비스(Tracy Davis)(1989)와 수전 바스넷(Susan Bassnett)(1989)은, 여성 연극 작업의 넓은 맥락에 주목하고 새로운 유형의 증거를 사용하는 여성주의 연극사에 대한 안내서를 준비했다. 그들이 초조했던 것은 그럴 만했고, 드라마와 연극에 대한 여성주의적 작업은 실제로 진행됐지만 제도적 '연극사'는 그로부터 분리되었다. 1989년 무렵까지 영문학과에서 여성주의적 분석은 문화 역사를 다시 쓰고 있었다. 드라마 텍스트에 세심하게 주목함으로써 연극적인 데 이르는 접근 방식은, 상상과 느낌과의 상호 연계를 위한 기반을 세웠다; 한 문화에서의 이념적 형태와 허구적 형태의 상호 연계; 그들의 연극적 특이성에 있어서의 욕망과 쾌락의 상호 연계를 위한 기반이기도 했다(예를 들면, 케이트 벨시(Kate Belsey)의 『비극의 주체(The Subject of Tragedy)』(1985)에서 볼 수 있듯이). 이 작업의 많은 부분이 문화적 유물론에 의해 뒷받침 되듯이, 그것은 건물, 관객, 연기 모드, 법률에 대한 증거 사실의 구체성을 인정했다. 그러나 사실과 느낌의 관계는 선택적으로 주어지지 않고 변증법적으로 제공되었다.

하지만 제도화의 효과는 또 다른 길을 간다. 1989년까지, 기도 모임을 이끈 청교도 여성들, 공개적으로 이성 복장을 한 여성들이 팜플렛 성별 논란에 참여했고, 종교적 예언을 하고 공공장소에서 증언한 것으로 알려져 있다. 페미니스트 문화 분석이 퍼포먼스 연구란 신생 학문을 더 잘 알았더라면, 초기 근대 사회에서 여성의 퍼포먼스 실행의 재정의를 위한 기준으로 공개되었던 것이 무엇인지 제안할 수 있었을지 모른다. 하지만 퍼포먼스 연구 자체를 들먹이는 것이 연극사에 별로 도움이 되지 않는다(아마, 실제로, 그 반대일 수도 있다). 문학성과 사실 사이의 이항 대립은 남아 있다.

새로운 방법으로, 재키 브래튼(Jacky Bratton)은 '상호연극성'(intertheatricality)이란 개념을 개발했다. 상호텍스트성(intertexuality)에 착안한 그것은 연극 텍스트 사이의 관계들을 조율하려고 시도한다. 결정적으로 그것은 글로 써진 것을 넘어, '무대 시스템', 장르, 관습 그리고 기억을 포함하는 여흥물의 공유된 언어를 지향한다. '단일 연극 전통 내에서의' 모든 여흥물은, 단일한 퍼포먼스가 결정체의 한 순간일지라도, 상호의존적이다(Bratton 2003: 37-8). 하지만 브래튼이 주목한 대로, 언제나 마찬가지로 문제가 되는 일은 기록되지 않은 것에 접근하는 일이다. 시도의 방식, 실례를 드는 삽화의 방식으로 그녀는 연극 전단들을 분석한다.

상호연극성은, 그들의 주변 소재들로부터 명백한 사실들을 들어 올리는 과정을 역전시킨다. 그것은, 하나의 사실일지도 모르는 개념을 확장하여, 그것을 지속적으로 움직이는 관계 망 속에 떨어뜨린다. 어떤 의미에서 여기서 연극사는, 드라마와 연극을 전체적인 사회의 계층화되고 연동된 과정 속으로 보다 확고하게 연결 지음으로써 수정되고 있다. 그토록 많은 연극사에 의해 포기된 그 연결은, 스스로 가능성의 범위를 갖고 있다.

드라마와 사회

T. J. 울러(T. J. Wooler)는 『*검은 난쟁이(The Black Dwarf)*』란 자신의 급진 민주주의적 잡지에서 국가 의례를 조롱하는 특별한 기술을 취했다: 1817년 2월 호에서 그는 '행진으로 불리는 군사 멜로드라마'에 대해 보고하는데(p.31) 그것은 '국가적으로 연극적인 것'의 부분이다. 독자들에게 국가 의례를 연극으로 보라고 장려함으로써, 울러는 그 의례들에게서 부분적으로 존엄성을 빼앗고 있다. 하지만 아마 더

중요하게도, 의례적 활동은 국가 권력이 스스로의 권위를 구축하고 유지하는 수단이라고 그는 제안하고 있다. 의례는 동시에 하나의 퍼포먼스이면서 국가의 일상생활의 일부이다. 일단 우리가 의례를 연극적이라고 간주하고 나면, 실제 생활이라고 당연하게 여겨졌던 것이 종종 동시에 퍼포먼스에 의해 유도된 사람들 사이의 협상이라는 점을 알게 된다.

사회 생활의 수행

비록 『검은 난쟁이』에서 울러의 목적이 풍자적이라 해도, 그는 연극 자체에 깊은 관심을 갖고 있었다. 그의 잡지 『무대(The Stage)』는 연극 비평의 새로운 양식을 개발하려 했고, 기관으로서의 극장에 대한 에세이를 포함했다. 하지만 여기서 우리의 관심을 끄는 것은, 연극이 아닌 이벤트의 연극성을 확인하는 것이다. 울러의 동시대인들은 각자의 방식으로 국가의 존엄성을 낯설게 하려 시도했고, 셸리의 시 「무정부 狀態의 가면(The Mask of Anarchy)」에서처럼 이념적 비평을 개발하려 했다. 하지만, 의례적 이벤트의 수행적 처리 과정이라고 일컬어질 수 있는 데 대해 초점을 맞춤으로써, 울러는 이후에 인류학자와 민족학자에 의해 점령될 영역으로 이끌려갔다.

그 영토는 마르셀 모스(Marcel Mauss)와 노베르트 엘리아스(Norbert Elias)같은 사상가에 의해 20세기 초에 발견되었다. 신체의 기술에 관한 에세이(핵심어: '체현(Embodiment)' 참조)에서, 모스는 수영이나 땅파기 등 자연적인 활동처럼 보이는 일들이 특정 시대의 특정한 사람들에게 특유한 신체적 기술로 수행된다는 점을 관찰했다. 문명화 과정에 대한 엘리아스의 설명도, 식사와 분뇨 처분을 위한 기술의 발전에 있어서 어떻게 사회가 예법과 더러움 사이의 구별에 대한 존중을 강구하는지 보여준다. '올바른' 듯 보이는 식사 예절을 채택할 때, 사람은 거의 모든 의미에서 그들의 계급을 증명한다. 따라서,

신체적 기법은 타고 났다기보다 학습된 것일 뿐만 아니라, 그들 중
일부는 결과적으로 사회적 능력과 권위의 퍼포먼스에 해당하게 된
다.

여기에서, 다른 사람에게 주는 자신의 인상을 구축하고 유지한다
는 것은, 모든 사회적 상호 작용이 의식적이든 아니든 어떤 의도에
의해 형성된다는 주장을 향한 상대적으로 작은 지적 진전이다. 이것
은 1956년 첫 발간된 어빙 고프먼(Erving Goffman)(1922-82)의 저
서, 『일상생활에서의 자신의 제시(The Presentation of Self in Everyday
Life)』의 주제였다. 그 서문에서 고프먼은 에딘버러 대학(Edinburgh
University) 톰 번스(Tom Burns)의 미간행 논문의 영향을 인정하는
데, 톰 번스의 논문에서는 상호 작용을 통해 개인들이 다른 사람들
의 반응을 안내하고 제어하길 원한다고 주장한다. 그는 또한, 인간
활동에 동기를 부여하려는 시도를 지배하는 일반적 규칙에 대해 설
명하려 했던 문학 학자 케네스 버크(Kenneth Burke)의 작업도 인정
했다. 『동기의 문법(A Grammar of Motives)』(1945)에서 버크는, 드
라마 글쓰기에서 느슨하게 파생된 5개 용어로 구성돼 있기 때문에
그가 '드라마티스틱의 5가지 요소(dramatistic pentad)'라고 부른 모델
을 채용한다: 행동(act), 장면(scene), 행위주체자(agent), 행위주체
(agency) 그리고 목적(purpose)이 그것이다. 서로 다양한 관계에 있
는 이들 요소는 인간 동기의 속성과 설명에서 찾을 수 있다.

버크는 'dramatic'이 아닌 'dramatistic'이란 용어로 그의 5가지 요소
를 설명했다. 비록 드라마에서 파생된 언어를 사용할지라도, 그는 예
술형식으로서의 드라마에 관심이 있는 것은 아니었다. 이와 유사하
게 신호(cues), 부분(parts), 일상(routines), 그리고 극작술적 전략
(dramaturgical strategie) 등 고프만의 언어 역시 분명히 드라마에서
파생되지만, 그것들은 예술형식보다 인간의 상호작용에 적용됐다.
차라리 그 반대 방향으로, 대조적으로 연극에 대한 사회학적 접근을

설명하려는 시도는, 조르주 귀르비치(Georges Gurvitch)에 의해 착수
됐다.

1956년 귀르비치는, 그러한 접근 방식이 개입될 수 있을 만한 프
로그램을 설정한다. 그때까지는 오직 연극의 대중만이 분석되어 왔
다고 그는 말했다. 이제 연구의 다른 분과들이, 사회의 틀과 연극의
틀, 그 둘이 충돌할 수도 있는 '특정한 사회적 틀 안에서 작동한' 것
으로서의 극적 퍼포먼스에 대한 분석을 차지할 수 있다; 또는 '사회
적 집단으로서의 배우'에 대한 연구나; '희곡의 … *내용*과 실제 사회
체계 간의 기능적 관계'에 대한 연구도 마찬가지이다. 가장 중요한
것은 '다른 종류의 사회에서의 *연극의 사회적 기능*을 연구하는 일일
수도 있다(in Burns and Burns 1973: 77-8, 원래 강조).

연극은 그처럼 기능성 내에서 틀지어지는 반면, 사회적이란 개념
은 훨씬 더 동적이다. 그는 사회생활에 있어서 연극성의 침투, 역할
에서 나오는 놀이, 사회와 연극의 친화성에 주목한다: '사회적 의례,
그리고 우리가 그 안에서(때로는 그것을 모른 채) 해내는 개별적이
고 집단적인 역할들은, 연극이라 불리는 것과 놀라운 유사점을 보인
다'(p.72). 이런 관찰에 있어서 그는 그 시대의 매우 전형적인 경우
처럼 보인다. 고프먼의 저서 발행 및 싱어(Singer)의 '문화적 퍼포먼
스'란 개념의 출현(1955)과 일치하여, 귀르비치는 정치적 일상 내의
퍼포먼스에 대한 바로 그 1950년대의 관심을 표명한다.

사회학과 연극에 대한 이런 1950년대식 관심은, 일상생활이란 사
람들이 매일 인간적 교류를 통해 권력과 명예를 위해 협상하는 영역
이라고 보는 다른 많은 책들의 유행을 선도하거나 그와 조화를 이루
는 데 도움이 됐다: 친구를 이기고 사람들에게 영향을 미치는 방법
을 배우기, 남보다 한발 앞서는 상태를 달성하기, 관련 문구의 일부
를 사용하기 위해, 사람들이 즐기는 게임을 연습하기 등. 돌이켜보
면, 경쟁적이며 수행적인 일상생활에 대한 이런 설명은 특히 미국

서부에서, 특별히 좌파들에게 있어, 순응의 문화와 상품 획득의 문화에 휘말린 위대한 진보적 조직의 증발에 대한 감각과 일치한다. 1959년에 사회학자 C. 라이트 밀스(C. Wright Mills)는 '포스트모던 시대'로 대체되는 '이른바 모던 시대'의 종언을 선언했다(『*사회학적 상상력(The Sociological Imagination)*』 1999: 165, 166).

그러나 이 요약에서 우리는 또한, 매일의 퍼포먼스에 대한 최근의 영향력 있는 또 다른 접근인 인류학의 접근 방식을 고려할 필요가 있다. 두 가지 접근의 차이점을 명확히 해보자. 빅터 터너(Victor Turner)(그에 대해선 8장에서 더 자세히 논의할 것이다)의 영향 아래, 인류학은 성년식, 결혼식 축하, 장례 의식과 같이 연극적이진 않지만 여전히 명백하게 수행되는 사회적 행사를 분석했다. 터너는 갈등 상황을 다루는 과정의 특정 단계를 위한 '사회극(social drama)'이란 용어를 만들어냈다. 사회극을 공부하면서 인류학자들은 공동체의 가치를 드러낼 수 있다. 그러나 사회극의 개념 또한, 극장에서 행해진 작업에 대한 사고방식을 제공한다. 대조적으로 고프먼 같은 사회학자는, 명시적으로 수행된 것에 훨씬 덜 관심을 가지고 오히려 일상생활의 숨겨진 또는 무의식적인 퍼포먼스에 더 많은 관심을 가진다. 드라마에 대한 생각을 위해 새로운 모델을 생산하는 대신, 그의 작업은 단순히 일상생활을 분석하기 위해 드라마와 연극의 언어에 의지한다.

그 후 1970년대 초반에, 리처드 셰크너(Richard Schechner)가 민족학과 인류학을 포용했을 때(p.170 참조) 그것은 실제로 기능주의적인 사회학적 접근에 도달했다. 그리고, 고프먼과 터너와 마찬가지로, 다시 한 번 예술작품에 대한 공식적인 예술 분석으로부터의 이탈이 있었다. 이 관찰을 통해 우리는 중요한 지점으로 나아간다.

사회와 형식

사회를 다루는 접근법과 공식적으로 예술작품을 분석하는 접근법 사이엔 큰 간격이 있는 것 같았다. 이 격차는 1971년 문화 평론가 레이몬드 윌리엄스(Raymond Williams)에 의해 설명되었다: 드라마 텍스트에 대한 공적인 분석은 주로 대학 영문학과에서 이뤄졌지만, 이들은 사회학적 접근, 특히 마르크시즘에 적대적이었다. 그 적대감을 탐험하면서, 그는 마르크시즘이 인간의 상상력과 의식의 생산물을 상세히 다루는 능력에 있어서 취약하다는 점을 지적했다. 당시 행해지던 것처럼, 마르크시즘은 기계적 일반론을 취급하는 듯했다. 반대로, 영문학과를 지배했던 주요 양식인 실용적 비평 또는 '신'비평은 텍스트의 특정한 뉘앙스를 다뤘다. 그리고 그것은 광범위한 사회적 관심사를 다루는 데엔 관심이 없었다. 이 적대감이 윌리엄스 자신의 작업 틀을 설정했다. 1950년대 중반, 즉 고프먼과 귀르비치의 그 시대 이래로, 그는 사회학과 실용적 비평을 화해시키려고 시도해왔다. 그는, 제2장에서 암시한 것처럼, 더 큰 '감정의 구조' 안에 극적인 형식을 위치지음으로써 그 일을 했다. 그는 덜 기계적인 마르크스주의 및 사회적으로 감지하는 중요한 분석, 그 모두를 원했다. 그가 나중에 설명했듯이, 1971년에 중심이 된 프로젝트는 특정 작품들과 시대에 있어서의 구조에 대한 연구 방법을 찾기 위한 시도였는데, 그 구조란 특정한 예술 작품과 형식들, 그뿐 아니라 더 일반적인 사회생활의 형식 및 관계에 연결되면서 그것을 밝혀주는 상태로 유지되는 것이었다(1981: xiii-xiv).

1971년의 이 요약이 지닌 중요성은, 윌리엄스가 자신과 매우 비슷한 관심을 가진 마르크스주의자를 그즈음 발견했고 그에 대해 자신의 청중들에게 말할 수 있었다는 것이다. 이 사람은 루시앙 골드만(Lucien Goldmann)(1913-70)이었다. 골드만의 『*라신(Racine)*』(1981) 서문으로 인쇄된 강의에서, 윌리엄스는 골드만과 우연히 만난 장면을 설정한다. 여기서 그는 자신의 감정 구조와 매우 유사한 개념을 발견했다: '유전적 구조주의'가 그것이다. 이 모델 내에서 '사회적 사실과 문학적 사실' 사이의 관계는, 동시에 사회 집단의 의식과 작가의 상상적 창의력을 조직하는 사고방식인 '정신 구조'의 문제이다. 이러한 정신 구조가 역사에서 변화한다; 그들은 나타나서 존재하다가 퇴조한다. 시간을 건넌 그들의 변이와 상호 연결은 유전적인 설명을 요구한다.

골드만은 『숨은 신(*The Hidden God*)』(1955, 영어로는 1964년 번역된)에서 자신의 생각을 처음 개발했다. 그 책은 그들이 표현하는 '세계관'을 통해 작품에 접근하는 방식을 선언한다. '세계관'은 다음과 같이 정의된다.

> 집단 구성원의 현실적, 정서적, 지적 성향, 심지어 운동을 일으키는 경향의 가장 일관되고 가능한 방식에 있어서의 개념적 추정으로서 정의된다. 그것은, 문학적 평면에서 존재와 사물의 구체적 우주에 대한 어휘들로 창조되어 표현된, 문제와 답들의 일관된 패턴이다.(1964: 314-15)

그렇지만 여기 하나의 자격이 있다. 골드만은, 세계관이 '위대하거나' '타당한' 작품에게만 적용된다고 제안한다:

> 모든 타당한 문학 작품은 내부적인 일관성을 지니며 세계관을 표현한다; 대부분 다른 저술은, 발간됐건 그렇지 않건, -정확히 그러한 일관성의 부족 때문에- 진정한 우주를 표현할 수도 없고 엄격하고 통일된 문학 장르를 찾아낼 수도 없다.(p.315)

'사회학적 미학'의 전반적인 작업은, '특정 작품에 창조된, 하나의 세계관과 등장인물 및 사물들의 우주, 그 사이의 관계를 끌어내는

것'이다(p.316). 이후 1967년에, 골드만은 세계관 개념을 '대략 일관
성 있고 의미 있는 구조, 즉 그것이 *특정 사회 그룹의 모든 구성원이*
지향하려는 결론 쪽에 근접해 있는 한, 그 구조'를 성취한 문화적 활
동으로 다시 가다듬었다(Burns and Burns 1973: 113, 원래 강조). 물
질적으로 구체적인 인간 활동이 '대략 일관된' 구조 속에 스스로를
조직한다는 주장은, 윌리엄스가 그와 동시에 개발 중이었던 '감정 구
조'의 공식과 밀접하게 일치한다. 두 모델 모두 인간의 특수성에 대
한 감각을 잃지 않으면서 사회에서의 예술 활동에 대한 개관을 제공
하려 한다: 느낀 것과 상상한 것의 구체성 말이다.

　윌리엄스는 문학 연구와 사회 연구 사이에 많은 접촉 지점이 있다
는 점을 관찰한다: 독서(또는 관람)하는 대중에 대한 분석, 사회 집
단으로서의 작가들의 역사, 문학적(또는 극적) 형식의 사회사 등. 하
지만 골드만에 대해 자신을 가장 흥분시킨 것은 형식에 대한 강조였
다고 윌리엄스는 말한다. 그는 다음을 확신하게 됐다.

> 관점의 변화, 알려졌거나 알 수 있는 관계의 변화, 가능하고 실제적인 결
> 단력의 변화가 문학적 조직의 형식으로 직접 증명될 수 있다. 그리고는, 그
> 들이 개별적 해법 이상으로 관여하기 때문에 합리적으로 실제의 사회 역사에
> 연관될 수 있다.(Williams 1981: xix)

　그는 『*현대 비극(Modern Tragedy)*』(1966)에서 그런 분석을 시도
했다. 사회생활과 극적 또는 문학적 형식 사이의 연결을 위한 모델
로서, 이것은 좁은 의미로 이해된 드라마의 사회학과는 매우 다르다.

　그 사회학, 소위 실제적인 비평에 대한 대안은 윌리엄스에게 선택
대상이었던 적이 없었다. 1971년 골드만에 대해 강의했을 때, 그는
드라마와 퍼포먼스에의 접근을 약화시켜온 교착상태에서 벗어나는
길을 가리키고 있었다. 하지만 그는 자기 홀로 그 위치에 있지 않았

다. 1970 년대 초반, 사회 과학적 접근과 드라마 연구 사이의 관계에
변화가 있었다. 윌리엄스의 강의는 1972년에 출판되었다. 같은 해
엘리자베스 번스(Elizabeth Burns)의 『*연극성(Theatricality)*』이 출판
됐다. 여기서 번스는, 일상적인 사회적 행동과, 결혼식・민간 의례와
같이 수행적이거나 '연극적'인 행사 사이의 연속성을 가정하는, 1950
년대의 익숙한 위치에서 시작한다. 그리고서 그녀는 극장에 가는 활
동이 일상생활의 과정과 매우 다르다는 것을 보여주기 위해 논의 방
향을 돌린다. 극장에는 상연자와 관객 사이에, 그리고 허구적 캐릭터
의 서로서로 사이에, 그렇게 두 가지의 동시적인 상호 작용이 있다.
이들 상호 작용은 일련의 다른 관습들에 의해 지배된다: 상연자들에
의해 자신들이 설득되도록 허용한 관객의 합의는, '수사적 관습'에 의
해 지배 받는다; 상연된 작업, 즉 진실인 듯 보임으로써 효과적이길
바라는 허구는, '진짜임을 증명하는' 관습에 의해 지배 받는다. 효과
적인 설득을 위해, 진실성의 느낌은 지속적으로 갱신돼야 한다. 이
두 가지 관습의 존재는 일상 행위와의 차이점을 표시한다. 행동이
'수사학의 문법 및 진짜임을 증명하는 관습에 따라' 구성된 것처럼
보일 때엔 언제나 '연극성'(theatricality)의 감각이 있다(Burns 1972:
31-3).

　번스는 일상생활이 극작가, 배우, 그리고 관객이 그렇게 하듯 똑같
은 참조와 '상징(typifications)'에 의지한다고 인정한다. 이것은 사회
과학자에 의해 채용된 '극작술적(dramaturgic)' 어휘로 이어진 것이라
고 그녀는 말한다. 하지만 연극은 '구성적 자질'에 의해 일상생활과
명확하게 구분된다. 이는 세 가지 영역에서 나타난다: 연극적 이벤트
의 '배가된' 상호 작용; 밖에서는 거짓으로 거부될 일종의 구성된 행
동에 대한 극장에서의 수용; 일상생활에서는 정상적으로 일관되게
구분하기 어려운 '계열적 가치'를 명확히 언급할 수 있는 연극의 능
력. 그리하여, 수사학 및 관습에 대한 아마도 더욱 문학적・언어학

적인 고려에 의지함으로써, 이 '사회학적' 접근은 일상적 퍼포먼스에 대한 앞서의 가정에서 벗어난다. 그것은 연극과 평범한 일상생활의 차이를 회복시킨다.

우리가 여기에서 요약한 중요한 챕터인 번스 책의 발췌분은, 다음 해인 1973년, 그녀가 에딘버러에서 고프먼의 예전 동료인 톰 번스 (Tom Burns)와 편집한 『*문학과 드라마의 사회학(The Sociology of Literature and Drama)*』이라는 선집에 나왔다. 선집의 서문은, 무대화된 행동과 사회적 행동 사이의 사회과학적 유사점에 대해 회의적으로 논평한 번스의『*연극성*』도입부로부터의 짧은 발췌분을 통합한다. 특히 고프먼이 강조되는데, 그는 자신의 가장 잘 알려진 작업에서 이 유사성을 정교하게 다루었기에 "퍼포먼스", "팀 플레이", "앞쪽 무대" 등을 다루는 장과 장을 거치며 나타난다. 그리고는, '이제까지 단순한 유사점을 강조해온 이런 시도가 부분적으로 수사학이고 계책이었다'는 점을 인정한 그 작업의 두 번째 판에 고프먼이 추가한 것을 인용한다(in Burns and Burns 1973: 23).

함께 생각해보면, 골드만에 관한 윌리엄스의 1971년 강의, 번스의 『*연극성*』(1972), 그리고 번스 앤 번스의 선집(1973) 모두, 사회과학 연구와 문학 연구, 드라마 연구 사이의 관계에 대해 재검토한다는 데 있어서 일치하는 듯 보이며, 심지어 그 재검토의 출발을 알리는 듯하다. 그것들 간의 연관성에 대해서 만큼이나 특정한 차이점에 대해 인정하면서 말이다. 같은 순간에, 버밍엄 대학의 문화 연구 센터는 스튜어트 홀(Stuart Hall)의 지도력 아래 가장 영향력 있는 단계에 있었고(1967년부터 계속), 1969년 창간된 영화 잡지『*스크린(Screen)*』 (1971년에 재창간)은 프랑스 후기구조주의적 마르크스주의와 정신 분석에 의해 영향을 받은 영화 이론을 게시하기 시작했다.

그리고 미국에도 그렇게

사회과학과 예술작품 사이의 새로운 관계로부터 비롯되었거나 그 관계를 창조한 '문화적인 것'을 향한 이러한 전환은, 그러나 대서양을 건너 여행하진 않은 것 같다. 예일대에 기반을 둔 잡지 『*씨어터 (Theater)*』가 미국에서 연극에 대한 사회학적 접근의 입문을 선언한 것은 몇 년 후인 1983년이었다. 이 출발의 순간을 뒤따라 1984년 존 맥아룬(John MacAloon)의 『*제의, 드라마, 축제, 스펙터클(Rite, Drama, Festival, Spectacle)*』은, 스스로를 '문화적 퍼포먼스의 이론을 향한 리허설'로 제시했다. 서문에서 맥아룬은 문화적 퍼포먼스의 이론을 추적하려고 한다. 그는 터너의 '사회극'으로 시작해서 싱어의 '문화적 퍼포먼스'로 움직였다가, 다음 버크의 '동기의 문법'을 거친 후 고프먼으로 향한다. 분명해 보이듯이, 여기에서 일상의 범주와 퍼포먼스의 범주, 그 양자는 상당히 불안정하다. 더 이상하게도, 개요 중 어느 곳에서도 맥아룬은 윌리엄스나 골드만 또는 번스를 언급하지 않는다. 그렇기에, 다음 10년간 주제의 발전에 대한 그의 웅장한 기대는, 이미 리허설을 거쳤을 뿐 아니라 상연되기도 했던 것들에 대한 그의 명백한 무지 때문에 다소 손상되었다.

유사하지만 더 의미심장한 생략이 『*씨어터*』 1983년 호의 특징을 이룬다. 그 책의 편집자인 마이클 헤이스(Michael Hays)는, 19세기에 비평이 문학 연구의 대상으로서 드라마 텍스트에 초점을 맞추게 된 데 대해 고찰한 네 편의 에세이를 소개한다. 이 같은 추세를 되돌리기 위해 그는 '사회적 제도로서의 연극을 이해하기 위한 통합적 이론과 방법'을 촉구한다. 영미 전통에 있어서 그러한 이론과 방법의 부재는, '엘리엇(Eliot)에서 리비스(Leavis), 신비평에 이르기까지 그 전통의 최근의 아바타들이라 할 모든 이를 감염시키고, 최종적으로는 후기 구조주의 이론에 대한 다수의 미국화된 버전을 감염시킨, 그 이상주의로부터 영미 전통이 스스로 자유로워질 수 없었다'는 사실에 기인한다(Hays 1983: 5-6). 1983년까지 영국 문학 연구에서 리비스에 반대하는 반응은, 귀에 거슬리는 몇 년이 지난 후, 사실상 완료된 셈이었다. 그것은 1970년대 동안 더욱 문화적인 초점의 개발에 의해 부채질됐다. 실제로 '영미 전통' 중 약간의 영국 전통에선 루카치와 골드만이 영어로 번역됐을 뿐만 아니라, 번스의 작업, 그리고 출중하게도 윌리엄스의 작업이 출판된 것도 보았다. 그렇긴 하지만, 미국 측에서 보면, 헤이스가 싱어의 문화적 퍼포먼스 모델을 참조했고, 골드만은 1970년 경 『드라마 리뷰(The Drama Review)』에 게재되었다.

제도로서 이미 발전된 영국의 연극 이론을 둘러싼 침묵은, 파트리스 파비스(Patrice Pavis)와 마르코 드 마리니(Marco de Marinis)의 작업을 영어로 게재한 『씨어터』지에 의해 채워졌다. 마르코 드 마리니의 에세이 제목은 '연극적 이해: 사회-기호학적 접근(Theatrical Comprehension: A Socio-Semiotic Approach)'이다. 그 논점은, 관객이 수신자일 뿐만 아니라 퍼포먼스의 의미를 적극적으로 '만들어내는 사람'이란 것이다. 드 마리니의 말에 따르면, 기호학은 그때까지 '완제품'으로서의 퍼포먼스에 집중하는 데에 제한되어 왔다. 그의 에세이는, 수용에 뒤따르는 '미시적 수준들'을 다룰 것을 제안한다: 지각, 해석, 정서적이고 인지적인 반응, 평가, 기억 등이 그것이다. 하지만, 기호학적 해석이 연극적 경험의 생산을 제어하는 더 큰 규약 및 암호들에 대한 인식 작업을 포함한다는 주장에도 불구하고, 그 에세이는 다른 사회적인 측면들에는 더 가까이 다가가지 않는다. 다른 사회적 측면들이란, 윌리엄스가 『문화(Culture)』(1981)에서 그것들에 대해 설명했듯이, 길드, 계급 분파, 학계, 생산 양식, 재생산, 보급 등과 같은 기관들과 사회구성체를 포함할 수 있는 것이다.

사회의 구체성으로부터 어긋나는 유사한 양상은, '사회적- 비평(Socio-Criticism)'에 대한 파비스의 에세이에서도 발생한다. 그 용어는, 그가 인정했듯이 그 자신의 것이 아니고 클로드 뒤셰(Claude Duchet)에서 온 것이다. 그것은 '사회학과 형식주의의 접근에 변증법적으로 직면'하기를 목표로 하는데, 이 정면대결은 윌리엄스가 앞서 10년 이상을 탐구해왔던 일이다. 그러나 1983년 무렵, 파비스는 새로운 세대의 용어들을 자신 마음대로 이용한다: '기본적으로 사회적-비평은, 드라마 텍스트가 자체 내에 이념적 모순을 운반한다고 보는데, 그 모순은 근본적인 이데올로기 단위(ideologemes)의 갈등이나 극적 체계의 배열 내에서 다소 가시적인 것이다'(Pavis 1983: 10).

　(근본적인 이데올로기 단위인) 'ideologemes'란 단어는 프레드릭 제임슨(Fredric Jameson)의 『*정치적 무의식(The Political Unconscious)*』(1981)에서 가져온 것이다. 여기서 제임슨은 더 큰 규모의 사회적 탐구를 상세한 형식적 분석과 조화시키는 그 자신의 방법을 개발한다. 각 문학 텍스트는, 사회 계급이 그 안에서 스스로를 표현하고 그것을 통해 더 큰 언급에도 기여하게 되는 특정한 발언처럼 보인다. 문학 텍스트를 형성하고 그에 참고가 되는 용어를 공급하는 것은 이데올로기다. 이 점에서 제임슨의 작업은, 사회적 - 비평의 전체적 모델처럼, 뒤셰와 70년대 초반의 다른 프랑스 비평가들 덕분이고, 이는 뒤돌아보면 1966년에 『*문학 생산의 이론(Theory of Literary Production)*』을 발간한 피에르 마셔레(Pierre Macherey)의 작업과 연결된다. 그러나 마셔레의 모델에서, 예술 작품의 이념적 모순은 생산 양식에 내재한다. 대조적으로 파비스의 버전은 오히려 더 오로지 단순히 텍스트와 언어에만 초점을 맞추는 경향이 있다.

　그렇게 함으로써 그것은, 마셔레에게는 필수불가결했던 *생산(production)*의 기본 범주를 소멸시킨다. (결국 레이몬드 윌리엄스를 그렇게 격분시킨) 루이 알튀세르(Louis Althusser)의 (후기)구조주의 마르크시즘에서 파생됐음에도 불구하고, 마셔레의 비평은 명백히 마르크스주의 비평이기 때문이다. 즉, 루카치와 골드만의 이전 작업에 대한 헤이스(Hays)의 승인에도 불구하고, 미국적 전통 속으로의 자기 선언적 출발점에서 연극 사회학은 구체적인 사회적 범주를 효과적으로 약화시켰고 마르크시즘의 중요한 영향력 위에 베일을 씌우는 일이 진행됐던 것이다.

드라마, 삶과 역사

마르크스주의는 거기에 내내 있었다. 윌리엄스는 후기구조주의의 파리식 버전을 거부했던 듯한데, 반면 그는 골드만과 그 배경 인물인 게오르그 루카치(Georg Lukács)에 자신을 연결시켰다.

1930년대 중반에서 후반까지 모스(Mauss)와 엘리아스(Elias)가 '일상적' 퍼포먼스의 연구를 위한 길을 닦는 동안, 같은 시기의 루카치는 사회 혁명의 맥락 내에서 문학 형식의 중요성에 관여하려고 했다. 이를 위해 그의 문학 비평 작업의 대부분은 드라마와 소설을 사회와 연관시키면서 '사실주의적' 텍스트에 대해 이루어졌다. 하지만 그 작업은 매우 간단하고도 심오한 질문에 의해 주도되었다. 그는 왜 드라마가 인간 문화에서 중요한지를 설명하고 싶었다. 드라마에 대한 그의 가장 확장된 사고가 드러나는 『*역사소설론(The Historical Novel)*』(1937년 작성, 1960년 개정)에서 그가 준 해답은, 드라마는 '인생 과정의 총체적 전형을 목표로 한다는 것이다'(Lukács 1969: 106). 서사시도 비슷하게 넓은 시야를 가지고 있다고 할 수 있다, 하지만 서사시가 풍부한 세부적 상황을 포함할 수 있는 반면 드라마는 선택에 의해 작동한다. '총체성'의 의미는 '집안 내부적 충돌의 주위, 고정된 중심 주위에 집중된다'(p.105). 그 충돌은 상호 갈등 속으로 들어오는 인간의 열망으로 이루어져 있다. 총체성의 인상이 어떻게 충돌에 대한 선택적 주목에서 생성되는지 보여주기 위한 방식으로, 루카치는 셰익스피어의 「*리어왕(King Lear)*」을 언급한다: '셰익스피어는 리어와 그의 딸, 글로스터와 그 아들의 관계에 있어, 봉건 가족의 많은 문제들 및 그 해체로부터 비롯된 지극히 고양된 형태로, 대단히 전형적인, 인간의 도덕적 움직임과 동향을 그린다'(pp.106-7).

루카치의 충돌에 대한 강조는, 그가 지적했듯이, 헤겔(Hegel)의 드라마 이론, 특히 비극 이론에서 파생된다. 헤겔과 루카치에게 있어서 이 충돌은 변증법적인 것으로, 내부적 모순에서 태어나는 것이며 발전에 필요한 것이다. 하지만, 루카치가 보기에 헤겔의 접근은 다소 지나치게 이상적이고, 구체적인 역사적 과정에서 매우 분리돼 있다. 그래서 루카치가 취한 움직임은, 이 충돌이 비극의 모든 '진정하고 심화된' 이론에서 강조되는 특별한 특성, 즉 '한편으로는 각 갈등 세력이 행동을 취할 필요성, 그리고 다른 한편으론, 충돌이 강제적으로 해결될 필요성을 가졌다는' 그러한 특성에 주목하는 것이다. 이러한 형식적인 측면을 '생명의 언어'로 번역함으로써, '그들에게서 운동의 추상적인 형태로 축소된, 인생 자체에서 혁명적인 변형의 가장 일반화된 특징을 보는 일이' 가능해진다. 그러므로 '비극의 위대한 기간이 인간 사회에 있어서 위대한 세계 역사적 변화와 일치하는 것은 우연이 아니다'(p.111). 엥겔스(Engels)와 마르크스(Marx)가 지적했듯이 그러한 변화는 고대 그리스와 르네상스 사회에서 관찰될 수 있다.

하지만, 루카치는 단순히 극적인 형태와 역사적 혁명을 이 협소한 방법으로 연결하는 것은 기계론적이리라고 말한다. 인생 자체는 스스로의 극적 형태를 가지고 있기 때문이다: '사회 발전의 모순, 비극적인 충돌 지점에 대한 이들 모순의 심화는 삶의 일반적인 사실이다'(p.113). 그리고 이들 형태의 (허구적인) 극적 구현을 이루어내는 것은 인생이다. 그 구현의 양식은, 인생의 총체성을 반영하고 그 관객을 개입시키기도 하는 드라마의 능력에 결정적이다. 여기서 핵심은 극적인 특성의 기술이다. 루카치가 설명하듯이 '드라마의 중심으로서 사회적 충돌은 … 개인들에 대한 묘사를 요구하는데, 그들의 개인적인 열정 속에서 직접적으로 그들의 힘을 대표하는 바 그들의 격돌이 그 "충돌"의 물질적 내용을 형성한다'(p.119). 예를 들어, 「로미오와 줄리엣(Romeo and Juliet)」에서 셰익스피어의 '시적 깊이와 비극적 지혜는, 여기 열정적 주체의 개인적 자질에 대한 극도의 강조, 그리고 충돌의 보편성 사이의, 불가분하고도 유기적인 통합에서 드러난다'(p.130). 그는 이로부터, 드라마에 있어서 위대한 인물에 대한 핵심을 일반화하는 데로 나아간다: '그들의 비극적 열정이 본질적으로 충돌의 결정적인 사회적 순간과 일치한다면 바로 그때, 아니 오직 그때에만, 그들의 인격이 완전히 펼쳐진 그리고 풍부하고 극적인 선명함을 얻을 수 있다'(p.132).

여기에서, 캐릭터가 완전히 풍부하게 극적이기 위해서라면 무엇이 발생될 필요가 있는가 하는 주장에 주목할 수 있다. 드라마의 중요성에 대한 루카치의 설명은 드라마를 평가하기 위한 공식으로 이어졌다:

> 극적인 특성화(dramatic characterization)의 위대함, 캐릭터를 극적으로 (dramatically) 살게 만드는 능력은, 캐릭터 그 자체를 창조하는 극작가의 능력뿐만 아니라, 실제로 무엇보다도, 극작가가 얼마나 주관적이고 객관적으로, 사실상 극적 양식에 그 내적 요구가 부합할 캐릭터 및 충돌들을 발견해내느냐 하는 데 달려있다.(p.132, 원문 강조)

그런 부합이 존재하지 않는다면 그 희곡은 취약하다 - 그는 단지 포드(Ford)의 「그녀가 창녀인 것은 유감('Tis Pity She's a Whore)」을 인용했는데 이 작품에선 사회 체계의 투쟁이 드라마와 아무런 관계가 없다. 그러나 그는 또한 많은 모더니즘(모더니스트) 희곡에 대해서도 생각했던 바, 그는 그것들을 - 인생으로부터 비롯되지 않은 - '형식주의적' 작품이라고 일축하려 했고 거기엔 브레히트의 작품도 포함되었다.

참으로 위대한 드라마에는 역사 자체의 드라마가 표현된다고 루카치는 말한다. 캐릭터의 가장 친밀한 미묘함조차도 '그 시대에 의해 채색된다'(p.137). 드라마와 삶 사이의 연결은 필연적으로 드라마와 역사 사이의 연결에 대한 고려로 이어졌다. 이런 관계는 세부 사항을 묘사하는 데 있어서가 아니라 핵심 형태를 이해하고 제시하는 데 공들인 정확도와 관계가 있다. 셰익스피어의 「헨리 6세(Henry VI)」는 '인간의 특징이 위대한 역사적 위기의 가장 필수적인 요소를 흡수하기 때문에 역사적으로 충실하고 진정하다'(p.182).

핵심적인 역사적 충돌을 찾고 그것들을 적절한 '세계-역사적 개인'에 구현하는 극작가의 능력이 지닌 중요성은, 이런 글쓰기 방법이 영향을 미쳤다는 데 있다: '충돌의 본질이 역사적으로 진정한 것으로 남아 있어야 한다면, 역사극은 이 사건들로부터 수 세기 떨어져 있는 관객들이 그 스스로 직접 그 사건에 참여하는 듯 느끼게 만들어 주는 사람들 및 그들의 운명 속에서 그런 특징을 끌어내야 한다'(p.179). 루카치에게 드라마와 사회의 연관성은 드라마와 역사의 연관성이기도 하다. 그리고 그 연관성은, 관객을 역사의 충돌 속 참가자로 변모시키는 그 능력에서 최종적인 - 정치적인 - 참조 지점을 가진다.

4장 드라마의 본질

1987년 출판 이후 많이 사용된 교재에서 마틴 에슬린(Martin Esslin)은 드라마의 '필수 재료'는 '사건과 감정의 고조된 강도'라고 말했다(1987: 23). 모든 종류의 드라마가 공통으로 가진 것은 '모방적 행동'이라고 그는 주장한다(24).

드라마의 본질 및 유래

이렇게 말하면서 그는 이전의 책 『드라마의 해부(An Anatomy of Drama)』(1976)에서 개발했던 아이디어를 다시 언급했다. 거기서 그는 놀이, 제의, 구경거리와 나란히 놓고 드라마를 보면서 드라마의 핵심적 자질을 확인한다: '드라마를 드라마로 만드는 것은, 분명히 단어들의 바깥과 너머에 놓인, 작가의 개념에 그것의 전체적 가치를 제공하기 위한 행동 – 또는 행해진 것 – 으로 보여야만 하는 요소이다'(1976: 14).

에슬린의 정의는, 서양 드라마에 대한 가장 이른 시기의 해설자 중 한 사람인, 고대 그리스의 철학자 아리스토텔레스(384-322 BCE)의 의견과 상당히 깔끔하게 일치하고 있다. 『시학(Poetics)』에서 아리스토텔레스는 비극을 '서술이 아닌 극적인 실행의 양식으로 … 진지하고, 완전하며, 그리고 상당한 규모를 지닌 행위의 표현으로' 묘사했다(Halliwell 1987: 37). 하지만, 우리가 '묘사했다(described)'고 말한 점에 주목하라. 아리스토텔레스는 날씨를 포함하여 그가 주위에서 본 많은 현상의 묘사와 범주화를 시도했다. 그가 그의 관심을 '시학'에 돌렸을 때, 거의 한 세기 이전 아테네의 문화에서 중요한 자리를 차지했던 예술형식의 힘에 대해 설명을 시도할 필요가 있다고 그는 생각했다. 비록 그 자신이 이 드라마를 보지 않았을지라도, 아리스토텔레스는 어떻게 그것이 작용했는지 묘사하려고 했다.

우리에게 남은 문제는, 아리스토텔레스 후 수 세기가 지나서 그의 작업에 대한 해설자들이 그것이 얼마나 잠정적 작업이었는지 망각했다는 점이다. 그들은 아리스토텔레스의 묘사를, 희곡은 아리스토텔레스가 제안한 특징을 가진 경우에만 적절한 희곡이 될 수 있다고 암시하는 처방전으로 바꾸었다. 적절한 사례는 16세기 이탈리아 문학 이론가 로도비코 카스텔베트로(Lodovico Castelvetro)이다. 그는 시간, 공간, 행동의 일치를 적절한 드라마에 대한 규칙으로 확인하는 논평과 함께 『시학(Poetics)』(1570)의 첫 번째 토착어 번역본을 내놓았다.

우리는 (2장에서) 아리스토텔레스 덕분이라는 이러한 처방전을 가지고 비평적 논평이 어떻게 씨름했는지를 보았다. 그러나 이번 도입부에서, 우리는 드라마를 정의하는 다양한 시도들의 영역을 보다 광범위하게 포함하려고 한다. 그렇게 함으로써 우리는 논쟁의 두 가지 다른 줄기를 만난다: (1) 에슬린이 '필수 재료'라고 부른, 드라마의 주요 특징에 대한 확인; 이는 일반적으로, 인간 사회에서 드라마의 기원이라고 추정되는 지점을 향해 되돌아가 추적함으로써 행해진다; (2) 드라마가 인간 마음과 감정의 특정한 기본적, 필수적 특징과 연결되면서 그것을 표현한다는 주장(이 방법에서는 인간 존재에 대해 일반화할 수 있다고 가정된다).

에슬린의 정의는 전통적인 생각과 일치한다. 하지만 행동에 대한 그의 주장은, 또한 더 많은 지역적이고 동시대적인 씨움으로부터 나온다. 일반적으로 드라마를 포함한 문학적 연구는, 상세하고 미묘한 독서를 통해 그 의미를 생산하게 될 독립된 언어적 구성체로서의 예술작품에 초점을 맞춘 비평적 접근 방식에 의해 지배받아 왔다. 예를 들어 이전 세대로부터의 교재인 브룩스(Brooks)와 헤일먼(Heilman)의 『드라마의 이해(Understanding Drama)』(1945년에 처음 출판)에서 학생들은 다음과 같이 배웠다.

> 의상, 무대 배경 그리고 심지어 연기 그자체도 결국 부차적이다. 여기서 주된 것은, 말이다; 그리고 이 사실은, 왜 좋은 희곡이 서재 또는 교실에서 단지 읽힐 때조차 그렇게 많은 극적인 힘을 유지하는지 그 이유를 설명해줄 것이다.(p.12)

『드라마의 이해』는 신비평으로 불리는 비평적 접근 방법에서 나왔다(p.28 참조). 이것은 1940년대 중반에 지배적이었고, 그 후에도 20-30년간 영향력을 유지했다. 그럼에도 불구하고 1949년 프란시스 퍼거슨(Francis Fergusson)의 『연극의 아이디어(The Idea of a Theater)』란 형태로, 브룩스와 헤일먼에 대한 초기 반격이 있었다. 서정시로부터 드라마를 분리하면서, 퍼거슨은 극 시인이 '행동'을 모방한다는 아리스토텔레스의 주장을 복원한다. 문학 비평가의 접근에서 벗어나는 것은 바로 여기라고 그는 말한다. 그는 '모든 실제 희곡에서, 더 높이 진화된 언어 예술의 기초가 되는 그 극적인 예술을 찾고 있다'. 그리고 그는 혼자가 아니라고 말한다:

> 결국 말로 끝나는 예술, 하지만 말이나 개념에 있어서보다는 그 자신의 본질에 있어서 바로 더욱 원시적이고 미묘하며 직접적인 힘을 보이는 예술로서, 드라마의 아이디어는-극적이라고 하는 더 이상 단순화할 수 없는 아이디어는-, 문학 비평가들보다는 오히려 문화의 학생들이라 할 수 있는 많은 동

시대 작가들에게서 나타난다.(Fergusson 1953: 21-2)

드라마의 기원과 인간의 본성

'극적이라는 더 이상 단순화할 수 없는 아이디어': 그것은, 드라마
가 우리가 더 추적할 필요가 있는 특별한 특정 본질을 가지고 있다
는 그 개념의 지속이다. 퍼거슨은 그 자신의 위치를, 1912년부터 의
미 있는 출판을 해온 고전 인류학의 케임브리지 학파로 되돌아가 추
적하고, 그들 너머 독일의 철학자 프리드리히 니체(Friedrich Nietzsche)
(1844-1900)로까지 거슬러 올라간다. 케임브리지 학파는 주신 찬양가
(dithyramb)에 대한 아리스토텔레스의 발언을 발전시키고 그리스 신
화와 제의에서 그리스 비극의 뿌리를 추적한 학자들의 그룹이었다.
퍼거슨이 말한 대로, 그들은 '드라마가 인간의 예술, 과학, 현대 문명
의 철학에 앞선다고 제안한다'(1953: 22). 우리는 제의에 관한 이 책
의 뒷부분에서 이들 학자에게로 돌아갈 것이다(그리고 거기서 역시
드라마가 놀이에서 유래한다는 생각을 살펴볼 것이다). 여기서는, 그
리스 비극의 기저를 이룬 '원시 제의'에 대한 그들의 탐색을 단순히
참고할 필요가 있다. 이는 퍼거슨으로 하여금, 드라마가 원시 제의에
출발점을 두고 인간 행동의 근본적인 무언가에 돌아가 연결된다는
점을 확인케 했다.

퍼거슨이 비극과 제의 사이의 연관성을 홀로 가정한 것은 아니었
다. 20여 년쯤 더 지난 후에 마틴 에슬린(Martin Esslin)은 말하길 '제
의에서 우리는 음악, 춤, 시와 드라마의 공통 뿌리를 가지며; 더 진
전된 차별화의 후속 과정에서 드라마는 발성 드라마, 발레, 오페라,
뮤지컬 코미디로 발전했다'고 했다(1976: 28). 제의를 강조하는 에슬
린의 재진술은 그 시대에 전형적인 것이었다(비록 우리가, 1954년
에릭 벤틀리로부터 비롯됐던 이 모든 것에 대한 반대 의견을 참고해

야 하지만). 동시대의 연극 제작자와 비평가는 원시시대와 연계되면
서 그것을 다시 무대화할 실제 작업을 모색하고 있었다. 1971년 이
란에서 있었던 피터 브룩(Peter Brook)의 「오가스트(Orghast)」 실험
작업은, 현대 언어생활에서 축소되었던 풍만함을 회복하기 위해 고
대의 극적 의례 언어로 의도적으로 되돌아간다는 의미를 지녔다.
1973년에 평론가 얀 코트(Jan Kott)는 어떻게 '신화와 의례가 … 퍼포
먼스의 구조 속으로 깊이 도달하는가'를 보여주기 위해 「바커스의
시녀들(The Bacchae)」을 분석했다(1998: 272). 동시대에 폴란드 연
출가 예르지 그로토프스키(Jerzy Grotowski)(1933-99)는, 제의의 기
능을 가졌던 퍼포먼스에서 '성스러운 배우(holy actor)'란 아이디어를
개발했다. 1976년부터 그의 근원 연극 프로젝트는 본질적으로, 문화
의 영향 아래 놓인 인간의 정수를 재발견하려는 시도였다. 하지만
이것은 이제 고대 제의와의 연결 그 이상이다. 그 추정은 드라마가
우리를 기본적인 인간성 자체와 접촉하게 할 수 있다는 것이다. 에
슬린이 말하듯, 드라마는 '우리 종족의 기본 기질과 제대로 연결된다'
(1976: 20).

우리는 여기서 우리가 이전에 표시한 두 가지 대조된 입장과 마주
하고 있다. 하나는, 드라마가 고대 원시 제의인 문화 활동에 그 기원
을 갖고 있기 때문에 강력하다는 것이다. 다른 하나는, 드라마가 하
나의 형식으로서 종족의 기질인 '인간 본성'의 표현과 연결되어 있기
때문에 강력하다는 것이다. 한편에서는 인간이 행하는 어떤 일로부
터 파생하고; 다른 한편에서는, 아마도 인간이 그러하리라고 추정되
는 데에서 파생된다.

첫 번째 입장은 두 번째 입장으로 미끄러져 들어가곤 한다. 퍼거
슨에게 이런 예가 있다. 그는, 고대 문화에의 역사적 연구를 목표로
원시 제의 기원에 대해 탐색하는 케임브리지 학파에 연결된다. 그러
나 그는 또한 문학 이론가 케네스 버크(Kenneth Burke)에도 연결된

다. 1945년부터 버크의 작업은 주로 인간 행동에 대한 동기의 속성 그리고 인간의 상징체계 사용을 분석하는 데 관여했다. 이를 위해 그는 몇 가지 일반적인 통찰력에 도달할 수 있는 'dramatistic'이란 용어가 사용되는 모델을 제안했다. 버크는 드라마의 기원이 아니라 그 대신 인간의 상호 작용을 설명하기 위한 모델, 즉 '문법'을 제공하는 드라마의 능력에 관심이 있다(p.45 참조).

여기에서 무언가 중요한 다른 일이 일어난다. 케임브리지 학파는 고대 그리스 비극, 예술 형식에 집중했다. 버크는 사람들이 사회적으로 '수행(perform)'하기 위해 수사학을 사용하는 방법에 관심이 있다. 예술로서의 '드라마' – 미학적 드라마 – 와 일상생활에서의 사회적 상호 작용의 퍼포먼스 사이에는 차이가 있다. 그러나 그 차이는 흐려지는 경향이 있다. 그 때, 미적 드라마와 사회적 퍼포먼스 각각의 선명한 기준은 저하되면서, 드라마는 '우리 종족의 기질'을 표현할 수 있기 때문에 중요하고 강력하다는 의미를 낳게 된다.

드라마의 기원과 인간 조직

에슬린은 드라마를 고대 예술형식, 제의에 연결하면서 드라마의 힘을 설명했다. 그러나, 드라마의 기원에 대한 다른 설명은 그것을 사회 조직의 양식들, 고대인들이 그들의 지속적 생존을 담보하기 위해 시도한 다양한 실천들과 연결시킨다. 이제 그렇게 기원에 대한 논쟁이 두 가지 방법을 가리킬 수 있다는 점을 인식해야 한다: 특정한 고풍의 형식, 제의, 또는 좀 더 일반적인 사회적 과정이 그것이다.

기본적인 인간 과정으로부터의 드라마의 출현에 대한 가장 분명하고 포괄적인 설명 중 하나는 1941년 조지 톰슨(George Thomson)이 출간한 『*아이스킬로스와 아테네(Aeschylus and Athens)*』였다. 그는 고대 사냥꾼들이 잡고 싶은 동물의 행동을 연구했다고 주장한다. 여기에서 동물이 모방되는 '모방 제의'를 개발했고, 그 제의는 음식 찾기의 성공을 예측하기 위한 기능을 맡는다. 그것의 공감적 마술이 현실을 제어할 수 있는 환상을 만든다. 고대 제의의 배경에는 식량 확보의 작업이 있다. '모방적인 춤은 … 생산의 실질적 기술의 일부로 유래했고', 여기에서 '씨족 조상의 활동을 극화하는 데로 들어간다'(1973: 96). 시와 춤, '말하기와 제스처는' 모방 제의로부터 파생되고 함께 융합하여 '강렬함의 마법적 수준에 도달'한다. 그리하여 그들은 '문화가 생산 노동으로부터 떨어져 나온 지배 계급의 상승에서' 분리된다(p.59).

톰슨의 접근은 마르크스주의적이기에, 인간의 삶을 부양하는 생산 양식으로 되돌아가며 예술형식을 추적해 보여준다. 제의의 행동은 이런 생산을 강화하고 반영하는 과정의 일부로서 딱 맞아 떨어진다: 사냥의 대상인 동물을 모방하는 것이다. 비극을 포함한 미학적 드라마의 이후 형식들은, 이후의 생산 양식과 관계들을 강화하고 반영한다.

생산 양식에 기반을 둔 분석은, 비극 형식을 사회의 고대 과정과 조직에 연결하는 다른 분석들과 몇 가지 유사점이 있다. 『폭력과 성스러움(Violence and the Sacred)』(1996)에서 르네 지라르(René Girard)는 죄인/아웃사이더/반역자가 인간 사회에서 추방되는 과정을 설명한다. '공동 폭력의 본래적 행위'는, 그것을 기념하면서 만장일치를 영속화하는 종교적 모방을 생산한다. 기회의 게임은 희생자 선택의 제의에서 기인한다. 연극 역시 비극과 신성함 사이의 긴밀한 관계를 통해 '희생 원리'의 운영에 일조한다(Girard 1996: 26, 28). 19세기 후반 인류학자 제임스 프레이저(James Frazer)를 따라, 비극적 형식은 사회가 자체에서 외계 물질을 제거하는 과정과 연결된다. 고전학자 장 피에르 베르낭(Jean-Pierre Vernant)은, 고통에 빠진 사회에서 왕 또는 그의 대리인, 카니발 왕이 '어떻게 추방되거나 사형에 처해지는지, 그가 구현했던 모든 무질서를 그와 함께 휩쓸어버림으로써 그를 어떻게 공동체로부터 몰아내는지' 설명한다(Vernant and Vidal-Naquet 1990: 132-3).

톰슨, 지라르, 베르낭의 접근은 모두, 제의 그 자체가 비극과 드라마의 기원점이라고 제시하는 설명과 대조적이다. 톰슨의 마르크스주의적 논쟁에서, 생산적인 실행은 매우 구체적인 사회 조건에 뿌리내리고 있고, 본질을 가지지 못한 극적 형식은 사회가 변화함에 따라 변한다. 베르낭 역시, 분명히 고대 그리스 사상과 문화의 특징이라고 보았던 것의 개요를 설명한다. 지라르의 논쟁은, 비록 분명히 조직된 사회에서 시작하긴 하지만, 이들 활동이 인간 사회에서 일반적으로 되풀이된다는 가정을 향하는 경향이 있다. 그래서 다시 한 번 우리의 주요 기본 대조 및 어떻게 그 요소들이 함께 미끄러지는지를 보게 된다: 드라마의 힘과 특성은 인간 조직의 특정 형태에 기인한다; 하지만 이들 형태의 오래된 특성은 인간의 본성을 있는 그대로 보여주는 것 같다. 특정 사회에서 비롯된 특정 모양을 설명하려는 시도는, '우리 종족의 기질'을 표현하는 예술형식에 대한 요구로 끝맺음된다.

니체

우리는 지금까지 드라마의 본질과 힘을 정의하면서, 그 역사적, 구체적 기원에 대한 강조와, 인간성의 일반적 개념과의 연결에 대한 강조, 그 둘을 교대로 보아왔다. 드라마는 한편으로, 다름 아닌 고대 인간 활동의 흔적을 운반하기 때문에 강력하다; 또 다른 한편으로, 그것은 기본적인 인간의 충동을 표현하기 때문에 강력하다. 우리는 이제 두 명의 영향력 있는 인물의 작업을 통해 이 교대 양상을 따라가 본 후, 드라마를 해석하고 분류하는 접근으로 향한다. 니체와 아르토(Artaud)와 함께 시작해보기로 한다.

프리드리히 니체(Friedrich Nietzsche)의 『비극의 탄생(Birth of Tragedy)』은 1872년에 처음 나온 초기 작업이었다. 그 논점은, 그리스 비극은 그가 디오니소스적인 것과 아폴로적인 것이라고 이름 지은 두 가지 근본적 인간 본능 사이의 상호 작용에서 나온다는 것이다. 그는 그들 사이의 구별을 도취와 꿈의 구별로 비유했다. 꿈에서 강조되는 것은 외관에 있다. 그는 이것을, 구경거리에 관계있고, 이미지를 해석하며, 이해를 구축하는 사람으로서 인간 예술가에게 연결한다. 다른 한편 도취는, 외부에 서 있는 것보다는, 자연과 병합되며 자기 자신을 상실하는 개성의 붕괴에 입각한다. 꿈과 도취는 모두 '생리적 현상'이라고 니체는 말한다. 나중에 논쟁에서 이들 본능은 인종 및 성적 차이와 연결되지만, 중요하고 지속적인 점은 그것들이 신체적 물질성에 정박하고 있다는 점이다.

본능 사이의 대립을 설정한 후 니체는 그리스 비극의 기원뿐만 아니라 드라마 자체의 기원도 설명하는 쪽으로 나아간다. 시인과 극작가를 구분하면서, 그는 시인이 놀이를 보는 반면 극작가는 '자신을 변형시켜 다른 몸과 영혼을 통해 말하려는 본능을 느낀다'고 말한다 (Nietzsche 2000: 49). 디오니소스적 도취는 자아의 변형을 생성한다. 이 생리적 과정은

> 드라마의 발전이 시작되는 데에 서 있다. 여기에 그의 이미지와 융합하지 않는 음유시인과는 다른 어떤 것이 있다. 하지만 화가처럼 관찰하는 눈을 가지고 자신 밖에서 그들을 본다; 여기에 이미, 친밀하지 않은 자연으로 들어감으로써 개인의 항복이 이루어진다.(p.50)

하지만 이 '고혹'이 '모든 극적인 예술의 전제 조건'일지라도, 또 다

른 요소가 그것을 드라마로 만드는 데 필요하다. 디오니소스적으로 '열광하는 이'는 자신을 사티로스로 보고 사티로스는 신을 보는 것이다. 우리는 지금 다시 재현의 영토, 자신 밖 이미지의 영토, 아폴로적인 영토로 돌아간다. 그리스 비극은 '이미지의 아폴로적 세계'에서 스스로 벗어나는 디오니소스적 합창(Dionysian chorus)으로 이루어져 있다(p.50). 두 본능은 대립하지만 불가분하게 연결돼 있기에, 변증법적이다: '드라마는 디오니소스적 통찰력과 효과의 구체적인 아폴로적 재현이다'(p.51).

그리스 비극과 대조적으로, 그 자신의 시대의 드라마에선 변증법적 관계가 상실된 것처럼 보인다. 니체는, 스타일의 피상적이고 진부한 리얼리즘을 낳는 '자연스러운 것과 사실적인 것(the natural and the real)에 대한 경외'를 설명한다. 그는 아마도 자신의 요점이 1860년대 영국의 톰 로버트슨(Tom Robertson)의 희곡에서 확인되었다고 느꼈을 것이다. 그 희곡들은 멜로드라마의 과잉을 피한 '컵과 컵받침 접시 리얼리즘'으로 유명했다: 억제로서의 리얼리즘 말이다. 이 억제에서 상실된 것은 디오니소스적 요소의 사회적 효과이다. 드라마가 '좁은 의미'의 무대 연극으로 생각되자마자 이런 일이 일어나기 시작했다, 그것은 아폴로 형 요소를 강화하는 데서 비롯되었는데, 이는 이미지를 만들려는 욕구, 모두에게 신을 실제로 보여주고 그 힘을 가시적인 것으로 만들려는 필요성이었다. 그 대가는 코러스의 실종이다. 코러스는 출중한 디오니소스적 요소로서, 군중 속으로 자신을 잃어버리기 위한 조건을 설정해준다. 니체는 디오니소스적 비극이 인간을 자연과 함께, 두 가지 중요한 측면을 가진 과정으로 복원했다고 주장했다. 첫째, '자연의 마음으로 돌아가는 통합의 압도적인 느낌이 있다'(p.45). 둘째, 통합의 느낌은 개인성의 모든 감각을 억제한다. 니체에게 '개인화(individuation)'는 '악의 기원이 되는 원인'이다(p.60).

드라마의 기원에 대한 그의 설명에서와 마찬가지로 동시대 무대 연극에 대한 니체의 공격에서, 우리는 친숙한 아이디어를 볼 수 있다. 그는 드라마가 인간 종족의 '기질'이 지닌 특정 측면에 관계된다고 가정하고, 두 가지 대립되면서도 연결된 욕구라고 생각한다. 이것이 드라마에 필수적인 자질을 부여한다. 사실주의 무대 연극에서와 같이 하나의 요소가 실종된 곳에서라면, 그것은 더 이상 완전한 의미에서 적절한 드라마가 아니다. 거기엔 제대로 된 드라마가 무엇인지에 대한 명확한 아이디어가 있다. 한편, 이것은 니체의 작업에 그것을 따랐던 많은 작업들보다 더 큰 깊이를 주는 것이다. 드라마의 본질은 원시 제의 또는 인간 행동 패턴과 같은 하나의 단독적인 것이 아니다. 그것은 두 가지 대립되고 연결된 욕구 사이의 변증법적 관계다. 이 관계로부터 끊임없는 동요가 흐르고, 한 가지는 항상 다른 또 한 가지와 상대적인 것으로 간주된다.

아르토

반세기 후, 동시대 무대 연극에 대한 니체의 거부는 프랑스 배우이자 공상적인 이론가 앙토냉 아르토(Antonin Artaud)(1896-1948)에 의해 반복되었다. 니체가 새로 부상한 자연주의의 문맥 내에서 썼던 반면, 아르토의 작업은 그것이 지배적이었던 지점, 그리고 텅 비기 시작하는 지점과 일치한다. 동시대 사실주의 연극의 주요 결함 중 하나는 그것이 말, 또는 더 정확하게는 '대화 형식'에 의존했다는 것이다. 대화는 '분명히 무대가 아니라 책에 속한다'(1970: 27). 대화에 반대되는 자리에 아르토는 '시'를 위치시키는데, 시는 무정부 정신을 가지고, 대상과 자연적 형태에 대한 명백한 목적 및 논리에 질문을 던진다(p.31). 이 시는 언어적이라기보다는 공간적이다.

아르토는 이 시를 발리 연극에서 발견하는데(비록 그가 실제론 그것을 오해했을지라도), 발리 연극은 그가 문학적이고 언어 중심인 서양 연극을 계속 공격할 수 있는 지지대가 되어준다. 니체에게 있어 디오니소스적 음악이 단순한 자연의 모방보다 더 깊게 관중을 이끌고 간 것과 마찬가지로, 아르토에게 있어 발리 연극은 말보다 더 깊고 말에 앞서는 어떤 것을 제공했다. 이 연극에서, 그가 '무대 생산 언어'라고 부른 것은 말이 아니라 '몸짓, 기호, 자세와 소리'로 이루어진다. 서양 연극의 '심리적' 성향에 반대하여, 그는 동양 연극의 '형이상학적' 성향을 설정한다. 그것의 무대 언어는 '그 모든 육체적, 시적 효과를 모든 의식 수준과 감각에서 개발하고' *'활동적인 형이상학 (active metaphysics)*으로 불릴 수 있는 심화된 태도를 채택하는 사고'로 이어진다(p.33). 이 깊이는 일상 담론을 넘어선다: 발리 연극은 '공간적으로 발전되지만 그 외부에서는 아무 의미도 갖지 못하는 몸짓의 언어를 발명했다'(p.43). 니체도 비슷하게 디오니소스적 합창이 본성을 표현한다고 주장했는데, 그것은 '상징의 새로운 세계에서… 단지 입의 상징주의뿐 아니라, 모든 팔다리를 율동적으로 움직이는 전체적 몸짓으로서의 춤 안에서' 표현된다(Nietzsche 2000: 26).

'무용수의 발'은 '생각과 감정을 녹여, 그것을 순수한 상태로 돌아가게 한다'고 아르토는 말한다(1970: 48). 따라서 관객은 지금까지 잃어버린 어떤 것과 접촉할 수 있다. 배우, 의상과 몸짓은, '우리가 여기 서양에서 완전히 억압해왔던 다소 어두운 엄청난 리얼리티와 어울리는 낯선 기호'가 된다(p.43). 동양 연극의 일반적인 효과는 그리하여, 니체로부터 이미 익숙하게 된 무언가와 비슷해진다: '이 모든 것이 바로 그 황홀한 요소들을 복원하는 깊은 도취 속에 담긴다'(p.47). 억압된 것을 재발견하여, 황홀함을 복원하는 것이다: 그 최선의 상태에서 연극의 기능은, 공연자와 관객 모두를 역사나 문화보다 더 깊은 곳에 놓인 무언가에, '본능적인 것으로 진동하는 연극'에 연결할 수 있다(p.43). 이 연극의 언어는 그러한 '본능적인 것들'을 단지 표현하지 않고, 그것들의 원천을 가진다: '모든 창조성은, 그 본능적인 것의 표현을 찾고, 심지어는 단어들에 앞서는 말이나 비밀스런 심령 충동 속에서 그 원천을 찾는, 이 드라마의 무대에서 비롯된다 (p.42; 핵심어: '현존과 재현(Presence and representation)' 참조). 그것은 서양에서 억압된 것을 단순히 재발견하는 문제가 아니다: 동양 연극의 퍼포먼스는, 묻혀 있는 '심령 충동'과 연관되어 있다. 같은 방식으로, 니체를 위한 합창은 디오니소스적인 '생리적 욕구'를 분명히 표현한다.

그러나 여기에서, 우리는 중요한 차이를 인정할 필요가 있다. 니체에게 있어서 디오니소스적 욕구는 그 반대되는 아폴로적인 것과 불가분하게 연결돼 있다. 각각의 욕구는 반대되는 욕구와 마찬가지로 생리학적인 실제이다. 이와는 대조적으로, 아르토에게 있어 서양 연극과 동양 연극 사이의 대립은, 변증법적이거나 역동적이 아닌 직설적인 대립이다. 그 대립이 복잡하지 않은 것이기에, 아르토는 그들 중 하나는 결코 연극의 형식이 아니라고 결정하게 된다. 발화된 단어들 속에 완전히 잠가둔 그 생각의 표현과 함께, 서양 연극은 연극이 아니다. 그것은 그 자체의 무대 생산 언어를 가지고 있지 않다 (pp.27, 50).

여기서 아르토의 논쟁적 주장은, 지배적인 언어 중심적 사실주의에 대한 그의 반대, 억압에서 탈출하려는 그의 욕망의 긴급성을 말해준다. 하지만 그 긴급성으로 인해 아르토는, 니체의 위치보다 더 단순한 위치로 이끌려가고, 그와 동시에 실제적인 드라마/연극의 본질은 무엇인가에 대한 정의에 있어서 더 매혹적이고 웅변적인 위치에 이른다. 그것은 '우리 종족의 기질'의 정신적이고 본능적인 요소, 그 삶의 본질을 표현할 뿐만 아니라 그 본질 속으로 되돌아가 연결한다. 드라마의 본질을 정의하기 위한 공식으로서, 그것은 원시 제의 또는 사냥과 희생의 과정에 대한 참조보다 훨씬 더 일반적이다. 그 단순성과 결합된 더 큰 보편성은 그 입장에 상당한 힘을 주었다.

드라마의 정신분석적 진실

아르토는, 비평가 앙드레 그린(André Green)이 비극 해석의 접근 방식을 발전시킨 『*비극적 효과(The Tragic Effect)*』(1979)에서, 아리스토텔레스와 나란히 한 자리를 할당받는다. 그러나 아르토는 또한 그린이 다른 곳에 갈 수 있도록 하는 디딤돌이다: 아르토 후에 프로이트가 온다. 그린의 목적은 그 책의 이 부분의 제목에 분명히 나타난다: '프롤로그: 비극의 정신분석적 읽기'가 바로 그것이다.

이번 장의 이 부분에서 우리는 정신 분석에 의해 개발된 드라마 접근 방식을 활용한다. 이 일을 하기 위한 우리의 논리는, 아르토 작업의 함축을 토대로 세워진 사실에서 부분적으로 파생된다. 하지만 우리는 또한 극적인 텍스트를 해석하는 활동을 보길 원한다. 지금까지 우리는 어떻게 드라마의 본질이 그것의 특성과 기원에 대한 일반화된 설명으로 정의되어 왔는지를 살펴보았다. 우리가 이 장에서 제안하는 바는, 드라마에 대해 지켜야할 가정 중 하나 – 즉 '인간 본성'의 기본적 리얼리티와의 관계 –가 극적인 텍스트가 해석되는 방법 중 일부분으로 영구화되고 강화된다는 것이다. 정신분석학적 '읽기'는 적절한 좋은 사례다.

그 '프롤로그'에서 앙드레 그린은 아리스토텔레스와 아르토를 정신 분석적 맥락 속에 넣는다. 예를 들어 연민과 두려움의 자극은 '혈연관계'에서 가장 잘 달성되고 그렇기에 '가족은 … *탁월한(par excellence)* 비극적인 공간'이다(1979: 7). 아르토의 '잔혹 연극(theatre of cruelty)'은 억압을 해제하는 시도로 묘사된다. 그리고 이것은 프로이트 및 죽음 충동으로 연결된다(p.13). 아리스토텔레스와 아르토를 정신 분석의 풍경 속에 심은 후, 그린은 작성된 텍스트를 해석하는 작업을 해나간다. 드라마와 관련된 이러한 정신분석적 활동은, 프로이트 자신의 1905/6년 에세이 '무대의 정신병질적 인물들(Psychopathic characters on the stage)' 및, 그의 추종자 어니스트 존스(Ernest Jones)의 1949년 책 『햄릿과 오이디푸스(Hamlet and Oedipus)』와 함께 시작부터 바로 거기에 있다.

정신분석적 해석의 방식을 설명하면서 그린은, 예술작품이 실제 인간 행위가 아님을 신중하게 인식하면서도, 그럼에도 불구하고 정신분석가는 '자신의 연구 사례에 있어서 예술작품이 실제이면서도 감춰진 관계에 대한 표현을 파악하는 데 도움이 될지도 모른다고 생각하는 게 옳다'고 말한다(1979: 22). 따라서, 비극의 정신분석학적 독서는 '형식적 조직에 은폐된 오이디푸스적 구조의 흔적을 그려나가는 데 그 목표를 둘 것이다'. 이 지도 제작에 있어서, 그린이 언급했음에도 불구하고, 일반적인 오이디푸스적 구조의 형상이 작품의 특정 형식을 대체하게 된다는 것을 목격할 수 있다; 숨겨진 인간 관계, 그보다는 오히려 그들의 전형적인 구조가 작품의 예술성보다 진정으로 더 중요해진다. 그가 이미 표현했듯이, '비극은 … 프로이트가 주제의 구성적 복합물로서 확인한 오이디푸스 콤플렉스의, 환상적 신화의 표현이다'(p.27). 여기에서 오히려 명확한 생각은, 비극과 드라마는 인류의 추정된 본질, 종족의 기질을 표현한다는 것이다.

이런 종류의 설명의 또 다른 예로 유명한 프랑스 정신분석가 자크 라캉(Jacques Lacan 1901-81)이 「햄릿(Hamlet)」을 분석하는 방법을 보자. 그린처럼 그도 극적인 텍스트의 형식적인 조직 아래 누워 있을지 모를 것을 알아내려고 애쓴다. 따라서, 햄릿이 오필리아에게 폭언을 하는 '수녀원' 장면(3.1)에 대한 설명에서, 그는 '환상이 대상(object)을 향해 기울어질 때의 환상적(fantasmatic) 관계의 비뚤어진 불균형'의 '흔적'을 감지한다. 여기서 '대상'의 의미는 '내 증오의 대상'이란 문구에서의 그것과 같다: 대상은, '본능이 그 목적을 달성하기 위해 추구하는 것'일 텐데 – 만족을 얻는 것, 또는 매력의 총체적 대상이라 할, 흔히 한 사람이 될 수 있다(Laplanche and Pontalis 1983: 273-6). 라캉이 말하길, 햄릿은 '더 이상 오필리아를 전혀 여자처럼 대우하지 않고, 그녀는 그의 눈에서 모든 죄를 잉태한 자가 된다'. 간단히 말해 '여기서 일어난 일은 대상의 파괴와 손실이다' (Lacan 1977: 23).

라캉은 연극적 장면을 심령적인 것의 정교한 버전으로 취급한다. 그에게 연극적 장면의 본질은 그 보편적인 심령적 내용이고, 무대 행동은 단지 은유이다. 장면의 공적인 조직은 간단하게 괄호로 묶인다. 그리고, 무대 규칙의 어떤 의미도 또한 삭제된다. 예를 들어, 장면 안의 사람들은 '진짜' 사람들과 일치하는 것으로 받아 들여진다: 라캉은 매우 자연주의적 안목을 가지고 이 장면을 들여다보는 것처럼 보인다. 하지만 우리가 잠시 라캉에서 이동하여 공적인 조직 자체에 참여할 경우, 우리는 어떻게 햄릿/오필리아의 대화가 두 명의 무대 위 관찰자에 의해 틀에 넣어지는지를 주목할 수 있다; 그리고 전체적인 장면 안에서 언어적·신체적 등록에서의 변화가 어떻게 인용의 느낌을 발생시키는지 볼 수 있는데, 그 가장 확실한 예로 햄릿의 퇴장 후 오필리아의 매우 화려한 연설을 들 수 있다. 그런 순간에 공적인 조직은 그 자체에 주목하도록 하고, 그렇게 되면 무대는 이들 인물을 '진짜' 사람이라기보다는 인용과 표현으로 만들고 있음이 분명하다. 특히 오필리아는 그 장면이 진행되는 동안 분명히 다양한 방법으로 구축됐는데, 그래서 그녀를 '여자처럼' 취급하는 데 실패한 것은 햄릿의 신경증적 증상 때문이라기보다 다른 여러 가지 중에서도 특히 '여자'가 무엇인지 질문하려 하는 표현의 역학에 대한 텍스트의 관심 때문이라 할 것이다.

이 요점화 및 보편화의 활동은 다른 중요한 관심사로부터 주의를 돌려놓는다. 예를 들어, 라캉은 햄릿이 폴로니어스의 시체를 숨기는

동기가 '가장 중요한 것에 대한 단지 또 다른 조롱: 불충분한 애도'라
고 주장한다(p.39). 원래 상연의 그 순간에는, 폴로니어스의 시신에
대한 태도가 특히 귀족을 위한 장례식 의전에 대해 유지되어온 심화
된 추정과 긴장 관계에 있었을 것이다. 이 점에서 햄릿의 활동을 구
축하는 데 있어 희곡은 개인적 재치와 사회적 의전의 관계를 무대화
한다. 그의 매우 동시대적인 재치 때문에 햄릿은, 죽은 이를 위한 예
법에 의해 지금까지 제어되었던 공간에서 관심의 초점이 될 수 있는
데, 그 예법은 복수 비극에 의해 물신숭배 되고 또 물신숭배를 통해
위반되었던 것이다. 희곡 자체도 역시 반복적으로 그 자신의 재치와
근대성을 직접 지시한다. 젠더화된 사람들, 무대와 객석, 잔류하거나
신생하는 문화적 관습들, 정신과 역사 사이의 복잡한 관계에 있어,
정신분석은 '불충분한 애도'에 초점을 맞추는 것보다 여기서 할 일이
더 많을 것처럼 보인다.

이런 종류의 정신분석적 독서는, 독자들과 낯선 예술작품 세계 사
이의 어떤 차이도 억제함으로써 그 중심적인 초점 안으로 독자들을
유혹하며 끌어들인다. 그로 인해 정신분석적 독서는, 적극적으로 드
라마의 본질주의적 정의를 영구화한다. 라캉의 '세미나'가 바로 이런
일을 하는데, 라캉은 특정한 비극적 영웅('the' tragic hero)의 정의를
괄호에 넣어서 공식화한다 – 그것은 '우리가 오이디푸스적 드라마를
되풀이할 때, 오이디푸스와, 우리 존재의 잠재적인 어떤 지점에 있어
서의 우리들 각 개인, 그 양쪽'을 뜻한다(p.42). 이런 방법으로 허구
적 캐릭터들이 일반화될 뿐 아니라 저자 또한 일반화된다. 극작술의
실제 역사를 무시하고, 그린은 저자를 저자 자신이 아버지가 된 예
술 작품에 대해 남근적 권위를 가진 존재로 나타낸다. 그래서 모든
영웅과 또 모든 관객은 '오이디푸스적 상황에 처한 아들의 위치에 있
다'(Green 1979: 27). 모든 비극적인 서술과 모든 연극적 경험은, 행
동과 관람의 관계에 있어 하나의 특정한 양식 안으로 포괄된다: '영

융은, 생활에 환상을 가져다주는 음유 시인의 능력과, 그의 환상이 구현되고 표현되는 것을 보는 관객의 욕망, 그들 사이의 만남의 장소다.' 이 관찰은 우리를 역사적 현실로부터 먼 곳으로 이끌고 가는데, 모든 희곡이 개별 남성 음유 시인에 의해 쓰인 것도 아니고 모든 관객들이 전적으로 남성인 것도 아니기 때문이다. 그것은, 원시 제의보다 아마 훨씬 더 상상적인 드라마의 가정된 본질에 대한 추상적 모델이다.

텍스트에 대한 정신분석적 설명을 통해, 더 거슬러 올라 드라마의 힘을 분명히 표현하려고 시도한 니체와 아르토를 통해, 그리고 드라마의 기원에 대해 생각하는 시도까지: 이번 장에서 우리는 다른 방법들로 돌연변이를 일으키는, 아이디어의 기본적 한 쌍을 보았다. 드라마는 원시적인 인간의 행위인 '제의'에서 파생하거나, 기본적인 인간의 '본성'을 표현하는 것으로 간주된다. 이들 아이디어는 대립되면서 서로 잠입한다. 그들은 종종 비-드라마와 드라마의 차이를 정의하거나, 진지한 드라마와 하찮은 것의 차이를 구체화하도록 요청 받는다. 이러한 가정을 하고 구분을 할 때, 본질을 찾는 사고방식을 자주 믿게 되는 것이다.

5장 여성, 연극 그리고 학문의 윤리

페미니즘과 연극학 분야

1981년에 낸시 S. 라인하르트(Nancy S. Reinhardt)는, 여성 운동의 대두 이래 미국 연극학에 있어서의 페미니즘의 영향을 검토했으며 그것이 다른 학문에 뒤처져 있다는 점을 발견했다. 예를 들어 페미니즘이 거의 10년 동안 영화 연구에 새로운 발전의 영감을 준 반면, 페미니스트 연극 비평과 연극사 모두 여전히 새로운 것으로 남아 있었다. 연극학자들은, 영화 연구로부터 기호학을 수입했던 것처럼, 그것이 영향을 미친 10년 후 다른 학문 분야로부터 그제야 모델을 수입하고 있었다. 1960년대 흑인 해방과 함께 그러했듯이 정치의 한 부분으로 1970년대에 활기 넘치는 페미니스트 연극의 발전이 이루어졌음에도 불구하고 사정이 이러했다(Reinhardt 1981: 25-6).

라인하르트는 이에 대한 세 가지 이유를 제시했다. 첫째, 영화와 미디어 연구는 더 오래된 학문의 '중요한 수하물'에 의해 방해받지 않았고 그래서 '새로운 관점과 도전'에 열려있었다. 둘째, 주류 매체에서 여성의 착취는 너무나 명백해서 비판적 관심을 요구했다. 셋째, '연극은 본질적으로 - 거의 당연히 - 공공적이고 사회적인 예술이며, 그러므로 남성-지배적인 예술이다'(Reinhardt 1981: 26-7). 비판적 지연에 대한 이 세 번째 이유가 또한 비평을 위한 포문을 연다: '무대와 관객 양측에서 모두 지배적인 *공공적인(public)* 행동은, 여성을 측면과 구석진 곳에 계속 두거나 남성 관람자를 위한 전시용으로 배치하는 남성 세계를 강조한다'(Reinhardt 1981: 29).

질 돌란(Jill Dolan)은, 1970년대 중반부터 이십 년간 여성 연극 및 그 관련 연구의 '비판적이고 창조적인 지형'이 급속하게 변형되어온 데 대해, 십여 년 후 증명할 수 있었다. 『드라마 리뷰(The Drama Review)』란 잡지를 뉴욕의 학술적이고 실험적인 퍼포먼스 기반의 일부로 생각했는데, 뉴욕에서는 학제간 작업의 필요성을 의식하는 일이 학술적·실험적 영역 양쪽 모두에서 나타나고 있었다. 주류 페미니즘에 대한 강조에 따라, 초기 관심사는 여성의 퍼포먼스 역사를 회복하는 일이었다(Reinhardt 1981: 49, n. 3 참조). 하지만, 후기구조주의가 학문에서 지배적 위치를 획득하고 정신분석이 특히 강력한 도구로 인식됨에 따라, 전기적 측면으로부터 젠더, 섹슈얼리티와 인종 재현에 대한 심문으로 관점이 변했다. 이 새로운 강조가 '형식, 문맥, 역사, 그리고 재현에 대한 질문'을 유발했다(Dolan 1996: 2).

페미니스트들이 1980년대에 일반적으로 연극과 퍼포먼스 연구에서 이론적 모델 쪽으로 변화를 가져오는 데 중요한 역할을 하면서, 그들은 적대감과 저항을 만났다. 1990년에 수- 엘렌 케이스(Sue-Ellen Case)는, 고등교육 연극협회(the Association for Theatre in Higher Education, ATHE)의 사보인 『씨어터 저널(Theatre Journal)』에서 대부분 옮겨온 에세이 모음집인 『퍼포밍 페미니즘(Performing Feminisms)』을 발간했다. 케이스는 그녀의 공동편집장 시기에 그 잡지가 '이론과 특히 정치 이론'에 대한 강조 때문에 비판받았다고 주장한다. 잡지, ATHE, 그리고 연극학과에서 '이론과 역사 사이의 분열'은 여전히 계속되었다. 어떤 이들은, 학문간 이동이 학문 분야로서의 연극학의 완전성을 위협했다고 주장했다(Case 1990: 1).

그와 같은 페미니즘에 대한 이념적 저항과 학문적 완전성에 대한 두려움 – 우리가 보게 될 페미니즘 비평에 개방된, 오랜 역사를 가

진 그들 자신에 대한 두려움 - 외에도, 케이스는 왜 페미니즘 이론
이 연극학에 늦게 도달했는지 더 많은 지역적·역사적 이유를 제시
한다. 연극 비평은 영문학과에서 가장 발전했는데, 거기에서는 희곡
원고, 특히 르네상스 시대의 희곡에 역점이 주어졌다. 연극학과는 상
대적으로 새로운 것이고, 미국에서는 여전히 실무자들의 훈련을 일
차적 기능으로 유지하고 있었으며, 흔히 연극사만 학술 연구의 주요
분야로 들어 있었다. 따라서 동시대 텍스트와 실천에 대한 페미니즘
적 접근이나 다른 비평적 접근 모두 1990년에는 '심각하게 미미한
위치'에 아직 머물고 있었다(Case 1990: 2).

페미니즘, 비극 그리고 가부장적 학문

라인하르트는 연극에 있어 공공 영역의 남성적 젠더화는 비극에
가장 맞다고 주장하면서, 왜 아리스토텔레스와 같은 부분적 모델이
그렇게 오랫동안 학계를 지배했어야 했는지를 묻는다. 그녀의 대답
은 이중적이다: 아리스토텔레스는 '도시 국가(의) 고대 남성 중심적
사회를 위한 전형적인 대변인'이다; 그리고 전통적인 대학 학문은 같
은 토양에 뿌리를 지닌다. 대학의 원래 그리스어 개념은 마스터와
학생 간의 토론을 통한 활기찬 투쟁이다. 그리고 이것은, 라인하르트
가 주장하길, 그리스 남성 시민들의 신체적 싸움을 위한 훈련뿐만
아니라 아리스토텔레스적 비극과도 그 근원이 같다. 그 이후의 많은
전통적 서구 드라마와 마찬가지로, 그것은 직선적이고, *대결(agon)*에
기반을 두며, 클라이맥스와 해결로 이어져 '어떤 것이든 일치하지 않
거나 불필요한 것'-논쟁적이게도 여성적인 것은 폐기해버린다. 그녀
는 월터 J. 옹(Walter J. Ong)의 견해에 대한 애드리안 리치(Adrienne
Rich)의 인용문을 언급하는데, 대립적인 실천이 낭만주의까지 학계를
지배했다는 것이다(Reinhardt 1981: 29-30, 35-7; Rich 1980 역시 참조).

  아리스토텔레스는 악명 높게도, 비극적인 영웅으로서 남자(노예는
결코 아니다)보다 여자는 덜 적절함을 발견한다. 『*페미니즘과 연극
(Feminism and Theatre)*』(1988)에서 케이스는, 주신찬양가가 남성과
여성 모두의 합창을 포함한 반면, 드라마의 기초를 세운 경쟁적 축
제는 남성에게서만 나온다고 관찰한다. 만일 여성이 어쨌든 관객 속
에 나타났다면, 그들은 미미한 지위를 갖고 있었을 것으로 생각된다.
그녀가 보고한 대로, 페미니즘 역사가들이 주장한 바는, 드라마에서
이렇게 근본적으로 여성을 배제함으로써, 5세기 아테네에서의 '시민
적 특권과 제한'을 지지하면서 그것은 '제의화되고 체계화된 젠더 행
동을 위한 정치적 · 미학적 경기장'으로 구성됐다는 것이다(Case 1988:
11). 그렇기에 연극은 가부장적 상태로의 변화를 구현하는 - 법률,
종교, 건축, 섹슈얼리티, 가족 그리고 학습을 포함한 - 여러 제도와
문화적 실천 중 하나이다.
  케이스는 이러한 변화의 사회 경제적, 이념적 매개 변수를 검토한
다. 남성은 가족을 거느렸고 재산을 소유했다; 시민권은 남성 계보에
종속되었고, 여성은 가정 영역에 국한된 결혼을 통해 교환의 대상이
되었다. 이러한 조건에서 여성은 문화적으로 보이지 않게 되고, 그들
의 비가시성은 '남성 주체에 초점을 맞추도록 조직하는 빈 공간'을
제공한다. 예술의 학습과 감상은 둘 다 '모방의 기쁨'으로 이해되는
데, 이들은 남성의 분야인 것으로 추정된다. 여성이 '선택의 권한'을
가지지 못했기 때문에, 그에 따라 드라마는 여성을 위해 '아무런 기
능'도 가질 수 없게 된다(Case 1988: 8-9, 17-18).
  '**여**성(Woman)'은, 남성적인 특권적 관점에서 여성을 억누르고 정
의하기 위해 '**남**성(Man)'에 완전히 반대되는 것으로 만들어졌다. 땅
속의(세속적인, '여성스러운') 억제에 대한 신화적 서사는 문화적 변
동을 정당화하기 위해 건설되었다. 라인하르트와 케이스는 밀레트
(Millett)(1972) 및 다른 이들을 따라서, 아이스킬로스(Aeschylus)의

「*오레스테이아(Oresteia)*」를 *도시국가(polis)*의 토대가 되는 신화로 간주한다. 아테나(Athena)가 새로 도입된 합리적 정의를 주재하면서, 비합리적 복수심에 불타는 여성적 분노는 억압되어왔다(Case 1988: 7-12 여러 곳).

많은 쟁점이 가부장제에 반대하는 비평에서 발생한다. 그것은 일반적 형식으로서의 서양 연극에 대한 근본적인 의문을 제기한다. 희곡에 관해 생각해보면, 희곡에 가치를 두는 어떤 문화든 '같은 가부장적 서브텍스트에 적극적으로 참여한다'고 논의될 수 있다(Case 1988: 12). 라인하르트는, 만약 우리가 「*오이디푸스 왕(Oedipus Rex)*」을 설명하기 위해 아리스토텔레스의 모델을 사용한다면, 희곡 그리고 아리스토텔레스의 처방전, 이 두 가지 모두가 소위 여성적 불합리성을 제어하기 위해 남성적 합리성의 투쟁을 벌인다는 점을 이해해야 한다고 주장한다(Reinhardt 1981: 31).

라인하르트의 논의가 나온 지 7년 후 케이스는, 그때로부터 진화해왔던 '새로운 방법'으로 '실천, 텍스트와 문화적 배경'을 연결하는 페미니즘 학자들을 초대할 수 있었다(Case 1988: 15). 특히 유물론적 페미니즘의 성장은, 젠더화된 권력관계의 재생산에 종사하는 가부장적 제도로서의 비평을 향해 연극과 연극학 모두를 개방하였다. 다음 절에서 우리는 페미니즘 자체 내에서의 구분, '위치성'의 공식에 있어서의 그들의 부분적인 해결로 관심을 돌린다. 여기에서의 관심은 비판적 활용 방식에 관한 것으로, 개인과 집단에 의해 이론이 수행되는 방식, 그리고 정체성의 퍼포먼스와 이론이 맺는 관계에 대한 것이다.

페미니즘 윤리학과 위치성

질 돌란(Jill Dolan)은 시카고에서의 1994년 학회가 있을 무렵, 한 때 '벼락부자'이자 '무법자' 같았던 '여성과 연극 프로그램'(Women and Theatre Program)이 '대립적이고도 제도적인' 상태가 되었음을 관찰했다. 그녀는 두 가지 각도에서 이 새롭고 모순적인 중심성을 다뤘다. 첫째, 페미니즘 퍼포먼스의 텍스트와 자취는 이제 그로 인하여 상품이 됐기 때문에, 페미니즘 비평가는 그들의 반응에 개입해야 한다. 둘째, 중심을 획득하면 '모든 위치, 정체성, 공동체, 그리고 방법에 대한 배타적 문제'를 특히 중시해야 한다. '페미니스트가 무엇을 하고 있고, 무엇을 잊고 있으며, 누구에게 봉사하는가' 하는 질문들이 지속적으로 열려 있어야 한다(Dolan 1996: 2-3, 16). 그러한 전경화(foregrounding)에 대한 상징적인 메시지가 1980년대 중반부터 발전한 유형론 비평이었는데, '급진적(radical)', '진보적(liberal)' 그리고 '유물론적(materialist)' 페미니즘으로 1990년 게일 오스틴(Gayle Austin)이 요약 식별했던 것이 그 예이다. 오스틴의 기본적인 구분은 다음과 같았다. 그 추정된 자질이 본질적으로 여성스러움을 지지하는 분리주의적 정치('급진적'); 공유된 휴머니티의 기반 위에서 남성과의 평등을 추구하기('진보적'); 정치적 좌파의 계급 정치에 참여할 필요가 있음을 암시하면서, 문화적으로 생산된 존재로서의 젠더에 초점을 맞추기('유물론적') 등이 그것이다(Austin1990: 6; Aston 1995: 8-9 역시 참조; Carlson 1996: 145; Reinelt and Roach 1992: 229, n. 2). 따라서, 우리가 위에서 고대 그리스에 대해 연습해본 논쟁은, 유물론적인 그리고 급진적이거나 본질주의적인 페미니즘 담론 사이를 맴돈다.

　오스틴의 예와 같은 범주화는, 부분적일 뿐만 아니라 배타적이라고 비판받았는데, 백인 중산층 여성에 의해 지배되는 정치 조직의 형태에 기반을 두었다는 것이다. 비평이 명성을 얻은 것은, 1980년경 유색인종인 여성들에 의해 많은 간행물이 나오면서였다(참고문헌으로, de Lauretis 1987: 10; Case 1990: 56-7; Dolan 1993: 417 참조).

1980년대를 회고하면서 케이스는, 학계의 반응을 알려주는 많은 영역과 쟁점을 지도로 그렸다. 그녀의 논쟁의 중심은, 1980년대 동안의 페미니즘 연극 연구에서 두 가지의 주요 이론적인 가닥들 사이에 변증법적 관계가 있다는 것이다 ─ 후기구조주의 유물론과 페미니즘 정신분석이 그것이다. 젠더 정치 내에서 발전된 정신분석적 관점은, 여자의 경험을 무시한 채 진실을 구축하는 남근 체제에 대한 비평이었다. 유물론적 페미니즘은 '계급'과 같은 기존의 유물론적 범주를 불안정하게 하기 위해 이제는 후기구조주의를 사용하고 있었고, 그런 방법과 정신분석적 비평은 조화를 이루었다. 하지만 정신분석 또한 급진적 페미니즘에 순응하는 본질주의적 모델을 제공했는데, 그것은 결과적으로 여성에 대한 단일한 개념, 따라서 '배타적인' 개념을 세우려는 경향이 있었다. 분명히, 본질주의적인 페미니즘 정신분석과 후기구조주의적인 유물론적 페미니즘 사이에는 모순이 있다. 하지만 케이스에게, 그들은 변증법적인 한 쌍으로 등장한다. 유물론적 후기구조주의는 '여성'과 '레즈비언' 같은 '배타적인' 본질주의적 페미니즘의 범주를 적절히 불안정하게 만들면서, 정치적 권리로부터의 공격에 직면했을 때 몹시 필요한, '적극적으로 저항하는 방식'을 희생하고 있다(Case1990: 7-8).

케이스는 운동의 은유를 통해 두 개의 패러다임 사이의 변증법을 생각한다. 변증법은 역설적으로 '멈춤'과 '추진력' 양자로 구성됐다. 추진력으로서 그것을 유지하는 일은, 앞서 언급된 백인 페미니즘의 주도권에 도전함으로써 유발된, 페미니즘의 비판적 '위치성(positionality)'이란 아이디어가 발전하면서 크게 도움 받았다. 비판적 위치성의 퍼포먼스는 그 '유물론적 해체'만큼이나 '행위주체의 위치잡기'도 동시에 주장하는데, 케이스가 쓴 것처럼, 그로 인하여 '정확성 및 그에 따른 효능'을 용이하게 한다(Case 1990: 6-7). 돌란은 1988년부터 그 구체적 사용법을 주목했다(Dolan 1993: 417, n.1).

위치성의 양 측면이기도 한 그 특성은 '전략적인(strategic)' 또는 -
가야트리 스피박(Gayatri Spivak)의 용어로는 '작전적(operational)인'
- 본질주의의 전술로 조절된다(Spivak cited via Judith Butler 1990:
325 in Harris 1999: 18). 그로 인해, 해체적 비평을 위한 기본적 책
무는, 특정한 정치적 목적을 위해 안전한 주체의 위치를 수행적으로
채택하는 일과 병행하게 된다. 칼슨은, 동성애자나 흑인, 라틴계처럼
억압 받는 타자들의 집단이 논리적으로 또한 전략적 본질주의의 위
치에 이끌릴 수 있다고 제안한다(Carlson 1996: 182-3). 칼슨의 관찰
은, 정체성의 정치학과 집단 대표제가 지배하는 개인주의적 관점, 궁
극적으로는 진보주의적 관점 특유의 것이라고 논의될 수도 있다. 자
넬 레이넬트(Janelle Reinelt)의 주장에 따르면, 진보적, 급진적, 그리
고 유물론적 페미니즘이라는 오스틴의 유형학은, 그 부적절한 부분
에 대한 경고도 주어진다면, 페미니즘 연극과 비평에 '입문하는' 학부
수업 수준에서는 여전히 유용하다(Reinelt 1992: 227). 그러한 접근
방식이 이전의 페미니즘 비평을 읽는 데 유용한 뼈대를 학생들에게
제공하는 반면, 그럼에도 불구하고 그것은, 상대적으로 특권을 가진
일부 학생들만의 문화에 맞추어진 이해를 위해 특정한 토대를 놓겠
다고 위협한다. 돌란이 주장하듯이, 대학에 합류하면서 사람들은 담
론의 영역으로 들어간다. 계보학의 리허설은 어느 정도까지 제한적
인 틀을 설정하는가? 그것은 어느 정도까지 다른 서사를 장려하기
위해 사용될 수 있나? 우리 자신의 무엇이 이 책을 만드는 데 있어
서 제외적인 것들을 선언하는가?

페미니스트 공동체, 텍스트성 그리고 초월

우리는 지금 수행성(performativity)이란 용어로 고려된 활용 방식
(praxis)에 대한 두 가지 추가 질문에 관심을 돌린다. 첫째는, 학문에

있어서 페미니즘적 실천의 본성과 효과에 대한 주장이다. 두 번째는, 학계와 더 넓은 페미니즘 운동 사이의 관계에 대한 질문이다: 우리는 구조적으로 '위치성'의 문제에 관련된 또 다른 변증법적 모델을 검토한다.

대부분의 페미니즘 학문이 그렇게 하듯이, 케이스는 광범위한 사회 운동과 그들 자신 양자간의 창조적인 대화를 하고 있는 학자 공동체 속에 그녀 자신을 위치시킨다. 그녀는, 자신이 편집한 잡지에서의 페미니즘 학문이 '내부인용(intercitation)'과 '자기비판(self-criticism)'의 풍요로움을 즐겼다고 회상했다. '마르크시즘으로부터 남아있는 과정'의 부활에 있어서, 행위 주체의 자양분 많고 쉽게 이동하는 감각은 지속적으로 그 스스로를 '지배적인 집단 이데올로기의 맥락 내에서' 시험한다. 이런 종류의 페미니즘 비평 담론은 '포함된 것과 사회적 특수성' 사이를 창조적으로 중재할 뿐만 아니라 또한 '억압 작업의 안팎으로 움직일' 수도 있다. 페미니즘 비평가는, '해방적인 거리'를 유지하는 동안, 궁극적으로 가부장적 추정에 기초한 비평들과 생산적으로 관계를 맺을 수 있다. 그녀는 그로 인하여 '공모'를 피할 수 있다. 케이스는, 페미니즘 비평 이론의 '경제성과 품위'를, 신역사주의를 포함하여 '비동맹적인 포스트모던 이론가의 허세부리는 "프로젝트"'는 경멸하면서, 그에 대조시킨다(Case 1990: 4-6).

페미니즘 이론은 학문계에 학제성(interdisciplinarity)을 가져왔고, 학문적 페미니즘과 광범위한 사회 운동 간의 적극적 연결도 이끌고 왔다. 케이스는 페미니즘의 이론적 실천이 '부문과 장르에 대한 가정들'을 동요시킨다고 주장한다; 그것은 '무엇이 학문을 구성하는지 그리고 … 무엇이 인식론을 구성하는지'('진리'의 구축)에 대한 근본적인 질문을 제기했다 ; 그리고 '규율과 퍼포먼스 실천' 사이의 경계를 흐리게 했다(Case 1990: 3). 하지만 사회 운동에서 여성이 이 공생적 계약 내의 학문적 범주에 도전했다면, 거기엔 또한 그와 같은 학문적 활용방식과 더 넓은 정치적 투쟁 사이의 관계에 대한 질문도 있다. 그녀는 먼저 텍스트화(textualisation)의 렌즈를 통해, 그리고나서는 엘리트 형태의 렌즈를 통해 이 문제를 처리한다.

케이스는, 정신분석 방식이 퍼져나갔던 1980년대의 페미니즘 연극 비평은 '텍스트적 작업'의 초월적 영역에 역사를 제한하려는 경향이 있었다고 주장한다. 물신숭배적 텍스트는 역사의 실제 작동을 가린다. 이는 '참조에 대한 근대주의적 거부'를 이루었고 – 이는, 적극적인 저항적 실천방식이 반복해서 집행연기된 것이다(Case 1990: 8-9). 케이스의 초기 주장에 따르면, 그와 같은 텍스트화의 추세는 정신분석 이론을 채택한 문학 비평의 정립에 있어서 이미 당연히 활발하게 이루어졌다.

케이스는 사실상, 전반적인 학문적 페미니즘 비평과 그 부수적인 퍼포먼스 문화가 대중으로부터 모더니즘적으로 철수했다고 비난을 받게 될 것인지 그 여부에 대해 생각한다. 이에 대항하여, 그녀는 전위적인 페미니즘 비평과 퍼포먼스가 맡은 특정한 역할이 있다고 주장한다; 그들은 '공동체에 특정한 주소'를 가지고 있다. 만약 전위 형식이 '대중문화만큼 효과적으로 대다수의 여성에게 도달하지 않는다면', 그들은 '그 운동의 일부 구성원을 위해 적절하게 페미니즘을 수행한다'. 특히 '정신기호학적(Psychosemiotic) 접근'은, '폭력적 여성혐오증(misogynistic)의 각인, 또는 총체적 부재의 황폐화 효과와 페미니즘이 협상해야 하는, 그 아버지의 무서운 세계와 직접 상호 작용'할 수 있게 해주었다. 페미니즘 비평가는 특정 도구를 필요로 하는 특정한 '노동의 장소'를 가지고 있다. 그녀는 브레히트의 *학습극(lehrstücke)*을 그에 상응하는 것으로 인용한다(Case 1990: 10-11).

공생적 유대의 사회적 측면에 관하여 케이스가 빈틈없이 묻는 것은, '왜 페미니즘 공동체는 해체를 필요로 할까?' 하는 점이다. 만약 레즈비언 본질주의가 실재(Real)의 개념을 고수하고 이로 인해 모방의 '구속력 있는 존재론적 유대'를 고수한다면, 그것이 실용적인 측면에서 정말 문제가 될까? 후기구조주의적 유물론과 정신분석적 본질주의 사이의 변증법은, 그리하여 다른 것을 포용하면서 작동한다: 엘리트주의의 준비를 진행해가는 저항의 전위적 전략, 그리고 인종과 계급의 특이성에 정성을 들이면서도 또한 초월적 범주를 사용하는 경향이 있는 더 광범위한 실천, 그 사이의 변증법도 받아들인다(Case 1990: 10). 그 중 어느 것도 완벽하지 않지만, 그 각각은 다른 것보다 스스로의 목적에 더 적합하다. 각각은 그 자체의 수행성의 영역을 가진다.

노동의 이러한 분할을 결정한 것은 정확히 누구인가? 비평적 해체는, 학계에서 그들의 비평을 유지하기 위해 오직 학자들만 괴롭힐 필요가 있을 뿐 더 이상 심각한 조치를 취할 필요는 없는 그런 것인가? 페미니즘 학문과 그 밖의 사회 운동 사이의 적극적 대화를 위한 무슨 암시가 어디에든 있는가?

케이스는 '담론에 개입하는' 수단으로서의 '포스터모더니즘과의 로맨스'가 '수그러들었다'고 보고한다. 이는 아마도 '미디어 세대'를 언급하는 것 같다. 하지만 그럼에도 불구하고, '지배적 이데올로기와 전술의 가면을 인식하게 해주는 비평적 방법론에 관련 있는 그런 형식'이 어떻게 대중 관객에게 읽혀질 수 있도록 발전하는지, 그 질문은 남아 있다. 케이스는 브레히트의 *학습극(lehrstücke)*을 모델로 제기했다. 하지만 이들은 결국 학교와 라디오를 참여시키는 공공 행사로 설계되었다 – 비록 그가 제안하길, 그것들은 당장 완전하게 효과적인 것이라기보다 미래의 사회주의적 교육학을 위한 리허설이었다고 했더라도 말이다. 레닌주의가 여기 케이스의 위치에서 그 자취로 남은 반향을 가질 수 있을까?(Case 1990: 9)

마지막 두 절에서 우리는 또 다른 차원의 수행성으로 화제를 돌려, 특히 대본이 있는 퍼포먼스로서의 젠더의 이론화, 그리고 관습적 연극 외부에서의 페미니즘 예술 실천을 위한 그것의 영향을 다룬다. 우리는 변증법적 모델을 다시 찾으면서도, 또한 여백과 간격에도 호소한다.

젠더의 기술과 페미니즘적 주체

케이스의 회고가 있기 직전, 영화 이론가 테레사 드 로레티스(Teresa de Lauretis)는 『젠더의 기술(Technologies of Gender)』(1987)을 출판했다. 『성의 역사(The History of Sexuality)』(1권: 1981)에서, 푸코는 인간의 성이 자연적인 것이 아닌 문화적인 것으로서, 즉 의료, 법률, 교육과 기타 제도적 담론에 의해 유행되고 유지된 '성별의 기술'이었음을 증명했다. 드 로레티스는 더 나아가, 젠더는 '젠더의 기술'의 산물이라고 주장한다. 이 모델의 수행적 특성에 특히 중시해보자. 드 로레티스에게 있어 젠더는, 푸코가 성에 대해 얘기하는 것처럼, '신체, 행동, 사회적 관계에서 생산된 일련의 결과'이다(de Lauretis 1987: 1-3).

드 로레티스의 논의에 따르면, 1960년대와 1970년대 동안 가부장적 체계에 대한 페미니즘 비평과 여성 문화의 구축은 젠더(gender)의 정렬을 가정했는데, 젠더는 성차와 함께 일련의 자질로 이해되었고, 성차(sexual difference)란 남성과 여성 사이의 기본적인 생물학적 구분이었다. 그녀는 후기 페미니즘이 데리다의 차연(différance) 개념을 전용한 데서 동일한 정렬을 찾는다. 그녀는 그것을 방해하기 위해 글을 쓴다.

젠더는 단순히 총칭하는(generic) 분류 체계라고 드 로레티스는 주장한다: 그것은 일련의 공통적인 특성에 의해 정의된 그룹 내에 개인을 위치시킨다. 하지만 젠더는 엄격하게 이진법적 체계이다. 남아 또는 여아는 소년이나 소녀로 확인될 때까지 젠더가 없으며, 이후

그것은 남성적이라거나 여성적이라는 미리 운명지어진 모델과 일치
하고 그렇게 식별되는 특성으로 바뀐다. 다른 어떤 계급도 유효하지
않다. 하지만 그러한 이진법적 분류가 문화권에 걸쳐 공유되면서, 남
성적 그리고 여성적이라는 정의는 그들 사이에서 광범위하게 다양해
진다. 그리고 어떤 한 문화권 내에서, 주체는 또한 '성별과 관련된
경험만큼이나 인종 및 계급과 관련된 경험에 있어서 젠더화된다'. 남
성적이고 여성적이라고 규정된 특성은 문화적으로 특정한 재현 단위
들로서, 실질적인 사회적·주관적 결과를 가진다. 재현은 젠더를 반
영하기보다 구성한다(de Lauretis 1987: 2-6).

　알튀세르(Althusser)의 이데올로기 모델을 따라서, 드 로레티스는
젠더가 주체를 '불러 세우거나' 호명한다고 주장한다. 젠더화 된다는
것은 재현의 영역에 참여하는 것을 의미한다. 그리고 그녀는, 그러한
구성이 심지어 전위 예술적 실천, 페미니즘을 포함한 비평적 이론화
와 정치적 실천에서도 계속된다고 주장한다. '성-젠더(the sex-gender)
체계 외부에는 … 어떤 사회적 현실도 없으며', 이론화는 그 사회적
현실의 일부이다. 알튀세르가 '과학'을 '이데올로기' 외부의 것으로 상
정할 수 있다고 느꼈던 반면, 페미니즘은 바로 그 남성우위적인 과
학적 객관성의 구성에 도전했다. 드 로레티스는, 수행성(핵심어: '퍼
포머티비티(Performativity)' 참조)에 대한 주디스 버틀러의 작업을 예
상하는 방식으로 이 수수께끼에 대한 해결책을 제시한다. 그녀는, 추
상적 **여성**(abstract Woman)과 '사회적 관계에서 실제로 젠더화된' 현
실적 여성(real women), 그 둘 모두와 구별되는 '페미니즘의 주체'를
제안한다. '과정 중에 있는' 이 주체는 동시에 '젠더의 이데올로기 내
부 *그리고* 외부에 있으며, 그렇게 있는 것도 의식하고 그 이중적인
끌어당김도 의식한다.' 페미니즘의 주체가 '이론적 구성물'인 반면,
그 자기결정권은 어떻게 '주관적이고 미시정치적이며 일상적인 실천'
속에서 수행될 수 있을지 그 방법에 대해 드 로레티스는 생각한다.

그것은 신중하게 모순을 살아가는 것을 의미한다(de Lauretis 1987: 3-10 여러 곳, 본래 강조).

　드 로레티스가 개발한 입장은 페미니즘 연극과 퍼포먼스의 실천 및 이론의 적절성에 대해 말해주는 바가 많았고, 그녀의 작업은 영향력을 지녀 왔다. 그녀는 성-젠더 체계의 전복에 주관적으로 맞추어진 수행적 모델을 제공한다. 그리고 그녀는 연극적 장치를 많은 것 가운데 하나의 '젠더의 기술'로 중시하는 데 도움을 준다. 드 로레티스가 지적한 것처럼, 이데올로기적인 작업을 한 '영화적 장치'에 대한 규명은, 성에 대한 푸코의 작업과 우연히 일치하면서도 그와는 독립적으로 발전했다. 남성적 응시에 관한 로라 멀비(Laura Mulvey)의 영향력 있는 에세이는 이 기간에 나왔다(Mulvey 1975). 이후 급진적인 영화 제작자들은 영화적인 '스페이스-오프(space-off)'를 전복적으로 실험했다. 영화 프레임은 우리가 보는 것을 선택한다. 영화적 환상은, 허구 내에서 그 밖에 놓인 것을 상상하는 우리의 능력에 달려있다. 하지만 현실에서는, 예를 들면 카메라, 기술자 그리고 영화 스튜디오나 장소의 현실, 그리고 어딘가에 편집자가 있다. 우리는 그들을 알지 못하는 것으로 되어 있다. 급진적 전략은 '스페이스-오프'를 중심에 놓는 것이었다. 이것이 페미니즘 퍼포먼스를 위한 함축적 의미를 가진다(de Lauretis 1987: 13-26).

표시된 것과 (다시) 표시되지 않은 것

　'이데올로기적 재현으로서의 젠더의 안팎으로' 움직이는 것은, 스플릿 브리치스(Split Britches)의 작업에서처럼 동성애(queer) 퍼포먼스에서 알아볼 수 있는 전략이다(Case 1996 참조). 그들의 퀴어적 혼성모방은, 어느 한 순간 공연자와 관객 모두를 위해 심리적으로 투자될 수도 있고 또는 그렇지 않을 수도 있는 젠더 역할들 사이를 신

속하고 비결정적으로 이동한다. '젠더를 다르게 구성하는 조건들'이
'지배 담론의 주변부'에 존재하듯이(de Lauretis 1987: 18), 그렇게 스
플릿 브리치스는 무대의 전체 '프레임' 안에 그러한 주변부를 생성시
킨다. 이는, 늘 남성중심적이며 안전한 젠더 재현과, '그런 재현이 재
현할 수 없는 것이어서 빼버렸거나, 더 신랄하게 말하자면 재현할
수 없게 만들어놓은 것', 그들 사이의 공간을 탐색하는 일이며(de
Lauretis 1987: 26), 『표시되지 않은 것(Unmarked)』(1993)에서 페기
펠란(Peggy Phelan)에 의해 개발된 관점에 연결된다.

  펠란은, 재현의 영역에 참여하는 것이 표시되는 것이라는 제안을
둘러싼 논의를 발전시킨다. 데리다와 라캉을 따라서 그녀는, 서양 문
화권에서는 남성은 가치 있게 표시되고 여성은 그렇지 않다고 주장
한다. 하지만 그 때 이 '심리-철학적 프레임' 내에서, 예술을 포함한
문화적 재현은 여성을 기표 또는 은유로 다시 표시 한다; 그리고 남
성은 (다시) 표시되지 않은 규범이며 시점이 된다. 예술에서의 여성
은 언제나, 규범적이라고 추정되는 남성의 시점에서 보는 어떤 것을
나타낸다(Phelan 1993: 5).

  펠란은, 이런 조건에서 재현되지 않거나 재현될 수 없는 주체성
또는 정체성에 가치를 재투자하길 원한다. 이는, 가시성을 얻는 것은
정치적 권력을 획득하는 것이라는, 좌파와 우파에 의해 똑같이 지지
된 추정에 거스르는 것이다. 그녀가 특히 장르적 퍼포먼스에 집중하
는 것은, 더 관습적인 예술 형식에 있어서 '재현과 반복의 쾌락'이 관
객을 안심시키며 중심에 놓기도 하고 보이는 것에 집착하도록 하기
도 하는 그런 방식에 의해, 프레임 안에 넣어진다. 관습적 재현 장치
인 연극에서, 무대상의 '다른 것'(Other)은 관객에 의해 '같은 것'(the
Same)으로 통합된다. 펠란이 앤젤리카 페스타(Angelika Festa), 신디
셔먼(Cindy Sherman), 그리고 다른 이들의 작업을 보면서 개발한 것
은, "같은 것'으로서의 '다른 것'이 재생산되는 일이 보장되지 않는,

또 다른 재현적 경제성을 위한 모델'로서 장르적 퍼포먼스의 감각이다. 예를 들어, 페스타가 그녀 자신의 복잡한 독주곡들을 공연한 것은, '가시성의 수익을 취하길 신중하고도 의식적으로 거부한 것'이다. 이는 또한 가부장적 문화에서 '상실과 슬픔'에 빠진 여성들이 '현존과 재-현(presence and re-presentation) 사이의 틈새'에서 고통 받고 있음을 증언하는 것이다(Phelan 1993: 1-3, 19, 163, 원문 강조).

펠란의 '또 다른 재현적 경제성'에 대한 탐색은, 재현으로부터 전적으로 탈출하는 데 연결된다기보다, 아르토를 서양 형이상학에 깊이 봉쇄된 존재로 보았던 데리다의 징후적 독서에 연결될 수 있다(핵심어: '현존과 재현(Presence and representation)' 참조). 그리고, 펠란의 탐색이나 드 로레티스의 '젠더를 다르게 구성하는 조건들'에 대한 탐색이나 그 두 가지는 모두, 차별화를 부과하기보다 차이를 인식하는 정치에 맞춰져 있다. 펠란이 추상적인 언어적 모델에 더 의존한 것처럼 보이긴 하지만, 펠란과 드 로레티스 모두 같은 가정에서 출발한다. 페미니즘에 의해 전용된 어떤 서양 철학이나 다른 이론들도, 이리가레이(Irigaray)가 지적했듯이, 그 밖의 서구 가부장적 문화에서와 마찬가지로 동일한 '호모-섹슈얼'적인 프레임 안에서 작동된 것으로 이해될 수 있다는 것이다. 예를 들어 드 로레티스는 로지 브라이도티(Rosi Braidotti)를 인용한다. 로지가 1985년에 불평했던 내용은, 들뢰즈, 데리다, 푸코, 그리고 리오타르에 의해 인간성의 미래로서 '여성적인 것'이 종종 옹호되면서 그것은 단지 또 한 번 여성을 은유로 번역하는 셈이 되었다는 점이다. 이들 남성 이론가는 지속적으로 '(바로 그) 산만하고, 탈중심되고, 또는 해체된(하지만 확실히 여성은 아닌) 주체 위에 젠더의 역사성을' 대체시킨다. 실제의 여성은 중요하지 않다(de Lauretis 1987: 23-4) 한편, 어떤 이들은 브라이도티가 본질주의로 향하고 있음을 발견한다.

6장 퍼포먼스, 예술 그리고 아방가르드

우리는 현대 **퍼포먼스**의 출현에 대해 어느 정도 인정받는 설명을 검토하면서 이번 장을 시작한다. 그 다음에, 덜 알려진 서사를 포함하고자 프레임을 넓혀 가면서, 그 인정받는 이야기와 지도들을 낯설게 다루어보려 한다. 여기에서부터 우리는 1968년 5월의 그 사건에 도달한다. 그 사건은, 그토록 많은 후기 구조주의 이론에 문제적인 뒷받침을 생성함으로써 1980년대의 퍼포먼스와 그에 관련된 학문에도 영향을 미쳤다. 때때로 다음 내용에서, 실천가들을 언급하기도 한다. 여기에 그들의 작업을 묘사할 여유는 없다. 하지만 물론 인용된 책과 논문에서 참조 내용을 찾을 수 있다.

퍼포먼스의 서사 정의

그녀 자신의 비평 논문의 회고적 모음집을 소개하면서, 샐리 베인즈(Sally Banes)는 1970년대 실천가 및 비평가에 의해 만들어진 **퍼포먼스**의 정의와 분류를 검토한다. 그녀는 그 각각이 결국엔 부분적이었음을 보여준다. **퍼포먼스**라는 '매체 없는(mediumless) 장르'는 매우 이질적이어서 '필수적 정의'에 의해 포착될 수 없다. 더 나은 계책은 그것과 그것의 계보, 또는 '유전자 코드'에 대한 역사적 서사를 개발하는 것이다(Banes 1998: 1-7). 노엘 캐롤(Nöel Carroll)도 1986년에 유사한 논의를 하면서, 사실상 모든 예술은 '그 명료성이 서사에

의해 가장 잘 전달되는 수많은 발전적 관심들로' 이뤄진다고 덧붙였
다(Carroll 1986: 79). 이러한 포스트모던적 입장은 반본질주의적(anti-
essentialist) 태도를 가진다.

캐롤은 퍼포먼스를 두 가지 지배적인 근원으로부터 부상한 것으로
그렸는데, 그것은 각각 1960년대에 뿌리를 두고 있다. 그는 형식주
의적인 전시실 미학에 반작용을 보인 화가와 조각가들에 의해 이루
어진 작업을 '*아트 퍼포먼스(art performance)*'라 지정했고; 인정받은
연극 양식에 반작용을 보인 연극 예술가들에 의해 이루어진 작업을
'*퍼포먼스 아트(performance art)*'라고 지정했다. 그는 퍼포먼스를 이
두 가지 가닥 사이의 대화, '공유된 관심사와 몰두'에 기반을 둔 '서
로 연관된 살아있는 전통'으로 제시한다(Carroll 1986: 65).

'퍼포먼스 아트'는 지배적인 텍스트 기반 연극에 반대했던 1960년
대 아방가르드 연극 실천에서 나왔다. 목표는 재현적이기보다 반영
적이고 제시적으로 되는 것이었으며, 관객을 구경꾼으로서보다 참가
자로서 위치시키는 것이었다. 초점은, 여기에 지금 그것이 존재한다
는 의미에서 연극의 '공연적(performative)' 측면에 두었다. 이에 결정
적으로 핵심 영향력을 미쳤던 것은 아르토와 『*연극과 그 분신(The
Theatre and its Double)*』이다(Carroll 1986: 71-2)(핵심어: '현존과
재현(Presence and representation)' 참조).

제9장에서 우리는, 특히 영향력 있는 평론가 클레멘트 그린버그
(Clement Greenberg)와 관련하여, '아트 퍼포먼스'가 미술에서 모더
니즘적 형식주의와의 급진적 단절로 등장했다는 제안을 탐험할 것이
다. 캐롤은 아트 퍼포먼스가 특정한 1960년대 미술 담론 및 실천과
*연속성(continuity)*이 있는 것으로 보일 수도 있다고 제안한다. 여기
서 핵심은 추상 표현주의 회화이다. 그린버그에게 있어서, 그것은 회
화의 본질에 대한 최신의 적절한 표현이었다. 하지만 캐롤이 말했듯
이, 해롤드 로젠버그(Harold Rosenberg)는 잭슨 폴록(Jackson Pollock)

(1912-56)의 추상 표현주의 실천을 '액션 페인팅(action painting)'으로 지명함으로써, 그 완성품보다 그림 그리기의 수행과 과정을 전경화했다(Carroll 1986: 66-7).

캐롤은 아트 퍼포먼스와 퍼포먼스 아트 - 각각 해프닝(Happening)과 리빙 씨어터(living theater)에 의해 전형화되는 - 사이의 '합류지점'을 지도로 그린다. 둘 다 관객과 퍼포먼스 사이의 거리를 해소하길 원하고, 1960년대에 공통적인 '벽을 무너뜨리기 위한 유토피아적 충동'을 공유한다. 게다가, 스펙터클에 대한 아르토학파(Artaudian)의 강조는 퍼포먼스 아트를 시각 예술 실천의 영역으로 가져온다. 하지만 캐롤의 주장에 따르면, 그들은 하나의 근본적 사항에서 차이가 있다. 아트 퍼포먼스는 형식주의에 대한 반-본질주의적 저항 위에 세워져 있고; 퍼포먼스 아트는 지배적인 연극 실천의 재현주의에 대한 본질주의적인 저항 위에 세워져 있다. 이러한 모순에도 불구하고, 그들은 '실제 사건'으로서 퍼포먼스라는 토대 위에서 만났고 '서로 연결된 것으로 인식되었다.' '새로운 실천의 지형은… 접촉점에서 개척되었다'(Carroll 1986: 72-3).

이 근본적인 합류 이후, 때때로 주요 지점에서 우연의 일치가 발생하며 그들 사이의 대화가 이루어지고 두 흐름은 준-자동적으로(semiautonomous) 발전해간다고 캐롤은 서술한다. 그가 이후에 옥스포드 백과사전(Oxford Encyclopedia)의 '퍼포먼스 아트/ 아트 퍼포먼스' 항목에 붙인 글에서, 이것은 '땋은 갈래와 같은 서술(a braiding narrative)'로 통합되고-이는 차라리 셰크너(Schechner)를 향한 평범한 동의라 할 만하다(p.171 참조). 이 땋은 갈래의 접속점들은 1960년대에는 현실적인 것에 대해, 1980년대에는 재현(특히 대중적인)에 대해 함께 나누었던 전념과 몰두로 이루어졌다; 그리고 20세기의 끝에, '정치적 정체성뿐만 아니라 정치적 리얼리티와 함께, 매스 미디어 및 점점 증대하는 가상 문화를 통해 종종 구성되고 경험된다'

(Kennedy 2003: 1019-23).

1986년에 캐롤은 퍼포먼스의 '상징적 울림'을 '자기가 임의적으로 정하는 제목'으로 다루었다. 그것은 퍼포먼스의 즉각성을 진정성 있는 이벤트이자 진짜가 아닌 연극적 재현, 그 두 가지 모두로 제안한다. 캐롤의 주장에 따르면, 진정성에 대한 담론으로부터 시뮬레이션과 괴리에 대한 담론으로의 이동이 1960년대에서 1980년대를 향해 그려질 수 있는 반면, 이들 양극 사이의 더욱 지속적인 변증법은 '우리 문화의 대중적인 형이상학'을 알려준다(Carroll 1986: 63-71). 퍼포먼스는 이 '감정의 구조'를 포착한다(p.54 참조). 2003년의 *백과사전* 항목은 더욱 영웅적인 통합으로 마무리된다. 그것은, 실재와 재현 사이의 서양식 변증법에 대한 체화되고 비평적인 이해가 계속해서 부상해왔고 이제는 급진적인 **퍼포먼스**의 실천을 뒷받침한다는, 그런 서사를 함축한다(5장, 9장 참조). 여기에서 드러나는 형상은 정치적 흐름들로 짜인 매듭인데, 거기에서 '페미니즘은 1990년대까지, 민족적 정체성, 섹슈얼리티, 능력의 정치들도 또한 포함하는 다문화주의의 단지 한 지류일 뿐이었다.' 이 지형 위에서, '아트 퍼포먼스와 퍼포먼스 아트에 대한 관심은 겹치고 얽힌다'(Kennedy 2003: 1023).

또 다른 서사로 돌아가자. 그것은 20세기 초 전위 예술의 영향을 특히 중시한다. 로즈리 골드버그(Roselee Goldberg)는 **퍼포먼스**가 '그 스스로의 권리로 … 매체'로서 용인되기 시작했을 때, 『*퍼포먼스: 라이브 아트 1909년에서 지금까지(Performance: Live Art 1909 to the Present)*』(1979)를 썼다. 그녀는, 자신이 지도를 그려낸 그 당시 최근의 실천들이 그녀도 추적하는 숨겨진 역사, 표준적 예술사와 뒤섞인 그 '숨겨진 역사'를 까발렸다고 주장한다. 표준적 예술사가 오래가는 대상(그림, 건물 또는 시 등)에 전념하는 반면, '예술가는 자신들의 아이디어를 표현하는 많은 방법 중 한 수단으로서 언제나 라이브 퍼포먼스에 의지해왔다'. 공식적으로, 골드버그가 생각한 퍼포먼스는

'라이브 아티스트에 의한 라이브라는 단순한 선언을 넘어서면서 정확한 정의나 쉬운 정의를 거부한다'. 그것은 '문학, 연극, 드라마, 음악, 건축, 시, 영화, 그리고 판타지'를 포함하여 광범위한 범위의 영향에 의지한다. 문화적으로, 골드버그는 퍼포먼스가 20세기의 '전위적 전위예술(avant avant garde)'이 된다고 간주하는데, 그것은 '각각의 연속적인 전통을 깨고 분야를 주도하는' 예술가가 선택하는 의지처이다. 그녀는 **퍼**포먼스를 전위 예술의 진수, 전위 예술 스스로 그 갑절이 되는 일이며 그 가장 날카로운 지점이라고 생각한다. 한편 골드버그는, '인정받은 예술의 관습에 대한 무기로 라이브 제스처가 *끊임없이* 사용되었다'는 자신의 논쟁을 위해 어떠한 증거도 제공하지 않는다. 그것은 행위주체자로서 **퍼**포먼스에 대한 특별한 권리를 주장하기 위해 계획된 것 같다. 골드버그는 **퍼**포먼스를 역사적으로 특정한 전위 예술의 정수이자, 예술적 혁신의 역사초월적인(transhistorical) 방식으로, 그 두 가지 모두로 개념화한다(Goldberg 1979: 6-7, 강조 추가).

미래파(Futurist)로부터 윌슨(Wilson)과 포먼(Foreman)의 작업에 이르는 경로를 추적하면서, 골드버그는 **퍼**포먼스를 본인 서사의 시작 단계에서의 선언문에 나란히 맞추어 놓는다. 미래파(Futurist), 구성주의(Constructivists), 다다이즘(Dadaists) 그리고 초현실주의(Surrealist)는, 라이브 퍼포먼스의 웅변조 단계 *이후에*는 보통 단지 대상들을 만드는 데로 돌아섰다. 무정부적이고 유토피아적인 '퍼포먼스 선언문'은 지배적인 예술적 관습에 대해서 뿐만 아니라 주요 장르들 그 자체간의 분할에 대해서도 도전한다(Goldberg 1979: 6). 그녀의 서사는 이후의 광범위한 미적 퍼포먼스 실천을 포용한다. 짧은 공간에서 방대하고 복잡한 분야를 다루는, 현대 **퍼**포먼스에 관한 장은, 예비적인 공식 지도 또는 문화적 이정표만으로 이루어진 연대기 뭉치 안에 정리된 카드 색인의 느낌을 가진다. 그 책은 거기에서 포함시킨 것과 제외시킨 것 그 모두로 인해 도전을 받아 왔다. 커쇼 (Kershaw)(1999)의 논의에 따르면, 예를 들어 역사적인 전위 예술과 1980년대의 '미디어 세대'를 한데 묶음으로써, 골드버그는 퍼포먼스의 범주를 철수시키는 지점으로까지 약화시킨다.

한편 마빈 칼슨(Marvin Carlson)(1996)은, 애초에 역사적으로 퍼포먼스를 20세기 전위 예술에 맞추어 놓았다는 데 대해 골드버그에 도전한다. 그것은 현대 퍼포먼스가 작업하는 방법에 대해서도, 그것이 역사적 퍼포먼스와 맺는 관계에 대해서도, 모두 우리의 이해를 제한한다. 골드버그는, 예를 들어 중세와 르네상스 시대의 비연극적 퍼포먼스를 그녀 자신의 도식에 끌어들이려는 부적절한 시도를 한다. 칼슨은 그러한 징후가 더 복잡한 서사에 어떻게 적절히 포함될 수 있는지 그 방법을 제안한다. 그의 초점은 '기술적 성취와 우월성의 두드러진 전개를 통한 예술가의 "현존"의 발현'에 맞춰져 있다. 그는 진 앨터(Jean Alter)의 구분을 효율적으로 사용하는데, 진 앨터는 연극의 '참조적(referential)' 기능과 '공연적(performant)' 기능을 구분하면서, '공연적 기능'이 상연자의 현존뿐 아니라 '사건의 직접적인 물리적 경험'도 포용한다고 본다(Carlson 1996: 80-2, Alter 1990 인용). 그래서 앨터의 관점에서는, 대부분 '공연적' 요소를 포함하는 퍼포먼스에 대해 말하는 역사가 있다.

칼슨은, 현대 퍼포먼스를 고려하는 가장 적절한 방법은 그것을, 항상 연속적인 것은 아니지만 적어도 '시장, 박람회장, 서커스' 또는 '개인 저택 오락, 귀족 살롱, 그리고 야회 파티(soirées)'에서의 퍼포먼스와 유사한 것으로 보는 방법이라고 주장한다. 그리고 그가 지적했듯이, 이후 문학 영역의 울타리 안으로 몰아넣어졌던 매우 많은 드라마들은, 비참조적인 활동으로 빛나는 연극, 아마도 가장 신랄한 예를 제공하는 듯한 대중적인 르네상스 연극을 위해 생산됐다. 그는 '연극 학자들이 미국을 위해 문학적 연극에 대한 유럽식 역사를 전개하려는 거의 보편적이라 할 만한 시도는, 방향을 잘못 잡은 것'이라고 주장하면서 코스텔라네츠(Kostelanetz)(1968)에 합류한다. 핵심 용어는 문학이라기보다 퍼포먼스다. 이러한 관점에서, 유럽 전위 예술가에 의해 전용된 카바레(cabaret)의 중요성은 대중적인 형식 자체의 지속성보다 훨씬 작다. 가장 중요한 점은, 그것이 더 밀접하게 '현대 퍼포먼스의 역학을 예시한다'는 점이다(Carlson 1996: 83-7). 하지만 결국, 칼슨은 미국 퍼포먼스에 대한 결정 요소로 대중적인 전통의 이 감각을 입증하는 데 상대적으로 거의 도움이 되지 않는다.

칼슨은 다른 사람들처럼, 미국의 실험적인 퍼포먼스에서 혁신의 마디점을 식별한다. 첫째는 1952년에 케이지(Cage), 커닝햄(Cunningham), 라우센버그(Rauschenberg) 등에 의해 시작된 블랙 마운틴 칼리지(Black Mountain College)에서의 이벤트이다. 칼슨은 나탈리 크론 슈미트(Natalie Crohn Schmitt)의 논의를 1990년에 인용한다. 그에 따르면 케이지는, 실증 과학의 붕괴에 필적할 만한, 예술에서의 범주의 변화를 가져왔다. 그것은 전통적인 아리스토텔레스 식 미학을 '상연자, 퍼포먼스 이벤트와 관객의 경이적인 경험에 대한 강조'로 대체한다. 칼슨은 블랙 마운틴 칼리지 이벤트를 초기 전위 예술의 많은 미학적 특성들이 변형 요약된 것으로 생각한다. 하지만 칼슨에게 있어 그 이벤트는 또한, 초기 수십 년간 이래의 실험적 퍼포먼스에 특별히 미국이 기여했던 일로서 한 명의 무용수를 예시해준다. 그는 무용사에 있어 훌륭하게 정립된 3단계 서사에 의해 설명한다: 첫 단계는 던컨(Duncan) 및 그 밖의 사람들에 의해 1914년 이전에 유럽에서 이루어진 선구적인 솔로 작업; 두 번째 단계는, 현대 무용(modern dance)을 정의한 그레이엄(Graham) 세대에 있어서의 추상성과 알레고리에 대한 관심; 그리고 제3세대에 의해, '개별적 명확성과 독립성'을 선호하고 내용을 강조하는 데 대한 거부가 나타난다. 그리고, 이 세대에 속한 이로서 머스 커닝햄(Merce Cunningham)은 특히 케이지와의 협력 작업을 통한 중추적인 연계 지점으로 나타난다. 음악에서의 케이지의 작업에 해당하는 것이, 서부 해안(West Coast)에서의 핼프린(Halprin)의 댄스 연습이었다. 그 연습은 일상적 활동에 대한 초기 작업을 발전시켰고 과제 지향적 움직임을 대본화했다. 부분적으로는 뉴욕의 저드슨 교회(Judson Church)에서의 그러한 작업의 개발을 통해, '1960년대의 해프닝들과 다른 퍼포먼스 활동을 위한 방법을 준비하는 일'을 돕기도 했다(Carlson 1996: 93-5).

칼슨의 두 번째 마디점은 1959년에 있었던 캐프로(Kaprow)의 '*6개 부분으로 된 18가지 해프닝(18Happenings in 6Parts)*'이다. 캐프로는 '연극'이나 '퍼포먼스'와 대조되는 의미로 '해프닝'을 사용했는데, 캐프로의 말을 빌자면, 이벤트는 '그저 일어날 뿐(just happens to happen)'이라는 생각을 환기시키기 위해서였다. 그러나 칼슨의 관찰에 따르면, 이벤트는 흔히 '대본으로 써지고 리허설을 거치며, 그리고 신중하게 제어된다'(핵심어: '도박적인, 우연에 의한(Aleatory)' 참조). 캐프로는 예술과 인생의 나머지 부분 사이의 미끄러짐(slippage)을 대본으로 쓴다. 연극적 '기회(occasion)'와 그 수동적 관객의 가능성은, 특히 시간과 장소의 불연속에 의해 방지된다. 캐프로는 관객들이 모여들기 시작할 때 그의 해프닝에 들러붙기 시작하는 연극성의 아우라를 싫어했다. 그러한 아우라는 '예술' 및 '목적이 분명한 활동'과는 반대되는 것이었다(Carlson 1996: 96-7, Kaprow 인용).

칼슨은, 유사하긴 하지만 개별적인 예술가들에 의해 진행된 이벤트들이 더 면밀하게 1970년대 **퍼**포먼스를 예시한다고 주장한다. 그는, 1980년대까지 개발된 그 분야는 '일반 매개 변수'의 지도 이상을 완성해내기엔 너무 복잡하다고 판단한다. 하지만 그는, 대부분 1970년대를 통해 별도의 트랙을 따라 발전된 유사 - 연극적 퍼포먼스의 두 가지 일반적인 유형들을 서로 구분한다. 하나는 일반적으로 전시회 공간에서 자주 행해지는, 삶의 소재를 활용한 1인 쇼다. 다른 하

나는 - 당시엔 '퍼포먼스'로 지정되지 않은 -, 코스텔라네츠(Kostelanetz)
(1968)와 마란카(Marranca)([1977] 1996)가 '혼합된 수단의 연극' 및
'이미지의 연극'이란 제시문 아래 취급한 것이다. 이러한 멀티미디어
연극 쇼는 흔히 '과정과 반응 양쪽 모두'를 유난히 중시했다. 칼슨은
한편, 초기 퍼포먼스 자체가 두 가지 작업 양식 사이의 잠재적인 크
로스오버를 보여준다고 주장했는데, 주요한 예로 로리 앤더슨(Laurie
Anderson)과 로버트 윌슨(Robert Wilson)을 들 수 있다. 그리고, 칼
슨의 세 번째 마디점을 제공한 사람이 바로 앤더슨이다. 칼슨은, 그
녀의 대중성 높은 '*미국(United States)*'(1980)이 두 가지 일을 해냈다
고 주장한다: 그것은 '퍼포먼스에 대한 지금까지의 매우 이질적인 두
가지 접근법'을 결합했고 '광범위한 일반 대중에게 처음으로 퍼포먼
스 아트의 개념을 가져다 주었다'(Carlson 1996: 96-105).

비평의 질문

『*퍼포먼스 아트: 미래파에서 현재까지(Performance Art: From
Futurism to the Present)*』(1988)에서, 골드버그는 그녀 자신의 1979
년 서사를 업데이트했는데 그때 이후의 추가된 기간을 포괄하는 지
면이 추가되었다. 1970년대 후반부터 나온 다른 책들과 그 책의 후
속 재발간을 대비해보기로 한다. 보니 마란카(Bonnie Marranca)의
『*이미지의 연극(The Theatre of Images)*』(1977) - 마란카의 에세이
와 함께 리처드 포먼(Richard Foreman), 로버트 윌슨(Robert Wilson),
그리고 리 브루어(Lee Breuer)의 글을 모은 책 - 은, 아방 가르드 연
극이 그 모호함으로부터 뉴욕을 선두적인 중심지로 만들면서 발전한
것처럼, 그 출현 과정이 이해될 수 있도록 해준다(Marranca 1996:
ix-x). 그녀는 비평적 담론과, 연극 및 시각 예술의 실천 간의 관계
에 대해 중점적으로 관심을 갖고 있다. 『*이미지의 연극*』은 이들을

함께 '퍼포먼스의 새로운 이해' 영역으로 가져왔다. '퍼포먼스 아이디어의 일관된 역사'는 '20세기의 포괄적인 관점'에서 두 역사의 통합에 의존한다(Marranca 1996: 164).

마란카의 특히 *연극적인(theatrical)* 초점은 중요하다. 분명히, 이것은 '전통적인 문학을 거부하는 세대를 위한 연극(theatre for a post-literate age)'이다(Kostelanetz 1968: 33). 작업들은 서양 연극으로부터 변형적 전용을 행한다: 예를 들어 포먼은 브레히트식 기교를 과격하게 만든다. 하지만 대부분 그들의 공간, 시간, 언어의 사용은 연극이 아닌 텔레비전과 영화에서 유래한다(Marranca 1996: ix-x). 마란카는 작업에 있어서 두 가지 종류의 비평적 거리화(critical distanciation)를 확인한다. 첫째, 미학적 기초 교육에서의 변화는 '창의적인 소재에 대한 작가의 선택과 예술 객체에 대한 그의 관계에서' 위기를 불러일으킨다. 관객은 그로 인하여 자신들의 반응의 과정을 강렬히 깨닫게 된다. 작품들은 '예술을 만드는 데 관한 것'이다. 둘째, 작품이 텍스트에 기반을 둔 것이건 아니건, 그들은 근본적으로 구성에 관심이 있고, 이를 목적으로 한다. 청각적, 시각적, 언어적 이미지에 의해 설계된 '인식의 대체 모드'가 '리얼리티 비평'을 돕는다(Marranca 1996: ix-x).

1996년 출판된 『*이미지의 연극(The Theatre of Images)*』 두 번째 판에서 마란카는 1970년대 뉴욕 중심가의 '영광의 시대'를 돌아본다. 거기에서, 예술가, 비평가, 그리고 관객의 '진정한 전위 공동체'가 유기적으로 퍼포먼스 주위의 '광대한 담론'을 생성했었다. 포먼, 윌슨, 그리고 브루어는 특히 '연극, 재현 그리고 관객성(spectatorship)의 본질을 재고'했다. 문학 연구에서, 맥헤일(McHale)(1987)은 모더니즘의 '인식론적 지배'와 포스트모더니즘의 '존재론적 지배' 사이를 구분하고, 진실에 대한 관심에서 존재와 토대에 대한 관심으로의 변화를 지적한다. 한편 마란카는 '이미지의 연극'을 후자와 나란히 놓으면서,

그것을 '모더니즘적'이라고 규명한다. 1939년 에세이에서, 발터 벤야민(Walter Benjamin)은 모더니스트 브레히트의 '거리화된 연극(theatre of distanciation)'의 정수는 중단의 원칙이었다고 제안했다. 1977년에 마란카는, 이미지의 연극은 '영원히 … 추상적이고 제시적'이라고 썼다. 그녀는 이미지 연극의 정지된 행동 장면(tableaux)이 '관객으로 하여금 예술적 뼈대 안에서의 특정 위치를 분석하도록 강요하는데, 장면을 더욱 돋보이게 하면서 시간을 멈춤으로써 그렇게 한다'고 관찰한다. 1996년 그녀는, 특히 시각 예술과 춤에서 발전해 온 것으로서, 자신의 트리오를 특별히 모더니즘 전위 예술에 연결시킨다. 그들의 연극은 '예술-역사적 이해와 개념적 사고에 대한 개방을 촉구했다'. 이후 사라져버린 것은 '상상력의 특정한 자질'이었다(Marranca 1996: 159-60, xii-xiii).

돌이켜 생각해보면, 마란카는 많은 이항대립적 관련항목들을 발전시킨다. 이들 중 하나는 모더니즘 대 포스트모더니즘이다. 맥헤일이 '지배적인 것'에 있어서의 변화를 그려낸 곳에서, 마란카는 단순한 퇴폐를 그려낸다. 이미지의 연극은, '마음의 경험, 구조의 가치를 강조했던' '마지막 형식주의자, 전위 예술 연극의 어휘'를 생성했다; 이후 포스트모던적 생산은, '평범성의 일반적인 관용'과 '끊임없는 광고'의 예술 문화 위에서 번창하고 있는 '혼성모방'을 단지 기려왔을 뿐이다. 이 쇠퇴의 원인을 보여주기 위해, 마란카는 '예술'에 대한 '이론'의 승리를 거론한다: 좌파든 우파든 똑같이 예술을 이념적 의제로 질식시켰다. '의식의 정치'에 대한 1970년대의 강조는, '사회적 의제'로 대체되었다. '교육학'이 '경험'에 대해 승리했고; '뒤샹'에 대해 '푸코'가 승리했다(Marranca 1996: 161-2).

마란카가 그토록 숨막히는 것으로 발견한 이데올로기 의제는, 페미니즘, 퀴어 이론과 탈식민주의 이론을 포함한다. 하지만 그녀 또한 이데올로기로 불릴 수 있는 또 다른 의제로 돌아서고, 그녀의 분석에 있어서 예술의 손상에 우선적으로 작동하는 프레임을 설정한다: 그것은 접근성의 의제이다. 1970년대가 영광스러웠던 이유는, 전위 예술 공동체가 '시장의 긴급함이나 대중적 요구에 대항하는 자리에 스스로를 위치시키면서, 복합성을 포괄하는 자유에 흥청대는 하위문화'였기 때문이다. 하지만 1985년에 로리 앤더슨(Laurie Anderson)이 자신의 작업으로 록 음악 사업을 시작하고 거기에서 환영받으며 활동을 개시했을 때, 중단 지점에 도달했다. 그 결과, 예술적 자유에 대한 정부의 공격이 있었고, 많은 퍼포먼스가 TV 토크쇼의 수준으로 쇠퇴하게 되었다. '그 자신의 언어로, 경험적 세계와는 구별되는 완전히 다른 세계를 상상하는 일'은 상실되었다. 칼슨의 통합 지점은 여기에서 마란카의 배신의 순간으로 다시 나타난다(Marranca 1996: 162-3).

마란카는 그 후, 휴식을 선언한다. 이미지의 연극은, 몇 가지 예외를 제외하고, 미국 연극의 '유토피아적, 보편적 정신'에 대한 '마지막 표명'이었다. 그 이후, '공식적 심취'는 '정치적-문화적 조류'에 의해 익사 당했다. 미국 연극이 다시 말에 의해 지배받게 되면서, '이미지-움직임-음악-텍스트-기술'의 언어는, '퍼포먼스의 미래'로서 스스로를 조직하는 '설치, 사진, 그리고 비디오'에서 새로운 생명을 발견한다. 리오타르(Lyotard)는, 포스트모더니즘이 모더니즘을 승계한 것이 아니라 그 자신의 많은 문제점들을 통해 작업한 것이라고 주장한다. 여기서 마란카는 이미지의 연극이, 낯설게 하기(defamiliarisation)의 모더니즘적 기술을 통해 존재론적 관심과 씨름하는 것이라고 생각한다. 그리고 연극/퍼포먼스, 모더니즘/포스트 모더니즘을 동등한 이항 대립으로 그리기보다, 연극의 한 종으로부터 퍼포먼스의 가능한 미래까지 그녀 스스로 비평의 이러한 전위적 임무를 추적하는 데 관심을 가진다(Marranca 1996: 164-5 여러 곳에서).

플럭서스와 상황주의: 또 다른 서사의 열쇠들

이제 유럽 전위 예술로 돌아가 보자. 골드버그와 칼슨은 그들의 서사를 구축하기 위하여 무엇을 활용했나? 미국의 퍼포먼스를 향해 그들이 함께 한 여정에 일부 대안적인 확장을 규명할 수 있을까?

칼슨은 20세기 초 전위 예술과 이후의 작업 사이의 연속적 모델과 불연속적 모델을 제공한다. 두 모델 모두 예술들 사이의 경계, 그리고 생활과 예술 사이의 경계를 무너뜨리는 데 대한 관심을 공유한다; 그리고 둘 다 창조자로서의 상연자에, 그리고 완성품보다는 과정에 초점을 맞춘다. 그러나 1920년대의 상연자가 표현의 문제에 있어 종합적 효과의 한 부분이었던 반면, 이후의 퍼포먼스는 개인으로서의 상연자에 초점을 맞추는 것이었다(Carlson 1996: 89-93 여러 곳에서).

골드버그는 다다이즘, 구성주의(constructivism), 초현실주의 등을 통해 미래파의 에너지와 기본 원칙을 추적하고, 그 영향의 방향 및 자주 공유된 일부 관심사를 찾아낸다: 대량 관객; 놀이와 즐거움; 인생을 예술의 주제로 다루는 것; 그리고 살아가는 방법을 발견하는 것이 그것이다(Goldberg 1979: 6-7). 제 2차 세계대전은 초현실주의의 지배를 중지시킴으로써 전환점을 제공했는데, 초현실주의는 '마음의 광대한 영역'을 예술의 1차적 재료로 만들면서도 주로 언어에 기반을 둔 상태로 남아 있었다. 전쟁 후에, 예술가들은 '다다이즘과 미래파의 기본적인 교리 - 기회, 동시성, 그리고 놀라운 일'에 눈을 돌렸다(Goldberg 1988: 96).

간접적인 영향 외에도, 골드버그와 칼슨 두 사람은 1930년대 나치즘을 피한 예술가의 이주를 통해 전쟁 전의 유럽과 맺는 직접적인 관계를 추적한다. 여기서 핵심적으로 관련되는 것은, 1921년 퍼포먼스에 특정 강좌를 제공한 첫 번째 기관이 된 데사우 바우하우스(Dessau Bauhaus)이다. 거기에서, 오스카 슐레머(Oskar Schlemmer)

는 공간에 대한 체계적인 조사를 했고, 다른 사람들과 함께 모호이
너지(Moholy-Nagy)의 꿈을 향한 길을 향했다. 모호이너지의 꿈은,
관객을 수동성에서 해방시켜 '무대에서의 행동과 융합'하도록 허용하
는 '총체성의 연극(theatre of totality)'에 대한 것이었다. 슐레머는 바
우하우스가 다다이즘에 개연성 있는 부채를 지고 있다고 지적하면
서, 바우하우스가 창의적인 희곡 및 즉흥성과 괴기성에 기초를 두고
있음을 경축했다: 그것은 '연극적 놀이의 기원, 조건, 그리고 법칙'을
알고 있었다(Goldberg 1988: 102-20 Schlemmer 인용). 1933년부터
미국 블랙 마운틴 칼리지에서 이전에 바우하우스에 있었던 망명자들
을 임명한 것은, 그 대학에서의 케이지와 커닝햄의 실험, 즉 '전환점
(a turning point)'을 직접 격려하기 위한 것이었다(Goldberg 1979: 7).
　칼슨은 거의 전적으로 전위 예술가의 정치적 측면을 괄호로 묶는
다. 골드버그는 그에 대해서는 지나가는 언급만 한다. 그녀는 이탈
리아 미래파 마리네티(Marinetti)에 대해, 그가 자신의 예술적 의제를
혼란의 일부분으로 간주하기보다, 오스트리아의 지배에 대항하는 정
치적 혼란을 자신의 예술적 의제를 위해 '활용했다고' 생각한다
(Goldberg 1979: 10). 이와 유사하게, 20세기 동안 미래파의 영향을
따라간 욕구는, 소련의 블루 블라우스 극단(Soviet Blue Blouse)을
'마리네티의 다양성 있는 연극에 대한 대규모의 궁극적 실현' 상태로
축소시키는데, 이는 그 혁명적인 목적은 재빨리 무시하면서 이루어
지는 것이다(Goldberg 1988: 46). '삶이 더 이상 빵과 노동의 단순한
문제가 아니라 … *예술 작품*일 때가 올 것이다'(Goldberg 1979: 21에
의해 인용)라고 했던 마리네티의 선포는, 골드버그가 허용한 것보다
역사적 측면에서 더욱 중요한 정치적 순간을 가졌다. 미래파에서 파
생한 전위예술을 추구함에 있어 골드버그와 칼슨에 합류해 보자. 하
지만 지금 정치적 차원에 집중함으로써, 우리는 전위 예술에 대한
또 다른 역사적 확장을 발견할 것이다. 이는, 근원이 같은 다른 실천

들과 관련하여 현대 퍼포먼스의 지도를 그려 나가는 데 도움이 된다.

우리는 스튜어트 홈(Stewart Home)의 『문화에 대한 공격(The Assault on Culture)』(1991)으로부터 출발하기로 한다. 이 책은 또한 지금까지 대부분 영어로 써지지 않은 서사를 추적하는 것이기도 하다. 그의 관심사는, '반체제 무리', 미래파와 다다이즘에 의해 1945년부터 크게 알려진 '반 볼셰비키 공산주의'를 느슨하게 형성하는 데 있다. 그것은 광범위하게 러시아 말로 *사미즈다트(samizdat)*라고 불리는 반체제 전통에 해당하는데, 그 지지자들이 종종 행위를 수행하고 동시에 그것을 문서화하는 자주적 조직과 관련되어 있다(Home 1991: 102). 그의 서사에서의 요점은, 코브라(COBRA), 문자주의(Lettrisme), 상황주의자(Situationists), 플럭서스(Fluxus), 네덜란드 과격파(the Dutch Provos), 이피(Yippies), 펑크(Punk), 그리고 계급 투쟁(Class War)을 포함한다. 홈은, 예를 들어 골드버그, 칼슨, 세크너, 그리고 앞으로 보게 될 케이(Kaye)의 작업들과 교차하기도 하고 대조되기도 하는 또 다른 지도와 또 다른 서사를 제공한다. 홈이 추적하는 퍼포먼스는, 예술적 실천에 혼란을 일으키는 간섭으로부터 다양한 무정부주의적 정치 행위와 문화 행위에 이르기까지 펼쳐져 있다. 이들은 '퍼포먼스'의 포괄적인 범주에 적절한 반면, 플럭서스와 상황주의는, 미학적 장르로서의 퍼포먼스의 중심에 스스로 자리잡은 퍼포먼스 연구 학계의 최근의 지배적 관심사 가장 가까운 곳으로 우리를 데려간다.

플럭서스

앨런 캐프로(Allan Kaprow)와 딕 히긴스(Dick Higgins)를 포함해, 플럭서스와 처음 관련된 많은 예술가들은 1958년 '사회 연구를 위한 새로운 학교(the New School for Social Research)'에서 케이지의 작곡 과정에 참여했다. 그것의 실질적인 창시자, 조지 마시우나스

(George Maciunas)는 유사한 수업에 참석했다.

닉 케이(Nick Kaye)(1994b: 32)는 비교적 형식적인 관점에서, 플럭서스의 객체와 이벤트가 예술 객체와 사용 객체 사이의 구별을 혼란시키는 방식, 의미 생성에 관람자를 연루시키는 방식에 대해 적절하게 중시한다. 하지만 홈의 관점에서 동등하게 중요한 점은, 플럭서스가 1961년에 새로운 작업을 위한 대안적 분배 체계로 생각되었다는 사실이다. 1978년에, 작곡가 백남준(Nam June Paik)은 마시우나스의 예지를 칭찬했다. 마르크스는 생산 체계의 통제권을 확보하는 노동자에 집중했다; 그러나, 많은 예술가들이 자신들의 매체를 소유하고 제어하면서도, 그럼에도 불구하고 그들은 예술 세계의 분배 체계에 의해 시달리고 소외된 채로 남아 있다. 마시우나스의 혁명적 목표는, 일상생활에서 예술을 수행적으로 만들기 위해 그것을 시장으로부터 해방시키는 것이었다(Smith 1998: 18).

결국, 플럭서스 주변에 개발된 분배 체계는 제한되어 있었고 재원이 부족했다, 매우 아이러니하게도, 예술의 상품화에도 도전하고 고유성을 통한 깊이를 주장하는 일에도 도전하도록 설계된, 그 다양한 에디션들은 이후 값비싼 수집 대상들이 되어 왔다(Smith 1998: 16-17). 플럭서스는 일찍이 1964년에 정치적 지형에서 분열되는데, 부분적으로 그 이유는 마시우나스가 플럭서스를 레닌주의자 노선을 따라 중앙화된 조직으로 운영하려 시도했기 때문이었고, 그것은 분산에 대해 가정된 지도 원리와는 모순되는 것이었다. 그러나 거기에는 이보다 더한 문제가 있다. 플럭서스는 유럽으로 이동하면서, 중재적인(intermedial) 퍼포먼스에 대한 예술적 초점도 발전시켰고, '특정한 반-제도적 입장(a specific anti-institutional stance)'이라는 정치적 방향으로 귀결되는 문화적 의제도 발전시켰다. 그렇지만 마시우나스가 미국에 다시 돌아와 이 잠재성을 진전시키려 했을 때 그는 반대에 부딪혔다(Smith 1998: 8-12). 1963년 '진지한 예술' 제도에 맞선 시위

와 사보타주 행위를 요구하고, 1964년 작곡가는 기득권층의 산물이
란 근거로 슈톡하우젠(Stockhausen) 콘서트에서 피켓 시위를 하도록
요청한 것은, 조지 브레히트(George Brecht)와 캐프로(Kaprow)와 같
은 멤버들을 소외시켰다. 마시우나스는 정치적 의제를 포기했다. 미
국에서의 플럭서스는, 공공연히 정치 노선보다는 오히려 미학적 노
선에 따라 정의될 운명이었다(Home 1991: 53-4).

초기 플럭서스는 다다이즘과 미래파의 문화적 급진주의를 요약하
고 변형시킨다. 골수 지지자들에게 있어서, 그 작업과 퍼포먼스는
'점차 미술의 범주를 모두 제거하는 쪽으로 나아가도록' 의도된 것이
었다(Smith 1998: 18). 홈은 1964년, 예술의 급진적으로 수행적이고
'기능주의적인(functionalist)' 관점을 플럭서스가 여전히 적절히 요구
할 수 있다고 주장한다. 하나의 고립된 행동에 대한 전형적인 강조
는 - 즉, 악기의 파괴, 또는 발견된 퍼포먼스 총보에 따라 수행된 단
순하고 관계없는 행위 등은 - '현실 그 자체의 본질에 대한 우상파
괴적인 통찰력을 … 제시했다'. 하지만 그는, 플럭서스의 행위를 '퍼
포먼스 아트'로 지정하면 단지 그것을 예술사를 위한 사료(fodder)로
만들게 된다고 불평한다. 이들은, 더 '냉철한' 유럽적 표명보다는
오히려 북미적인 플럭서스의 '신비주의'에 초점을 맞춘다(Home
1991: 52, 56). 이후 이러한 태만이 복구되는 신호들이 있다.

1960년대에 마시우나스는, '플럭서스는 진지한 문화도 아니고 진
지한 반-문화도 아니지만, 생산이나 분배의 양식 어느 쪽에서든 기
존 문화 체계의 일부가 아닌 … 완전히 다른 어떤 것이라고 지속적
으로 설명하려 했다'(Smith 1998: 18). 홈은 플럭서스의 시야 내부에
있어서 사회적 퍼포먼스의 추가적인 특정 영역을 가리켜 보이는데:
그것은 도시 환경이다. 『환상적인 건축학(Fantastic Architecture)』
(1969)에서, 예를 들면 볼프 포스텔(Wolf Vostell)은 사회적 행동의
새로운 패턴에 맞추어져 '소비되지 않게' 만들어진 환경에 대한 수요

를 입증한다.(Home 1991: 58)

상황주의와 드보르

국제상황주의(Situationist International, SI)는 파리에서 1968년 5월의 최초-혁명적인 이벤트에 참여한 것으로 잘 알려져 있다. 울렌(Wollen)은 '반기를 든 예술과 대중적인 혁명의 융합을 축하하는 데 진력하는 전설적인 순간'들 중 하나로 이것을 보고 있다(Wollen 1993: 120). 그것을 *사미즈다트(samizdat)*에 대한 그 자신의 서사 속에 위치시키면서, 홈은 기 드보르(Guy Debord)의 입장을 따라, 상황주의는 다다이즘과 초현실주의 각각에 부족한 것을 없애려고 그 둘 다에 의존한다고 주장한다. 우리는 여기서 상황주의의 최고 이론가 중 한 명인 드보르에 대해 얼마간의 시간을 할애하려 하는데, 그의 중요성을 부풀리기 위해서가 아니라, 그가 우리를 위해 유용한 지도와 서사를 많이 발생시키기 때문이다. 우리가 여기서 가로지르는 땅은, 퍼포먼스를 공부하는 대부분의 학생들에게 아직 친숙하지 않을 수 있다. 하지만 그것은 우리를 퍼포먼스, 재현 그리고 포스트모더니티와 관련하여 좀 더 친숙한 지형으로 이끌 것이다(그리고 그에 따라 맥락화하도록 할 것이다).

드보르는 다다이즘이 예술을 부정하려 하면서 그것을 실현하지 않으려고 시도했다고 주장한다; 반면 초현실주의자는 예술을 실현하려고 시도했는데, 그러나 예술을 부정하지 않으면서 그랬던 것이다. 초현실주의자 앙드레 브르통(André Breton)은, 예술과 정치가 그들 자신의 별도의 목적을 추구해야 한다고 주장했다. 사회적 혁명이, 예술이 더 이상 역사적인 우발성에 의해 제한되지 않는 여건을 만들어낼 때까지 그러해야 한다는 것이었다. 그럼에도 불구하고 개인들은, 일상생활을 시적으로 만드는 과정(poeticisation)에 있어서 무의식적 욕망을 자발적으로 사용함으로써, 지금 여기에서 일상생활의 양상들을 변형시킬 수 있다. 하지만, 프로이트적 관점에서, 무의식은 억압된 욕망이다. 무의식을 일상 속으로 해방하기보다, 드보르는 그 존재의 바로 그 조건을 폐지하길 원한다. 욕망은 직접 민주주의에서 완전하고 자유롭게 표현되어야 한다: '시적 혁명은 정치적 혁명이어야 하며, 정치적 혁명 또한 시적 혁명이어야 한다'. 예술은 범주로서 사라지고 인생의 총체성에 통합될 것이었다. 예술은 그것의 부정을 통해 실현될 것이었다(Wollen 1993: 133-6; and Home 1991: 102-4 참조).

울렌이 입증했듯이, 드보르의 『스펙터클의 사회(The Society of Spectacle)』([1967] 1994)는 세 가지 요소를 마주 접는다: 마르크스주의자 게오르그 루카치(Georg Lukács)의 『역사와 계급의식(History and Class Consciousness)』([1923] 1971)의 이론적 틀, 프랑스 트로츠키주의자(Trotskyist) 그룹인 '사회주의 혹은 야만(Socialisme ou barbarie)'에 의해 옹호된 평의회 공산주의의 직접 민주주의 모델, 그리고 문화와 사회에 대한 상황주의적 분석이 그 세 가지 요소이다. 이들 세 요소 각각을 간략하게 추적해보자.

루카치의 '물화(reification)' 이론은, 자본주의적 대량 생산 시대에 있어서 상품은 인간 노동의 구체화된 형태라고 여긴다. 우리가 구매하는 상품들은, 그것들을 생산해내는 노동은 은폐한다. 드보르는 대량 소비 시대에 있어서의 동시대적 소외를 생각하기 위해 루카치의 모델을 조정한다. 1920년대에 상품이 인간 노동의 과정을 감추었다면, 1960년대의 발전된 자본주의에 있어서의 주체는 현실 자체에 대한 이해로부터 근본적으로 소외된다. 상품의 보편적 지배력에 의해서이기도 하고, 상품 문화가 요구하면서 유지시키는 재현의 실천, 그 보편적 지배력에 의해서이기도 하다. 겉모습의 스펙터클이 근대적 주체를 현실에 눈감게 만들고, 또한 그 행위주체를 무디게 한다(Wollen 1993: 126).

'사회주의 혹은 야만' 그룹은 또 다른 의미에서 재현에 대한 관심으로 우리를 이끌고 간다. 그들의 정치의 중심에는, 1917년 볼셰비키 혁명 직후에 좌익 반대파에 의해 처음 개발된 평의회 공산주의의 모델이 있었다. 당은 국가를 위축시키면서 프롤레타리아 계급을 대표해 일할 것인데 이런 당을 위하여 국가를 장악하기보다는, 레닌이 처방했듯이, 노동자들이 즉시 국가 자체를 폐지하고 직접 민주주의의 체계를 세워야 한다는 것이다.

상황들에 관해 생각해보면, 설립된 상황은 사르트르의 실존주의적 글에서 인간 행동을 위한 유일한 틀로 주어져 있고, 그것은 철학적이면서 극적인 것이다. 드보르는 사르트르의 실존주의적 강조를, 마르크스주의 철학자 앙리 르페브르(Henri Lefebvre)의 『*일상생활에 대한 비평(Critique of Everyday Life)*』(1947)의 프리즘을 통해, 상황에 대한 간섭주의적 *건설(construction)*을 위한 안내서로 전환시킨다. 그는 첫 번째로 대인관계의 틀, 다음에는 도시(도시주의)의 틀, 그리고 마지막으로 사회적·역사적인 총체성의 틀 안에서 그러한 수행성을 위한 지시문을 개발한다(Wollen 1993: 125-6).

드보르는, 동양에서든 서양에서든 중산층과 노동자 계급 사이의 모순은 지배 관료 계급과 그 원격 조작기구 사이의 대립에 의해 대체됐다고 주장하기 위해 트로츠키주의에 의지한다. 루카치로부터 그는 허위의식의 모델을 빌려온다. 루카치에게 있어서 프롤레타리아는, 사회주의를 향한 인류의 진보 과정에서 이미 대본화 되어 있는 자신들의 역사적 역할에 대해 일단 이념적으로 이해하고 의식을 갖게 되면, 그들 스스로를 해방시키기 시작할 수 있다. 드보르의 경우, 서양에서 해방이 이루어질 수 있는 때는, 사람들이 스스로 스펙터클 안에서 소외되어 있고 스펙터클에 의해 소외되어 있음을 진정으로 의식하게 됨으로써 현실에 참여할 때일 것이다. 그리고 이것은 곧 성취될 수 있는 어떤 것이다. 총체적인 해방이 이제 가능했던 것이다.

결국 1968년 5월에 SI(국제상황주의)의 참여는 이러한 토대와 이해 위에서 진행됐다. 그들은 리더십을 제공하진 않겠지만, 억압받은 사람들의 자동적 주체성을 풀어놓기 위하여 스펙터클의 붕괴를 수행하고, 그리하여 그들이 현실에서 현실에 대해 직접 수행할 수 있도록 한다. 반역은 억제되었다. 역설적으로, 상황의 정치에 생기를 불어넣으려는 드보르의 시도는 SI의 스펙터클한 문화적 주도권에 의해 빛을 잃고 대체됐다. SI는 그 후 쇠퇴하였고 1972년에 해체됐다.

서구 마르크시즘과 그 이후

널리 공유되는 생각은, SI의 해산이 종식시킨 시대가 전위 예술과 급진적 정치 사이의 상호작용이 있었던 시대라는 것인데, 이 시대는 미래파 선언과 함께 시작됐었다. 그러나, 울렌에게 있어서 SI의 끝은 '서양 마르크시즘의 최후변론'을 표시하기도 한다. 이것은 전적으로 마르크시즘의 예정된 종말이라기보다 더욱 정확한 공식인데, 후기구조주의와 포스트모던 비평 덕분이기도 하다. 고전적 마르크스주의의 주요 초점은 역사와 경제에 관한 것인 반면, 서구 마르크시즘은 철학과 미학으로 그 중점을 이동했다. 이것은 퍼포먼스 연구를 활성화했던 많은 '비평 이론'으로 이어졌고, 1980년대 중반에 일부 실천 작업으로도 이어졌다. 어떤 이들은 서구 마르크시즘을, 서양에서 혁명적인 프로젝트의 붕괴에 의해 유발된 우회로로 간주해왔다. 하지만 다른 사람들은 그것을 고전적 마르크시즘 내에서 좌파 지향성의 지속, 직접 민주주의 전통의 지속, 레닌주의에 대한 역사적 대안으로 본다. 서양에서, 이렇게 더욱 '활력 넘치고 자유주의적인 행동주의 형식'은 고전적 마르크시즘과 함께 계속해서 엮였다. 루카치의 『역사와 계급 의식』은 1960년에 프랑스 어로 출판됐고, 길을 따라가다가 멈추는 한 지점이었다(Wollen 1993: 123-4).

울렌은 서양에서 활발했된 두 가지 예술적 흐름을 유용하게 구분한다 – 한편에는 초현실주의의 '서양 전위주의(Western avant-gardism)'와 그 후계자, 그리고 다른 한편에는 바우하우스와 구성주의(Constructivism)가 있다. 그의 요약에 따르면, '브르통은 예술과 시를 일상생활 속으로 이동시키길 원했던 반면, 소비에트 연방의 목표는 예술을 생산 속으로 이동시키는 것이었다'. '소비에트' 모델은 – 예를 들어 브레히트의 많은 것을 개략적으로 알려주는 – 1968년 무렵 서양에서 시들해지고 있었다. 울렌에게 있어, SI에 의해 상징되는 서양 전위 예술과 서구 마르크시즘의 이중 변론은, 1968년 5월을 '커튼이기도 하고 프롤로그이기도 하며, 우리가 여전히 맹목적으로 살고 있는 드라마에서의 전환점'으로 만든다. 해방에의 수단과 소외의 끝은 불투명하게 남는다(Wollen 1993: 124-30).

그럼에도 불구하고, 미적 퍼포먼스를 포함하여, 윤리적이거나 정치적인 활용 수단으로서의 예술에 대한 질문은 당연히 의제로서 남아있다. 1968년 5월에 대해 좀 더 살펴봄으로써, 저항 예술이 포스트모던 세계에서 작동할 수 있는 조건에 대한 몇 가지 친밀한 제안의 출처를 만나게 될 것이다. 예를 들어, 퍼포먼스 분야의 학생들은 초보 단계에서 '모든 거대 서사는 종식되었다'는 리오타르(Lyotard)의 선언을 배우게 되는데, 이는 마르크시즘에 치명타를 날렸던 이론 중 하나이다.

1968년 5월의 사건은 프랑스와 그 너머에서 혁명적인 정치에 대한 주요 재평가로 이어졌다; 이것은 결국 프랑스 후기구조주의에 중요한 영향을 미쳤다. 상황주의자들이 대중적 혁명의 보모가 되려는 그들의 시도에 실패했다면, 1968년 5월은 혁명적 좌파 이론가들에게 상황주의자들의 관점의 양상을 깨닫게 했다. 이 이론가들은 상황주의자들이 더 질서정연한 혁명을 이끌 수도 있었으리라고 생각해왔던 이들이었다. 조직된 정치적인 야당은 그 스스로 '그것이 반대한다고 생각하는 구조 내에 통합된' 상태로 생각되었는데, '스스로 부인할 수 있다고 상상하는 권력의 바로 그 관계'를 복제하기 때문이다(Plant 1992: 118). 동시에, 다양성에 대한 상황주의자들의 주장 또한, 관료주의 및 그 스펙터클에 기반을 둔 자본주의 내에서 통치의 모순 상태가 됨으로써 그들 자신의 이론적인 모델을 불안하게 했다. 따라서, 현실에 기반을 둔 통합된 사회에서 나오는 자발적이고 총체적인 반란의 개념은 또한 옹호할 수 없게 되었다. 상황주의자와 전통적 좌파, 그 둘 모두의 전체주의화는 근본적으로 도전을 받고 있었다.

플랜트(Plant)(1992)는 후기구조주의에서뿐만 아니라 그것이 안내한 포스트모던 관점에 있어서, 다다이즘으로부터 1968년 5월에 이르는 '상상적인 반대 의견 노선'의 흔적을 발견한다. 상황주의자들에 특히 초점을 맞춘 그녀는, 후기구조주의적 글쓰기에서 계속된 전용, *데투르느망(détournement)*(의미 변이, 전환) 그리고 *데리브(dérive)* (표류)의 몸짓을 발견하며, 놀이, 즐거움, 전복, 일상과 욕망에 대한 동일한 핵심적 강조를 발견한다. 그리고 여기서 우리는 다소 익숙한 이름들을 만나게 된다(Plant 1992: 111-12).

플랜트가 요약한 것 같이, 리오타르는 1968년 이전에 이미, 혁명적 이론은 단지 유토피아적 희망과 '인류에 대한 믿음'에 기초를 두고 행하는 '자본주의에의 도덕적 비평'이라고 보기 시작했다. 역사에서의 변증법적 통합과 노동자 계급에서의 진정한 의식을 추구함으로써, 혁명적 집단은 이미 억압받던 사람들을 사실상 억압하고 있었다. 이는, 사람들의 실제론 다양한 관점과 욕망에 부과된, 그리고 그것을 거짓으로 대변하는 추상적인 모델이었다. *'3월 22일의 운동(the mouvement du 22 mars)*'의 일원으로서 1968년 5월의 사건에 참여하면서, 그의 이러한 입장이 확실해졌다. 리오타르는 아마도 '거대 서사'에 대한 공격으로 가장 잘 알려져 있을 것이다. 『*포스트모던 조건(The Postmodern Condition)*』([1979] 1989)에서 그는, 이론은 세계 (예를 들어, 진보의 또는 구원의)에 대해 말해진 이야기들에 의존하고, 비평에 의한 그 이야기들의 시험과 발전을 제외하곤 다른 기반을 가지지 못한다고 주장한다. 그리고 비평 역시 근거가 없기 때문에, 그것을 수행하는 것은 '지식의 독단적 또는 심지어 편집중적인 관계'에 종사하는 것이다. 그는 대신 '이론의 명백한 엄격함을 방해하는' '숨겨진 강렬함, 욕망과 가정'을 환기시킨다. '욕망의 정치'는 자본주의 및 혁명적 좌파 양자 모두의 체계화를 전복시키는데 필요하다.(Plant 1992: 112-15, Lyotard 인용; 그리고 비평을 위해 Anderson 1998: 24-36 참조).

푸코는 수행적 조건에서 권력, 지식, 주체성을 생각하면서, 비슷한 맥락에서의 주장을 했다. 5월의 사건을 깊이 생각한 그는, 총체성으로서의 사회적 관계에 대한 분석이 '엄청나게 복잡한 일련의 특정 권력관계에 대한 연구'로 대체돼야 한다고 믿게 되었다. 아마도 가장 유명한 것은, 권력은 어디에나 있다는 푸코의 주장일 것이다. 요점은, 권력의 억압적 근원이 어디인지 위치를 찾고 그에 저항하려고 시도하는 것이 아니라, 억압적인 만큼 촉진적일 수도 있는 그 무수한 작동들을 추적하는 것이다. 지식은 권력의 표현으로서 생성된 담론의 산물이며, 따라서 항상 지역적, 임시적, 그리고 부분적이다. 인간의 주체성은 스스로 생산된다; 그것 역시 담론의 결과다. 따라서, 독립적으로 주체를 알면서 파악되는 알 만한 현실이란 의미에서는, 진실에 관해 어떤 추정도 있을 수 없다. 지식은 수행적이다: '재현 자체가 의미 없는 용어가 된다'(Plant 1992: 116-19).

그러나 사람들은 여전히 세계에서 억압받고 있다. 그럼 무엇이 행해질 수 있는가? 푸코는, '이성과, 이성이 제한하는 노골적 사건 사이의 끊임없는 경쟁'에 대한 니체의 아이디어에 의지하여, 대응 담론을 통해 저항 받는 지배를 제안한다. 대응 담론은, '지역화된 특정한 지식 형태들로서… 그 특정 지식들을 요구할 수도 있는 전체화된 이론들에 대항하는 것이다.' 그에 따라, 그는 1968년 사건으로 투옥된 사람들의 관점을 홍보하기 위해 1971년에 '*감옥에 대한 정보 그룹(Groupe d'Information sur les Prisons)*'을 설립하는 일을 도왔다. 주요 저술에서 푸코는 규율 및 성과 관련된 담론의 족보를 추적한다. 플랜트가 관찰한 것 같이, 그의 방법은 전체주의화 이론들로부터의 순간을 활용하는 것도 포함하는데, 그 이론들의 권위를 주장하기 위해서가 아니라 유용한 '연장 세트'의 일부분으로 포함하는 것이다. 브르통은 비슷한 관점에서 말했다. 리오타르는 특별히 상황주의자의 *표류(dérive)* 원칙을 언급한다: '비평은 표류해야 한다. 여전히 그래야 한다: 표류는 본질적으로 모든 비평의 목표이다.' 그리고 그는 비슷하게 '전위' 연구를 '기능적으로 체계 외부에' 있는 것으로 규정한다(Plant 1992: 119-21, Foucault 인용).

들뢰즈(Deleuze)와 가타리(Guattari) 또한 1968년 5월의 사건과 결정적으로 서로 교차하며, 계속해서 지금도 주요한 영향을 미치고 있다. 마수미(Massumi)(1992)가 관련시키듯이, 그들의 『*안티 오이디푸스(Anti-Oedipus)*』([1972] 1984)는, 서양의 사고 체계와 정체성 체계에 대한 급진적인 공격을 안내하기도 하고 '문화적 형성의 새로운 유형학'을 제안하기도 한다. 그들의 주장에 따르면, 플라톤 이후 서양 철학에서의 생각하는 주체, 그들의 개념과 그들이 이들을 적용할 객체는 자기동일성을 지닌 것, 본질을 가진 것으로 추정된다. 이것은 부정의 원칙에 의해 지속되는데, 거기에서 무엇인가의 정체성은 그것이 무엇이 아니라는 데서 비롯되는 적극적인 차별화에 의해 유지된다. 체계는, 객체와 개념 사이의 유추의 원리라고 할 수 있는 재현을 통해 작동한다. 유추는 그것이 서로에게 흘러들었던 것처럼 개념 또는 객체의 예방에 의해 가능해지도록 만들어진다. 이는 자질의 '한정적 배포'에 의해 성취되고(로고스, 법으로 동일시되면서), 그리고 '최고 표준과 관련된 완벽함의 정도'('신'과 같은)에 따른 '계층적 순위'에 의해 이루어진다. 여기서 우리에게 특히 국지적인 관심은, 재

현에 대한 비평, 그리고 그것의 수행적 본성에 대한 규명, 그 모두이
다. 들뢰즈와 가타리는 서양 철학을 '국가 철학'으로 규정한다. 주체,
개념 그리고 객체의 단일한 본질은 국가의 통합을 반영, 구현, 유지
한다. 국가가 국제적 자본 앞에서 무너지고 있을 때조차, 국가 철학
의 구조와 절차는 계속 작동한다. 근대적인 대학교들은, 명백히 이러
한 원칙들 위에 설립된 베를린 대학(University of Berlin)의 모델을
기반으로 한다(Massumi 1992: 3-4).

적극적으로 이 체계를 대체하기 위해, 들뢰즈와 가타리는 『천개의
고원(A Thousand Plateaus)』([1980] 1988)에서 구현된, 또 다른 방식
으로 그들의 논쟁에 정성을 들인다. 여기에서, 수행성이 중시된다.
내면성을 추정하기보다, 그들의 '유목적 사고'는 외면성을 기념하고,
'제한적 유추'보다 '전도'의 원칙에 있어서 이질적 원천들을 잡다하게
활용한다. 유목적 사고는 국가 철학의 '줄무늬' 또는 '격자무늬'에서
벗어나, 대신 '매끄러운' 또는 '개방형인' 공간에서 움직인다. 거기에
서 사고는 아마도 전자들의 터넬링을 모방할 수 있을 것인데, 떨어
져 있는 거리를 횡단하지 않고 한 장소에서 다른 장소로 이동하는
식이다. 개념은, 순전히 상황 여하에 달린 행위다. 의미는, 우연한
일치 또는 '강도'의 지점 속에 이질적인 요소들을 합침으로써 생겨난
다. 그 지점들이 유지된다면, '일관성'이나 '스타일'이라고 불리는 일
종의 뭉침으로서 '고원'을 구성하게 될 수도 있다. 주어진 상황에 있
어서 들뢰즈와 가타리의 수행성의 전경화는, 그들의 용어 '화용론
(pragmatics)'에서 구현된다. 삶의 퍼포먼스라는 관점에서 보면, 가타
리는 1950년대 중반부터 급진적인 정신과 클리닉에서 일했는데, 그
곳에서 의사와 환자 간의 전통적인 계층적 관계는 집단적 사회 비평
을 다루는 데만 바쳐졌다. 철학자 들뢰즈는 '위대한' 철학자에 대한
비판적 전복을 수행했고, 별로 중요하지 않은 듯한 인물들 간의 관
계를 추적했다. 두 사람 모두, 그것이 분출하고 여파를 형성하도록

도왔던 유목적 힘들의 일부로서, 그렇게 1968년 5월의 사건에 이르렀다. 실제로, 그것은 틀림없이 고원을 구성했다(Massumi 1992: 2-7 여러 곳).

레인(Lane)(2000)이 탐구한 것처럼, 1968년 5월의 사건은 보드리야르(Baudrillard)의 발전을 재촉하기도 했다. 그는 경험으로 이끌렸는데, 예를 들면, 1950년대부터 프랑스 국가에 의해 전파된 진보의 추상적 아이디어에 대한 저항으로 이끌렸다. 보드리야르가 대변한 유명한 생각은, 현대 사회에는 *시뮬라크르(simulacrum)* 또는 복제 외에 어떤 리얼리티도 없다는 것이다. 플랜트(1992)는 우리가 방금 검토한 이론가들에게서 미래를 위한 희망을 발견하지만, 그녀가 보기에 보드리야르는 후기 구조주의적이고 포스트모던한 사고가 역사적으로 비관적이고 그래서 반동적이 되는 지점을 표시한다. 『*퍼포먼스의 급진주의자(The Radical in Performance)*』(1999)에서, 커쇼는 보드리야르를 브레히트의 정반대로 위치시킨다. 그러나 주르부룩(Zurbrugg)(1998: 172-4)은, 보드리야르의 가장 좋은 글들은, 플럭서스와 다다이즘의 최고의 작업들과 마찬가지로 '매우 진지한 농담의 일종으로서 가장 잘 이해된다'고 제안한다 - 포스트모던 글쓰기의 '자기파괴적인 말장난'을 넘어 움직이는 '토지 정지 운동'처럼 말이다. 보드리야르는 사실상 바로 그 '포스트모던' 이라는 아이디어를 혹평한다. 그의 글쓰기의 수행성이 복합적인 까닭은, 그의 의도가 원래 불확실하기 때문이다.

우리가 주목한 대로, 서구 마르크시즘은 고전적 마르크시즘의 경제적 관심사로부터 대부분 이탈한 자본주의 문화의 이론을 개발했다. 그리고 그것은, 더 유기적으로 이해된 문화보다는 미학과 순수 예술의 문제에 전형적으로 관심을 가졌다. 1980년대부터의 프레드릭 제임슨(Fredric Jameson)의 작업을 기념하면서, 페리 앤더슨(Perry Anderson)은 우리를 다시 1968년 이후의 상황으로 데려간다. 하이 모더니즘이 진보적으로 응고되면서 서구 마르크시즘의 심미적인 근거를 제거했다. 그리고 정치적 격동이 주장한 것은, 정치적 변화와 경제적 분석의 문제로 이제 귀환하기로 되어 있다는 것이었다. 서구 마르크시즘의 작업은 끝났다. 그러나 앤더슨은, 제임슨의 작업을 그러한 전통의 회복으로 볼 수 있으며 또한 그 최고의 업적 중 하나로 볼 수 있다고 주장한다. 어네스트 만델(Ernest Mandel)의 경제 분석을 활용하고 서구 마르크시즘으로부터의 관점을 통합하면서, 제임슨은 후기 자본주의의 문화 논리로서의 포스트모더니즘에 대한 마르크스주의적 설명서를 개발했다. 모더니즘의 시대에는 예술과 경제학이 적어도 표면적으로는 가치의 별도 영역으로서 작동했던 반면, 후기 자본주의의 포스트모던 시대에 정치와 경제는 미학적 재현의 영역으로부터 분리할 수 없다. 그러나, 이것이 이론상으로 중요한 전환이더라도, 급진적인 변화를 향한 길은 여전히 명확하지 않다(Anderson 1998: 47-77).

7장 퍼포먼스 연구의 증가

첫 퍼포먼스 연구학과

리처드 셰크너(Richard Schechner)는 퍼포먼스 연구 발전의 중심이 되는 인물로, 퍼포먼스 연구는 예를 들어 놀이, 게임, 스포츠, 연극, 그리고 제의를 포함한 인간 활동 범위를 포용하는 학문이다. 1980년, 뉴욕 대학교 대학원 드라마 프로그램(New York University's Graduate Drama Program)은, 셰크너를 중심으로 퍼포먼스 연구 대학원 학과(Graduate Department of Performance Studies)로 개명됐다. 1986년에, 필립 자릴리(Phillip Zarrilli)는 몇몇 최근 책들이 그 분야를 어떻게 정의하기 시작했는지 살피면서, 퍼포먼스 실천과 이론화된 퍼포먼스 연구 모두에 대해 '점점 늘어나는 학제간 본질의 제도적·프로그램적 인식'을 되돌아보았다.(Zarrilli 1986, i: 372)

일상생활이 퍼포먼스, '*문화의 사실로서의 퍼포먼스*로 묘사될 수 있다는 생각은 이제 널리 받아들여졌다. '문화적 공연'에 대한 싱어(Singer)의 생각에 비추어 볼 때, 연극학은 이제 '*행위로서의 퍼포먼스*의 한 특정 종류에 관련된, '문화적 메타해설(metacommentaries)의 결합' 중 단지 하나의 중요한 부분으로 명시될 수 있다. 연극 전문가를 포함하여 일반적으로 퍼포먼스 연구원의 과제는, 퍼포먼스의 예에 의해 드러난 '의미의 "깊은 구조"'를 분명히 표현하는 것이다. 그리고, 그것이 예를 들면 제의, 축제 또는 연극인지 여부에 대해 그 표현을 향한 '과정의 수단'도 분명히 설명하는 것이다(Zarrilli 1986, i: 372-3, 원본 강조).

자릴리는 일부 저서의 제목에 핵심 단어를 쓴다 - '리허설(Rehearsals)', '향하여(Towards)', '사이(Between)' 등인데 - 세 가지의 신호를 나타내기 위해서이다: 퍼포먼스 연구 분야가 스스로 정의한 '과도적' 또는 '경계(liminal)' 기간; 학제적인 작업의 내재적인 일시적 특성; 그리고 학계에서의 - 이론과 실천 간의 적극적인 중재라는 - '실행 방식(praxis)'의 강력한 출현, 이 세 가지에 대해서이다. 퍼포먼스 연구의 정립에 이르렀던 일련의 학회들을 회고하면서, 그는 리허설 과정에 대한 셰크너의 주장이 사회 과학자를 자극하여 문화적 완제품으로부터 그들의 시선을 이동하도록 했다고 언급한다. 퍼포먼스 연구는 과정에 대해 주장한다(Zarrilli 1986, i: 373).

자릴리가 발견한 것은, 셰크너가 실용적이고도 이론적인 방법을 통해 '가장 넓은 한계에서 퍼포먼스를 포용하려는 그 시도'에 있어서 견줄 데가 없다는 점이다. 셰크너의 생각은 '과정적(processual)'이다: 그는 퍼포먼스를 만드는 것과 같은 방식으로 글을 쓰는데 그것은 '결코 최종적으로 도달하지 못하는' 것이다, 하지만 그의 통찰력이 '대단히 여러 문화가 섞인, 이론적인, 그리고 잠재적으로 실용적 중요성을 가진' 반면, 그의 '빠른 축소와 전환'은 연결 고리를 약하게 만들고, 그는 과장되고 부적절하게 가치 판단적인 용어를 사용하게 된다(Zarrilli 1986, I: 375-6). 8장에서 우리는, 연극이 제의에서 파생됐다는 케임브리지 학파의 논제에 대한 셰크너의 비평을 주목한다. 셰크너는, 그 모델이 단지 지속돼온 이유는 그것이 자기교정적이기 때문이라면서, 그것은 쉽게 압축되고 일반화되며 그래서 또한 가르치기 쉬운 추정에 주로 기반을 둔다고 쓴다(1988: 5). 하지만 효율성/오락성 갈래에 대한 셰크너의 대체 모델도 물론 이 모든 면을 지닌다. 그것은 또한 셰크너 자신의 퍼포먼스 작업을 그 특권적 지점 중

하나에 둔다. 그리고 '효율성'에 브로드웨이에서의 수익을 포함토록
허용하면서, 셰크너는 자신이 정립시켰던 용어들을 철수시켰다.

자릴리는 또한, 셰크너의 '매우 반영적인' 모델은 종종 '덜 반영적
인 다른 문화에서의 다른 상연자들이 그들 자신의 과정을 어떻게 보
는지 그 방법에 대해서는 우리에게 말하지' 않는다고 쓴다(Zarrilli
1986, i: 376). 그는 '추상적 모델의 구축'과 '문화의 그 자체에 대한
이해 방식'을 이해하려는 시도 간에 적극적인 변증법을 촉구한다. 자
릴리가 제안하면서 요약한 점은, 미국 대학 교과 과정에 하나의 변
화가 도입되어야 한다는 것이다. 그 변화는, '장인으로서의 연극 실
천가'를 교육시키는 일로부터, '영원히 "사이"와 과정 중에 있게 될
실천가/ 이론가'를 성장시키는 일로의 변화이다(Zarrilli 1986, 2: 496).

셰크너와 퍼포먼스 연구의 윤리학

이 분야에서의 최초의 진정한 학부 입문서인 『*퍼포먼스 연구: 개
론(Performance Studies: An Introduction)*』에서, 셰크너는 학문의 등
장을 전체적인 서양 문화에 있어서 패러다임 변화의 한 부분으로 생
각한다. '*현상태(status quo)*'에 대한 불만족'과, 부분적으로 인터넷에
기인한 '지식의 폭발' 때문에, 퍼포먼스 연구라는 결과가 비롯되었다.
그것은, 지식 생산에 있어서의 새로운 관계와 윤리학에 의해 충족되
고 또 그것을 충족시키면서, 새로운 양식의 지식 생산과 유통에 의
해 구성된 변화의 핵심에 등장한다: '세계는 더 이상 읽히는 책이 아
니라, 그에 참여하는 퍼포먼스로 나타난다'(Schechner 2002: 19).

퍼포먼스 연구를 위한 셰크너의 요구는 윤리적이면서 지대한 영향
력을 가진다: 그는 그것이 '그야말로 … 살아가는 데 필요한 도구'가
되길 원한다. 도입부에 해당되는 장은 학생용 연습으로 끝나는데, 어
떻게 퍼포먼스 연구가 세상을 더 좋은 곳으로 만들 수 있는지 묻는

다. 그는 '행동'의 아이디어가 퍼포먼스 연구를 알려주는 4가지 방법에 대해 공들여 제시한다. 그것은 특히 행위의 문화적 레퍼토리라는 의미에서 연구의 대상이다: '사람들이 그것을 행하는 활동 안에서 무엇을 하는가' 하는 문제 말이다. 퍼포먼스 연구 실천자들은 다양하게 세 가지 형태의 활동에 착수한다: 흔히 연구 대상에 대한 다른 방식의 이해와 통합된, 예술적 실천; 참가자 관찰(종종 가정 문화의); 그리고 그들이 조사한 적절한 결과로서의 사회적 개입이 그 세 가지이다. 세크너는 윤리적 차원을 강조한다(Schechner 2002: 1-21).

퍼포먼스 연구는 '프레임에 낀, 제시된, 강조 표시된, 또는 전시된 어떤 것'에든 관련이 있고, 전통적으로 퍼포먼스로 간주되지 않는 현상과 대상에 대해 그 수행적 측면에서 적극적으로 고려한다: 어떻게 그림이 관람객과 상호 작용하는가 등이 한 예이다. 한편, 퍼포먼스 연구는 전통적인 학문이 되려는 선택권을 거부한다. 바버라 키르슈텐블랏 김블렛(Barbara Kirstenblatt Gimblett)이 1999년에 선언한 것 같이. 퍼포먼스 연구는 '역사적 전위 예술과 동시대 예술'로부터 주도적 역할을 해왔다. '양식들 사이의 경계에 대해 오랜 동안 질문하고 그 경계들을 흐리기 시작했던 것이다. 그 경계들이 매체, 장르, 또는 문화적 전통을 구분해 주는지 여부에 대해서 말이다.' 지배적인 서양 학문과 예술 범주는, 동시대 서양 퍼포먼스를 다루는 데 부적절하다. 또는, '항상 움직임, 소리, 말하기, 서사, 그리고 대상들'을 합성하거나 그렇지 않으면 통합하는' 다른 문화의 예술을 다루는 데에도 부적절하다. 핵심은 '구현된 실천과 이벤트' 또는 '현존, 살아 있음, 행위주체'이다(Schechner 2002: 3, Kirstenblatt-Gimblett 인용).

국제화가 '문화적 동일성'을 촉진하는 반면, 퍼포먼스 연구는 '긴장과 편파성'을 촉진한다. 그것은 '아이디어, 조직, 또는 사람'의 계층화에 저항하고 '전위적인, 주변적인, 색다른, 소수결주의의(minoritarian), 전복적인, 뒤틀린, 퀴어적인, 유색인의, 그리고 이전에 식민화되었던

것들에 공감한다'. 그것은 '연결의 조밀한 망 가운데에서' 가장 잘 작
동한다. 그것은 환영과 현실 사이의 구별을 흐리는 포스트모던 공연
성을 기념한다: 요컨대, '그 행위들을 한데 모으는, 혹은 심지어 그렇
게 하길 원하는 퍼포먼스 연구를 상상하기란 힘들다'(Schechner
2002: 2-19).

만약 이들이 어지러운 주장이라면, 그 대부분의 본질은 설명될 수
있다. 하지만, 열정의 소용돌이 속에 어떤 것들은 표류하여 눈앞에서
사라진다.

분명 셰크너는, 퍼포먼스 연구를 풍요롭게 할 학문적 관점의 범위
에 대해 관습적으로 주의를 기울이기보다는 사실 종종 덜 그러했던
편이다. 예를 들어 그는, 책을 기반으로 한 텍스트에서 디지털 기반
텍스트와 휴대 전화 같은 통신으로의 이동을 주목했다; 그리고 일반
적으로-소비되는 문화 상품이 신체, 음악, 그리고 시각 문화의 읽기
에 맞추어진 '다양한 읽고 쓰는 능력(multiple literacies)'을 창조하고
필요로 한다고 지적했다. 이 새로운 맥락에서 '쓰기, 말하기, 그리고
다른 모든 것에 관한 것들이 퍼포먼스로 변형되고 있다'. 퍼포먼스
연구는 '점점 더 퍼포머티브해지는 세계에 대한 응답'이다(Schechner
2002: 4). 하지만, 셰크너 자신의 기준에 의하면, 15세기 캑스턴(Caxton)
인쇄판, 또는 「클래리사(Clarissa)」를 읽는 18세기 여성 독자도 수행
적 상황 및 문화적 상황에 참여하고 있는데, 그것은 사실상 인쇄와
독서 활동이 행위로서 대단히 중시되는 상황이었다. 그렇다면 이렇
게 말하는 것이 더 유용할 수 있을지 모른다. 적어도 학계에 있어서
는, 새로운 문화 기술이 지금 다시, 커뮤니케이션의 퍼포머티브 특성
과 문화적 생산 및 소비의 퍼포머티브 특성 모두를 지속적으로 전경
화하고 있다고 말이다.

셰크너는 또한 그 자신의 '퍼포머티비티'가 지닌 수사적 측면을 부
인한다: 즉, 설득력 있는 논쟁을 만드는 자신의 능력에 대해 부인한

다. 1973년에, 셰크너는 연극과 사회 과학 사이에 일치되는 7가지 요점을 설명했다. 그는 이 목록의 확장된 형태를 도표식 표현으로 발전시켰고, 부채꼴 형과 거미줄 형 두 가지 모두 『*퍼포먼스 이론 (Performance Theory)*』(1977)을 통해 널리 유통되었다. 셰크너는 2002년에, 거미줄 형태가 역동적 체계로 이해될 것이라고 썼다. 거기엔 어떤 진짜 중심도 없다: 그 자신의 '환경 연극'은 단지 하나의 가능한 표현 지점으로 거기에 있다. 하지만 셰크너 자신의 관점인 *퍼포먼스로서* 고려해보면, 거미줄 망은 명확하게 셰크너 본인을 중심에 둔다. 그것은, 다시 말해 '일상생활에서의 퍼포먼스'와 '대화체이며 신체 지향적인 심리요법' 사이의 활동적인 관계를 독립적으로 추적하는 일 이상을 한다(Schechner 2002: 11). 그것은, 특정 중심으로부터 함께 묶여질 필요성, 그것을 향해 선택적으로 모아져 왔던 요소들의 필요성에 대한 느낌을 상연한다. 거미줄 망은 이중적으로 퍼포머티브하다: 그것은 수사적 행위로서의 그 자신을 지우는 발화내행위(illocution)이다(핵심어: '퍼포머티비티(Performativity)' 참조).

셰크너는 또한 학문 자체의 계보에 추상적인 구조를 부과한다. 그는 퍼포먼스 연구가 문화의 일부 지속적인 근본에 있어 풍부하게 결정되고 또한 거기에 뿌리를 두고 있다고 주장한다. 퍼포먼스 연구의 '철학적 선조'는 '고대 시대, 르네상스, 그리고 1950년대에서 1970년대까지, 그리고 퍼포먼스 연구 자체가 나타나기 직전 기간'에 발생한다. 그 각각은 *테아트룸 문디(theatrum mundi)*(무대로서의 세계)란 아이디어를 적극적으로 표현한다(Schechner 2002: 7-8). 여기 셰크너의 오락성-효용성 갈래(braid)의 명확한 울림이 있다. 대략 같은 역사적 요점이 각각 특정을 이룬다. 퍼포먼스 이론은 펼쳐지는 효용성의 서사에 있어서, 셰크너 자신의 시대에 만개한 일련의 마디점(nodal points)을 통해 발전한다. 하지만, 예를 들어 중세 생활의 거의 모든 측면들, 여행을 통한 인사말에서 기도까지, 그것들은 제의화되어 있었다; 그리고 특히 봉건제적 통합은 근본적으로 권리, 의무 그리고 그들의 적합한 행동의 수행적 원리에 근거를 두었다. 이들은 *테아트룸 문디*의 프레임 내에 있지 않은데도, 그들은 퍼포먼스에 대한 의식적 관심을 구성한다. 하지만 중세 문화를 포함하면 깔끔한 갈래보다는 덩어리를 만들어내게 될 것이다; 그리고 아마도 그것은 고대와 르네상스보다 거기에 빛을 적게 비출 것이다. 물론 셰크너가 모든 것에 주목하기를 기대할 수는 없다. 하지만 그는 자기 자신의 실천을 인증하는 패턴 및 서사만 선택적으로 구축하는 것 같다.

셰크너는 자신의 서사가 퍼포먼스 연구를 결정하는 데 유일한 서사는 아니라고 적절하고도 관대하게 주장한다. 퍼포먼스로서 건물과 그림 같은 문화적 인공물을 읽는 일은, 예를 들어 노스웨스턴 대학(Northwestern University)에서 특히 발전되었다. 우리는 여기서 셰크너가 자신의 패러다임과 실천의 출현에 대해 서술하고 지도 그리는 방법에 초점을 맞췄다. 퍼포먼스 연구가 실제로 매우 광범위한 분야이지만, 셰크너의 목소리는 그 분야를 학부생에게 적합한 분야로 공표할 수 있다고 약속해주기 때문이다(또한 제 10장 참조).

퍼포먼스 연구와 학문적 제국주의

셰크너의 확장성은, 비록 거의 틀림없이 순진할지라도, 진지한 급진주의의 신호를 보낸다. 하지만 어떤 이들은 그것을 덜 긍정적으로 간주한다. 1992년에 고등교육연극협회(the Association for Theatre in Higher Education, ATHE)에서 셰크너는 기조연설을 통해, '새로운 패러다임은 연극이 아닌 퍼포먼스'라고 선언했다. 연극학과는 '대학과 미국 사회에서 충분한 잠재적 역할'을 실현하기 위해 퍼포먼스 학과가 되어야 한다. 연극학은 1950년대 후반 이후, 문학의 부속물로부터 연극 예술에서의 전문 훈련장으로 발전해왔다. 하지만 학생들은 일반적으로 '직업적인 훈련도 학문적 교육도 받지 못했다'. 그리고 작업은, 새로운 매체에서조차 부족했다. 셰크너는 자신이 제안하는 패러다임에 대한 세 가지 연결된 핵심 틀을 확인한다. 첫째, 글로 쓴 드라마의 무대화로 이해되는 연극은 '21세기의 현악 사중주: 사랑받지만 매우 제한된 장르, 퍼포먼스의 세분된 한 부분'이 될 것이다. 둘째, 다문화주의는 거짓 만병통치약이다. 그것은 권력의 변치 않는 차별을 감춘다: '그들의 대통령으로 흑인 레즈비언을 상상할 수 있는 미국인이 얼마나 되나?' 초점은 오히려 '문화가 충돌하는' '투쟁의 경기장'으로서 문화상호주의(interculturalism)에 두어야 한다. 세 번째는 퍼포먼스를 '오락, 예술, 제의, 정치, 경제, 그리고 개인 대 개인 상호 작용의 광범위한 스펙트럼', 문화상호적 경기장을 향한 창조적인 간섭을 위한 도구로서 이해하는 일이다. 그의 중심적 논쟁은 윤리적인 것이다: 다문화주의와 문화상호주의 사이의 격차로 신호를 보내는 '문화적 위기'에 대해서는, 학과의 '목표와 교과과정'에 있어서의 급진적인 변화로 창조적으로 응할 수 있다(Schechner 1992: 7-9).

제안된 변화는 포괄적이다. 유럽중심의 드라마에 대한 협소한 초점으로부터, '어떻게 정치, 의학, 스포츠, 종교, 그리고 일상생활에서 퍼포먼스가 사용되는지'로 초점이 이동해야 한다; 또한 '퍼포먼스의 4가지 위대한 영역: 오락, 교육, 제의 그리고 치유'와 그들의 상호 작용에 대한 이론화로; 작가, 상연자, 연출 그리고 관객 간의 다양한 관계로; 그리고 워밍업을 통한 훈련에서부터 퍼포먼스 이후 여파까지 '퍼포먼스 활동의 전체 범위'로 초점이 이동해야 한다. 그것은 또한, 전적으로 학술적인 언급으로부터 이동하여, 많은 문화에서의 퍼포먼스 장르를 '보고 행하는' 일도 포함하도록 변화의 신호를 보낸다. 서양의 드라마 정전을 가르치고 배운 곳에서, 지난 40년간 성취한 '고전'의 실험적인 제작도 포함해야 한다. 그리고 퍼포먼스 연구는 세 가지의 추가적 측면에서 포괄적일 것이다. 첫째, 인류학이나 역사

와 같은 관련 학문에서 전문가와의 대화가 있을 것이다. 둘째, 연구
된 장르와 문화로부터의 전문가들이 가르칠 것이고, 교수진으로 여
성과 유색인의 긴급 채용을 요구할 것이다. 세 번째는 다양한 범주
의 학생 모집이다. 요컨대, '교수진, 학생층의 색채가 다양해지면서,
그리고 교과 과정의 색채도 함께 다양해진다'(Schechner 1992: 9-10).

셰크너는 1970년대 초부터 발전시켜왔던 위치를 재설정했다. 그렇
다면 왜 이때에 새로운 선언을 하는가? 윤리적인 장갑 안에서, 그의
동료 중 어떤 이들은 제도적 권력을 붙잡는 손을 보았다. 예를 들어
1993년에, 셰크너는 퍼포먼스 연구가 ATHE(고등교육연극협회) 내에
서 새로운 중심 그룹으로 인정받도록 하기 위해 활발한 캠페인을 벌
였다. 뒤이은 말다툼을 반영하며 질 돌란은 다음과 같이 조언했다.

> 퍼포먼스 연구의 새로운 패러다임에 속하는 담론의 대립적 틀 짜기는 …
> 제도가 *되려는* 욕망을 가까스로 누른다 … 나는 권력의 모음 – 제도적이고
> 지적인 – 으로서의 '새로운 패러다임'에 합류하라는 권고를 읽는다.(Dolan
> 1995: 32, 원문 강조)

반대 또는 식민화의 제스처보다는, '그들이 마침내 사라질 때까지
경계를 확장'하는 제스처인 '화해'가 필요했다. 근본적으로, 돌란은
셰크너와 의견이 같다: 학문 분야가 문제되는 이유는… '그들은 사람
과 권력과 지식, 그리고 그들의 교차적 벡터(vector, 크기와 방향으로
정해지는 양)가 *행하는 것*', 특히 더 넓은 세계에서 행하는 것에 관
한 것이기 때문이다. 하지만 그녀에게 있어, 의미는 패러다임보다 더
중요한 문제이다: 주도적 의제는 형식의 범주화가 아닌 기능의 명시
이어야 한다. 범주에 대해 싸우는 것은, '예산 삭감의 칼을 제공하기
위해 내부적으로 갈등의 프로그램'을 찾고 있는 학계의 설계자에게
단지 항복하는 것이다(Dolan 1995: 32-4, 원문 강조).

돌란은, 연극학이 다양한 요인에 대한 응답에 있어서 스스로를 재평가할 필요가 있었다고 동의한다. 그러나 그러한 변화는 이미 준비가 갖추어져 있다. 이론적 접근 및 그것이 언급한 장르는, 일단 페미니즘 연극학의 강요된 거주지에 제한되었다가, 이제 넓게 노출되었다. 셰크너가 선언한 의제는 이미 잘 다루어졌다. 한편, 최근 '근거가 되는 참조사항으로부터… 분리된 실망스럽고 공허한 분석들이' 보여주었다시피, '퍼포먼스'에 맞춘 초점은 급진주의에 대해 어떠한 보장도 해주지 않았다(Dolan 1995: 28-31). 이전의 의견을 보면 돌란이 주장했던 바는, 셰크너가 '자연스런 민주적 절차를 통해 정치적으로 주변화된 것들도 포함한다고 예상될 정도로 그렇게 급진적인 것으로서' 퍼포먼스 연구를 제시했다는 것이다. 그녀는 휴머니즘과 모더니즘의 보편화하는 제스처와는 약간 다른 것으로 이것을 읽는다.(Dolan 1993: 427-30)

한편 연극학은, 여전히 '미학의 인본주의적 관념론'에 특권을 주면서, 이론을 실천으로부터 분리한다. 일상생활에서 미디어 텍스트성(media textuality)이 '다양하고, 모순적이며, 열려 있는' 반면, 대학의 산물은 일반적으로 '닫혀 있고, 구문 분석적이며 … 일관성을 지닌 것이었다'. 열망은 순수 예술 또는 '진짜' 연극이라고 추정되는 쪽을 향해 있었다. 예비적 전문 프로그램은 미국 연극의 '악명 높은 반지성주의'가 학계에서 영구화되도록 보장해 주었다. 학문의 설립 틀을 벗어나, 연극학이 '정치적으로 줄을 맞추게 되는' 시기였다. 돌란에게 있어 역설적이게도, 그녀가 지역적인 연극학 모델의 개발을 촉구한 이래, 틀을 깨트리기 위해 그때까지 가장 많이 한 일은 비평 이론의 수입이었다(Dolan 1993: 420-5).

우리는 여기에서 드라마/연극/퍼포먼스의 광범위한 학문 분야 발전에 대한 하나의 투쟁을 특히 중시해왔는데, 그것이 가장 중요하다고 주장하기 위해서가 아니라 그것이 두 가지에 날카롭게 초점을 맞

추고 있기 때문이다: 연극과 퍼포먼스 사이의 어떤 명확한 구분이
주장되어 왔는가; 그리고, 그들 작명의 퍼포먼스에서 윤리적·정치적
으로 성패가 달려있는 것은 무엇인가. 윤리에 대한 질문은 연구의
대상으로서의 퍼포먼스에서뿐만 아니라, 퍼포먼스에 대한 연구 자체
에서도 발생한다. 그 질문들은 모든 수준에 있어서 항상 발생한다.
예를 들어, 2001년 마인츠(Mainz)에서의 퍼포먼스 연구 학회 때 청
중석으로부터 질문을 받았다. 이러한 학회를 하면서 대표 참가자들
은 실제로 무엇을 *했는가*? 그리고 다양한 형태의 학문적 발표는 실
제로 무엇을 했는가? 이를테면, 미국 대학원생들의 여러 논문들은
1차적 문화 재료를 선택해서 포스트모던 이론의 분쇄기로 그것들을
처리한 후 명료한 표현으로 발표한 것임이 관찰되었다. 이러한 폐쇄
적 퍼포먼스는 적용된 이론과 일치하지 않는 것 같았다. 대학원 프
로그램의 지도자들은 사실상 이럴지 모른다고 조용히 동의했지만,
이들 젊은이들은 정년보장 계열의 전임교수가 될 필요가 있었고 이
렇게 하는 것이 그 방법이었다. 그러니까 학계에서의 취직 능력은,
학문에 있어서 지식 생산의 적극적 문제화에 압력을 넣는다. 이에
관한 틀은, 학자들이 지금 '자본주의적 학문계'로 확인하는 것이다
(Martin 1998).

퍼포먼스 연구의 등장에 대한 역사화: 경계적 규범

우리는, 퍼포먼스 연구의 철학적 발생에 대한 셰크너의 설명이 선
택적이라고 주장해왔다. 『*공연하거나 그렇지 않거나(Perform or Else)*』
(2001)에서 존 맥켄지(Jon McKenzie)는, 퍼포먼스 연구의 선택 과정
을 더 광범위한 틀 안에서의 20세기의 실천과 담론으로 설명했다.
1960년대와 1970년대의 연극과 인류학 사이의 피드백을 재고하면
서, 맥켄지는 결정적인 구분을 한다. 한편에서, 연극은 인류학자와

민족학자들이 퍼포먼스를 '이해하는' 듯한 방식으로서의 *공식적(formal)*
모델이 되었다; 그것은 '은유와 비유'를 제공했다. 다른 한편, 퍼포먼
스에 대한 민족학적 연구와 특히 터너의 경계적 통과제의에 대한 작
업이 연극학자들에 의해 '연극 및 다른 형태로 나타난 퍼포먼스의 사
회적 차원들'을 이론화하는 데 사용됐을 때, 그것들은 *기능적(functional)*
모델로 수행되었다. 그 모델에 의해 퍼포먼스 연구가 부상하면서,
'연극 및 다른 공연적 장르의 *변형적(transformational)* 잠재력'에 대
해 주장할 수 있게 되었다(McKenzie 2001: 34-5, 강조 추가).

　1960년대부터 터너는, 반 게넵(van Gennep)의 의견을 발전시켰
다. 반 게넵은, 전통 사회가 유지하고 재생산하는 실천들이 그 스스
로 '사이들 중간에서(in-between)' 혹은 '경계적인(liminal)' 상태에 의
해, 라틴어로 문지방을 뜻하는 *리멘(limen)* 이후에 특성화되는 데 대
해 관찰해왔다. 트랜스(trance) 상태는 경계적 상태로 의식과 무의식
의 사이, 혹은 일상적 리얼리티와 신의 리얼리티 사이에 놓인 것이
다. 성인으로의 입문을 위한 특별한 장소로 마을에서부터 옮겨진 소
년들은 경계적인 장소로 들어서는데, 그곳은 문명과 야만, 아동기와
성인기 사이에 놓여 있다. 터너의 주장은, 리미널리티(liminality)가
전통 사회의 구조 속으로 직조되는 반면, 산업사회는 특별한 장소와
기회를 경계적 행위, 일시적인 연극과 댄스 파티를 위해 보존한다는
방향으로 진행된다. 터너는 이 장소와 기회를 '리미노이드(liminoid)'
라고 불렀다(Turner 1982).

　맥켄지의 논의에 따르면, 터너가 전통 사회에서의 경계성이 지닌
규범적 기능과 변형적 기능 모두에 주목한 반면, 퍼포먼스 연구는
경계적 활동으로서의 퍼포먼스가 지닌 변형적 잠재력 주변에 선택적
으로 스스로의 형태를 취한다. 여기서 중요한 것은, 셰크너가 발전시
킨 '효용성(efficacy)'의 개념이다. 경계적인 통과제의는 규율에 의해
알려지고 만들어지는 '대상들의 전체적 장 중의 한 *사례(exemplar)*

가 되었다. 더구나, 경계성은 두 가지 방식으로 '퍼포먼스 연구 자체
를 이론화하는 열쇠'가 되었다. 첫째, 많은 퍼포먼스 연구 분야의 학
자들은 그들 스스로 '사회 구조의 주변부만큼 학계의 작은 틈새'에서
작업한다고 생각하며, 경계적인 과정을 통해 그 양면에서의 변형을
추구한다: '우리는 우리 자신의 활동을 경계적으로 효용성 있는 활동
으로서 이론화해왔다'는 식이다. 두 번째로, 규율의 형성에 관한 서
사는 종종 '돌파구이자 경로'로 이해된다. 그래서, 경계적인 통과제의
는 '패러다임 자체의 *상징(emblem)*'이 된다(McKenzie 2001: 36-7).

  퍼포먼스 연구는 매우 넓은 범위의 학문적 대상들을 함께 모았다.
맥켄지는 학문의 장으로서의 그들의 개념화 과정을 중시했는데, 그
것은 '실행자들과 연구자들의 공동체'를 모아 맺어주는 그 자체로 퍼
포머티브한 과정이었다. '문화적 퍼포먼스'의 장과 퍼포먼스 연구의
패러다임은 '서로서로 함께 창조하고 함께 합법화되었다'. 그렇게 묶
인, '문화적 퍼포먼스'라는 범주는 협소한 것으로 정의되었지만 자기
-합법적인 용어가 되었다(8장 참조). 급진적인 것으로서의 경계성에
대한 아이디어, 그리고 퍼포먼스 연구의 적절한 대상과 특질 모두가,
맥켄지의 '경계적 규범' 양식을 구성한다. 이제까지 퍼포먼스 연구에
있어 경계적 규범의 실상은, 규범화된 보수적 퍼포먼스로부터 주의
를 돌려놓고 그로 인해 그들의 비평으로부터도 주의를 분산시키는
경향이 있다. 역설적으로, 퍼포먼스 연구의 자기 정체성에 대한 감각
은, 변형을 가능케 하는 중요한 기회를 박탈한다(McKenzie 2001:
29-53).

  맥켄지는 이러한 퍼포먼스 연구의 '패러다임으로의 경로'를, 1955
년에서 1975년 사이에 있었던 전반적인 문화적 실천과 연구의 '일반
적 움직임'의 징후로 보았다: 그것은 '결과물로부터 과정으로, 매개된
표현으로부터 직접적인 접촉으로, 재현에서 제시로, 담론에서 신체
로, 부재에서 현존으로 경유하는 시도'이다. 퍼포먼스 연구 내부에

자리한 문화적 퍼포먼스라는 개념의 중심에서, 그는 1960년대 급진주의에 의해 추정되고 발전된 리비도적이고 편재적인 신체를, 소외되고 억압된 질서를 향한 도전으로 정의했다: '퍼포먼스 연구는 이런 퍼포먼스의 목격자요 참가자로서 떠올랐다'. 신체가 이미 늘 지배자들과 결속되어 있다고 보는 비평 이론이 제시되면서, 1980년대의 '이론적 폭발' 속에서 퍼포먼스와 퍼포먼스 연구 양쪽 모두를 개조했다. 그리고 퍼포먼스를 해체적이고 탈-이론적인 실천의 핵심적 위치에 자리 잡게 했다. 그러나 위반하는 육체에의 '기억'은 '여전히 우리를 사로잡는다'(McKenzie 2001: 39; Reinelt and Roach 1992 참조). 편재하는 신체와 관련해 십년 정도 되돌아가보면, 데리다(Derrida)가 이후에 이론으로 알려질 해체(주의)를 발전시키는 중이었다. 1967년 '부정 신학'의 지속성이나 중심의 부재에 대한 느낌을 반영하고, 혹은 후기구조주의의 내부에 놓이면서, 데리다는 그것은 사실 쉽게 파괴할 수 없는 것일지도 모른다고 주장했다: '유령 같은 중심이 우리를 부른다'(Benamou and Caramello 1977: 5).

퍼포먼스의 일반 이론

맥켄지는 '퍼포먼스 연구'와 '문화 연구'의 협동적-합법화 과정 이상의 것을 추적한다. 그는 또한 '퍼포먼스 경영' 및 '테크노-퍼포먼스'도 조사하는데, 그들 각각의 학문적 협동-합법화 과정의 대상들인 '조직적인 퍼포먼스'와 '기술적인 퍼포먼스'에 대해서도 함께 조사했다. 그가 크게 주장한 바는: '규율(discipline)이 18-19세기에 맡았던 역할을 퍼포먼스가 20-21세기에 맡게 되리라는 것이다'.

그의 주장은 푸코와 리오타르로부터 출발한다(6장 참조). 푸코는 권력이 어디에나 있다고 주장했다. 그것은 꼭 억압적일 필요는 없지만, 모든 인간의 교환과 생산성에 내재하면서 지식과 직접 긴밀하게 얽혀 있는 것이다. 『*감시와 처벌(Discipline and Punish)*』(1979a)에서 그는 이런 기본 입장 위에 역사적 논의를 진전시켰다. 18-19세기 권력의 기본적인 작동과 이해는 *규율(discipline)*의 모델 위에 기초해 있었다. 더 정확히 말해서, 그는 '정의의 법적 등록과 규율의 특별한 -법적 등록'이라고 규정했다. 푸코는 그 제시에 착수하는데, 이 조합은 형법전과 판옵티콘(벤담(Bentham)의 감옥 모형, 한 명의 간수가 모든 죄수를 감시할 수 있다)에서 가장 선명하게 드러나는 동시에, 공장, 학교, 병원 등에 나타나는 보통의 권력에 기초를 이룬다 (McKenzie 2001: 15-18, Foucault 인용).

『*포스트모던 조건(The Postmodern Condition)*』(1979)에서 리오타르는 푸코의 분석을 발전시켜, 지식의 *적법화(legitimation)*에 대한 논의 수준을 끌어올린다. 모더니즘 시기에 이 주제는, 지식이 권력에 저항하고; 진리가 억압에 도전한다는 가정 위에서 작동했다. 그러나 포스트모던 시기에, 적법화는 '퍼포머티브'해져왔고: '지식과 권력은 동일한 질문의 단지 두 가지 측면일 뿐이다: 무엇이 지식인지를 누가 결정하며, 무엇이 그렇게 결정될 필요가 있는지 누가 아는가?' 그리고, 권력에 대한 모더니즘적 가정을 해체한 푸코의 입장 그 자체가, 권력의 실질적 실행에 있어 광범위해지고 심화된 변화의 부분이자 결국 그에 대한 우리의 이해로서 가장 잘 나타난다(McKenzie 2001: 18, Lyotard 인용).

맥켄지는, 퍼포머티브 주체가 '통일되기보다 파편화되고, 중심화되기보다 탈중심화되며, 실제적인 만큼 가상적이라고' 하면서 퍼포머티브 객체는 '고정되기보다 불안정하고, 리얼하기보다 시뮬레이트된 것'이라고 썼다. 그들은 '우리의 지식 안에서 하나의 "적정" 장소를 점유하지 않는다'(McKenzie 2001: 18). 이는 친숙한 영역이다: 포스트모던 조건에서 예정된 본성이며, 그것을 위한 패러다임으로서의 퍼포먼스이다. 그러나 맥켄지는 더 큰 야망을 갖고 있었고: 그것은 퍼포먼스의 '통일된 이론'을 만들어보는 것이었다(McKenzie 2001: 4). 그는 주장하길, 규율로부터 퍼포먼스로의 이동이 새로운 '권력과 지식의 존재하는-역사적 형태'가 나타나도록 해주었다고 했다: 이는 지식, 행위주체와 역사에 대한, 존재하는 차원에서의 이해를 근본적으로 변화시킨 것이다.

『천 개의 고원(A Thousand Plateaus)』(1980)에서 들뢰즈(Deleuze)와 가타리(Guattari)는(6장 참조), 획기적인 변화뿐 아니라 상황의 본성을 통해서도 생각하기 위해, 지질학으로부터 빌어온 '층'의 모델을 적용했다. 푸코는 권력이 어디에나 있다고 말했다면, 들뢰즈와 가타리는 권력을 그 자체로 제한이 없는 영역 설정, 또는 힘(force)의 특정 집합과 같은 것으로 보았다. 그들은 힘과 강도의 혼란스런 체계를 거론한다. 힘의 맹목적 생식성은 뜻하지 않은 자기 조직을 통해 재생산의 네트워크 속으로 집결되며 강화된 것인데, 이것이 권력을 구성한다. 층은, 자기 수리를 통해 어떤 지속성을 얻는 힘과 강도의 집합체로 생각해볼 수 있다. 들뢰즈와 가타리는 상호 교환에 영향을 주는 세 가지 근본적인 층의 지대를 상정했는데: 무기물, 유기물, 인간이 그것이다. 이로부터 생각을 빌려와, 맥켄지는 자신이 2차 세계 대전 이후 미합중국 및 지구화 과정을 통한 전 세계상의 '퍼포먼스 층'의 통합체를 규명해왔다고 제안했다. 『공연하거나 그렇지 않거나(Perform or Else)』는 '퍼포먼스의 층에 대한 분석을 주도하기 위해' 고안되었다(McKenzie 2001: 173-6).

퍼포먼스의 층은 두 개의 기본적 수준으로 드러나는데 더 강조되는 것은 첫 번째의 더 역사적인 수준이다. 미국에서 권력/지식의 퍼포먼스 층이 떠오른 것은, 『공연하거나 그렇지 않거나』의 틀이 그 자체로 고려의 대상이 되면서 세 가지 논쟁적/학문적 학제가 발전하는 중에 증명되었다. 맥켄지는 일찍이 1955년에 허버트 마르쿠제(Herbert Marcuse)가 『에로스와 문명(Eros and Civilisation)』에서 했

던 주장을 환기시킨다. 마르쿠제는 '퍼포먼스의 원칙'을 후기산업사
회인 서구에서 경제적·사회적 활동을 지배하는 것으로 규정했다.
프로이트는 자기만족적인 '쾌락 원칙'으로부터 사회적 책임의 '사실
원칙'으로 옮겨가는 아이에 대해 썼었다. 마르쿠제는 '퍼포먼스 원칙'
을 사실 원칙의 역사적 버전이라고 상정했다: 자본은 노동자들에게,
그들이 생존하려면 수행해야 한다는 사실에 직면함으로써 '현실적이
되라'고 말한다. 마르쿠제는 그리하여, 노동을 소외시키는 새로운 방
식-한 계급에 의해 이루어진 일이 다른 계급에 적용되고; 노동자는
생산 수단을 소유하지도 통제하지도 못하는-이 정당화되고 강화된
다고 규명했다(McKenzie 2001: 16-20).

맥켄지는 자신이 규명한 퍼포먼스 층이 변화만큼이나 어김없이
'정규화'에 관여한다고 강조했다. 징발과 지배는 서구 문화와 지구화
의 주요 특성으로 남아 있다; '퍼포먼스'는 사람들을 구슬리고 강압하
며 명령에 따르도록 사기 치는 양식이다. 이를테면, 리오타르나 버틀
러(핵심어: '퍼포머티비티(Performativity)' 참조)를 선택적으로 읽게
하고 마르쿠제는 잊어버리게 함으로써, '경계적 규범'은 전반적인 퍼
포먼스 층의 규범적이고 강압적인 본성을 흐려놓고, 그리하여 퍼포
먼스 연구의 패러다임 자체가 그 일부가 됨을 가려버린다. 포스트모
던 이론은 꾸준히 '균일성, 확정성, 합리성'으로부터 '다양성, 창의성,
직관'에 대한 더욱 잘 처리되는 관심 쪽으로 주의를 옮겨 왔다
(McKenzie 2001: 6).

『공연하거나 그렇지 않거나(Perform or Else)』(2001)의 관점은 방
대하다. 맥켄지는 우선 자신이 규명하는 퍼포먼스 패러다임을 '발생
학적으로 읽는' 데서부터 출발한다. 이는 획기적인 논의로 이어진다.
그와 더불어 더 '형이상학적인' 논의 줄기가 이어진다. 예를 들면 맥
켄지는, '감각적인 신체를 향한 유동적이고 비정형적인 영토화'로서
의 *퍼포먼스(performances)*와 '이러한 신체를 연계 가능한 주체와 객

체로 암호화하는 것'으로서의 *퍼포머티브(performatives)*를 구분한다.
이 단어들은 들뢰즈와 가타리에 공명한다; 맥켄지의 매우 이항대립
적인 해체 작업에서처럼 그는 제안하기를; 범주들은 과정으로서 전
경화된다고 한다(McKenzie 2001: 176-7). 그러나 맥켄지 역시 비평
적 일거리가 있다. 또 다시 들뢰즈와 가타리를 모방하면서, 그는 퍼
포먼스의 패러다임을 '규범적이고 복제적인 논쟁들과 체현된 퍼포먼
스의 블록들'로 설명했다. 책의 결론에는 그 자신의 재치있는 용어
전략을 담은 '파퓨먼스(parfumance)'가 효율적으로 배치돼 있다. 그
것은, '사회적 형성의 경계에만 위치하지 않고 그 중심에도 위치하
는… 반복가능성의 주머니, 자기반영적 구멍' 속을 떠돌아다니며 지
장을 준다. 그것은 '탈지층화'의 전략으로, '퍼포먼스 권력/지식의 형
식과 과정을 침식시키고 깨뜨리는 것이다'(McKenzie 2001: 20-5).
주체와 객체 양쪽이 다면적이고 근거 없을 때, 무언가를 형상화하는
퍼포먼스는 끝없는 유희의 문제가 된다. 『*천 개의 고원*』(1980)은 그
러한 전략의 훌륭한 초기 사례이다.

　맥켄지 본인은 그렇게 '일반적인 이론'으로 제기되는 문제에 직면
했을 때 그것을 '하드웨어에 내장된 우리의 미래'라고 제안하면서 문
제를 해결한다(McKenzie 2001: 20). 그러나, 셰크너에 대해 그렇게
했듯이, 그의 논의의 수사학적 특성을 논해보자. 그는 어디에서나
'퍼포먼스'를 찾으면서, 사회적 조직화, 역사적 과정, 존재 그 자체의
다양한 수준들 사이를 옮겨 다닌다. 이를테면 그는, 우리가 심지어
'지난 반 세기 동안의 학문 분야들의 폭발적 팽창; 지구화 과정에서
그것들의 보급을 그 자체로 퍼포머티브한 것으로' 간주한다고 주장
한다(2001: 13). 그러나 모든 것이 퍼포먼스라고 말하는 것은 결국 아
주 드물게만 퍼포먼스라고 말하는 것과 마찬가지이다. 또한 맥켄지
가 퍼포먼스를 파퓨먼스(parfumance)라고 선언한 것과 나란히, 그가
자신의 논의를 펼치는 동시에 낯설게 했던 '강의 기계'(McKenzie

2001: 20)보다 훨씬 재미가 덜하게, 캐서린 벨(Catherine Bell)의 의미
에서의(8장 참조) 제의화의 조짐이 있게 되었다. 논의의 본질은, 다
른 어떤 것과 마찬가지로 서로 다른 층위에서의 추상적 반복이 지닌
힘(혹은 권력을 의미하는가?)에 의해 산출되는-수행되는- 것이다.

　셰크너와 마찬가지로, 맥켄지의 논의에 대한 이해야말로 어떤 관
점의 이동을 가져온다. 맥켄지는 '우리가 지식이라고 부르는 것의 질
적인 복제, 지식 자체가 퍼포머티브해지는 과정(becoming-performative)'
에 대해 썼다(McKenzie 2001: 14). 그러나 이러한 *극중극(mise en
abyme)* (극 내부의 극과 같은 형상)은 포스트모던 사고의 전유물이
아니다. 마르크스의 주장에 따르면, 우리가 세상을 이해할 수 있는
방법은 근본적으로, 우리 자신의 노동 및 어떤 역사적 한 순간 그
(노동의) 조직을 통해 우리 스스로를 생산해내는 방법의 문제이다.
결국엔 발견될 '리얼한 것'에 대한 마르크스의 남겨진 주장, 그의 '거
대 서사' 옹호 등을 향해 훌륭하게 도전할 수 있을지라도, 지식의 퍼
포머티브한 기반에 대한 개념은 그렇게 새로운 것이 아니다.

　그리고 생각해보건대, 거대 서사적인 글쓰기의 습관은 사라지지
않는다.

8장 퍼포먼스 연구: 몇 가지 기본 개념

이 장에서는 퍼포먼스 이론을 밑받침하는 몇 가지 핵심 개념을 좀 더 자세히 살펴볼 것이다. '미학적' 드라마와 '사회적' 드라마를 구별하는 데서부터 시작하기로 한다.

미학적 및 사회적 드라마

이는, 미학적 드라마와 사회적 퍼포먼스의 일반적 구별, 후자는 일상생활 영역에서의 상호작용을 가리키는 일반적 구별과 그리 비슷한 게 아니다. 좀 더 구체적인 용어로서의 '사회극(social drama)'은, 인류학자 빅터 터너(Victor Turner)(1920-83)가 갈등 상황에서 기인하는 사회적 과정의 단위를 가리켜 붙인 것이다. 그는 전형적으로 거기에 네 가지 주요 국면이 있다고 말한다:

(1) 일반적인 규범이 지배하는 사회적 관계의 *위반(breach)* ; (2) 그 위반의 경향이 확장되는 동안의 *위기(crisis)*. … (3) 개인적 충고와 정보 전달 혹은 중재로부터 공식적 법률상·사법상의 시스템 … 그리고 공적 제의의 퍼포먼스에 이르는 교정 행위(redressive action) … (4) 방해받았던 사회 집단의 *재통합(reintegration)*이 이루어지거나 돌이킬 수 없는 분열에 대한 사회적 인식과 합법화가 이루어지는 최종 국면.(Turner 1992: 74-5)

이러한 사회극의 개념은 1974년 터너가 아놀드 반 게넵(Arnold van Gennep)의 논증으로부터 발전시킨 것이다. 게넵은, 연령이나 사회적 지위의 변화에 수반되는 제의 등 모든 통과 의례에는 다음과 같은 세 단계 구조가 있다고 했다: 주체(들)의 사회로부터의 분리, 경계 혹은 중간(in-between)상태, 그리고 재통합이 그것이다. 그러나 터너의 의도는 '사회극'이 '거의 보편적인 과정의 형식'으로 훨씬 광범위하게 적용될 수 있다는 것이었다(1982: 71). 그와 같이 그것은 터너가 '문화적 장르들'이라고 부른 것의 원천이다. 우리는 이미 제의적 퍼포먼스를 통해 '교정' 국면이 제정될 수 있음을 지적했다; 그러나 그것이 생성시키고 지속시키는 퍼포먼스는 이보다 훨씬 더 다양하며, "'높은 계층(high)"과 "민중 계층(folk)", 구비 문화와 글자로 된 문화'를 모두 포함할 것이다(1982: 74-5). 미학적 드라마의 경우에는 대본으로 써진 희곡이, 사회극의 교정 국면에서의 하나의 가능한 구성 요소로서 나타날 것이다.

예를 들면 법률 행위나 비공식 중재와 같은 교정의 다른 방법이나 결과가 있다. 재판, 축구 경기, 카니발, 비극적인 코러스처럼 당초 거의 관계가 없어 보이는 활동 범위들도 교정 메커니즘의 요소로서 함께 연결될 수 있다. 그것들은 모두 무슨 일인가 벌이기 위해, 어떤 기능을 수행하기 위해 고안된 행동들이다. 그래서 미학적 활동을 포함한 교정 과정의 모든 다양한 현상은 퍼포먼스로 간주될 수 있고, 결국 퍼포먼스 분석자에게 적합한 영역이 되는 것이다.

터너는 인류학자로서 자신의 사회극 개념을 발전시켰다. 그에게 '드라마'란 인간 행동의 기본적인 형태를 묘사하기에 유용한 단어였다. 퍼포먼스 이론가인 리처드 셰크너(Richard Schechner)는 미학적 퍼포먼스의 제작자로서 이 개념을 활용한다. 1970년대 초반 아방가르드는 인류학자가 미학적 퍼포먼스를 인간의 다양한 다른 퍼포먼스 옆에 놓을 가능성을 제공한 허구와 일상생활의 관계에 관심을 가졌다. 이는 '연극'에서 되찾을 수 있을 뿐 아니라, 그 가장 근본적이고 결정적인 특성이 발견될 수 있는 가능성을 드러내는 것이었다.

그러나 터너가 미적 드라마 연구에 영향을 미친 최초의 인류학자는 아니었다. 이미 4장에서 고대 그리스극의 기원이 원시 *제의*에 있다고 본 케임브리지 학파의 주장을 접한 바 있다. 이와 함께 사회 및 문화적 역사, 심리학과 같은 다른 분야의 작업 또한 놀이(play)의 탐구를 통해 드라마의 뿌리에 더 가까이 가려는 시도를 했다. 이제 좀 더 자세히 이러한 각 항목들을 살펴보기로 한다.

제의

일상생활에서, '제의(ritual)'와 '의례(ceremony)' 란 단어는 결국 정반대가 되는 다양한 의미와 적용으로 매끄럽게 넘어간다. 예를 들어 인간 행동의 근본으로 가정된 것들, 즉, 종교 활동에서 증명된 것들에 대한 탐구는, 참여자를 위한 과도한 투자와 공유된 의미의 순간으로서 제의를 불러낸다. 다른 한편 '공허한 제의', '단순한 의례' 등의 관용구를 보면, 제의로서 언급되는 것은 아무런 고유한 의미도 없고 실제의 투자는 더더욱 없이 기계적으로 습득되는 행동일 뿐이라고 제시하는 것이다. '제의'는 심화된 헌신과 공허한 형식성 모두 가리킬 수 있다.

퍼포먼스 연구 내부에서 '제의' 개념은 다양한 기능을 지닌다. 그것은 역사(드라마의 기원에 대한 아이디어); 퍼포먼스 실행(실현되는 방식); 분석(퍼포먼스되는 것들의 범주화) 등과 관계가 있다.

이 중 첫 번째에 대해서는 이미 말한 바 있는데, 즉 제의에 대해 살펴보면 극적 퍼포먼스의 기원으로 당연시되는 것에 접근할 수 있는 것 같다. 20세기 초기 인류학의 케임브리지 학파는, 비록 지금은 완전히 사라졌더라도, 처음 신성한 남근의 춤과 다음 고대 그리스의

합창 비극과 희극을 발생시키고 뒷받침한 것이 '원시 제의'라고 제안
했다. 리처드 셰크너가 지적했듯이 이 이론의 문제는, 원시 제의의
증거가 없을 뿐 아니라 그 사이의 세월 동안 번성해온 드라마의 형
식과 원시 제의가 거의 관계가 없어 보인다는 것이다. 셰크너의 말
처럼 이 모델은 지나치게 보편적이다. 그것은 또한 아테네 희극과
비극으로부터 파생되지 않은 모든 연극과 드라마를 제외시킨다.

　연극이 제의로부터 발전했다는 이론에 이의를 제기하면서, 셰크너
는 연극과 제의는 차라리 동시적인 장르라고 할 수 있다고 주장한
다. 연극, 스포츠, 그리고 음악과 함께 그들은 모두 '인간의 공적인
퍼포먼스 활동들이다'(1988: 6). 그가 『퍼포먼스 이론(Performance
Theory)』([1977] 1988)에서 주목하는 중심 대상은 연극과 제의의 특
정한 상호 관계이다. 그는 동시대적이거나 동시대에 가까운 자료들
을 활용하면서, '연극이 제의로부터 발전하는가 하면 반대로 제의가
연극으로부터 발전하기도 하는 과정의 윤곽을 그려 보이려고' 한다
(1988: 112). 이 두 가지 방향의 과정, 그리고 1960년대 예술 장면에
서 '제의'를 무대화하는 데 관심이 주어진 상태에서, 연극과 제의 두
장르는 모호해지는 것 같다. 그래서 셰크너는 그것들을 분리할 수
있는 접근법을 발전시켰다. 그는 '생태적 제의'의 퍼포먼스가 '진정한
결과'를 성취하는 방법이라는 생각으로부터 출발하는데: 그것은 '빚
을 갚고, 새로운 의무를 발생시키는 것이다'(p.119). 그는 그 과정을
변환의 두 세트로 도식화하여 제시한다. 하나는 잠재적으로 위험한
만남을 '미학적이고 사회적인 실행'으로 변환하는 것이고; 또 다른 하
나는 하나의 현실을 다른 현실로 바꾸는 것이다(상환중인 채무 등).
첫 번째 세트는 두 번째 세트가 평화롭게 발생할 수 있게 만들어준
다. 다른 과정에서 두 세트 사이의 균형은 변경될 수 있다. 미학적
실행에 집중하면 '오락성'에 우선순위를 두는 쪽으로 이끌릴 수 있고;
실제적인 변화에 초점을 맞추면 실제 발생하게 하는 것, 과정의 '효

능'에 우선순위를 두게 될 것이다. 퍼포먼스의 질이 오락과 더 관련 되는지 효능과 더 관련되는지를 관찰함으로써, 퍼포먼스는 연극으로 범주화되거나 제의로 범주화될 수 있다. '효능'과 '오락성'은 상반되는 것이라기보다 연속체 위에 놓인 단계다. 어떤 문화적 순간에 특성은 동시에 드러나기도 하고 다른 순간 멀리 떨어져 있기도 한다. 그래 서 셰크너에 따르면, 서구 연극사를 효능과 오락성(또는 실제로 제의 와 연극) 사이의 관계에 의해 그려보는 것이 가능해진다. 그는 이 관 계를 한 쌍의 땋아서 짠 끈, '갈래'(braid)로 도식화하여 제시한다. 그 선들의 교차 지점이 위대한 드라마를 낳고, 거기엔 그 두 가지 모두 가 있다. 영문학 주요 작품목록의 정설에 익숙한 사람이라면 그 첫 번째 접점은 전혀 놀라운 일이 아니다: 그것은 엘리자베스1세-자코 비안(Elizabethan-Jacobean)시대의 드라마이다. 그리고 20세기 후반 에 그 선들이 다시 교차하는데, 그때 셰크너 자신이 작업하고 있다. 여기로 우린 돌아갈 것이다.

하지만 이제, 제의가 연극과 맺는 관계에 대해 돌아보는 일이 새 로운 시대로 들어서고 있음을 주목할 필요가 있다. 공적 생활이 '연 극화되는' 상황에 대해 생각하면서 셰크너가 관찰한 바에 따르면, 퍼 포머는 '…어떤 절대적인 의미에서 "진실을 말하기" 위해 자신의 전 통적인 가면을 벗도록' 요청받는다(1988: 121). 중대한 연극이라면 사회적 과정의 허위성에서 벗어나야 한다. 퍼포머는 준비와 리허설 과정을 통해 이렇게 할 수 있게 되는데, 그 과정은 '연극의 시간/공 간을 보호하는' 프레임을 제공한다(p.183). 이 프레임은 형용사로서 '제의적'인 것이다: 셰크너에 따르면, 리허설/준비 과정에서 '나는 연 극의 근본적인 제의를 발견한다'(p.183). 그가 그런 준비의 예로 인 용하는 것은, 오스트레일리아 원주민(Aborigines), 모스크바 예술극 장(Moscow Art Theatre), 그리고 자신의 극단인 퍼포먼스 그룹 (Performance Group)이다. 연극과 제의는 상호연관된 것 같지만, 그럼에도 불구하고 제의는 근본적인 그 무언가로서의 특권적인 위치를 갖는다. '생태적' 퍼포먼스와 고급예술의 과정에 모두 연극화된 공적 생활에 대항하는 진실의 측면이 있다. 연극과 제의가 '효능'과 '오락성'의 조건 안에서 상호연관되고 이끌리면서 정립되어왔다는 논거의 바로 그 지점에서, 그 두 가지는 발생한다. 같은 페이지에서 셰크너는 제안한다: 첫째, 브로드웨이 뮤지컬이 오락 그 이상인 것은, 후원자의 돈과 박스 오피스 영수증에 효능을 보여주기 때문이고; 둘째, 제의는 진짜임을 보장하는 방식이다. 하나의 용어가 지배적인 경제에 동화되었다면, 다른 하나는 비평적인 권위를 획득한다. 제의는 진실과의 관계에 있어서 특별한 위치를 유지한다.

적어도 그것은 빅터 터너(Victor Turner)에게 느낌을 준 방식이다. 그는 셰크너의 방법을 '가짜가 아닌 만들기'(making, not faking)로 요약하고, 그것은 특히 인류학 교육에 적합하다고 했다. 모방을 겨냥한다기보다, 배우의 역할은 '진실로 리허설 과정을 통해 "창조되는" 것이다'(1982: 93). 아마도 터너의 열정은, 제의에 대한 그 자신의 접근을 특징짓는 관심으로부터 비롯된 것이다. 그는 육체적(물리적) 신체의 1차적인 중요성을 주장했는데, 이는 예를 들어 사회적 신체에 반대되는 것이었다.(이때 그는 '사회적 신체가' '물질적 신체가 인식되는 방법을 제한 한다'고 주장한 인류학자 메리 더글러스(Mary Douglas)의 작업에서 출발한다.(1996: 69)) 역할 창조에 있어서, 퍼포먼스는 상연자의 개인적 신체와, 사회적 신체의 상징적 배열 사이의 관계를 극화한다. 사회적 신체와 개인적 신체의 관계가 어떠하든, 신체에 대한 강조는 퍼포먼스와 같은 특정한 신체 예술의 모델로서 제의를 제공한다.

그러한 방식으로, 퍼포먼스 연구 내부에서 '제의'의 세 번째 기능을 만나게 된다. 그것은 상연되는 것에 대한 분석의 방식을 제안한다. 이번 절이 시작될 때, 우리는 터너의 '사회극'이 제공하는 기본적인 틀을 보았다. 앞선 문단에서는, 개인적 신체와 사회적 신체의 상호 작용에 분석의 초점을 맞춰야 하는 신체 예술로 퍼포먼스를 정의 내렸다. 이런 분석은 우리를 새로운 영토로 이끌고 가길 추구한다. 왜냐하면, 셰크너가 연극화된 대중을 가면 벗은 상연자에, 허구를 진실에 대립시킬 때, 제의는 일상생활에 대항하는 위치에 맞아떨어지기 때문이다. 그러나 많은 사회 분석가와 문화 분석가는, 일상생활 안에도 개인적 신체와 사회적 신체의 지속적인 상호 작용이 있다고 주장한다.

이를테면 사회학자들이 축구 '폭력', 역사학자들이 왕궁의 행렬을 받아들이면서, '제의'는 퍼포먼스라고 생각해볼 만한 영역을 확장한다. 이 과정에서 중요한 측면이 나타난다: 제의는 어떤 고정된 것이 아니고, 어떤 본질적인 특징을 지닌 것도 아니다. 대신 그것은, 캐서린 벨(Catherine Bell)이 주장하듯, 구별하는 활동(이를테면, 개인적인 것과 사회적인 것 사이를), 협상의 지점이자 합법화의 과정이다: '제의화에 본질적인 것은, 어떤 특정 문화 내에서의 다른 행동 방식으로부터 – 다양한 정도와 방법으로 – 스스로를 차별화하기 위한 전략이다'. 필수적인 요소는 '제의적인 실행을 차례로 낳는 제의화된 신체의 순환적 생산'이다. '제의화'에는, 텍스트나 텍스트적인 체계상에서 기본적인 이항대립적 요소 혹은 다양한 수준에서 상반되는 일련의 요소들이 반복된다; 결과는 핵심적인 대립이 자연스럽게 되고 어떤 초월적 원리로부터 발생한 것처럼 보이는 것이다. 그것은 '체계적인 생각의 문턱을 넘어서면서 행하는 바를 야기하지 않고도 그 일을 하도록 고안된 것이다'(Bell 1992: 90-102 여러 곳).

메리 더글라스(Mary Douglas)의 관점에서 제의가 활동이라면, 그것은 개인적 신체와 사회적 신체가 서로 상호적으로 구성되는 활동이다. 이것은, '진실'을 드러내기 위해 가면을 벗는다고 생각했던 셰크너의 아이디어와는 매우 다르다. 나아가 더글라스는, 제의가 생각하는 사회를 형성하는 데 있어 제의에게 필수적인 우선권은 없다고 주장한다. 그것은 일련의 활동 중 하나이다. 이런 관점은, 드라마가 그 후속 형식임을 설명할 수 있도록 원시 제의를 탐구했던 케임브리지 학파와는 분명히 대조된다(로직(Rozik)(2002)이, 연극은 결코 제의로부터 비롯될 수 없는데 그 이유는 연극이 매개(medium)인 반면 제의는 행위(action)의 양식이기 때문이라고 주장했을 때, 이 관점은 다시 반복된다). 하지만 더글라스의 관점은 또한 셰크너의 '땋은 끈으로서의 갈래'(braid) 도식, 오락성과 효능이 퍼포먼스의 역사를 통해 지그재그 식으로 교직되어 왔다는 도식과도 상반된다. 그들의 상대적인 위치는 다양할 수 있지만, 그들 간의 대립은 지속적이고 보편적인 것으로 남는다. 이 보편화된 모델 아래로부터 빠져나오는 곳에 근본적이라고 표시돼온 범주가 있고: 그것이 제의이다.

　제의를 연극과의 연속성 위에 놓으려는 이 모든 시도들에도 불구하고, 왜 제의는 이 근본적인 위상을 획득했는가? 셰크너의 책 『퍼포먼스 이론(Performance Theory)』은 1977년에 나왔다. 이 기간에 그는 그들 자신의 과정을 보여주는 퍼포먼스의 양식을 탐색하고 있었다. 그리고 그는 혼자가 아니었다: 1950년대부터 1960년대 중후반까지 '해프닝'의 유행으로 이해할 수 없고 부적절하게 허구적인 연극화된 인생의 인기를 앞서려고 했던 수많은 의례적 이벤트들이 고안되었다. 우리는(p.90 참조) 1970년대 초중반의 브룩(Brook), 그로토프스키(Grotowski), 코트(Kott), 에슬린(Esslin)의 작업에서 드라마의 기원과 원시적, 제의적 특성에 대한 관심이 보인다고 지적했었다. 이는, 셰크너의 '땋은 갈래'에 따르면, 효능과 오락성이 함께 교차하는 두 번째 시기였다. 그의 퍼포먼스 그룹의 워크숍 과정은, 터너가 묘사한 제의적 과정과의 유사성으로 제시되었다. 하지만 터너 스스로 우리에게 말하는 것은, 터너가 1970년대에 셰크너에 의해 '언더그라운드' 퍼포먼스에 소개되었다는 점, 그리고 이는 터너의 이론에 깊은 영향을 미쳤다는 점이다. 그래서 우리는, 셰크너에 의해 들먹여진 제의적 과정이 그 주요 측면에서 바로 1970년대 방식으로 셰크너에 의해 성립되어온 과정이라고 말할 수 있다.

'제의'에 대한 셰크너와 그 동료들의 태도를 묘사하기 위해 캐서린 벨로 돌아갈 필요가 있다. 문화적 자료 및 인류학자들에 의해 행해진 문화적 '의미'와 관련된 제의 분석을 언급하면서, 철학적 요소에 반하는 실행적 요소, 개념적 요소에 반하는 체험적 요소, 아마도 사회적 요소에 반하는 개인적 요소의 기도가 어떻게 나오는지 그녀는 기록한다. 달리 말하면, 행동과 사고 사이 구분이 유지된다. 이 이항 대립의 구성은 그 자체가, 제의를 지켜보는 자와 제의적 행위 사이의 차이를 표시하는 제의화의 과정이다. 이는 광범위한 효과를 갖는다: '[이론화되는 주제의] 지배는 그 다양한 형식 속에서 사고-행동의 이분법적인 암시적 구조 덕분에 유지된다'. 결국 지배는 수사학적으로 침묵에 빠지고 받아들여지는데, 정확히 제의화를 통해 그렇게 된다(Bell 1992: 54). 그래서 우리는 셰크너 및 다른 이들에 의해 이루어진 제의에 관한 언급들의 정도를 알아볼 수 있어야 한다. 그 언급들 자체가, 말한 이들의 위상을 구성해가는 작업으로서의 제의화 과정의 일부이기 때문이다.

플레이(놀이)

'플레이(play)'란 단어는 아주 오랜 동안 극적 퍼포먼스와 관련되어 왔다. 15세기 *'기적극에 관한 논문(Tretise of Miraclis Pleyinge)'*에서 'pleying'이란 단어는 퍼포밍(performing)과 동의어였다; 그것은 여전히 현대 언어에서도 '한 역을 연기하는'(playing a part)에서와 같이 더욱 특수화된 의미로 존재한다. 하지만 *'논문(Tretise)'*에서 그것은 단순히 기술적인 단어 이상의 어떤 것이다. '플레잉(playing)'은 경멸

적인 위치를 지닌다: 그것은 퇴행적이고, 이성에 반하는 것이며, 범주를 흐리고, 낭비적인 것이다. 그것은 일하는 것이 아니다.

단어와의 이런 연관성은 꽤 일정하게 유지되어왔다. 변화된 것은 '플레이'의 질적 가치이다. 클라이브 바커(Clive Barker)의 『연극 게임(Theatre Games)』(1977)에서, '플레이'는 배우들의 거리낌을 풀어주는 것과 관련된다. 그것은 공식적(배우) 훈련과 지적 추상화 이전에 살았던 시간으로 기억을 더듬어 돌이켜보는 것으로 작동한다. 퇴행보다는 기억을 돌이켜봄, 낭비적이기보다는 비공식적인 것이다: '플레이'의 특성은 생산적인 성인 작업과 관련해 양전하(positive charge)를 얻게 된다.

'플레이'의 가치 변화를 이해하기 위한 시도는 사회적 변화에 대한 매우 일반화된 서사로 이어진다. 이런 종류의 서사는 네덜란드 사회학자 요한 호이징아(Johann Huizinga)에 의해 공식화되어 매우 유명해졌다. 『호모 루덴스(Homo Ludens)』([1938] 1949)에서 호이징아는 문화적으로 형성된 놀이(play)와 비놀이(non-play)의 관계를 그려보였다. 그에게 놀이는 제의에 뿌리를 둔 것으로 종교, 과학, 법, 전쟁과 정치를 포함하는 문화를 생기게 한다. 그것은 리듬, 조화, 변화를 향한 인간의 '선천적' 욕구를 허용하기 때문에 생산적이다(Huizinga 1949: 75). 이렇게 말할 때 호이징아는 1795년 독일 극작가 프리드리히 쉴러(Friedrich Schiller)가 공식화한 입장을 기반으로 하고 있다. 『미학적 인간 교육(The Aesthetic Education of Man)』에서 쉴러는, 놀이 충동이 인간성을 구성하는 두 가지 상반된 충동을 화해시킨다고 우아한 변증법적 주장을 전개했다: 그것은 감각 충동(외부 세계에 반응하는)과 형식 충동(외부세계에 자기 존재를 인식시킨)이다. 이들은 그 목적으로 '삶'과 '형태'를 갖는다고 할 수 있으며, 그리하여 놀이 충동은 객관적으로 '살아있는 형태'를 지닌다. 이 개념은 아름다움이 무엇인지, 인간성을 완성시키는 데 중심이 되는 것이 무엇인지

를 나타낸다: '인간성의 개념을 충족시키는 것은 형식에 리얼리티를, 필연성에 우연성을, 자유에 수동성을 합치는, 연합뿐이다'(Schiller 1989: 77). 호이징아의 더욱 일반화된 사회학적 모델은 이것을 재배치해서, 갈등이 내부적이고 변증법적으로 인간 충동들 사이에 놓이지 않고 인간 존재와 사회로 불리는 외부 사물 사이에 놓이도록 한다: '매우 조직화된' 사회에서는 종교, 과학, 그 외의 부분들이 놀이와의 접촉을 상실한다. 이런 경우 시인이 특히 중요해진다. '시인의 기능은 시가 태어난 놀이-영역에 여전히 고정되어 있기 때문이다'(Huizinga 1949: 119). 시의 특별한 장소는 어린이, 동물, 야만인과 예언자가 속해 있는, '진지함 너머'의 장소이다.

호이징아의 작업은, 프랑스의 민족학자 로제 카유아(Roger Caillois)의 『인간, 놀이와 게임(Man, Play and Games)』(1958, 1961 번역)에서 비평의 대상이 되었다. 카유아는 놀이가 무언가를 생산한다는 아이디어를 공격한다: '놀이는 순수한 낭비의 기회이다: 시간, 에너지, 독창성, 기술, 종종 돈을 낭비하는 기회이다'(1961: 5-6). 놀이는 삶의 다른 부분으로부터 분리된 '자유롭고 자발적인 활동'이지만, 그럼에도 불구하고 거기엔 '정확한 한계'가 있다. 놀이는 규칙에 얽매인다(rule-bound): 일상생활의 규칙은 '이러한 고정된 공간과 주어진 시간 속에서, 그대로 받아들여져야 하는 정확하고 자의적이며 예외가 있을 수 없는 규칙들'로 대체된다(p.7). 나아가 놀이의 변화하는 특질들, 변화하는 유형의 참여와 즐거움이 있다. 이러한 차이들은 다른 종류의 게임들에 나타나고, 카유아가 자신의 사회사를 서술한 다른 문화들 안에 있는 이들 게임의 변화하는 위상과 다양한 기회들에 대한 탐색을 통한다.

카유아의 사회사에서 중요한 개념을 지닌 것은 놀이라기보다는 게임이다. 하지만 게임에 대한 그의 논의에서는, 참가자들 간의 상호작용 관련 규칙들에 초점을 맞추려는 경향이 나타난다. 이런 움직임에

서 그는 예를 들면 셰크너가 게임 및 그 규칙과 구별한 놀이의 범주
를 용해시키는 것처럼 보인다. 그러나 카유아는, 즐거움을 이해할 수
있으려면 오직 규칙의 발생지를 이해해야만 한다고 주장한다: '게임
은, *규칙에 의해 세워진 한계 내에서 자유로울 수 있는* 반응을 일단
찾아내고 지속시켜야 한다는 필요성으로 이루어진다. 플레이어의 이
러한 위도, 그의 행동에 일치되는 경계야말로 게임에 필수적이며, 흥
분되는 즐거움을 부분적으로 설명해준다'(1961: 8, 원래 강조). 이런
분석은 결국 인간관계의 협상에 의해 취해진 형식들, 위험을 제한하
기 위해 고안된 형식들에 대한 더 광범위한 사회학적 관심으로 이어
진다. 그러한 위험-제한 관습은 사회학자 어빙 고프먼(Erving Goffman)
의 작업에서는 '프레임'이라고 알려진 것이다. 다른 학문인 수사학에
서, 제프리 베이트슨(Geoffrey Bateson)은 '가정법' 형식에서의 유사
한 위험-감소 전략을 제안한다: 가정법은, '만일 이런 일이 발생한다
면 우리는 이런 식으로 행동할 것'이라는 형식을 갖는다. 베이트슨은
사실 놀이 자체의 특성을 정의하려고 시도하지만, 가정법의 범주는
오히려 실제의 삶에서의 상호작용을 촉진시키면서도 더 안전하게 만
들어주려는 그 능력상의 프레임처럼 작동한다. 베이트슨은 다음과
같이 말한다. '놀이에서 교환되는 메시지와 신호는 어떤 의미에서는
진실이 아니거나 의도된 것이 아니다', 더 나아가 '이러한 신호들이
나타내는 것은 존재하지 않는 것이다'(1972: 183). 이 – 어떻게 불러
야 할까? – 가정법적 특성(sub-junctivity)은, 연극 게임과 역할극 시
나리오 등의 작업에서 가장 분명하게 나타난다.

 하지만 연극 게임과 역할극이 결말에 수단일 수 있는 반면, 프레
임에 대한 사회학적 관심은 또한 놀이의 더욱 유토피아적인 버전으
로 이끌게 된다. 호이징아, 실제로는 쉴러의 뒤를 잇는 브라이언
서튼-스미스(Brian Sutton-Smith)는 주로 어린이들에 초점을 맞추고
말한다: '놀이는 애초에 활동의 재구성이다. 무언가와 놀이한다는 것

은, 고려하고 선택하기 위해 기회를 주는 것이다. 놀이는 생각을 개방한다. 그것이 진행됨에 따라, 놀이는 새로운 생각 혹은 생각의 새로운 조합들을 구성한다.' 이러한 조건에 제시된 것처럼, 놀이와 놀이하기는 변화를 향한 힘이 된다: '놀이는 가능성을 예견하는 것이다. 놀이는 적응하며 강화된다'(Sutton-Smith 1979: 315, 316).

하지만 놀이의 사회적 역사는, 사회가 더 복잡해지고 규칙에 얽매이게 되면서; 사회가 성장하는 것처럼, 놀이의 혼란스런 종류들(예를 들어, 카유아의 아찔하고 위험한 '일링크스(ilinx)')로부터의 점차적인 변화를 추적한다. 이러한 서사에서 놀이는 충분히 사회화되지 못한 상태와 연관되어 있다: 즉, 지배적 질서 '외부의' 유치하고 초보적인 상태와 연관된다. 그러나 잠깐 멈추고, 앞서의 두 문장이 두 가지 다른 아이디어들을 함께 뒤섞고 있음을 생각해보자: 게임이 그 규칙을 변화시켰다거나 더 복잡해졌다고 말하는 것은, 거기에 '놀이'라고 부를 수 있는 기본 상태가 있음을 제안하는 것과 같은 말을 하는 것이 아니다. 하나는 인간 상호작용의 변화하는 세트를 묘사하는 것이고, 다른 하나는 필수적인 특성을 찾는 것이다.

이러한 특성은 일상생활보다 더 깊은 곳 어딘가에 숨어 있다. 서튼-스미스의 주장에 따르면, 놀이의 어떤 형식은 '일상생활의 프레임을 모방하려 하지 않고, 일상의 프레임이 거부하는 감정과 관계의 많은 다른 양상들을 드러내려 한다'(1979: 318). 놀이는 프레임 내부에서 발생하지 않는다; 그것은 그 자체로 '프레임 창조'의 한 형태이다. 미하이 칙센트미하이(Mihaly Csikszentmihalyi)의 '흐름(flow)' 개념에서는, 놀이는 마음의 상태와 같다. 그는, 암벽 등반가나 무용가들처럼 외부적 보상을 거의 받지 않는 활동을 하는 사람들과의 인터뷰를 통해 개념을 발전시킨다. 그들의 활동에 대한 참여는 분명히 다음의 특질들을 보여준다: 집중, 모순되지 않는 목표, 즉각적인 피드백, 뒤틀린 시간 감각, 자아의 상실. '흐름 상태에서, 행동은 내부적 논리를 따라 행동을 따라간다. 배우가 의식적으로 개입할 필요는 없는 것 같다 … 놀이는 *뛰어난(par excellence)* 경험의 흐름이다' (1975: 36). 목적은 활동 자체이다. 다만 여기서 이러한 놀이는 일과 구별될 수 없게 비쳐질 수 있다는 점에서 문제가 발생한다. 자신들의 다소 위험한 활동에 전적으로 집중하는 암벽 등반가와 무용가들은, 성공적인 등반이나 공연과 같은 결과를 얻는 데 초점을 맞추고 기술과 고안을 활용하면서, 신체적으로나 정신적으로 스스로 힘껏 분투한다. 여기서 놀이는 일이 아닌 일처럼 보이고, 다른 어휘를 사용해보자면, 소외되지 않은 일처럼 보인다.

놀이가 일의 버전처럼 보이는 무언가로 흘러들어갈 때에도, 그것이 다른 어떤 것과 관계를 설정하지 않는 한 놀이는 분명하게 정의하기 어려운 것이라고 인식된다. 이는 빅터 터너가 놀이를 그 신경적 설명에서 자유롭게 비틀 때 취했던 움직임이다. 그는 놀이가 어디에도 들어맞지 않는다고 말했다. '놀이는 위치화에 저항하고… 신경인류학적인(neuroanthropological) 행위에서의 조커(Joker)이다'(1992: 167). '조커'는 다른 표현들을 야기한다: 자유분방함, 메타메세지, *브리콜라주를 하는 사람(bricoleur)* 등. 그리고 그는 실토한다: '당신은, 내게 있어서 놀이가 리미널하거나 리미노이드한 양식이라고, 특히 사이의, 어중간한(betwixt-and-between) 양식이라고 추측했을지도 모른다' (p.168)(이 책의 p.159 참조). 이제 관계들의 일관성 있는 모델과 함께, 그의 친숙한 영토, 일상생활에 대항하는 리미널의 영역으로 들어가 보기로 한다. 그가 놀이를 뇌의 어떤 고정된 장소에 위치시키고 싶어 하지 않은 이유는 다음과 같다: '신경계에 가능한 모든 경험에 대해 명멸하는 그 지식 및 신경계의 위치화로부터 거리를 두는 특성 때문에, 친숙하지 않고 종종 꽤 자의적인 패턴 속에서 친숙한 요소들이 농담처럼 다시 조합되는 경계적(liminal) 기능을 놀이는 수행할 수 있다'(1992: 170).

놀이의 정의 자체가 웃기고 깜빡거리고 미끄러운 무언가에 결국 직면하게 되는 반면, 놀이가 정의되는 내부 맥락에 집중한다면 우리는 좀 더 안정적인 기반 위로 이동할 수 있다. 놀이에 대한 터너의 생각은 경계성(liminality)에 대한 그의 이론에 따른 버전이며, 그것은 부족 문화에 대한 그의 연구의 결과에서 결국 파생한 것이다. 반대로 놀이에 대한 바커(Barker)의 생각은, 1970년대 초기 서구 유럽의 (대항-) 문화적 맥락에 맞춰진 것이다. 그래서, 칙센트미하이의 마지막 챕터(1975)인, '즐거움의 정치'(politics of enjoyment)는 창조성과 즐거움을 위한 '비도구적' 행위의 가치를 경축하는 것이다. 드라마 게임을 다룬 초기 작업 중 하나인 비올라 스폴린(Viola Spolin)의 책이 1963년에 출판되었고, 그것은 스폴린이 '창조적 집단 놀이' 분야에서 네바 L. 보이드(Neva L. Boyd)의 영감 덕분이라고 돌린 작업에 기초하였지만(보이드는 1927-41년 노스웨스턴 대학에 재직한 사회학자이다), 실제로 놀이에 관한 많은 작업들은 1970년대에 이루어진 것처럼 보인다. 1960년대 후반과 1970년대 초반에 널리 퍼진 학생들의 저항 운동은, 교육 체제야말로 지배적 질서의 목적에 따라 국한된 위치에 길들여지도록 사람들을 훈련하는 억압적인 힘이라는 감정의 구체적인 사례였다. 지배적 질서에 대한 정치적 반대는, 이반 일리치(Ivan Illich)의 책 제목에서처럼 '탈학교화하는(de-school)' 사회에 대한 요구를 옹호했다. 이 시기에 퍼포먼스 영역 내에서 이 탈학교화(de-schooling)를 위한 가장 설득력 있는 운동가 중의 한 사람은 앨버트 헌트(Albert Hunt)였다. 『위대한 해프닝을 위한 희망(Hopes for Great Happenings)』(1976)에서의 그의 주장에 따르면, '놀이의 중요성을 입증함으로써, 연극은 또한 사회적 과정을 바라보는 대안적 방법을 입증할 수 있다'(p.124). 헌트는 바커를 거쳐 조안 리틀우드(Joan Littlewood)의 작업으로 되돌아가 극적 생산의 양식을 취했는데, 리틀우드는 게임과 즉흥성을 사용해 배우들의 학습되고 습관화된 기술들을 벗겨나가는 기능을 보여주었다. 여기서 놀이하기는, 연기하기(acting)의 안티테제인 상연하기(performing)의 모드로 이어진다.

이는, 놀이하기가 바로 모방 활동이라서 비난받았던 기적극의 '놀이하기(pleying)'와는 분명 같은 것이 아니다. 이는 아마 놀이를 미메시스(핵심어 참조)에 반하는 것으로 설정하려는 포스트모던 퍼포먼스 실천에서의 놀이와도 같지 않을 것이다. 하지만 결국 이런 다양한 실행들은, 일상생활이 대본화되지 않은 퍼포먼스의 계속되는 진행일 뿐 아니라 그 퍼포먼스 또한 효과적이기 위해서 모방적이기도 하다는 사회학적 논의와 조우하게 된다.

다양한 종류의 퍼포먼스를 정의하고 구별하려는 다양한 시도들은 모두 가장 역설적이고 혼란스러운 놀이의 관계들에서 비롯된 것이다. 놀이와 일의 관계는 특정 사회의 특수한 배열 속에서 상대적으로 파악하기 쉬운 데 비해, 놀이와 놀이의 관계는 그대로 있는 것이 아니다. '놀이'라는 단어에는 행동의 모방과 일상으로부터의 탈출이라는 원래의 그 두 가지 의미가 불가분하게 얽혀 있는 것이다.

연극 인류학

제의와 놀이에 대한 우리의 설명에 따르면, 인류학은 드라마의 기원을 설명하기 위해 제공되는 유일한 학문이 전혀 아니다. 게다가 그렇게 시도할 때 인류학은 그 내부에서 변경되기 시작한다. 하지만 1980년대에 인류학은 연극과 드라마 연구에 있어서 중요한 위치를 얻게 되었고 그에 따라 새롭게 독립된 학문분야인 연극 인류학을 낳았다. 자신의 정체성을 긍정하기 위해 이 새로 생긴 것은 자신의 혈통을 부정할 필요가 있었다. 그리하여 국제연극인류학회(International School of Theatre Anthropology, ISTA)의 설명 노트에서 유제니오 바르바(Eugenio Barba)는 다음과 같이 주장한다. "'인류학'이란 용어는 문화적 인류학의 의미에서 사용되는 것이 아니며, ISTA의 작업은 조직화된 퍼포먼스 상황에서의 인간 존재에 적용되는 새로운 학문 분야이다.' 그런 상황에서의 행동은 '일상생활에서의 행동과는 다른 원리에 따른 것이다.' 연극 인류학은 '인류학자들에 의해 전통적으로 연구되어온 그런 문화에서의 퍼포머티브 현상에 대한 연구가 아니다. 또한 연극인류학은 퍼포먼스 인류학과도 혼동되어서는 안된다'(Barba and Saverese 1991: 7).

연극 인류학의 첫 번째 과업은 시공간에 상관없이 모든 퍼포머들에게 공통적인 퍼포먼스의 요소들을 검색하는 것이었다. 바르바가 '재발되는(recurrent) 원칙'이라고 부른 이 요소들은, 문화적으로 코드화된 평범한 삶의 일상 행동 양식 너머 작동하는 생리학에서 명백히 드러날 것이다. '대단히 일상적'(extra-daily)인 데 대해 집중하면서 문화들을 가로지르며 탐색한 바르바의 프로젝트는, 그로 하여금 퍼포밍하는 신체의 생산성에 대한 새로운 통찰력을 갖게 해주었다. 동양과 서양의 공연 양식 사이, 연기와 춤 사이를 오가면서, 그의 분석은 관습과 장르에 의해 형성된 가정들에서 벗어났다. 그것은, 어떤 언어도 존재하지 않는 '결정된 신체'의 효과를 정의하기 위한 용어를 찾으면서, 상연자의 '현존'의 감각을 설명하는 쪽으로 어느 정도 도움이 되는 방법이다. 그리하여 근육 조직, 신체 균형 및 에너지 배포에 대한 연구는, 생리학에 기반한 그들의 분명 형언할 수 없는 현상을 설명한다: 생물학적 역학으로서의 카리스마 말이다.

바르바가 강조했듯이, 이 재발 원리의 정확한 위치를 찾아낼 때, 연극인류학이 연극의 과학이나 보편적 법률을 발견하는 것은 아닐 것이다. 그것은 단지 유익한 '약간의 충고'를 고립시킬 것이다. 이제 '보편적 법률'에 관한 모든 경고에 있어 이 약간의 충고는, 장소와 시간에 불구하고 '공통적인' 채로 유지되는 원리들과 관련돼 있고, 그래서 그것은 2개 이상의 문화에 걸치는 것이다. 바르바의 프로젝트는 문화 보다는 그 외부나 심부의 생물학을 규명하는 일임이 명백해졌다. 프로젝트의 선례를 통해 그는 인류학의 초기 버전을 인용한다: '인간의 행동에 대한 연구, 사회-문화적 수준에서뿐 아니라 생리적 수준에서의 연구'(1991: 8). 그래서 그가 자신의 연극 인류학을 문화적 인류학에 반대되는 것으로 정의할 때, 그 반대는 인류학 자체에 대해서라기보다는 문화적 측면에 대한 것이다.

그리하여 바르바의 손에서 연극인류학은 두 가지 방향으로 끌어당겨지는 듯하다. 첫째는, 퍼포먼스의 민족학이라고 부를 수 있는 것, 퍼포먼스 양식의 묘사, '상상의 신체'를 정의하기 위해 병치된 삽화 등의 방향을 향한 것이다. 그러나 두 번째는, 아마도 보편적 법률이 아니라 - 동등하게 보편적일지도 모르지만? - 모든 퍼포먼스 활동의 생리학에 존재하는 충고의 단위들을 공식화하는 데 관심을 갖는 것인데, 여기에서 신체는 문화로부터 분리된 생물학적 유기체로서 이해된다.

거기에는 인류학과 미적 드라마 사이의 융합이 있는 것 같다. 우리는 이전에 이 전조를 볼 수 있다. 빅터 터너는 처음에 '드라마'란 용어를 갈등 상황으로부터 비롯되는 특정한 사회적 과정과 관련해 사용했었다. 1977년에 셰크너는 '사회극'을 셰익스피어나 입센이 쓴 작품에 비유했지만, 또한 사회적 상호작용의 범위를 묘사하기 위한 어빙 고프먼의 극적 메타포 활용과 나란히 사회극을 위치시켰다 (pp.71, 78 참조). 여기엔, 모든 사회적 과정과 상호 작용은 규칙, 역할, 가면, 환영과 함께 하는 드라마와 같다는 느낌이 있다. 이로부터 모던 드라마에 대한 그의 '생생한 관심'의 증가를 그린 작업이 그가 죽기 전 해인 1982년에 출판된다. 터너는 여기에서, 사회극은 '거의 보편적인 과정의 형식이며, 사회 및 정치적 조직에서의 완벽성을 향한 모든 열망에 지속적인 도전을 나타낸다'고 주장했다(1982: 71).

셰크너로부터 의견을 끌어오면서, 그는 이렇게 거의 보편적인 인간 양식은 드라마의 형태, 특히 미적 드라마로 이해되는 드라마의 형식을 모방한다고 말한다: '그 형식을 내가 분석했듯이, 사회극은 『시학(Poetics)』에서 아리스토텔레스가 비극에 대해 서술한 것에 아주 일치한다'(p.72).

터너는 '아마도 모든 사회에서 사회극과 문화적 퍼포먼스 장르들 사이의 상호의존적이고, 아마도 변증법적인 관계가 있다'고 주장하면서 이 단계를 정당화한다. 여기서의 그의 논쟁은, 사회극과 무대극이 서로 들락날락하며 그리는 가로 8자 모양인 '땋은 끈 갈래'(braid)의 관점에서 이 관계를 예시하는 모델을 소개하고 인용하기 위한 것이다. 모델은 셰크너의 것이고, 터너는 그것에 무비판적이지는 않는 반면 그는 셰크너로부터 아이디어를 흡수한 듯하다. 이 아이디어에 따르면 사회극과 미적 드라마가 융합하면서, '사회극의 과정적 형식은 미적 드라마 속에 함축되고 … 반면 사회극의 *수사학*은 – 그로 인한 논쟁의 형식 – 문화적 퍼포먼스로부터 얻어온 것이다'(1982: 90).

인류학과 미적 드라마의 이러한 융합은 터너에 국한되지는 않았다. 콜린 턴불(Colin Turnbull)은 '리미널리티(Liminality)'란 에세이(1990)에서 '인류학적 과정과 연극적 과정 사이에는 상응하는 많은 지점들이 있다'면서(1990: 75) 특히 자신의 인류학자로서의 퍼포먼스에서 그러하다고 했다. 이 점이 문제가 된 이유는, 턴불이 느끼기에 인류학은 '어떤 문화 안에나 깊이 자리잡은 문화적인 주관적 본질', 사회적 체계 이상의 인간적 요소에 더 가까이 다가가기 위해 새로운 기술이 필요했기 때문이다(p.51): 이러한 생각은 그로토프스키(Grotowski)와 브룩(Brook)의 1970년대 실험을 연상시킴에(p.90 참조) 주목해야 한다. 이 프레임 안에서, 턴불 자신의 '퍼포먼스'는 총체적인 참여를 요구한다. 그것은 연기 이상의 그 무엇으로, '단순한 전환이 아니라 완전한 변환이 발생하는 그런 퍼포먼스를 통한' 것이기 때문이다(1990: 73). 그의 말에 의하면, 대부분의 다른 인류학자들은 '내적 자아의 희생과 다른 어떤 것이 기꺼이 되려는 의지'를 다룰 수 없다(p.76). 하지만 턴불 자신의 인류학적 퍼포먼스는 정확히 인류학과 연극 사이의 연계성을, 터너가 그런 것처럼, 발견하고, 그에 따라 움직이기 때문에 나아진 것이다. 그리고 또한 터너처럼, 퍼포먼스에 대한 자신의 이해를 위한 참고지점은 다시 한 번 리처드 세크너이다.

퍼포먼스 실행의 특정 버전은 인류학과 연극의 이런 융합에 의해 보관되는 것으로 보인다. 그러한 실행의 이론은 인간의 수행적·상연적 행위를 일반화하는 데에 '과학적' 권위를 부여하기 위한 방법으로 터너나 턴불의 인류학을 환기한다. 하지만, 우리가 본 대로, 그 무대에 의해 터너와 턴불의 인류학은 이미 세크너의 퍼포먼스 이론을 흡수했다. 그러한 흡수는 인류학의 특징적인 버전을 낳았는데, 거기에서 턴불은 사회적 체계 이상의 인간적인 무언가에 관심을 가질 수 있었다. 그리하여 인류학과 연극의 융합은, 제도적인 쿠데테아트르(coup de théâtre, 사건의 반전) 같은 어떤 것이다: 가면과 역할의 예술로서의 그 자신을 부인하면서, 그것은 인간 본질의 가장 중요한 담론으로 변형되는 것이다.

문화적 퍼포먼스

이것이 물론 이야기 전체는 아니다. 연극과 인류학의 최근의 로맨스 뒤로 잃어버린 것은, 아마 의미심장하게도, 눈에 띄는 퍼포먼스 이론가가 없는 연극과 인류학 사이의 이전의 만남이다.

밀튼 싱어(Milton Singer)가 1950년대 초에 인디언 문명에 대해 인류학적 분석을 행했을 때, 그의 인디언 친구들은 그에게 종교적 제의와 의례를 관찰해야 한다고 조언했다. 밀튼의 말에 따르면, 인디언

들은 자신의 문화를 '방문객 및 그들 자신에게 그들이 보여줄 수 있는 이러한 별개의 퍼포먼스들 안에서 압축된 것으로' 생각했다. 밀튼은 말하길 '그 퍼포먼스들은 내게 문화의 기본적 구성 요소이자 관찰의 궁극적 단위가 되었다'고 했다(1972: 71). 그들은 각각의 퍼포먼스가 '분명히 제한된 시간의 지속기간, 시작과 종말, 활동의 조직화된 프로그램, 한 세트의 상연자, 관객, 그리고 퍼포먼스의 장소와 기회'를 갖는다는 점에서 분명한 단위들이다(p.71). 그러나 각각의 관찰 가능한 퍼포먼스에서는 '힌두이즘에 대한 더욱 추상적인 일반화'가 예시화 될 수 있다. 그래서 분명해지는 것은, 특정 퍼포먼스에 대한 분석이 '포괄적인 문화 시스템 내에서의 더욱 추상적인 구조로 이어질 수도 있다는 것이다'(1959: 145). 그리하여 싱어가 결혼식, 낭독, 춤, 연극, 사원 축제 같은 '문화적 조직의 사례들'에 붙인 이름은 '문화적 퍼포먼스'였다.

　문화적 퍼포먼스라는 싱어의 개념은 1955년에 탄생한 것으로, 특수한 분석 방법을 주도했다:

> 　이러한 문화적 퍼포먼스와 그 구성요소에 대한 분석과 비교를 통해 … 특정한 종류의 퍼포먼스가 지닌 구조와 조직을 구성할 수 있게 된다. 이러한 구조와 조직들끼리의 관계를 추적함으로써, 문화적 구조, 문화적 가치 체계, 그리고 위대한 전통의 더욱 포괄적이고 추상적인 구성에 도달할 수 있다.
> (Singer 1959: 145)

　여기서 전통에 대한 언급은 싱어의 동료인 로버트 레드필드(Robert Redfield)와 그가 1951년에서 1957년 사이 '전통의 구조'로서 발전시킨 문명에 대한 서술을 의도적으로 상기시킨다(Redfield 1962: 392-3). 이로써 레드필드는 '그 문명인 전통의 소통을 위해 형성된 관계들의 전체적인 구조'를 의미했다. '문명'은 '관계들의 지속적

인 형태에 놓인 여러 사람들'로 생각될 수 있을 것이다. '그래서 문명
은, 이 본질을 세대에서 세대로 소통하기 위한 특정 형식을 가진, 생
각되고 행해진 여러 가지 것들이라고 생각할 수 있다'(in Singer
1959: x). 문화적 퍼포먼스는 관계들의 지속적 형태와 소통의 독특한
형태 양쪽 모두로 구성된다.

레드필드의 관점은 1958년의 강의에서 자세히 설명되었고, 1959년
에 출판된 싱어의 『*전통적 인도(Traditional India)*』에서 인용되었다.
그러나 그때 이후로 '문화적 퍼포먼스'는 인류학적으로 영향 받은 퍼
포먼스 분석의 다른 형식에 의해 모호하게 됐다. 터너는 싱어의 개
념을 언급할 때 그것의 반사적 본성, 즉 그것이 성장하는 일상생활
에 대한 비평의 능력을 강조함으로써 '문화적 퍼포먼스'가 아이디어
로서 더 유용할 수 있다고 제안했다. 과정과의 그러한 반사적 연계
는 싱어에 있어서의 구조와의 연계와 대조적인 것으로, 터너에게 있
어선 싱어보다 더욱 모던한 것이다(터너의 문화적 퍼포먼스 개념에
대한 또 다른 설명은 Ley 1999: 166 ff. 참조). 그리하여 '문화적 퍼포
먼스'란 어구는 그 응용의 폭이 다소 좁아졌다: 예를 들어 클리포드
기어츠(Clifford Geertz)는 그것을 단지 '본격적인 의례'를 묘사하기
위해 사용했다(1975: 113). 그러나 싱어의 분석적 실행 유형은 강하
게 남아 있다. 1950년대 후반 레드필드가 문명에 대한 자신의 아이
디어를 생각되고 행해진 아이디어로 발전시킬 때, 대서양 건너편에
서 영국의 레이몬드 윌리엄스(Raymond Williams)는 그의 생애 내내
강하게 지속된 사회 및 문화적 분석을 위한 모델로서 '감정 구
조'(structure of feeling)를 생각하기 시작했다(p.54 참조).

윌리엄스는 문학 연구 분야 안에서 작업하면서, 드라마와 문화 분
석에 큰 영향을 미쳤다. 하지만 1980년대 초반 인류학적 기반을 둔
새로운 접근 방식이 문화의 퍼포먼스를 다루기 위한 힘을 과시하였
다. 머빈 제임스(Mervyn James)의 중대한 에세이 '후기 중세 마을에

서 제의, 드라마와 사회적 신체(Ritual, Drama and the Social Body in the Late Medieval Town)'(1983)는, 종교적 축제 코퍼스 크리스티(Corpus Christi, 성체축일)를 위해 공연된 중세의 행렬과 사이클 극을 분석한다:

> 코퍼스 크리스티의 사이클은, 그 구조적 본질에 의해, 서로 다른 직업을 가진 길드 그룹들을 시각적으로 제시되는 통합성 안에 함께 모은다. 그리하여 다시 한 번 코퍼스 크리스티의 행렬 안에서 사회적 신체의 전체성과 그 신화적 세계관이 나타난다.(p.16)

이는 힌두 의례인 마드라스(Madras)에 대한 싱어의 관점과 비슷하게 들릴지 모르지만, 제임스는 다른 경로로 거기에 이른다. 그에게 있어 '코퍼스 크리스티의 주제는 신체의 관점에서 본 사회'이며, 신체 개념은 사회의 아이디어들이 협상될 수 있는 신화적 장치를 제공한다(p.4). '인간의 신체 경험은 사회의 특정 관점을 유지시키는 경향이 있다'는 아이디어는, 제임스가 말하길 메리 더글러스(Mary Douglas)의 책 『*자연의 상징(Natural Symbols)*』([1970] 1996)으로부터 나왔다고 한다. 더글러스는 퍼포먼스에 대해 논의하지 않았지만, 제임스는 퍼포먼스 분석을 위한 생산성을 인식하고 보여주는데, 그것은 특히 믿음의 체계와 '인간 심신 자체'의 경험 양자가 함께 연결되는 접근법을 통해 나올 수 있다(1983: 6). 퍼포먼스 분석을 위해 더글러스의 작업을 사용하는 일이 잘 발달되어 있지는 않지만, 그 일은 우리가 지금까지 주목해온 어떤 단계들만큼이나 잠재적으로 중요하다. 더글러스의 작업은 출중하게도 상연자의 매체인 신체에 물질적으로 기반을 두고 있기 때문이다. 더글러스의 주장에 따르면, 신체는 그 믿음 체계를 형성하고 그 믿음 체계에 의해 형성되기에, 문화보다 심층에 놓인 생리에 도달하려는 바르바 - 혹은 그로토프스키나 브룩 -의 시도를 교정하는 것으로서 작용하게 된다.

하지만 터너는 여전히 사라지지 않는다. 제임스는 코퍼스 크리스티의 특수한 효능을 요약하기 위해, 터너의 '코뮤니타스'(communitas), 필수적인 인간 유대의 개념을 들먹인다: '강조점은 도시적 사회의 구조적 측면에 놓이는 것이 아니라, 대신(빅터 터너를 다시 인용하여) "필수적이고 포괄적인 인간 유대"에 놓이는 것이다. 애초부터 총체성의 창조에 중점이 놓이는 것이다'(James 1983: 19). 하지만 터너를 언급함에도 불구하고 전반적인 분석은 싱어에 좀 더 가까운 느낌이다. 그리고 어떤 호기심이 발생한다: 터너가 인간 유대를 강조할 때는 이미 존재해온 사회가 그 자신의 본질주의를 향하는 것이었다면, 제임스의 인간 유대는 퍼포먼스의 허구적 효과를 묘사하는 데 사용되는데 이 퍼포먼스는 문화적 퍼포먼스의 분석가가 관심을 지닌 모든 물질적이고 특수한 요소들로부터 창조된 것이다. '과정'에 대한 강조에도 불구하고, 터너는 더 많은 유물론적 문화 분석 옆에서 본질주의자와 추상화를 본다. 그리고 그것을 대체한다기보다, 그의 관점은 문화적 퍼포먼스 개념에 의해 - 그리고 그 개념의 *내부에서* 자리를 찾으면서 - 물질적으로 재-작업된 것이다.

9장 포스트모더니즘과 퍼포먼스

 1977년 미셸 브나무(Michel Benamou)는 퍼포먼스가 '포스트모던의 통합적 양식'이라고 쓰면서 종합적 관점을 대변하였다. 그는 포스트모더니티의 특성을 보여주는 퍼포먼스의 다양한 감각들 중 세 가지 기본적인 방법을 확인했다: 미디어에 의한 삶의 드라마화, 예술에서의 연극적 유희, 기술적 효용성의 측면에서 퍼포먼스를 강조하기. 대체로 물품 생산보다 서비스와 정보가 지배적인 후기산업사회의 문화에서는 과정적 의미에서의 퍼포먼스가 만연하게 된다. 일부 모더니스트 예술가가 신의 죽음을 보상하기 위해 고대 신화나 상징에서 피난처를 구한 반면, 포스트모던 예술가는 대신에 의지의 자유로운 유희에서 긍정을 발견하기 위해 니체를 따른다. 비평 또한 스스로를 퍼포먼스로 인식하고 유희 또한 그렇게 한다(Benamou 1977: 3-4).

 후기구조주의는 '진실'을 절대적으로 부여된 것이라기보다 퍼포먼스의 효과로 이해하는데, 이런 관점은 특히 리오타르(Lyotard)에 의해 발전되었다. 그는 『포스트모던 조건: 지식에 대한 보고서(The Postmodern Condition: A Report on Knowledge)』(1979)에서, 서구 사상은 마르크시즘이나 기독교, 프로이트주의 등 '거대 서사'에 진리의 기초를 두고 있다고 했다. 그러나 이 서사들은 토대를 가진 것도 아니고 그렇기에 고유 권한을 갖지도 않는다. 그는 더 나아가, 지식의 '조건'은 이제 일반적으로 명백해 보이며 이를 '포스트모던 조건'으로 정의할 수 있다고 제안한다. 포스트모더니티의 방식으로 살아

간다는 것은 '진리'의 수행적·상연적 본성과 함께 살아간다는 뜻이
다(6장 참조).

『포스트모더니즘과 퍼포먼스(Postmodernism and Performance)』
(1994b)에서 닉 케이(Nick Kaye)는 더욱 집중된 논점을 취해, 미학적
장르로서의 퍼포먼스를 포스트모던 현상으로 명시한다. 그래서 '퍼포
먼스'란 용어는 두 가지 의미로 이해된다. 첫째로 그것은 장르로서의
퍼포먼스 영역, 특히 '아트 퍼포먼스'의 영역을 정의하는 포괄적인
(generic) 용어이다(p.121 참조). 두 번째로 그것은 운용상의(operational)
용어이다: 논점은 라이브 아트의 포스트모던한 퍼포머티비티, 그것의
수사적 전략에 관심을 갖는다.

케이는 포스트모던 예술을 정의하려는 시도들에 대해 검토한다.
예를 들어 젠크스(Jencks 1987)는 '이중적 암호화'로, 허천(Hutcheon
1988)은 '패러디'로 그 중심 비유를 명시했다. 하지만 케이가 보기에
이런 논의들은 역설적인 대규모 사업 같다. 케이에게 있어 '포스트모
던'은 '그 제시 수단으로서의 언어, 스타일, 형상 등에 대해 의문을
제기하는 일'을 가리킨다. 그것은 일종의 예술이라기보다 예술을 행
하는 방식이다. 모더니즘이 '근원을 향한 투사'로 특성화되었다면, 포
스트모더니즘은 '의미에 대한 바로 그 요청을 붕괴함으로써 발생'하
는 것이다. 포스트모던 예술의 퍼포머티비티는 분명히 이런 저항성
에 있다. 그것에 대해 더 확실한 것은 그것의 실제 본성을 부정하는
것일 것이다. 포스트모더니즘은 단명한 효과이다; 그것은 활동 중인
텍스트나 이벤트로부터 추상화될 수 없는 것이다(Kaye 1994b: 4-23
여러 곳에).

케이는, 모더니스트 예술 작품에 대한 좌절이 작품에 내재한 예술
활동의 권위에 대한 도전으로 이어지게 된 과정들을 그려 보인다.
비정통화(Deligitimation)의 수행적 전략은 연극적이라고 말해질 수
있고 말해져왔다. 그리고 그 전략들은 결국 새로운 실행의 장으로서

(장르로서의) 퍼포먼스에 이르게 된다.

미니멀리즘, 연극성 그리고 예술의 권위

20세기 동안, 예술에 대한 기본적인 이해는 예술 자체의 내부를 향해 왔다. 1960년대 후반 미니멀리즘 아트는 조각가, 화가 및 다른 예술가들의 다양한 그룹들을 연극과 퍼포먼스 쪽으로 이끌었다. 그들은 새로운 많은 작업들에서 나타난, 예술 작업의 본질과 위상에 대한 관심들을 공유하였다. 동시에, 1960년대 후반 미니멀리즘은 비평가 마이클 프리드(Michael Fried)에 의해 모더니스트 예술의 '중대한'(seminal) 옹호를 불러일으켰다. 프리드는 분명 새로운 미니멀리즘의 '연극성'에 자극을 받았다. 그것은 '자족적이고 자기결정적인'인 것으로서 예술의 모더니즘적 이상을 위협하는 것이었다(Kaye 1994b: 24).

1965-6년 무렵, 미니멀리스트들은 '더 이상 단순화할 수 없는 "사실들"(facts)로 스스로에게 제공하는' 듯한 오브제들을 만들기 시작했었다. 그것들은 '순전히 물리적인 현존(presence)'으로 단지 거기에 있을 뿐이었다. 그것들은 무언가를 재현하거나 상징하지 않았다; 그것들을 구성하는 부분들 사이에 어떤 상호관계를 제안하지도 않았다. 이는 어떤 면에서, 1939년에서 1965년 사이에 미술비평가 클레멘트 그린버그(Clement Greenberg)가 정의했던 모더니스트 예술의 원리를 논리적으로 확장한 것이었다. 그린버그는, 이성주의적 사고가 종교적 '진리'와 하느님의 초월성에 근본적으로 도전한 18세기 계몽주의의 세속화가 이뤄진 이후, 예술의 기능은 변화를 겪어왔다고 주장했다. 그 이후로, 각 예술은 스스로에게 진실해지고 그 자신의 '형식적 정수'에 자신을 투영하는 것 외에 더 높은 차원의 목적은 갖지 않았다. 회화는 주제와 관련된 것이 아니라 색채와 형태; 또는 물

감; 또는 궁극적으로는 평면성과 그 한계에 관한 것이었다. 모더니스트 예술은 간단히 이 '절대성을 향한 투사'를 암시적이기보다 명시적인 것으로 만들었다. 그린버그는 모더니스트 예술작품을 자기합법적인 존재, 완벽하게 자족적이며 영원하고, 그것이 목격되는 상황으로부터 독립된 존재로 이해했다. 그것은 '자기 기반'을 성취한다. 그 작품들은 관객에게 아무 뜻도 전하지 않고, 관객은 그들의 현존 속으로 들어설 뿐이다; 그 작품들은 세상의 나머지 부분으로부터 프레임을 떼어낸 것이다. 그러나, 케이가 보여주었듯이, 새로운 미니멀리즘 작품들은 그 '프레임'이 실종되어간 것처럼 스스로를 제시한다. 역설적이게도, 온전히 자족적인 예술 작업 – 순수하게 '대상성(objecthood)'을 지닌 – 이 추구하는 목표는, 결국 세계 속에서의 그 대상들의 위상에 대한 질문을 요청하는 작품이 되는 것이다. 프리드의 1967년 에세이에 따르면, 그것은 일종의 연극성이다: 그 작품들은 구경꾼들을 초대하여 그들의 관람 행위를 되돌아보게 하면서 그들과 상호작용하고 있었다. 모더니스트 예술이 시간으로부터 유예된 것이라면, 이 작품들은 지속성을 강조했는데, 마치 연극이 하는 것처럼 그렇게 한 것이다. 그것은 마치 절대성이 그 스스로 붕괴해 내리고 그 안팎이 뒤집힌 것과 같았다. 우리는 그것을 내재적 해체의 순간이라고 부를 수 있을 것이다. 이 작품들이 모더니스트의 것이라면, 케이가 시사했듯이, 그 모더니스트 작품은 이제 그 의미, '그 자신의 정의에 대한 소유'로서의 의미를 잃어버린 것이다(Kaye 1994b: 33-4).

1967년에 쓴 에세이 '미술과 대상성(Art and objecthood)'에서, 프리드는 모던 아트의 자기-기반을 그렇게 약화된 상태로부터 방어하기 위해 그린버그의 논의에 기초를 두고 있다. 거기에는 '연극과 모더니스트 회화 사이에 계속되고 있는 전쟁'이 있다. 프리드는, 질과 가치는 개별적 예술 안에서 의미를 가질 뿐이라고 논의를 진전시켰다: '예술들 *사이에* 놓여 있는 것은 연극이다'. 월터 페이터(Walter

Pater 1839-94)는, 문학은 음악의 상태에 도달하는 순간에 예술의 이상을 성취한다고 말했었다 - 음악에서는 제재와 형식이 서로 구별될 수 없기 때문이다(Pater 1889). 프리드는 이 유명한 공식을 가차없이 변형시켜 다음과 같이 선언한다, '미술이 연극의 상태에 도달할 때 그것은 퇴화한다'(Kaye 1994b: 25-8; 프리드로부터의 인용은 케이의 책). 여기서 프리드가 저항한 것이 미래의 많은 예술가들에게 초석이 될 것이었다. 그들은 공식적인 경계들을 넘나들며 실험하였다. 그리고 '인터미디어'의 아이디어는 단지 공적 경계를 넘나드는 작업만 뜻하지 않고, 경계라는 아이디어 자체를 용해시키면서 그 간극들 사이에서 이루어지는 작업들을 함축적으로 뜻하게 된다.

포스트모던 퍼포먼스의 예감

캐롤(Carroll)의 관점에서 아트 퍼포먼스가 출현하는 것은, 일부 미니멀리스트와 다른 예술가들이 크로스오버 작업을 벌이던 1960년대의 한 무렵부터이다. 그러나 케이는 그 연원을 더 멀리 거슬러 올라 찾는다. 그는, 1967년 프리드가 미니멀리즘에 대해 보였던 반응을 렌즈로 삼아 그를 통해 자족적 예술작품으로부터 초기 출발, 예술에서 포스트모던 퍼포머티비티의 출현을 개괄한다. 예를 들어, 로버트 라우센버그(Robert Rauchenberg)의 단순한 작품 '백색 회화(White Paintings)'(1951-2)는 관람객의 그림자가 그림에 비칠 수 있도록 빛을 밝힌 것이다. 그의 후속 작업인 '혼합', 잡다하게 발견된 재료들의 집합(assemblages)은 어떤 의미의 '공식적 폐쇄'도 거부하고 대신 관람객의 활동을 주장하는 것이었다. 재스퍼 존스(Jasper Johns)는 1950년대에 깃발과 숫자의 정면 그림을 그리기 시작했다. 그들은 공식적인 아이러니를 보여주었다: 이러한 재현물은 미술적(예술적)으로 해석될 수 있는 것인가? 스냅 사진처럼 단순한 재생산물은 아닌가?

회화의 순수한 현존, 혹은 관람객의 활동에 대한 요구와 주장이, 재
생산과 재현의 의미 사이에서 끝없이 불완전하게 순환하였다. 상황
은 '연극적'이고 종료는 없다(Kaye 1994b: 29).

케이의 서술에서 우리를 퍼포먼스의 영역으로 직접 이끌어주는 핵
심 작업은 플럭서스(Fluxus 1961-)와 연관된 것이다(6장 참조). 1966
년의 책 『*아쌍블라주, 환경과 해프닝(Assemblages, Environments &
Happenings)*』에서, 앨런 캐프로(Allan Kaprow)는 그 자신과 다른 이
들의 작업을 되돌아보는데, 그 작업들의 동기는 일관성있는 전체로
서의 예술작품을 소멸시키려는 것이었다. 유행이 되는 환경은 일시
적이고 쇠퇴의 대상이 되는 것이다. 해프닝은 시간, 장소, 인물을 넘
어 분산되고; 행하기 위한 것이지 보기 위한 것이 아니며; 예술과 나
머지 삶 사이의 경계는 흐려진다. 클라우스 올덴버그(Claus Oldenberg)
의 '*스토어(store)*'(1961)와 조지 브레히트(George Brecht)의 '*사례
(The Case)*'(1959) 같은 작품은, 예술로서의 대상물과 사용될 수 있
는 대상물 사이의 경계를 혼란시킨다. 1959년 브레히트의 첫 번째
전시회는 '*이벤트를 향하여: 배열(toward events: an arrangement)*'이
라는 제목을 달고 있었다. 그가 보여준 것은 '게임과 느슨한 혼합이
었는데, 종종 재배열될 수 있는 대상물들과 심지어 미술관의 공식적
인 분위기 안팎에 다양하게 제시된 표시되지 않은 대상물들로 이루
어진 것이었다'(핵심어: '도박적인, 우연에 의한(Aleatory)' 참조). 작
품은 예술가의 통제 안에 있지 않고 예술적 대상물로서의 내부적 속
성도 없다. 캐프로의 행위는, 그 본인의 말을 빌리면, '딱히 예술도
아니고 삶도 아니다'. 그러한 예술 만들기는 '"작품"을 향한 움직임,
동시에 폐쇄를 피하기 위해 사용된 일련의 전략과 이 작품의 정체
규명을 수행한다'(Kaye 1994b: 30-40).

케이는 다음과 같이 요약했다: '특별히 *퍼포먼스* 쪽으로 향하는 전
략들의 출현은, 별개의 또는 칸막이 된 "예술작품"의 해독을 향한 마

지막 움직임으로 이해될 수도 있다(Kaye 1994b: 32). 그 효과는 '작품이 의존하고 있기는 하지만 포함할 수는 없는 것을 가시화하고, 실수를 유도하면서, 그것의 정의라는 "이벤트"를 향한 움직임을 드러내 보이는 것이다'(Kaye 1994b: 44). 예술과 삶 사이의 경계선 위에 위치를 세운 것처럼, 그런 작품은 또한 모든 예술적 실험에 공통적인 거래나 협상에 주목하기를 요구한다. 그것은 아마 자기합법화적인 예술 스스로 실제 그 실행의 대상인 관람객에게 의존하는 방식들을 드러내주는 듯하다.

퍼포먼스의 새로운 전략이 연극적 장치와 맞물렸던 1970년대와 1980년대의 포먼(Foreman), 커비(Kirby), 윌슨(Wilson)의 작업을 돌아보면서, 케이는 '*깊이(depth)*를 향한 욕망, 다양한 요소들이 … 이해될지도 모르는 최적의 지점인 "중심"을 발견하고자 하는 욕망에 근본적으로 대립되는 것'을 규명해낸다. 폐쇄(Closure)는 '서로 치환되는 흔적이나 표시, 안내 등의 유희'에 의해 결코 파악되지 않는 지속적인 유혹이 된다. 어떤 의미가 작품에 '속할' 수 있다는 생각은 거부당한다: 생성되어가는 바로 그 과정이 관객의 작업으로 존재하면서 전경화된다. 그래서 퍼포먼스들은 과정을 향해, 관객과 제시된 것 사이에서 발생한 '이벤트'를 향해 주목하기를 강요한다(Kaye 1994b: 69-70).

많은 요약 중 하나에서 케이는 이렇게 썼다. '"연극적(theatrical)" 또는 "공연적(performative)"이면서 적절히 *포스트모던*한 그런 순간에 대해 … 누군가는 말할 수 있을지도 모른다'; ' "퍼포먼스"의 조건은, 그 자체로, 포스트모던한 만일의 사태와 불안전성을 … 조성하려 하는 것으로 읽혀질지 모른다'(Kaye 1994b: 23).

결정불가능성, 아방가르드 그리고 모더니즘의 회복

『*여성성의 무대화(Staging Femininities)*』에서 제랄딘 해리스(Geraldine Harris)는, 자신이 글을 쓸 당시 구할 수 있는 포스트모던 여성주의 퍼포먼스에 관한 장문의 기사들만이 예술사가와 이론가들에 의한 것이었다고 언급했다(Harris 1999: 6). 이는 심지어 여성주의 연극학조차 이전에 태만했음을 보여주면서, 퍼포먼스/라이브 아트가 원래 미술 활동으로부터 나타난 것이라는 그 혈통을 확인시켜준다. 따라서 우리는 퍼포먼스를 설명해온 미술 이론과 비평에 대해 잠시 시간을 할애해야 한다.

『*퍼포먼스의 대상(The Object of Performance)*』(1989)에서 예술이론가 헨리 M. 세이어(Henry M. Sayre)는 스스로 '포스트모던'하다고 선언했던 1980년대 회화를 두 부류로 나눈다: 실제로 '다원주의'에 바탕을 둔 회화들과, 적극적으로 '결정불가능성(undecidability)'을 생성한 회화들로 분류한 것이다. 그는 할 포스터(Hal Foster)가 『*반-미학(The Anti-Aesthetic)*』(1983)에서 '다원주의'와 '포스트모더니즘'에 대한 일반적인 융합에 반대했던 것을 언급한다. '다원주의'는 '문화에서의 모든 위치들이 이제 개방되어 있고 동등하다'는 입장을 담고 있다. 이는 생산적인 개방성을 제안할 수 있다. 하지만 포스터는 이것이 '우리가 보상에 대한 희망도 없이 "전체 시스템" 아래 살고 있다는 운명론적 믿음의 단순한 역전'이라고 주장한다(Foster in Sayre 1989: xii). 반대로 '결정불가능성'에 대한 데리다의 개념은, 해결의 불가능성, 가능한 폐쇄들의 다른 위치들 간에 일어나는 실제의 긴장을 지시한다. 이 '우발성, 다양성, 다원적 목소리'의 조건은 포스트모더니즘에 '적절하게' 관련되는 것이다. '다원주의' 또는 '불확정성'은 다양한 미학적 선택들 사이의 동등성을 의미한다: 포스터가 잘 언급했듯이 '무슨 일이든 허용되고(anything goes)', 혹은 우리가 부주의 때문에 폐쇄라고 부를지 모르는 일이 일어난다. 다원주의는 작업에 본질적인 것이고 바로 또 다른 일종의 형식주의여서, 결정불가능성은 인식의 윤리를 전경화하게 된다: 사람들, 그들이 만드는 예술, 그 예술이 함축하는 뜻 사이에 형성되는 사회적으로 의미가 풍부한 관계들에 대한 인식의 윤리 말이다(Sayre 1989: xii-xiv).

이를 기초로 하여 세이어는, '포스트모던' 하다고 불릴 수 있는 1970년대 이후의 미국 예술과 문학에 있어서의 '구별되고 정의 가능한 아방-가르드'를 상정한다. 그것은 그린버그와 연관된 모더니스트 형식주의와는 반대되는 것이며, 다른 모더니즘, 다다와 미래주의에 근거를 둔 모더니즘으로부터 발생했다고 주장한다. 포스트모던 아방가르드는 '모더니즘'의 아이디어 자체에서 그것의 가정된 동음성, 시대적 스타일로서의 일관성을 제거한다. 그리고 '스타일이 없고 다양하며 분명코 비계획적인' 퍼포먼스는 이러한 도전을 행하는 주요 수단 중의 하나가 되어왔다(Sayre 1989: xi-xii). 세이어는, 만일 퍼포먼스가 1959년 캐프로의 '*해프닝(Happenings)*'이 있던 순간부터 뉴욕의 예술 장면에 필수적인 것이었다면, 그것은 또한 퍼포먼스를 '쉽게 알아볼 수 있는 예술 형식'으로 만든 1960년대 후반 캘리포니아와 뉴욕에서의 대항문화적이고 저항적이며 여성주의적인 행동들이기도 했다고 논의한다. 이런 맥락에서 퍼포먼스는 정치적 예술, 특히 베트남전에 반대하는 정치적 예술을 만드는 잠재적 수단이었을 뿐 아니라; 공식 문화의 부분으로서 예술이 정립되는 것을 방해하는 것이기도 했다. 따라서 세이어는, 그 진정한 시작점을 그려 보이는 작업을 통해 퍼포먼스를 '강력하게 정치 지향적인 방향성을 지닌' 것으로 규정한다(Sayre 1989: 13-14). 케이가 결국 형식주의적인 접근을 했던 편이라면(그는 결정불가능성을 추상적인 작동 원리로서 중시했다), 그에 비해 세이어가 역사적 조건에 주목한 것은 환영할 만하다. 그러나 교묘한 속임수와 같은 무언가가 있다: 세이어는 기원, 그것도 선택적 기원에 의한 본질의 증거에 탐닉한다.

형식주의, 페미니즘 그리고 퍼포먼스

1960년대에 퍼포먼스로 나아간 조각가는 로버트 모리스(Robert Morris)였다. 그는 1964년에 캐롤리 슈니먼(Carolee Schneeman)과 함께 '*사이트(Site)*'라는 제목의 기념비적 작품을 조각했다. 그 제목은 분명 말장난이다. 작품은 공사 현장으로 진행되는데, 거기에서 그림이 시야를 구성하는 방법에 대한 아이디어들이 동원된다. '*사이트*'는 에두아르 마네(Edouard Manet)(1832-83)의 리얼리즘 유화인 '*올랭피아(Olympia)*'(1863)를 기능 전환한 것이다. 이제, '*올랭피아*'의 주제는 고급매춘부(courtesan)로서, 벌거벗은 채 소파 위에 누워 캔버스로부터 바깥쪽을 바라보면서 관람객들의 시선에 참여한다. 세이어는, 미술사학자 T. J. 클라크(T. J. Clark)가 1985년에 '그림이 비평적 결정불가능성을 구축한다'고 했던 주장을 인용한다. 프랑스 부르주아 문화에 있어, 고급매춘부는 예술에서 '매춘행위로 *재현될* 수 있는 존재'였고, 이를 위해 그녀는 보통의 매춘부들로부터 분리되어 나와야 했다. 유화는 이상화된 고전적 아름다움의 범위 내에서 여성의 섹슈얼리티를 재현했다; 반면 보통의 매춘부들은 거리에서 성적 상품으로서 자신들을 재현했다; 그리고 고급매춘부는 명백한 재현 너머로, 자신들만의 사적인 거래를 했다. 고전적인 이름의 올랭피아는 이 모순된 세트에서(남성으로 가정된) 관람객을 옭아매기 위해 그림으로부터 밖을 향해 시선을 던진다.

그리하여 특히, '*올랭피아*'가 남성에 의해 착취되는 동시에 이상화되는 여성에 관한 질문을 야기시킴은 물론이다. 세이어는, '*사이트*'가 과정 너머 완결된 표현으로서의 예술작품의 권위를 방해하기도 하지만, 또한 마네의 그림이 행한 비평적 작업을 취소하기도 한다고 주장했다. 마네에 대한 형식주의자다운 도전을 통해, 모리스(Morris)는 슈니먼(Schneeman)을 자신의 작품에 소극적인 대상물로서 적용시켰는데 – 슈니먼 스스로 후에 나타냈듯이 '여자성기 마스코트(Cunt Mascot)'로 그렇게 한 것이다. 슈니먼 자신이 표현주의 회화로부터 **퍼포먼스**로 방향을 선회한 것은, 형식주의만큼이나 남성 예술가들이 여성을 대상화시키는 데 대한 저항감에 기인한 것이었다. 그녀는 미술 전시장과 학문적인 예술 시스템을 '예술 종마 클럽(the Art Stud Club)'이라고 불렀다. 변한 것은 별로 없는 것처럼 보인다.

6장에서 우리는, 유럽에서 플럭서스(Fluxus)로부터 발생된 더욱 직접적으로 정치적인 **퍼포먼스** 전통과, 미국에서 1960년대 중반 이후 성장한 것 사이에 인식된 분열을 언급했다. 여기서 우리는 같은 시기에, 남성들에 의한 형식주의적 예술과 페미니스트들에 의한 더욱 직접적으로 정치적인 퍼포먼스 기반 예술 사이에 급진적인 분열이 있음을 목격하게 된다. 『*페미니즘 틀 짜기(Framing Feminism)*』(1987)의 서론 에세이 중 한 글에서, 미술사학자 그리젤다 폴락(Griselda Pollock)은 퍼포먼스의 정치적 정의를 제공한다.

폴락은, 메리 켈리(Mary Kelly)가 1977년 '예술에서의 여성주의적 문제'를 개발하기 위해 했던 논의를 요약한다: 페미니즘은 '여성주의 예술'보다 '여성주의 예술의 실천'이란 관점에서 생각할 필요가 있다. '여성주의 예술'은 부르주아적 문제의 산물로, 그녀는 이데올로기의 영역을 뒷받침하려고 의도하는데, 여기에서 '예술'과 '예술가'는 예술을 작품과 도구로부터 분리하고 남성 예술가들을 여성적 주제, 그리고 예술가의 특수한 전망으로부터 분리한다고 추정한다. '예술' 안에 여성주의적 '내용'을 담으려고 시도하기보다, 여성 예술가는 '지식의 급진적으로 다른 질서'를 가동시키는 '전술 활동'과 '전략적으로 개발된 재현의 실행'을 전개할 필요가 있다. 이에 대한 이론적 바탕은 여성주의적 문제들이다. 퍼포먼스는, 지배계층을 혼란에 빠뜨리고 '억압받는 다양한 공동체를 위한 권력과 지식의 새로운 다양성'을 구축하기 위해 유연성과 힘을 지니고 예술 실천을 행하는 새로운 영역 중 하나이다. 폴락은 단호하게, 페미니즘의 목표는 '포스트모더니즘으로 일반적 라벨이 붙은 다원주의'에 통합되는 것이 아니라고 본다(Pollock 1987: 80-1; 위 내용 및 5장 참조).

결정불가능성의 세 가지 시스템

『*여성성의 무대화(Staging Femininities)*』(1999)에서 제랄딘 해리스(Geraldine Harris)는 세 명의 영국 여성 퍼포먼스 예술가인 로즈 잉글리시(Rose English), 애니 스프링클(Annie Sprinkle), 바비 베이커(Bobby Baker)의 작업에 대해 확장된 이론화를 전개한다. 그녀의 복잡할 수밖에 없는 논의는, 로즈 잉글리시의 작품이 '데리다만큼 진지하게 받아들여질 가치가 있을' 뿐 아니라 또한 흥미롭기도 하다는 단순한 주장 속에 깔끔하게 요약된다. 세이어(1989)로부터 '결정불가능성'의 원리를 적용하면서, 해리스는 현대 퍼포먼스, 페미니즘, 포스트모더니즘은 모두 이런 방식으로 작동하고: 모두 정의되기에 저항한다고 논의한다(Harris 1999: 6).

그녀는 아우스랜더(Auslander)가 1977년에 관찰했던 내용에 동의한다. 그 내용은 '여성 퍼포먼스 예술은 늘 잠재적으로 어떤 의미에서의 "정치적" 메시지를 전달하는데, "여성"에 의해 "저술된" 상태에서 그것은 필연적으로 재현의 정치에 대한 비평을 전가하기 때문'이라는 것이다(p.22; Auslander 1987: 21). 거기엔 주체로서의 여성과 객체로서의 여성 사이의 암시적 순환이 있다.

하지만 해리스는 더 나아가 전략적 순환을 식별해낸다. 그녀는 이 작품의 중심에 '이중의 제스처'가 있다고 제안한다. 용어는 이리가레이(Irigaray)로부터 온 것이고, 그것은 5장에서 논했던 '위치성'과 '전략적 본질주의' 모두에 관련된다. 이중 제스처의 제정은 본질주의의 범주를 호출하고 파괴하기를 동시에 하는데, 어느 제스처든 최종적 권위를 거부하는 방식으로 그렇게 한다. '위치성'과 '전략적 본질주의'는 통시적 상황(시간을 통과해 연계되는)을 제안하는데, 이리가레이의 공식은 공시적(synchronic)이어서 거대한 수사적 힘을 지닌다. 여성주의적 실천으로부터 대체적으로 이런 퍼포먼스들로 옮겨지면서, 그것은 '이론과 실천 사이의 까다로운 지형을 협상하기 위한 주요 수단'이 된다(Harris 1999: 19).

해리스의 설명을 지지하는 중요한 점은, 그녀가 페미니즘과 포스트모더니즘 사이의 복합적 관계를 고려한다는 것이다. 또 다시, '결정불가능성'이 핵심 용어로 부상한다. 둘 다 '인간 이성주의, 과학적 객관성, 역사적 진실과 언어의 투명성에 대한 비판을 제공한다'. 그러나 다양성을 옹호하면서도, 양자 모두 그럼에도 불구하고 역설적으로 '쉽게 식별되고 두드러진 다문화적 현상'으로 간주되는 경향이 있다; 그리고 각각 동등하게 메타서사를 향해 역설적 경향을 지닌다. '다양성과 단일성 사이의 유희'는 페미니즘과 포스트모더니즘 양쪽 모두에 해당된다.

한편, 두 가지 산만한 실천 사이에 있을 수 있는 '난관(aporia)'은, '성(sex)' 범주에 대해 포스트모더니즘이 가한 압력에 의해 개방된다. 이는 5장에서 케이스(Case)(1990)와 함께 탐색했던 것과 유사한 문제이다. 그러나 이 대립은 성별을 반영한 용어 안에서 스스로 드러날 수 있다. 포스트모더니즘 이론이 남성적이고 추상적이고 보편적인 경향이 있는 것처럼 보일지도 모른다; 대립적인, 틀림없이 성별을 반영한, 관점에 따르면, 페미니즘은 적절히 구체적이거나 아니면 조금 특수하거나 할 것이다(Harris 1999: 10-13).

포스트모더니즘에 있어 단일성과 다양성 사이의 유희를 형상화하는 또 다른 방법은, 해리스가 (단일한) 모더니즘과 (복합적인) 포스트모더니즘 사이의 '유출'(flux)로 묘사했던 것이다. 그녀는 여성주의 포스트모던 이론가들이 이것을 실용적으로 순조롭게 고려한다고 시사한다. 그녀의 제안에 따르면, 페미니즘은 아마도 후기구조주의와 포스트모더니즘 모두를 '가능하게 하는' 담론으로서 가장 잘 이해될 수 있을 것이다; 또한 페미니즘은 실제로 갈등의 지점에서 가장 많이 기여했다(Harris 1999: 17-18).

실천, 비평 그리고 신체

프리드의 논의로 돌아가면서, 이번에는 특별히 신체에 초점을 맞추기로 하자. 그는, 회화의 환영주의, 회화 및 조각의 내적 '상관성', 그 내적 부분들 사이의 관계에 작품이 의존하는 방식에 의혹을 갖는 예술가들의 작품을 비판적으로 다룬다. 몇몇은 특별히 '전체성(wholeness)'을 모색한다. 조각가 로버트 모리스(Robert Morris)는, 대상(object) 자체가 이 '새로운 미학'의 유일한 용어라고 강조한다. 보는 이에게 관련된 작품의 규모가 그런 것처럼 강력한 정신이나 반복의 구조 또한, 상호작용을 위한 '공공 양식'과 '보다 확장된 상황'을 산출한다. 프리드는 화가를 '직역자(literalist)'라고 부르는데, 그들은 단지 지원되는 수준에서 전체성을 추구하고, 예술적 형식 안에서라기보다 액자 속에서 캔버스에 대해 말한다고 생각되기 때문이다. 그들의 '대상성의 옹호'는, 보는 이가 작품과 만나는 '실제 상황'과 관련되어 있기 때문에 연극적이다. 경험은, '보는 이를 포함한 '상황 속에서의 대상'이다. 공공 양식과 확장된 상황은 보는 이를 상황의 주체로 구성한다; 작품은, 주목받는 중심이긴 해도, 그 대상이 되는 것이다. 이것이 연극의 본질이다(Fried 1967: 116-27, 원래 강조).

프리드는 상관관계에 있는 모더니즘 작품이 '의인화된' 것이란 저드(Judd)의 감동을 인용한다. 그 요소들은 인간에 가까운 '제스처'를 만들어낸다. 이를테면 우리가 선의 '범위'에 대해 말할 때, 팔을 돌리는 동작을 환기시키고 심지어 팔을 사용할 것이다. 프리드는 그런 의인화가 잘못된 게 아니라고 간주한다. 예를 들어 앤서니 카로 (Anthony Caro)의 조각은 제스처를 모방하지 않지만, '제스처의 효능'을 구현한다. 작품은 '인간 신체에 대한 지식에 의해 점유'되어 있고, 그것이 어떻게 의미를 낳을지에 관한 것이다. 그래서 프리드는 직역적 작품에 대한 그린버그의 비평을 발전시켜, 그 작품이 스스로 의인화되지만 정직하지 못한 연극적인 방식으로 그러하다는 점을 시사한다. 그것은 큰 사이즈와 비-예술로서의 가식에 도움을 받아 주목을 끌고, '뒤에 숨을 수 있는' 일종의 '*무대* 현존(*stage* presence)'을 성취한다. 나아가, 제조적인 상황은 명시적으로 '보는 이의 *신체*를 포함한다. 보는 이의 상황은 '거리를 두고, 군중 속에서, 다른 사람의 침묵의 현존'에 의한 것이다. 그들은 '대리인'의 현존 속에 존재하는 '불안' 의식을 갖는다. 그것은

> 마치 의문 속에서 작품이 그를 기다려온 것과도 같다.
>
> …
>
> [그것은] 그가 없으면 완성되지 못하고, 그것은 그를 홀로 남겨두지 않을 것이다. 마지막으로, 단일하고 전체론적이며 대칭적인 가운데, 사실 새로운 작품은 인간 형태를 모방한다. 그리고 그가 예술적으로 '비어 있다'고 느끼기에, 그는 인간이 그러하듯 '내부'를 갖는다고 제안한다.(Fried 1967: 119-40, 원래 강조)

여기서 우리는 신체의 세 가지 모드를 보게 된다. 프리드에게 있어 카로는, *본질적인* 인간 신체를 추상화하는데 그가 옹호하는 모더니즘은 인간 신체의 *직역적인* 현존을 감당할 수 없다. 그에 따르면 직역적 작업은 인간 현존의 *대용품(ersatz)*을 제조해내는 것이며, 이

는 무엇이든 뜻하기 위해 그들의 물리적 현존에 의지한다는 의미에서 관람객의 신체를 함의하는 것이다.

프리드 자신의 모더니즘이 직역적 신체의 혐오감으로부터 분리될 수 없는 것처럼 보인다면, 그가 거부하는 작업은 육욕적인 것이기보다 원칙적으로 원근화법적인 것으로 남는다. 그것은 여전히 거리를 두고 구경의 대상이 된다. 분명히 그 작품은 과도기적인 것이다: 그것은 모더니스트의 명상적인 냉철함을 유지한다. 다음 섹션에서, 우리는 신체와 신체 예술의 다른 양식들을 추적할 것이다.

『퍼포먼스의 대상(The Object of Performance)』을 검토하면서, 퍼포먼스 기록자이자 예술학자인 크리스틴 스타일스(Kristine Stiles)는 세이어에 대해 그가 아마 도전한 것과 유사한 또 다른 '형식주의적 탑'을 구축했다고 비난했다. 그의 논의는 모더니즘/포스트모더니즘, 형식주의/반형식주의, 결정불가능성/불확정성, 프리드/데리다 등의 일련의 이항대립적 구분 위에 놓여 있다. 그는 현존을 형식주의 모더니즘과, 반형식주의 부재를 포스트모더니즘과 인위적으로 맞추어 조정한다; 그리고 케이지(Cage)와 그의 세대가 참여했던 '불확정성'의 급진적 방법은 분명 놓치고 있다. 그녀가 비판하듯이, 그러한 형식주의는 퍼포먼스에 있어서의 '사건, 영향, 국적, 젠더와 인종의 광범위한 상호텍스트성' 및 국제주의와 정치적 변화에 대한 공약을 무시한다. 이 프로젝트의 가장 중요한 부분은 신체였다. 그것은 '담론 속 개별 신체를 사회적 신체에', '자율적 물질 객체로서 신체를 사람들이 책임을 가진 집단적 역사'에 맡긴다. 신체는 퍼포먼스에서 원칙적으로 '윤리적이고 교육적인 요소'이다(Stiles 1990: 35-43).

비평은 형식주의적 구분을 구축하기보다 다음을 행해야 할 것이다.

모더니즘을 거쳐 우리들 시대에 이르기까지, 어떻게 신체가 공식적 매개

(*medium*)가 되었고, 어떻게 그 매개가 재현과 형상화와 서사화의 전투적 역할을 위한 시각적이고 개념적인 통과물로서 전통적인 연극적 서사의 텍스트를 대체해왔는지 질문을 던져야 한다. [결정적으로,] 퍼포먼스 아트는 구체적인 사회적 실천으로서 시험될 필요가 있다 … 거기에서 실제 이벤트 속 신체의 현존은, 단지 개인들을 위해서가 아니라 집단적 신체를 위해서 사회적 행동의 패러다임을 제공한다.

(Stiles 1990: 41-7, 강조 추가)

신체와 포스트모더니티

캐롤(Carroll)(1986)은, 미술에서 발전해온 '아트 퍼포먼스'를 그린버그식 형식주의에 대한 저항과, 실험 연극에서 발전해온 '퍼포먼스 아트'를 아르토(Artaud)와 각각 연결시킨다. 상황은 늘 그렇게 단순하지 않다. 다시 캐롤리 슈니먼(Carolee Schneeman)을 생각해보자. 『*신체 예술/주체를 상연하며(Body Art/Performing the Subject)*』(1998)에서 아멜리아 존스(amelia Jones)는, 1963년 슈니먼이 추상표현주의의 범주 안에서 여전히 작업하면서 이미 '예술종마클럽(Art Stud Club)'에 대한 급진적 도전의 포즈를 취하고 있었는데 이는 '비주얼 아트에서 일관성 있는 여성주의 운동이 발전되기 수년 전의 일이었다'고 지적한다. 슈니먼은 존스가 보기에, 아르토가 그러하듯 시금석에 해당한다.

직접 아르토를 인용하면서, 존스는 신체 예술을 '열정적이고 격동적인' 것으로 묘사한다. 그것은 아르토가 『*잔혹연극(The Theatre of Cruelty)*』(1938)에서 '상호관계 속에 주제들의 직접적인 연극적 제정'을 요구하면서 인식되기 시작한다. 그것은 20세기에 '문화적 표현의 급진화'를 향하는 중심적인 길이 되어왔다. 운문처럼, 그녀는 캐롤리 슈니먼이 그녀 본인의 작품을 묘사했던 말을 인용한다. '시각적-운동감각적인 차원; 눈에 달린 손가락의 감각으로 끌어낸 본능적인 필요성'(Jones 1998: 1-2)을 지닌 것이라고 묘사했었다.

그럴 듯한 이야기는 다음과 같다. 1960년대 대항문화에서 신체는 소외되지 않는 휴머니티의 자원으로 소박하게 간주되었다. 이에 비해 1990년대 신체의 '귀환'은 1980년대의 '이론' 10년에 발달된 '담론 속 신체'에 대한 해체주의적 이해 위에 입각한 것이다. 1960년대 슈니먼 작품의 어떤 측면은 실제로 그런 연대기에 들어맞는 듯하다. 그러나 이런 의미에서의 '아르토주의'라면, 그것은 또한 '해체주의'가 나오기 전에 '해체주의'를 논의했다고 할 수도 있다. 슈니먼은 재현의 체제 안에 급진적으로 개입하기 위해 자신의 신체를 사용한다. 존스가 쓴 바에 따르면, 슈니먼의 작품에서 여성 주체는 '현상학적 의미에서 깊이 있게 구성된(결코 온전히 일관되진 않은) 주관성으로서 욕망과 공감의 지속적으로 협상된 교환에 있는 다른 것들과의 관계에서 변증법적으로 표현된' 것으로 나타난다(Jones 1998: 3).

존스에 따르면, 페미니스트와 다른 '비표준의' 예술가들의 신체 예술은, 그 출현 지점에서의 포스트모더니티의 분할되고 분산된 주체성(subjectivity)을 '상연(perform)'한다. 신체 예술의 퍼포먼스는 서구 후기 자본주의의 사회적이고 사적인 삶의 혼란을 '격분시키고, 수행하고 그리고/또는 협상'한다. 포스트모던 주제의 이러한 '예시화'는 더 넓은 사회적 리얼리티에 능동적으로 참여한다. 존스는 또한 신체 예술에 대해 결정적으로 논의하기를, 모더니스트와 남성우월주의자의 예술 실천과 이론에 의해 부정된, 예술적 생산과 수용의 *성애화된* *(eroticised)* 상호주관적 관계를 신체 예술이 주장해왔으며, 그리하여 차이를 둘러싼 진보적인 정치적 활동을 위한 공간을 개방했다고 하였다. 만일 퍼포먼스가 작업에서 예술가와 관람객 모두를 함의한다면, 신체 예술은 특히 그 처리상의 모든 부과된 특성에 있어서 '신체/자아'(body/self)를 함의한다(Jones 1998: 1-19).

레베카 슈나이더(Rebecca Schneider)는, 엘리노 푸크(Elinor Fuchs)
가 1989년에 1960년대 페미니스트 퍼포먼스의 '신성한' 신체와 1980
년대 반본질주의자(anti-essentialist)의 '신성을 더럽히는' 작업 사이
를 구별한 것은 사실 '결코 깔끔하지 않았다'고 쓰면서, 유사하게 인
정받는 지도에 도전한다(Schneider 1997: 131). 『*퍼포먼스에서의 명
백한 신체(The Explicit Body in Performance)*』(1997)에서 슈나이더
는, 1960년대 이후 많은 페미니즘 퍼포먼스의 '폭발적인 직역성'을
고찰한다. '원천적이고 진실하며 속죄적인' 신체를 상정하지는 않으
면서, 명시적인 신체 예술가는 '의미의 상징적 질서에 맞서 직어적
번역을 충돌시키기 위해 물질적 신체를 전개시켜왔다'. '주체와 객체
간의 관계에 대한 사회문화적 가정을 지지하는' 습관적인 인식과 가
정들은 혼란에 빠진다. '사회화된 신체에게 통보하고 표현하고 감싸
는 의미의 퇴적층'들이 열린다(Schneider 1997: 2-3; 126-52).

슈나이더는 아방가르드, 상품 자본주의, 포스트모던 비평과 관련
하여 퍼포먼스에서의 명시적 신체의 지도를 그린다. 아방가르드는
원시를 성이나 배설과 연결시키면서 충격적 가치에 책정했다. 하지
만 정신분석 담론이나 미술 행위 등은 원시의 개념과 그에 수반되는
충격을 쉽게 흡수했다. 프로이트의 무의식 개념과 피카소의 그림이
그런 예다. 분명히, 첫 번째 충격 효과는, 한편으로는 때로 도전적
이기도 했지만, 젠더와 인종에 관한 깊은 이데올로기적 가정에 입각
한 것이었다. 슈나이더는, '야만성'이 물질성과 연계되며 '현대의 명
시적 신체 작업을 소리 없이 움직이고, 이제 그녀의 원시화 과정을
(재)연기하는((re)perform) 것은 원시화되거나 성애화된 그녀 자신'이
라고 논한다. 그녀는 '자신의 원시화 과정을 자신의 신체 전반에 걸
쳐 재-상연(re-play)하는데 … 충격의 문화적 근거를 폭로하기 위해
서이다'(Schneider 1997: 4-5).

슈나이더의 중심 관심사는 '신체를 바라보는 방식과, 상품 자본주

의의 논리에 따라 욕망이 구성되는 방식 사이의 연결성'에 대한 것이다. 그녀는 상품이 그러하듯 욕망도 '생산된다'고 쓴다. 여기엔 물론 푸코식 울림이 있다. 하지만 거기에는 또한 마르크스, 루카치, 드보르의 울림도 있다(6장 참조). '순환하고, 채울 수 없는 욕망의 비밀은 그것의 건축에 들어가는 노동'이기 때문이다. 상품 문화는 반복되는 결핍의 경험에 의존하기도 하고 그 결핍을 *생산하기도* 한다. 상품 문화는 우리에게 알려준다: 그것은 우리 환경 뿐 아니라 우리의 신체와 정신 또한 형성한다. 우리가 계속 지출하도록, 후기 자본주의는 특히 **여**성을 결코 도달될 수 없는 것의 상징으로 설치한다. 그렇게 하면서, 그것은(후기 자본주의는) '원근화법적으로 보는 방식의 유산'을 요구하는데, (이 방식에서) **여**성은 서구 문명이 플라톤부터 포스트모더니즘에 이르기까지 물신숭배해온 '**실재**(Real)'를 위한 형상처럼 행동한다. 놀랍게도, 명시적인 신체 예술가는 '사라지기 위한 야한 거절'을 상연한다. 원근화법적 비전과 상품 물신숭배는 '*무대로서의 신체*를 가로지르며 다시 상연되는데', 이는 '이러한 사회적 연극(성)은 다르게 대본화되고 다르게 극화되고 다르게 실연되며 인식된다(real-ized)'고 시사하기 위해서이다. 대부분의 작품이, '대립적인 극도의 충족 가능성(즐거움과 고통 모두), 그리고 무한한 상실의 논리에 대한 거부를' 상연한다(Schneider 1997: 5-7).

여기엔 후기 구조주의 사상에 있어서의 결핍(라캉)과 지연(데리다) 담론에 대한 도전이 있다. 나아가 슈나이더가 보고하듯이, '아방가르드와, 위반의 정치적 약속에서 그것이 지닌 "시대의 반역아(bad boy)" 희망은 1960년대 언제쯤에 죽어버렸다'는 포스트모던적 가정이 있어 왔다. 퍼포먼스 이론 교육을 위한 *표준글귀(locus classicus)* 에서는, 내부로부터 저항하는 - 거기에는 더 이상 위반의 정치를 수행하면서 획득하는 믿을 만한 외부 지점이 없기 때문에 - 포스트모던 정치를 위한 할 포스터(Hal Foster)의 처방에 대한 아우스랜더의 언급을 예로 들어 왔다. 그러나, 그녀 이전의 다른 예로, 슈나이더는 '의혹의 이유'를 찾는다. 어떻게 아방가르드 사상과 그에 수반되는 충격은, 자신들의 관점에서 '여성, 색채 예술가, 게이와 레즈비언 예술가들이 비판적으로 예리한 정치적 예술을 하기 시작했던 바로 그 때에 사라져야' 했는가? 정치적 권한은 분명 이것을 위반적인 것으로 간주한다. 문제는 위반의 포기라기보다는 누가 포기하는가라고 묻는 것이다. '포스트모던 이론가'들은 '일반적으로 남성'인 점이 흥미롭다 (Schneider 1997: 3-4).

터너의 '사회극'과, 5장에서 잠깐 설명했던 가부장제에 대한 여성주의적 서사를 모두 함의하는 듯한 태도로, 슈나이더는 결론짓는다:

> 여성주의 탐구를 위해 의미 있게도, 서구 문화의 상실과 오인에 대한 드라마가 신체와 그것을 궁극적으로 부인하는 무대를 가로지르며 펼쳐져 왔다. 그것은, 문자 그대로의 세부로서 신체, 두렵게도 유한하고 관통하면서 여성화되는 것으로서 문자 그대로를 응고시키는, 지쳐버린 권한에 기반한 드라마이다.(Schneider 1997: 183)

분야 정의: 예술 대 퍼포먼스

존스는 적절히 학문적 명령을 내린다: 신체 예술은 '특정한 잠재력을 지닌다 … 관습적인 예술사와 비평의 구조를 불안정하게 하기 위해'. 이들은 여전히 그린버그식 형식주의 및 '개인주의의 남성중심적이고 인종차별적인 이데올로기'에 기초를 둔 칸트적인 '객관적 무관심'에 기울어져 있다. 존스는 언어학적이고 시각적인 패러다임에서의 비주얼 아트 비평이 지닌 협소한 관점을 방해하기 원하는데, 이런 좁은 관점은 신체를 가려왔던 것이다(Jones 1998: 3-5). 프랑스 후기 구조주의에서 '억압된 현상학적 차원'의 이러한 회복은 시몬 드 보부

아르(Simone de Beauvoir)의 『*제2의 성(The Second Sex)*』([1949]
1997)에 의해 알려진 것이다. 보부아르는 데리다 만큼이나 주디스
버틀러(Judith Butler)에게 많은 영향을 미쳤다; 슈니먼이 그랬던 것
처럼 그녀의 영역에서 남성중심적 가정(assumptions)에 전복적이었
다. '만들고 보는 예술의 주제를 재-구현'하려는 존스의 프로젝트는
(1998: 11), 퍼포먼스 연구를 위한 비평 어휘들이 개발되는 데 분명
적절한 일이었다.

　스타일즈(Stiles)가 1990년에 예술학계는 퍼포먼스를 '한결같이 도
외시하고 주변화한다'고 여전히 불평할 수 있었던 것은 특별해 보인
다(Stiles 1990: 39). 아마도 이것이 존스로 하여금 신체 예술과 퍼포
먼스를 구별하는 주장을 할 수 있도록 동기를 제공한 듯하다. 그녀
는 신체 예술은 퍼포먼스의 한 부분으로 보일 수 있고, 기록적인 중
개를 수용하면서 '초상화법의 복합적 확장'을 적절히 지정하는 데 반
해, '퍼포먼스 아트' 자체는 '연극적'인 것으로 국한된다고 주장한다.
그러나 이는 분명 지나치게 보기 좋은 구별이다. 이는 '퍼포먼스'의
폭넓음을 부정한다. 존스는 심지어 '연극적인'의 동의어로 '프로시니
엄(proscenium)'을 사용한다. 학제적 영역 사이를 나누는 작업을 한
다기보다, 그녀는 신체 예술을 '예술'과 '퍼포먼스' 담론, 실행자와 기
관 모두에 의해 수용되는 지위를 점유하는 것으로 묘사하는 듯하다.
비슷하게, 존스는 신체 예술이 퍼포먼스가 하는 것처럼 '구원'과 '유
토피아'의 목적을 전제하기보다 '급진적 참여의 *가능성*을 제공'한다는
점에서 그 방법을 대비시킨다(Jones 1998: 13-14). 하지만 여기서 다
시, 그녀는 물질과 역사를 깔끔한 상자 안에 정돈하는데, 그 상자는
사물들의 ('리얼'하다고 할 만한) 형상을 드러내기보다는 가려주는 것
이다.

　이에 반하여 우리는 지도들과 내러티브를 둘러싼 고르지 못한 가
장자리에 세심해져야 한다. 문화적 재료들을 분야와 스토리 안에 모

으는 유용한 활동들은 필연적으로 어떤 것인가를 시야로부터 가리게
된다. 이를테면 배트코크(Battcock)는 많은 예술가들이 퍼포먼스로
옮겨간 이유를 환기시키는데, 그들이 기존의 매체가 지닌 한계를 최
대한 활용한다고 단지 느끼기 때문이거나; 이 새로움이 쇠약해져가
는 예술 시장에서 더 많은 기회를 약속해주기 때문이기도 하다
(Battcock and Nickas 1984: xiv-xviii).

급진주의, 나르시시즘 그리고 공연 이론

예술가와 작가가 자신들의 작업에 자신을 위치시키는 방법의 다양
한 양상들에 대해 생각해보자. 존스는 여성 신체 예술가를 공적 형
상으로 구성하는 이미지의 퍼포머티비티에 대해 검토하는데, 관람객
은 '여성 신체예술가의 작품과 그녀 자신/ 또는 그녀 자신으로서의
작품을 그처럼 극적으로 무대에 올린 특수화된 주제에 깊이 참여하
도록' 강요당한다. 이 '급진적 나르시시즘'은, 규범적 응시 대상으로
서의 그녀의 지위와 작품의 작가적 주체 사이에 불안정한 순환을 생
성한다(Jones 1998: 5-9).

많은 여성주의 비평가와 다른 이들처럼, 존스는 그녀 자신이 비평
을 '퍼포밍'하는 방식을 전경화한다. 그녀의 해석은 부분적으로 이해
되면서 생산적인 희곡에 이슈를 부여하기 위해 투자되고 고안되기
위한 것이다. 이런 전략적 참여를 통해, 그녀는 '교환으로서의-해석'
을 수행·상연하길 의도한다. 그녀는 또한 자신의 작업을 예술사학자
티에리 드 뒤브(Thierry de Duve)의 '역설적 퍼포머티브' 개념 안에
위치시킨다. 이 개념은, 포스트모던 비평 작업이 그전까지 모더니스
트의 것으로 간주돼왔던 작업들의 포스트모더니티를 그들이 포스트
모던하다고 선언함으로써 '수행·상연'한다(Jones 1998: 1-10).

한편, 스타일스(1990)는 세이어(Sayre)가 다른 종류의 퍼포먼스를

이끌었다고 비난한다. 그의 책은 자신의 학문적 경력에 대한 서비스 상품이다. 그 책은 미국 고급 예술의 제국주의적 거대서사를 구성하고, 나르시즘에 빠져 세이어 자신을 그 수호자이자 예언자로 구성해 내는데, 특히 자의식적으로 '퍼포머티브'한 마지막 장에서 그러하다. 그러나 급진주의적 양(sheep)을 기회주의적 염소(goat)와 구분하는 것은 복잡한 일일 것이다. 존스의 『*신체 예술(Body Art)*』(1998)은, 두꺼운 커피테이블용 화집인 『*예술가의 신체(The Artist's Body)*』(2000)가 마지막인 세 권의 시리즈 중 첫 번째 책이다. 퍼포먼스라기보다 순수미술로서 신체 예술의 특수성을 주장하는 것은, 급진적 비평의 대상을 개선하는 문제라기보다는 아트 북 시장을 사로잡는 수단이 아닌가?

10장 드라마-씨어터-퍼포먼스에 대한 최근의 지도 그리기

이 장에서는, 이 책의 주요 용어들인 드라마, 씨어터, 퍼포먼스에 대해 그것들과 연관된 용어들과 함께 살펴볼 것이다: 스코어(score), 스크립트(script), 텍스트(text)가 그 용어들이다. 이 목록들은 철저하게 완벽한 것은 아니다; 우리는 권위적인 지도를 제공하려는 것도 아니고; 정의를 내리려는 것도 아니다. 그보다는 이 다양한 용어들이 어떻게 배치되면서 함께 연관되어 왔는지 그 길들을 탐색해보면서 최근엔 그 용어들이 어떤 효과를 낳고 어떤 상황 속에 놓이게 되었는지 알아보려는 것이다. 이 장은 세 부분으로 나뉜다.

퍼포먼스 대 씨어터

퍼포먼스와 씨어터(연극)는 상반되는 용어인가? 먼저 쇼 만들기를 생각해보자. 앞서 6장에서, 퍼포먼스가 텍스트에 기반을 둔 연극에 대한 저항으로부터 부상하기 시작했고 종종 그 선두주자로는 아르토가 거론됨을 살펴본 바 있다. '신학적 무대'를 향한 아르토의 공격을 승인한 데리다의 글은 현존에 대한 서구 형이상학의 비평이기도 한데, 이는 때로 퍼포먼스에 있어 반-연극적인 적대감을 합리화하는 것으로서 일반화되기도 했다(핵심어; '현존과 재현(Presence and representation)' 참조).

학술적인 원칙들을 고려해보자. 우리는 7장에서, 1992년 세크너

(Schechner)가 연극으로부터 퍼포먼스로 어떻게 '패러다임 이동'을 선언했는지 보았다. 이는 두 가지 이유를 갖고 있었다: 연극학은, 점점 더 '문화상호적'으로 되어갈 뿐 아니라 '퍼포머티브'해지는 서구 사회, 혹은 그 너머의 퍼포먼스를 활용하기 위한 능력을 결여했다; 또한 연극학은 불필요한 잉여의 형식을 다루었다. 한편, 자릴리 (Zarrilli)는 연극학을 퍼포먼스의 새로운 패러다임 중 한 부분으로 그렸다.

아우스랜더(Auslander)(1997)는 그 관계가 '단절적이기보다 지속적인' 것 중의 하나라고 확신하고 있다. 과학사학자인 토머스 S. 쿤 (Thomas S. Kuhn)에 따르면, 새로운 패러다임은 이전의 패러다임을 대체할 뿐만 아니라 무효화하는 것이기도 하다. 아우스랜더는, '연극'의 패러다임이 무효화된다기보다는 서구 퍼포먼스의 실제와 담론 양자에 있어서 '깊이 배어든 채로' 유지된다고 논하였다. 연극 패러다임의 '발화'라는 견지에서, '새로운 탐구 영역을 향한 응용과 확장'이라고 생각하는 것이 나을 것이다. 아우스랜더는 블라우(Blau) (1987: 164-5)를 인용한다: '연극은 퍼포먼스에서 억압되는 것이다', 그리고 다이아몬드(1996: 4)를 인용한다: '극장에서 행해지든 아니든 모든 퍼포먼스에 출몰하는 것은 *연극(theater)*이다'. 특징적인 비틂 속에서, 아우스랜더는 '명백히 반연극적인 종류의 퍼포먼스일 때, 아마 특별히' 그러할 것이라고 제안한다. 그럼에도 불구하고, '정치적 예술의 프로젝트는 포스트모던한 조건 안에서 다시 개념화되어야 한다'; 전위적인 모더니스트들로부터 발원한 정치적 연극의 모델들은 더 이상 제공되지 않는다. 또한 목표는 위반이라기보다 저항이다(Auslander 1997: 1-7).

커쇼(Kershaw)(1999)도 퍼포먼스에 의해 위치를 뺏긴 연극에 대해 논쟁하는데 그것은 각 용어의 특별한 이해에 따른 것이다. 1960년대 이래, 연극 구조물은 '창의적 예술가의 공허한 공간도 아니고 자유

연설의 민주적 기관도 아닌, 불공정한 특권 시스템의 작동을 돕는 일종의 사회적 엔진'이 되어왔다. 푸코 식으로 보면, 그것은 억압적인 *현상유지 상태(status quo)*를 무의식적으로 받아들이도록 관객을 걸려들게 하는 '훈육 체계'이다. 커쇼는 이와 관련해 서로 맞물린 세 가지 측면을 밝혀낸다: 소비주의를 향한 관객 훈련; 계급, 젠더, 인종 및 기타 문화적 정책에 의한 차이들에 따른 사회적 형식의 구조화; 서로 다른 참여 집단(관객, 배우 등등)들이 위계적으로 배열되는 데 의한 '공간 분포상의 주입효과', 이렇게 세 가지 측면을 밝혀낸다. 현재 연극은 후기 자본주의의 포스트모던한 문화적 기풍에 온전히 참가하고 있는데, 특히 '쇼핑몰과 문화유산 유적지 및 기타 여행용 장소'의 소비주의, '문화적 견고함을 죽이는 가면'으로서 제안된 '새로운 다원주의'를 통해 그러하다(Kershaw 1999: 31-3).

평등성과 상호성의 원리들이 연극의 규율적 형식에 부재하는 데 반해, 커쇼는 1960년대 저항 문화에 뿌리를 둔 '연극 너머 퍼포먼스의 폭발'을 확인하는데, 이는 창의적 자유의 영역을 늘리고 '퍼포먼스가 지닌 사회-정치적 역할의 다른 모습을 보여주기' 위한 것이다. 특히 커쇼의 목록은 '퍼포먼스' 항목들 뿐 아니라 새로운 '연극' 장르들도 포괄한다: 예를 들면 지역 연극, 흑인 연극, 퍼포먼스 아트와 신체연극(physical theatre)을 포함한다(Kershaw 1999: 58-60).

이는 장르에 관한 것이라기보다 문화적 형식과 제도에 관한 논쟁이다. 커쇼는 현대 퍼포먼스와 역사적 아방가르드 사이에 선을 바르게 긋는 계보학에 저항한다. 그리고 그는, 포스트모더니즘이 모더니즘적 본질주의로부터 탈피하는 것으로 요구하는 것은 그들 스스로 본질 추구의 함정에 빠지는 일이라고 경고한다: 그들은 순수한 독창성이라는 모더니즘의 수사학을 복제하는 위험에 빠질 것이다. 그 사이에, 포스트모더니스트는 지배적이고 홈 없는 영역을 떠나 생산적인 주변성의 위험을 표방한다(Kershaw 1999: 60-1).

커쇼는 급진적인 현대 퍼포먼스의 실행을 모던과 포스트모던 사이, 브레히트(Brecht)의 회복불가능한 낙관주의적 이성주의와 보드리야르(Baudrillard)의 받아들이기 힘든 염세주의의 역사적 접점에 놓인 존재로 간주한다: 그 접점이 아마 포스트모던한 허구일지도 모른다고 재치 있게 수긍하긴 하지만 말이다. 그가 축원하는 실행 작업은 '모더니즘 아방가르드 연극 운동에 의해 창조되거나 대부분의 포스트모던 문화비평에 의해 묘사된 것들과는 *본질적으로* 다른 (different *in kind*) 방식으로 그들의 지역적이고 지구적인 사회-문화적 맥락에 연계되는' 것이다. 핵심적인 실용적 특성은 *자가-창조적인(self-created)* 상황, 기존의 연극을 넘어서는 *신선한(fresh)* 유형의 장소에 놓이는 것이다. 커쇼는 아방가르드나 주변적인 경우보다 '문화적으로 대표적이고', '사회적 형성에 중요한' 현역들에게 관심이 있다. 근본적인 물음은 실천이 민주적 과정에 기여하느냐는 것이다. 이는 총체적인 변형으로서가 아니라 퍼포먼스 상황에 의해 소환된 '자율적 주체'의 지역적 사례들로서 인식되어야 할 것이다(Kershaw 1999: 61-2). 여기에선 드 로레티스(de Lauretis)와 여성주의적 주체들의 메아리가 느껴진다.

드라마, 씨어터, 퍼포먼스… 스크립트와 텍스트

셰크너: 드라마/스크립트, 씨어터/퍼포먼스

1973년 재출간된 에세이 『*퍼포먼스 이론(Performance Theory)*』에서 셰크너는 "'드라마' '씨어터' '퍼포먼스'라고 불리는 각각의/모든 현상'은 고대로부터 인간 문화에서 보편적인 것이라고 주장한다. 그러나 서구 문화는 드라마에 주의를 집중해왔다. 그는 드라마에 선행하는 것으로서 제4의 용어인 '스크립트'를 소개한다: 드라마는 '특수화된 종류의 스크립트'이다. 그는 초기 구석기 시대의 동굴 벽화들을 되돌아보면서, 증거는 없지만 그것들이 종교 제의와 연관되었다고 가정한다. 스크립트는 각 제의의 실행에 앞서 존재했을 것이고 하나의 제의에서 다음 제의로 지속적으로 살아남았을 것이다. 제의의 효험은 스크립트의 춤과 일치했다. 드라마는 글쓰기가 발명되고 그것이 힘과 연계된 이후 '스크립트의 특수화된 형식'으로 발달되었다. 스크립트는 '행동의 패턴이지 생각의 모델이 아니다'. 그는 스크립트의 그림자가 아리스토텔레스의 액션 개념에 드리웠다고 시사한다. 그러나 그리스 드라마와 더불어, 행동은 구체적인 것에서 추상적인 것으로, 실질적인 운동으로부터 '인간 삶의 운동'으로 이동해갔다. 그후로 서구 연극은 단순히 어떤 하나의 드라마를 실연해 보이는 새 방식들을 강구해왔다. 이는 '행동과 스크립트 사이의 고대적인 관계'를 도치시킨 것이다. 하지만, 서구의 대중오락, 다른 곳의 전통 연극, 서구 아방가르드는 '스크립트의 행동의 국면에 다시 주의를 집중했고' 씨어터와 퍼포먼스의 본성에 대한 새로운 관점을 이끌어오게 되었다(Schechner 1988: 69-71).

셰크너는 고려중인 네 가지 용어에 대한 생각을 돕기 위해 두 가지 모델을 제안한다. 첫 번째는, 점차 작아지는 네 개의 원반들이 쌓인 모델로, 가장 크기가 큰 퍼포먼스가 아래쪽에 놓인다.

> 드라마는 저자, 작곡가, 시나리오 작가, 샤만의 영역이다; 스크립트는 교사, 구루, 마스터의 영역이다; 씨어터는 퍼포머의 영역이다; 퍼포먼스는 관객의 영역이다.(Schechner 1988: 71)

또한 셰크너는 상호보완적인 방식으로 모델을 만들 수도 있다고 제안한다: '드라마-스크립트'와 '씨어터-퍼포먼스'의 상반된 한 쌍이 그것이다. 문화는 둘 중 어느 한쪽을 강조하는데, 드라마-스크립트는 최소한의 공통적인 것이다. 내부적인 구별이 있다. 드라마가 그 운반자로부터 독립적이라면 스크립트는 분명 전달자에 의한 것이라고 알려져 있다. 씨어터가 '구체적이고 즉각적인' 데 비해, 퍼포먼스는 '모든 이벤트들의 성좌, 주목받지 못한 채 스쳐간 대부분의 모든 것'까지 포용한다(Schechner 1988: 71-3).

첫 번째 모델과 관련해 셰크너는 스타니슬랍스키(Stanislavsky) 이후 퍼포먼스와 이론 작품을 '하나의 디스크를 다른 디스크에 용접한 것으로 보이는 *이음매*에 주목하는 시선들이 증가하면서' 그로 인해 구성된 것들로 묘사한다. 이를테면 브레히트의 *소와-효과(Verfremdungs-effekt)*는 '그것을 포함하는 연극 이벤트보다는 다른 개념적인 질서들로서의 스크립트'를 드러내준다; 리처드 포먼(Richard Foreman)과 로버트 윌슨(Robert Wilson)은 '스크립트와 드라마 사이의 괴리를 탐색한다'; 그리고 샘 셰퍼드(Sam Shepard) 작 「*범죄의 위력(The Tooth of Crime)*」을 퍼포먼스 그룹과 함께 한 셰크너의 최근 프로덕션은 '씨어터와 퍼포먼스 간의 더 확대된 분열 뿐 아니라 드라마-스크립트와 씨어터-퍼포먼스 사이의 분열'을 가져왔다(Schechner 1988: 73-6, 원문 강조).

여기에, 우리를 생산적으로 현실 쪽으로 되돌려놓는 매력적이고 추상적인 모델들을 향해 셰크너가 취하는 태도의 증거가 있다. 그러나 「*범죄의 위력*」에 대한 셰크너 본인의 다음 설명을 따라가면서 좀 더 가까이 들여다보자. 셰퍼드는 그 프로덕션에 대해 들은 내용이 맘에 들지 않았다고 썼다. 희곡은 '작가가 다른 어떤 방법으로도 옮길 수 없는 비전을 갖게 되었기' 때문에 쓰여진다; 셰퍼드가 지속적으로 바라는 것은 자신의 희곡이 '자신이 바라본 그 방식대로 실현되는 것이다'(Shepard in Schechner 1988: 76).

그래서 지체 없이 셰크너는 몇몇 가정을 선언한다. 우선, '희곡은 그 저자 앞에 그 스스로 장면으로서 "제시"된다'; 이는 극작과 공존하는 것이다. 둘째로, 이 '장면화 과정'은 '일단 희곡이 대사로서 형태를 갖추면' 잉여적인 것이 된다; 고전주의와 엘리자베스1세 시대 (Elizabethan)의 드라마는 'didiscalia[무대 지시문과 같은]에 의해 방해받지 않기' 때문에 정확하게 지속된다. 셋째, '드라마'는 '연속되는 사회문화적 변형들을 통해 전달될 수 있는 것'인 반면 '오리지널 비전'은 '오리지널 매트릭스와 결속돼 있고, 그와 더불어 쇠퇴'한다 (Schechner 1988: 76-7).

우리는 다섯 번째 용어 '비전'의 지도를 그려볼 수 있는데, 그것은 두 가지 방향을 가리키는 듯하다. 셰퍼드에게 있어 그것은 근원적이어서 존중되어야 한다; 셰크너에게 있어 그것은 문화적 증상과 같은 것이어서 초월될 수 있는 대상이다. 우리들 자신의 관찰에 따르면, 셰크너의 프로덕션은 메타연극적인 이음매에 개방되었던 반면, 셰퍼드에 대한 그의 반응은 폐쇄의 결과를 낳는 것이었다. 셰퍼드가 '비전' 개념을 사용했을 때 그것은 '영감'과 '무대 상상력'이라는 두 가지 의미 사이를 오가는 것이었던 반면, 셰크너는 드라마의 영혼으로서 '액션으로서의 대사'를 촉발시키기 위해 아리스토텔레스를 따른 것이었지만 이는 *스크립트*의 개념을 보증으로 삼은 것이기도 하다. 이로 인해 그는 셰퍼드와 저작 작업을 분리시켜 열어보였고 후자의 위치를 그 자신이 퍼포먼스-창조자로서 점유하였다. 여기서 셰크너는 샤먼인 동시에 구루이다. 셰퍼드는 자신의 드라마를 연극적 이벤트를 위한 스크립트로 간주했지만, 셰크너는 그것을 동시에 발견된 대상 (found object)이자 역사를 초월해 심화된 행위의 전달자로 취급한다.

셰크너는 드라마와 스크립트의 차이를 환기한다. 그리고 didiscalia (무대 지시문과 같은)의 사소함에 대해서도 거론한다. 초기의 에세이에서 그는 씨어터가 제의로부터 발전했다는 생각, 씨어터의 근원적 의미에 대한 보장으로서 행해졌던 20세기의 주장에 도전한다. 셰크너는 그 대신에, 우리가 제의와 연극을 수평적인 관계로 생각한다고

주장 한다: 각각은 인간 보편의 것이고; 다른 쪽에 선행하거나 다른 쪽을 보강하는 것이 아니다(p.170 참조). 여전히 그는 동시에 보증할 만한 것을 찾는 것처럼 보인다. 여기서 우리는 데리다를 떠올리게 되고, 특히 말해진/글로 써진 것의 위계적인 양자 관계를 해체한 데 대해 생각하게 된다. 이항대립 – 행하기/생각하기, 구어의/ 글로 써진, 실제적인/추상적인 – 의 제의적인 반복 속에서, 스크립트는 셰크너가 '말해진' 것이라고 공식화한 것으로 나타나 보인다. 데리다는 분명 우리에게 스크립트를 원천이라기보다 인용물로 생각해보라고 요구하는 것 같다.

셰크너의 모델화 작업은 선명하기도 하고 모호하기도 하다. 프로덕션이 행해졌던 문화적 형성 과정은 모호해 보인다. 하지만 역사적 '이음매'의 정체는 규명된 것으로 보인다. 한편으로는 극작법적 실천이 연극적 프로덕션의 맥락으로부터 상대적으로 떨어져 나왔다(셰퍼드는 그리스와 엘리자베스1세 시대 극작가와 정확히 대조적이다). 만일 didiscalia가 어떤 드라마들에 있어서 역사적으로 덜 나타난다면, 그것은 보통 극작가가 이미 굳어진 무대 관습 안에서 쓰고 있기 때문이다. didiscalia는 극작가가 종종 특별한 종류의 퍼포먼스 이벤트의 대본을 쓰기 위해 연극적 장치 그 자체를 비판적으로 나타내기 시작하면서 들어온다.

다른 측면에서는 셰크너 자신의 저자로서의 작업을 제안한 것이다. 이는 극적 텍스트 안에 포함된 연극적 새김을 무시하는 것이다. 극적 저자의 유일하게 적절한 영역이 대사라는 셰크너의 주장은, 무대 저자들이 무슨 일을 해왔는지를 잊어버린 것인 동시에 이제 퍼포먼스를 위해 써야 하는 것이 무엇인지 묻는 데 실패한 것이기도 하다.

반덴 휴벨: 씨어터, 차이와 비결정성

세크너의 이론화 작업이 나온 지 20년 후인 1991년, 반덴 휴벨 (Vanden Heuvel)은 '드라마' '씨어터' '퍼포먼스'라는 용어들을 재점검한다. 그 선도자 격인 것으로부터 근본적으로 스스로를 차별화한 데 따른 퍼포먼스의 실패에 대한 관심에서였다. 그가 용어들을 구축해 가는 논쟁 과정을 따라가 보자.

그는 우선 드라마를 '일차적으로 문학적 인공물로 구성된 … 그리고 텍스트로서 권한을 부여한 연극적 표현'이라고 본다. 그러한 드라마가 퍼포먼스 안에서 관객을 감동시키고 즐겁게 하고 또는 거리 두게 하는 힘은, '주로 텍스트적인 것으로서 내러티브나 언어, 장면, 인물, 기호현상 등 문학적 관습에 뿌리를 둔 것이다'. 여기서 반덴 휴벨이 주장한 드라마의 범주는 바르트(Barthes)가 '읽기 쉬운' 텍스트라고 부른 것으로, 질서 있게 인지될 수 있는 리얼리티를 향한 투명한 매개로서 스스로를 보여주며 그 독자들을 통합된 주체로 구성해 내는 것이다. 그 연극적 선언은 아르토 이후 데리다가 '신학적 무대 (theological stage)'라고 부른 것이다. 그것은 저자의 지배력과 완전성에 대한 감각을 구성하고, 등장인물, 언어, 플롯의 안정성에 의해 특징지어진 일관성 있는 형식과 결부되어 있다. 큰 틀에서 보면, 그것은 데리다식 문자(écriture), '현실에 대한 당당한 구성과 의미의 일반적인 인식 활동'의 한 예이다. 더 역사적인 차원에서, 그것은 '텍스트화', '역사의 지배적 구성을 직조화하는 활동 … 혹은 인간과 사건들과 사물들의 상관성이나 언어와 사물과 욕망의 총체적 관계에 대한 전체적이고 통합적인 틀을 구축하는 활동'의 한 예이다. 즉, 텍스트화란 세계에 대한 주제넘은 인간 중심적 지배, 니체가 그 단순성에 대해 조롱했던 그러한 양상이다(Vanden Heuvel 1991: 3-4)(핵심어: '현존과 재현(Presence and representation)' 참조).

반덴 휴벨은 '퍼포먼스'로 관심을 돌린다. 이제 그것은 정립된 예술 형태(퍼포먼스)를 가리키기도 하고, '신학적 무대와 관습적인 드라마 기호현상을 해체하는 특권 메커니즘'(포스트모던 퍼포머티브)을 가리키기도 한다. 둘 다 텍스트와 저자의 힘을 빼앗고 **현존**을 해체하기 위한 입장이다. 셰크너가 1982년에 "퍼포먼스 인식"의 아름다움은 '가정법적이고, 대안과 잠재성으로 충만한 데 있다'고 쓴 것을, 반덴 휴벨은 인용한다. 미결정성의 전략 및 안정된 형식('*Gestell*')에 대한 저항을 통해 그 과정적인 양식은 아마도 '의미에 대한 이성적 통제력에 대한 환상을 파괴하는 것 같다'. 그리하여 퍼포먼스는, 푸코가 에피스테메(episteme)라고 용어화한, 후기구조주의와 관련된 '인지적 활동의 체계'를 구성하는 것이라고 할 수 있다(Vanden Heuvel 1991: 5-6).

그러나, 반덴 휴벨은 거기에 역설이 있다고 주장한다. 그는 1980년대 중반부터 블라우(Blau)를 포함한 다른 이들을 따르는데, **퍼포먼스**가 '예술적 표현의 자율적 형식인 퍼포밍의 자발적이고 신체적인 활동'에 특권을 줄 때마다 그것은 단지 '그 반대를 위한 권위주의적 지점의 대리물'이 됨을 논의하기 위해서였다. 저자의 **현존**은 단지 퍼포머의 현존으로 대체되며, 이때 퍼포머는 관객의 반응을 유도하는 자이다. 그것이 '해체적 분산의 주이상스(jouissance)[문자 그대로 '오르가즘적 환희'를 뜻하는, 바르트가 사용한 용어]'일지라도 말이다. 어느 편인가하면, 이벤트의 유니크한 면은 그 저자의 **현존**을 강화한다. 실제로, '텍스트가 그 **현존**에 가면을 씌우지 않는 반면 … 퍼포먼스 아트는 관객과의 관계를 혼란스럽게 하기 위해 더욱 기묘한 전략을 사용한다'. 프로이트는 정신분석을 겪는 사람들이 때로 그들 자신의 판타지를 분석가에게 '투사'한다는 사실을 알게 되었다. 반덴 휴벨은, 씨어터에서의 '텍스트적 제국주의'에 대한 비판은 단지 **퍼포먼스**의 부분에 대한 투사였다고 주장한다(Vanden Heuvel 1991: 11-12).

그래서 그는 **퍼**/퍼포먼스(P/performance)의 이름으로 언급된 반-

연극적 선입견에 대항적-비판을 행한다. 1990년대 씨어터는 '단순화된 이분법이 점점 증가해가는 문화에서 차별성의 우선권을 지닌 지점'이었다. 일반적인 문화가 차이를 평평하게 편 반면, '씨어터는, 잠재적으로 대립적인, 심지어 상반되는 이슈들 및 세계에 대한 가치인식들이 … 하나가 어느 하나를 지배하기보다 서로를 지속시키기위해 생성되는 상호작용적 에너지로 변형되는, 그러한 영역인 채로유지되었다'. 그가 책에서 특히 초점을 맞춘 것은, 드라마틱한 것과퍼포머티브한 것의 상호작용, 텍스트화와 비결정성 사이 교환을 위한 기계이자 틀로서의 씨어터 공간에 대해서였다(Vanden Heuvel 1991: 6). 그는, 커쇼나 마란카보다는, 씨어터에 대해 좀더 낙관적이었다.

위선: 텍스트, 텍스트성과 퍼포먼스

셰크너의 '패러다임 이동' 선언에 대한 반응 중 하나는 W. B. 워선(W. B. Worthen)에게서 나왔다. 그는 '텍스트'와 '퍼포먼스'간의 관계를 재공식화하려고 시도했다. 당면한 맥락에서, 어떤 이는 그의 개입이 기묘하고 요령이 없는 것임을 발견했다. 그의 초점은 단지 극적 텍스트를 무대화한 것으로서의 '퍼포먼스'에만 맞춰져 있고; 그의논의는 문학적 후기구조주의에 기초를 둔 것이다. 그것은 마치 과거로부터 한 줄기 찬바람이 불어온 것처럼 느껴졌음이 분명하다. 그러나 우리에겐, 텍스트와 텍스트성을 둘러싼 유용한 공식이 남아 있다는 점이 떠오른다.

워선은, 반덴 휴벨처럼, 어떤 '낭만적' 가정에 도전한다. 그는 퍼포먼스의 자유로운 '텍스트성'을 위한 요구에서 '은밀히 새겨진' **저**자의 개념을 파악한다. 그는 우리가 텍스트에 대해 생각하는 세 가지 연결 방식을 규명한다: '(1) 저자의 의도를 고전적으로 전달하는 수단으로서; (2) 상호텍스트, 텍스트성의 장으로서; (3) 물질적 대상, 손

안의 텍스트로서'(Worthen 1995: 14). 그의 핵심 전략은, *작품(work)*
이라는 전통적 개념으로부터, 바르트에 의해 규명된 좀 더 상대화된
개념으로서의 *텍스트(text)*라는 개념으로의, '인식론적 미끄러짐'을
예시하는 것이다. *작품*이 '해석을 통해 도달할 수 있는' '기의(signified)'
를 가리키는 데 반해, *텍스트*는 '의미화하는 공식들 사이의 미끄러짐
(이탈)과 상호작용'을 통해 의미들이 나타나게 되는, 그리고 저자의
통달 감각은 부재하는 기표들(signifiers)의 분야를 가리킨다. 작품과
상반되는 것으로서의 텍스트는 텍스트성의 원칙에 맞춰 조정된다
(Worthen 1995: 14-15).

워선의 주장에 따르면, 바르트가 지배력 넘치는 작품과 유희성 가
득한 텍스트를 구분한 것은 그 세 번째 측면, 즉 텍스트성을 지닌 대
상에 상응하는 그 어떤 것에든 적용될 수 있을 것이다: 그것은 책일
수도 있고, 미학적 퍼포먼스나 사회적 제의일 수도 있다. 거기엔 퍼
포머티-브(performat-*ive*)한 것으로서의 텍스트성에 대한 바르트적
의미로부터, 텍스트성을 지닌 대상(textual *object*)으로서의 퍼포먼-
스(perform-*ance*)는 어떻게든 필수적으로 자유로운 *텍스트성*의 본보
기라는 요구에 이르기까지 수사적 이탈이 있어 왔다고, 워선은 주장
한다. 아마도 저자의 의도라는 구속복을 찢어버리는 데 성공함으로
써 그로 인해 배태된 퍼포먼스는, 글로 써진 것에 대한 존중과 더불
어 우월성을 주장할 수 있게 되었을 것이다.

하지만, 글로 써진 텍스트에 대해 드라마의 무대 퍼포먼스가 지닌
우월성을 주장하는 것은 역설적으로 '저자화의 전략'을 효율적으로
사용하는 것이 되기 쉽다. 문학적인 '저자화'는 제대로 된 퍼포먼스
에 대해, 작품으로서 써지고/인쇄된 텍스트에 저자가 새겨 넣은 것을
표현한 것이라고 간주한다. 이와 유사하게, 퍼포머티브한 '저자화'는
글로 써진 텍스트에 대해, 무대가 저자의 의도를 인식하는 통로로서
의 '권능을 부여하는 사건'이라고 간주한다. 그러나 이는 단지, 저자

의 진실이 담긴 저장소로서 글로 써진 텍스트를 무대 텍스트로 대체한 것일 뿐이다(Worthen 1995: 15-16). 여기서 「범죄의 위력(The Tooth of Crime)」에 대한 우리의 논의들이 연상된다. 셰크너가, 심화된 인간적 스크립트의 권위를 해방시키려는 '권능 부여의 사건'에 셰퍼드도 합류하게 했던 일만 제외하면 말이다.

더욱 진전된 논의의 전환을 통해 워선을 따라가볼 필요가 있다. '텍스트성의 조건'이라는 개념에 중심이 놓인다. 특히 셰익스피어 텍스트 연구는, 어떤 인쇄된 희곡텍스트이든 무대 및 출판의 실제 과정상의 다양한 요인들에 의해 단단히 중층결정적으로 형성된 것임을 제시해왔다. 퍼포먼스에서 시험되기도 하고 단지 읽기를 위해 준비되기도 하면서 아마도 몇몇의 손들을 거치기에 많은 버전들을 통하게 될 수밖에 없을 것이다. 인쇄된 희곡텍스트가 유기적으로 저자의 '작품'에 상응하리란 식의 생각은 르네상스 시기 출판의 현실을 잊어버린 것이다. 제롬 맥간(Jerome McGann)은 1991년에, 이러한 '텍스트의 조건'이 *모든* 텍스트의 특성이라고 주장했다: 텍스트는 사물이 아니라 사건인 것이다. 수용의 지점에서, 사건은 개방돼 있고; 독자는 자유롭게 유희한다. 하지만, 푸코(1979B)가 계속 주장하듯이, 문화는 어떤 특정한 독서에만 자격을 부여할 것이다. '작품'이라는 이데올로기적 개념의 안내를 받으며, 그렇게 저자들에 초점을 맞춘 독서는, 텍스트란 부재하는 저자의 기표라고 간주할 것이다. 마찬가지로, 권위에 초점을 맞춘 독서는, 무대의 텍스트성이란 텍스트를 의미화한 것, 더 나아가 작품과 저자를 의미화한 것이라고 간주할 것이다. 워선은, '독서는, 무대 퍼포먼스가 그런 것만큼이나 퍼포먼스이며 텍스트의 제작'이라는 점을 환기시키면서, 퍼포먼스는 동기화된 정체성의 '강렬한 환영'을 달성한다는 주디스 버틀러(Judith Butler)의 생각을 인용한다. 상호텍스트성이란 사실과 텍스트성을 지닌 대상이라는 잠정적 특성을 고려하면서, 워선은 다음과 같이 논의한다. '무대에 올려지기 위한 텍스트가 거기 *있다*는 개념은 놀랍게도 변화에 저항한다'(Worthen 1995: 16–18).

그 주장을 받아들이면서, 우리는 또한 이러한 관점이 문화적 생산과 예술 행위주체를 이해하는 데 어떤 의미를 지니는지 묻고 싶어질지도 모른다. 저자의 비전이(셰퍼드의 말처럼) 근본적으로 다원적이고 불안정하게 생산된 담론과 텍스트의 요약으로 가장 잘 이해된다면, 이러한 텍스트화의 특정 순간은(반덴 휴벨의 의미에서) 그럼에도 불구하고 일련의 퍼포먼스를 낳을 것이다(워선의 의미에서). '동기화된 정체성'은 '환영'이면서 문화적 사실이다. 이는, 우리가 일종의 문화적 독서를 필요로 한다는 점을 주장하는 것일지도 모르는데, 이 문화적 독서는 '위치성'이란 변증법적 개념과 관련이 있다(5장 참조). 우리에겐 상대화되면서 본질적이기도 한 행위주체의 개념이 필요하다.

드라마 대 씨어터

우리는 여기서, 문학계에서나 연극학계에서 가치를 인정받아오지 못한 극적 텍스트들과 관련된 최근의 두 가지 설명을 생각해볼 수 있다. 이들 이단적인 희곡의 경우 *극적*(dramatic) 텍스트로서의 수준에서 보여준 창의성이 근대 *연극*(modernist *theatre*)의 발전에 중요한 영향을 미쳤다고, 그 각각의 설명들은 주장한다. 두 설명 모두 하이 모더니즘(high modernism)과 아방가르드 사이의 생산적 관계에 대해 고려한다.

『*방해받은 미학*(The Aesthetics of Disturbance)』에서 데이비드 그레이버(David Graver)는, 몽타주와 콜라주 원리가 20세기 초 아방가르드 부문이 '노골적으로 자기파괴적이고 반–미학적인 제스처의 불필요한 반복'상태로 떨어지지 않고 하이 모더니즘으로부터 지장을 주는 거리를 유지할 수 있도록 허용했다고 주장했다. 몽타주와 콜라주의 효율적 사용으로, 코코슈카(Kokoschka)와 다른 이의 희곡들은 '반-미학적이고 충격적이고 자멸적이며 무정부적인 요소들'을 그럼에도 불구하고 예술작품이 유지되는 선 안에서 암시하였다. 작품의 미학적 본성은 '비평적 불만'에 의해 오염되어갔다. 종이 위에서 희곡들은 동시에 세 가지에 도전했다: 부르주아 드라마의 관습; 모더니즘의 '미학적 안정성'; 그리고 '반-예술의 단순한 충격과 거부'. 그러나 그들이 무대화된 방식들은 매우 관습적인 것으로 남았다(Graver 1995: 210-23).

그레이버는 브레히트와 아르토에 대해 자신들의 경력을 아방가르드 전통 안에서 시작했으나 유효한 퍼포먼스 양식의 한계에 응답한 실천가들로 규정했는데, 그들은 그레이버가 '퍼포머티브 몽타주'(브레히트식 *학습극*(Brechtian *lehrstück*))과 '경험적 콜라주'(아르토)의 원리라고 부른 방식을 개발했던 것이다. 그들 각자에게 있어서 이러한 연극적 고안의 기반에는 '새로운 문화적 실천을 위한 요구'가 있었다(Graver 1995: 214-21). 드라마틱, 씨어트리컬 그리고 퍼포먼스 레벨에 대한 세크너의 지도(map)는 그레이버의 역사적 설명의 순서를 이해할 수 있게 도와준다.

무대와 연극성은 고대 이래로 공격당해왔다. 연극에 반대하는 많은 팜플렛이 르네상스 때의 런던에서 출판되었다. 배리쉬(Barish)는 『*반-연극적 편견(The Anti-theatrical Prejudice)*』(1981)에서 이러한 전통에 대한 요약적 분석을 행했다. 『*무대 공포: 모더니즘, 반-연극성과 드라마(Stage Fright: Modernism, Anti-Theatricality and Drama)*』에서 마틴 푸치너(Martin Puchner)는 일련의 지속되는 관심사를 규명했는데: 그것은 비윤리적인 공공 전시, 관객의 흥분과 속임이다. 그러나 이제 마이클 프리드(Michael Fried)에 의해 그토록 유명하게 재현된 모더니즘의 가닥들에 있어서 반-연극성의 기저를 이루는 것

은 정확히 무엇인가?(Puchner 2002: 1; 9장 참조)

그의 대답은, 그러한 모더니즘이 대중에 대한 두려움 위에 기초한다는 것이다. 미술관 예술작품에 대한 몰두와 신비평이 연극관람보다 독서를 선호한다는 점에 대한 프리드의 주장은, 바로 이에 대한 요지를 보여준다. 두 경우 모두 연극성은 저항 받고 있다. 푸치너에 따르면, 이러한 처방들은 '연극에 의해 제안된 예술의 공적 역할이 지닌 가능성에 대한 장벽'이다. 그리고 20세기 초 아방가르드가 다양한 대중정치와 연계되면서 대조적인 '승리의 연극성'을 보여주는 것은, 동일한 연상에 근거를 둔 것이다(Puchner 2002: 9-11).

푸치너에게 흥미로웠던 점은, '모더니스트의 반-연극주의'와 '아방가르드의 연극주의' 모두 유사한 결론에 이르렀다는 것인데: 그것은 기존의 연극에 대한 공격이었다. 이에 대한 그 자신의 도착 지점은 브레히트(Brecht), 베케트(Beckett), 예이츠(Yeats)의 모더니즘 연극이다. 그의 내러티브를 더 넓혀보면, 이 극작가들은 연극성에 대한 모더니스트의 비평과 아방가르드의 열광 모두를 내면화하여 '극적 형식과 연극적 재현의 지대한 영향을 미칠 개혁'을 성취한 것이다. '어느 정도의 거리를' 유지함으로써 연극은 '완전히 변신'하게 되었다(Puchner 2002: 2-12).

푸치너는 특히 니체(Nietzsche), 아도르노(Adorno), 그리고 브레히트의 친구 발터 벤야민(Walter Benjamin) 등 철학 사상가들을 살피면서 모더니즘 내부에서의 반연극주의의 계보학을 발전시켰다. 니체는, 다른 예술에 대한 '연극 정치(theatocracy)'란 의미를 부과한 *총체/예술(Gesamtkunstwerk)*을 위한 바그너의 처방전을 개탄했다. 벤야민에게 중요했던 것은, 대중 관객으로서의 민중(Volk)에 대한 바그너의 이상을 들먹인 나치의 '정치의 미학화'에 대한 관심이었다. 거기엔 배우에 대한 특별한 관심이 있다. 극우화된 대중 정치에 대한 두려움과 더불어, 벤야민은 연극보다 영화를 찬양했는데, 영화는 배우에게서 '아우라'나 무대상의 특수한 현존감을 앗아간다고 보았기 때문이다. 아도르노는 전형적 연기의 '원시적 모방'이나 '흉내 내기(aping)'를 경멸했다. 푸치너는 이를 '퍼포밍과 모방 예술 사이 연극의 불안한 위치'에 내려놓았다. 모더니즘은 복합적 예술 작품 속으로 미메시스의 통합을 요구하는데, 배우는 단지 신호-운반수단일 뿐 아니라 특유한 신체적 현존이다. 이는, 아도르노가 옹호한 모더니즘적 관념을 방해하는 것이다(Puchner 2001: 2-11; Pontbriand와 비교, pp.231-2 참조; Schneider, pp.146-8 참조).

푸치너가 모더니즘 아방가르드를 향하면서 취한 길은, 모더니스트인 조이스(Joyce), 말라르메(Mallarmé), 그리고 스타인(Stein)의 '서재극(closet drama)'을 통해서였다. 이 희곡들은 단지 소수의 초대받은 관객들에게만 읽혀지고 보여지기 위해 고안되었다. 이러한 집단은 규범적인 연극적 가치에 저항하였다. 플라톤의 용어를 빌린다면, 강조점은 *미메시스(mimesis)*보다 *디게시스(diegesis)* (내러티브)에 놓인다. 예를 들어 '연극의 문학화'(Willett 1964: 43-7)에 대한 브레히트의 요구나 배우의 기동성에 대한 베케트의 가혹한 방해에 대해 생각하면서, 푸치너는 이 완전히 개화한 모더니즘 극작술에 '디게틱 씨어터(diegetic theatre)'란 별명을 붙였다. 베케트, 브레히트, 예이츠 각자는, '무대와 배우들의 매개되지 않은 연극성이라고 감지되는 부분에 관심을 쏟고 그것을 틀지우며 통제하고 심지어 훼방하는' '내러티브 전략'을 전개하였다(Puchner 2002: 16-22).

그러나 반-연극적 충동은 포스트모던 퍼포먼스에 의해 소멸되어 오지 않았는가? 푸치너는 그렇지 않다고 생각하면서, 그 예로 우스터 그룹(the Wooster Group)을 든다(Savran 1988 참조). 그들은 라이브 씨어터의 감각을 비워내기 위해 청각적, 시각적 기술을 사용하는데, 그의 주장대로라면 그것은 '모더니즘적 충동의 지속'이다. 즉, 무대의 동시대적 합병(mediatization)은 우스터 그룹을 기계적 재생산을 통해 아우라의 해체에 대한 벤야민의 분석과 맞추는 것이다. 또는 그보다는 차라리 푸치너가 주장한 대로, 서재극과 디게틱 씨어터는 '합병의 역사의 한 부분'으로 보여질 수 있다.(Puchner 2002: 174-5)

최근 몇 십 년의 간단한 사례들을 요약하기로 하자. 우리는 드라마와 씨어터, 퍼포먼스가 서로의 상호관계 속에서 연결되는 세 가지 방식과 조우해왔다. 첫째, *실천(practice)*으로서 씨어터보다 퍼포먼스의 동시대적 최고 지위는 각 용어에 대한 다른 이해방식들에 따라 논의되어왔으며(셰크너와 커쇼를 생각하라); 다양한 근거에서 도전받아왔다(반덴 휴벨; 또한 돌란을 생각하라, pp.108-9 참조). 둘째, 셰크너는 연극적 퍼포먼스를 위한 스크립트로서의 '드라마'에 대한 관습적 이해를 유용하게 확장시켰는데 - 드라마틱 텍스트에서 혁신에 의한 연극적 관습에 놓인 압박에 대한 그레이버의 조사에 전개된 - 이는 모든 퍼포먼스 이벤트의 *차원들(dimensions)*로서(스크립트와 더불어) 드라마, 씨어터, 퍼포먼스의 모델을 발전시키기 위한 것이었다. 셋째로, 푸크너는 하이 모더니즘이 저항했던 '연극주의(theatricalism)'의 *특성*을 둘러싼 변증법적 논의들을 발전시켰다 - 우리가 텍스트성(바르트를 생각하라)과 퍼포머티비티(핵심어: '퍼포머티비티(Performativity)' 및 9장 참조)의 특성들과 만나왔던 것처럼 말이다. 나아가, 우리는 종종 모던/포스트모던을 나누는 데 대해 고려해왔다: 커쇼는, 씨어터로부터 퍼포먼스로의 이동에 맞추어 오히려 설득력 없게 놓인 이 잠정적인 '끝(cusp)'의 미학적 퍼포먼스를 생각한다; 다른 이들처럼(Kershaw 1999: 107-8 참조) 우리는 퍼포먼스의 대변자인 셰크너의 모더니즘이 보여준 연극적 모델 만들기를 찾아냈다. 우리의 세 가지 핵심 용어는, 서로 다른 장르나 패러다임뿐 아니라 서로 다른 퍼포먼스 실행의 양상들을 구별하기 위한 유용한 도구를 제공해주며; 그 유용성에 있어 특수한 가치를 가득 싣고 있고; 문화적 과정 내에서의 의미와 가치들에서 이동하고 미끄러진다. 중요한 일은 의미와 관계에 대해 안정적으로 보이는 정의에 도달하는 것이 아니라, 그 대신 드라마, 씨어터, 퍼포먼스라는 하나의 정의가 만들어질 때마다 무엇이 위험에 처했는지를 깨닫는 일일 것이다.

2부
핵심어

여기에서는 드라마와 씨어터, 퍼포먼스라는 세 용어를 설명하는데 가장 적절하거나 도발적이라고 여겨지는 용어들을 선별하여 그계보학을 제공하려 한다. 용어의 계보학을 추적하는 일은, 서로 다른상황에서의 그 용어들의 사용 방식의 이동 과정을 추적하는 것이다.그래서 종종 우리는 의미를 둘러싼 논란과 협상에 관여할 것이며;그것들을 틀 지운 역사적이고 제도적인 상황의 변화에 관여할 것이다.

액션(ACTION)

극적 허구와 관련해 '액션'이란 단어의 가장 일반적이고 현대적인사용 방식은 '액션 무비'나 '액션이 가득한 모험물(action-packed adventure)' 등의 어구에서 찾아볼 수 있다. 여기서 '액션'은 시각적으로 분주하고, 육체적으로 도전적이고 위험하며, 일상생활에서 벗어난, 종종 신체와 장비 혹은 기계 사이의 밀접한 관련성에 연루된 상태를 의미한다.

이러한 액션 개념은 드라마 이론 수강생들이 익혀야 하는 액션의개념과는 거리가 멀어 보인다: 아리스토텔레스(Aristotle)는 비극을'진지하고 완전하며 일정한 크기를 지닌 액션의 재현'이라고 정의했다. 이는 단순히 희곡 안에서 무슨 일이 벌어지는지 의미하는 단어가 아니다. 삶의 성공 혹은 실패가 액션에 달려 있다: '인간의 질적특성은 그 성격의 미덕에 의한 것인 반면, 그들이 행복을 성취하느냐 여부는 그들의 액션에 달려 있다'(Halliwell 1987: 37). 여기에 액션의 두 측면이 제시된다. 첫째, 희곡은 인간의 유의미한 사건들이실제 세계에서 전형적으로 펼쳐지는 방식들에 대해 그 모델을 제공한다(핵심어: '미메시스(mimesis)'에서 탐구하는 것처럼). 둘째, 희곡은 예술적 창조의 다른 형태인 시구의 음송을 통해서보다는(*poesis*

(*작시법*), 무대에서 행해지는 액션을 통해 이 모델을 보여준다.

아리스토텔레스에게 있어 캐릭터는 가치 판단적인 인간 행위를 탐색하기 위한 수단이었다. 그것은 철학적으로 액션에 종속된 것이었다. 아리스토텔레스 이후 이 관계는 변경된다. 예를 들어 「*햄릿*」에서 주인공의 심리는 그가 액션을 취하는 것을 막는 것처럼 보인다. 희곡 자체가 윤리적 행위의 강조로부터 심리학의 강조를 향해 그 중심의 역사적 이동을 수행하는 듯하다. 이는, 인간을 행위에 대해 책임지고 신중하게 선택할 수 있는 행위주체자로 이해하면서 인간 의지의 개념을 발전시켜간 17, 18세기의 정신에 대한 관심과 발맞춘 것이었다(Vernant and Vidal-Naquet 1990: 54).

그러한 구조 안에서 독일 철학자 헤겔(Hegel)은 액션, 혹은 Handlung의 범주에 대한 급진적인 재정의를 내렸다. 다른 극적인 요소들이 부차적인 데 대해 액션이 우선한다고 제안한 점은 아리스토텔레스를 따른 것이지만, 헤겔은 드라마의 결정적 매개 수단이 대사라고 보았다. 대사 안에서 등장인물들은 스스로를 표현하고 그를 통해 행위를 진전시킬 수 있기 때문이다. 이러한 액션은 특수한 자질을 지닌다. 그것이 단순한 활동(activity)과 구별되는 것만이 아니다; 이 액션은 등장인물에 의해 의지의 행위(act)로서 발생한다. 스티브 자일스(Steve Giles)가 말했듯이, 헤겔에게 있어 '액션은 그 내면적 원천이자 최종적 결과로 알려진 자유 의지로 인식된다. 오직 이 길을 통해서만 액션은 *액션*으로 간주될 수 있다'(1981: 13).

아리스토텔레스와 헤겔의 대조되는 부분을 간단히 요약해보자. 현대의 프랑스 고전 학자인 장 피에르 베르낭(Jean-Pierre Vernant)은 아리스토텔레스의 경우, '결정을 내리기 위한 자유로운 힘이란 아이디어는 그의 생각에 생경한 채로 남아 있다'고 본다(1996: 59). 베르낭의 분석에서, 그리스의 종교적인 사고는 범죄 - 혹은 범죄적 실수, *하마르티아(hamartia)* - 에 대해 개인을 장악하면서 그 효과가 그 혹

은 그녀를 넘어서서 확산되는 어떤 것으로 파악한다. '범죄의 오염'
은 개인 너머로 번지고 친척, 가계에 영향을 미치면서 온 마을을 더
럽히고 세대를 통해 전해진다. 베르낭은 '범죄의 행위가 세상 바깥에
서 오염의 악마적 위력으로, 그 자신 안에서 정신의 오류로 나타나
는 곳에서, 전체적인 행위의 범주는 우리들 자신의 것과는 다른 방
식으로 조직화된 것처럼 보인다'(p.62)고 결론 내린다. 범죄적 실수
를 저지른 개인은 그/그녀를 촉발시킨 힘 안에 사로잡힌다. '행위는
그 원천인 것처럼 행위주체자로부터 발하지 않는다; 그보다, 그 행위
는 그를 감싸고 휩쓸어가며, 그는 부득이 자신을 넘어서 있음에 분
명한 힘 안으로 삼켜진다. 그 힘은 공간적으로나 시간적으로나 그
자신 개인을 훨씬 넘어서 있다'(p.63).

　액션에 대한 아리스토텔레스의 개념은 20세기 중반 철학자이자 미
학자인 수잔 랭거(Suzanne Langer)에 의해 다시 논의 대상이 되었
다. 비극에 관한 글인 『감정과 형식(Feeling and Form)』(1953)에서
그녀는 '캐릭터의 창조는 플롯의 구축과 별개의 것이 아니며, 플롯의
필수적인 부분이다. 행위주체자들은 액션의 중심 요소이지만, 액션
은 희곡 자체이기도 하다'라고 말했다(p.352). 여기에서부터 그녀는
아리스토텔레스를 인용하며 매끄럽게 논의를 진행해나간다: '모든 인
간의 행복과 불행은 액션의 형식을 취한다; 우리 삶의 목표(결말)는
어떤 활동이지 질이 아니다'(p.352). 희곡에서 등장인물들은 '액션을
위해서' 포함되어 있다.

　랭거가 아리스토텔레스에 다시 주목한 데에는 두 가지 목적이 있
는 듯하다. 첫째, 그녀는 '주인공의 고통이 지닌 철학적·윤리적 의미
에 대한 모든 관심'을 폐기하는 것을 원한다(p.358). 그 관심으로 인
해 '예술적' 중요성에 적절히 주목하지 못하고 두서없는 논증적 생각
들만 갖게 되기 때문이다. 작품의 특정한 예술성에 대한 재강조 쪽
으로 그녀가 밀고 나간 것은 1940년대 중반 지배적이었던 신비평 양

식에 의해 영향 받은 것으로 보인다. 이는 각각의 작품이 자율적이라고 추정하면서 그에 관해 세밀하게 독서하는 태도를 요구하는 것이다(pp.49-50 참조). 하지만 여기에서부터 랭거는 두 번째 움직임을 보인다. 작품의 예술성은 추상적인 것이 아니라 삶의 과정 속에 뿌리내린 것으로 성장, 성숙, 쇠퇴의 반복될 수 없는 단계들과 함께하는 것이다. 그녀는 비극의 형식이 '개인적 삶의 기본적인 구조를 반영한다'고 말한다(p.351).

기본적인 삶의 과정과의 연관성은 랭거의 핵심 용어에 의해 가능해진다. 그녀는 형식에 대해 말한다기보다는 *리듬(rhythm)*에 대해 말하는데 이는 프란시스 퍼거슨(Francis Fergusson)으로부터 끌어온 것이다. 퍼거슨은 '액션의 비극적 리듬'이 존재하는 '진정한' 비극에 대해 논한 바 있다(in Langer 1953: 354). 이러한 극적 행위의 '리듬'은 드라마를 '연극의 시'로 만드는데(p.355), 그것은 단순히 일상생활의 표피적 모방이 아니다. 분석 작업은 전반적인 리듬이 작품의 다양한 요소들로부터 어떻게 구성되는지 보여주는 일이다.

퍼거슨과 랭거 모두 *포에시스(poesis)*와 *미메시스(mimesis)*라는 아리스토텔레스적 개념에 연결되어 있지만, 그들 자신의 역사적 순간이 강력한 조건이 된 상태에서 그러한 것이다. 랭거는 리듬은 글로 써진 텍스트의 필수적 요소라고 하면서, 동시에 '우리가 그것을 읽거나 그 읽는 것을 듣거나 간에, 그것은 우리 자신 앞에 벌어지는 일이거나 행해지는 것을 보게 되는 일이다'라고도 쓰는데(p.356), 여기서 우리는 신비평의 목소리를 듣게 된다 - 아리스토텔레스가 스펙터클을 비극의 가장 덜 중요한 요소로 취급했을 때, 그는 희곡이 상연되는 것을 전혀 보지 못했음을 우리가 이해하는 것처럼 말이다. 랭거에게 있어, 기본적 리듬은 읽기로부터 형상화로 변화해가는 표시가 없는 것이다. 강력한 것은 리듬 그 자체이다: '비극적 행위는 자연적인 삶과 죽음의 리듬을 갖지만, 그것을 언급하거나 그려 보이지는

않는다; 그 역동적 형식을 추상화한다'(p.360). 여기서 우리는 1950
년대 초기의 두 번째 음성을 발견한다. 현대 시각 이론은 루돌프 아
른하임(Rudolph Arnheim)의 작업에서처럼 형식에 대한 신체의 관련
성에 흥미를 가졌다(핵심어: '운동감각적(Kinaesthetic)' 참조). 랭거는
이 시각 이론을 드라마 비평에 적용한 것처럼 보인다.

   액션의 리듬을 드라마의 자질을 규정하는 것이자 그 분석을 위한
기준으로 보는 랭거의 입장을 따라가기 위해서는, 1970년에 출판된
버나드 베커먼(Bernard Beckerman)의 『드라마의 역동성(Dynamics
of Drama)』에까지 나아가야 한다. 극적이 아닌(non-dramatic) 자료
들 – 일상 업무나 곡예같은 – 과 함께 논의를 출발하면서 베커먼은,
존재 그러니까 퍼포먼스는 활동의 단위와 부분으로 조직화된다고 주
장했다. 그 내용과 상호관계 안에서 이들 부분은 부착물의 과정을
통해 운동감각적으로 관객에게 작동한다. 그러므로 '활동'은 액션으
로부터 구별될 수 있다: 베커먼은 말하길, 배우는 '활동을 발생시키
는데 이는 차례로 연극적 긴장을 산출한다. 연극적 긴장의 시퀀스나
경로가 액션이며, 이는 내적인 삶의 환영을 창조하는 흐름이다'
(1970: 50). 여기에서부터, 삶에 대한 느낌 속으로 연결되는 랭거 식
의 리듬 감각이 사라지게 되었다. 캐릭터보다 액션에 주어진 아리스
토텔레스의 우선권 또한 미끄러져가고: 액션은 '내적인 삶의 환영'을
창조하기 위해 작용하는 것처럼 보인다.

   베커먼은 드라마 분석에 '개념적으로' 접근하는 데 반대하는 입장
을 랭거와 공유하였다. 이것이 그가, 일련의 신체적 움직임으로 배태
된 활동으로서의 드라마의 근원을 강조하는 이유이다. 하지만 일상
생활과 '극적이 아닌' 퍼포먼스에서 출발한 그의 작업은 두 번째 기
능을 갖게 된다. 1960년대 후반 그의 주변의 많은 공연된 작업들은
'비-아리스토텔레스적'인 것이었을 뿐 아니라 비-드라마이기도 했다.
곡예 활동의 단위에 대한 그의 분석은, 비-아리스토텔레스적인 액션

이 강화와 이완의 패턴을 통해 관객의 주의를 어떻게 끌어 모으는지 규명해낸다. 정통적인 '퍼포먼스 연구'가 나타나기 시작하기 전에, 그의 모델은 공연된 활동으로서의 제의와 곡예를 포괄하려는 데 목적을 두고 있었다.

의도적으로든 고의가 아닌 채로든 그 정밀성을 상실하면서 베커먼이 액션에 대한 아리스토텔레스의 개념을 소멸시켜간 것은 더 큰 과정의 일부였다. 그에 대해 뒤돌아보면서, 티모시 와일스(Timothy Wiles)는 드라마의 새로운 실천, 특히 '퍼포먼스'에 있어서 액션의 범주가 증발되었다고 결론내렸다(1980):

> 극적 *액션*에 대한 공적이고 미학적으로 완벽할 수 있는 개념을 거부하면서, 최근 이론가들은 *활동(activity)*의 중심성을 요구해왔다; 아리스토텔레스에 따르자면 '일어날 법한 일', 개연성 있고 보편적으로 적용 가능한 액션이 아니라, '일어난 일', 즉 이상적이지 않고 리얼하다는 장점을 지닌, 파편적이고 불확정적이며 시간에 매여 있고 반복될 수 없는 활동의 중심성 말이다. (p.115 원문 강조)

그럼에도 우리는, 일테면 캐프로(Kaprow)가 그의 스크립트화된 **해**프닝에서 단순한 활동과 예술의 출현 사이의 상호작용에 의해 매혹 당했음을 주의해볼 수 있다. 그것이 신중한 창조인 포에시스로 주어져 그 자체로 가치가 부여되는 것이란 사실은, 일상생활에서의 *액티비티*가 추상적 *액션*의 이상화된 의미와 동등한 중요성을 지닌다는 점을 나타낸다. 다음 세대에서, 리처드 포먼(Richard Foreman)은 극적 액션을 삼가고 창조적 순간 그 자체, 경계적 순간으로서의 *포에시스*에 강하게 집중했다 – 매우 불확정적인 행위(act)이지만 의미 심장한 인간 활동(activity)이며; 한 사람과 관객 한 명이 그것을 이해하는 것이다.

이렇게 액티비티와 함께 액션에 대한 재가치화가 진행되면서, 액션의 또 다른 개념이 지속되었다. 인간 행위주체자에 대한 베르낭(Vernant)의 이미지를 떠올려보면 그것은 촉발된 액션에 의해 이동되는 것으로서 액션 영화로 되돌아가는 것이다. 액션 영화 안에서 인간은 강력한 반응을 촉발시키는 액션의 한 부분이다; 그것의 다른 요소들은 말하자면 자동차와 총, 도시의 거리들 – 대상물과 공간들 – 음악, 음향 효과, 숏들 사이의 빠른 컷 등이고; 자체 가속도를 가진 움직임으로 시작하는 가속된 시퀀스의 감각이다. 또한 동일한 효과가 이런 종류의 영화로부터 파생한 장르, 멜로드라마와 그 특징적인 서스펜스 형 내러티브에 의해 산출될 수 있다.

액션 영화에 대한 이런 생각 뒤에는 용어에 대한 특수한 적용이 자리잡은 것처럼 보일지도 모른다. 병사들은 '전사자(killed in action)'로 묘사된다. 이 어구에서 명사의 사용은, 액션이 특정한 인간 행위주체자에 의해 행해졌다는 생각을 가려버린다. 여기서 '액션'은 그 부분들의 총합 이상의 것, 인력보다 더 큰 무엇으로서의 일련의 액티비티를 가리킨다. 예를 들어 병사들이 집단 정신을 발전시키고자 반복적 훈련을 통해 훈련받을 때, '그들에게는 한 몸처럼 행동할 것이 허용된다'(de Landa 1998: 64). 이러한 묘사는 마누엘 드 란다(Manuel de Landa)가 자기-조직 과정을 군사적 역사에서 표명된 것으로 설명한 데서 취해진 것이다. 그런 과정은 '질서가 혼돈으로부터, 비-선형적 역동성의 결과로서 나타나는' 것이다. 그는 그 과정을 '기계적 문(phylum, 생물 분류 단위)'이라고 이름붙이고, 그 용어를 '지구적 역동성이 단일성에 의해 지배받는 … 어떤 인구집단('질서가 자발적으로 혼돈으로부터 나온다'던 변경의 지점으로서 일찍이 정의되었던(p.15))과 '요소들의 모임으로서의 통합성이 부분들의 총합 이상의 아쌍블라주로 이어지는 곳'(p.20), 양쪽 모두에 적용시켰다. 기계적 문(phylum)의 효과는, 시끌벅적한 사람들이 훈련받은 군대나

발레단, 혹은 합창대로 변할 때 나타난다.

　비-선형적 역동성에 대한 연구로부터 나온 기계적 문의 개념은, '액션'의 예에 대한 더 진전된 단계로 우리를 이끈다. 그러한 단계들은 거칠게 말하면, 아리스토텔레스의 철학적이고 윤리적인 모델, 이에 따른 자유 의지에 대한 계몽주의적 강조, 그에 따른 윤리와 자유 의지 양자 모두의 생존능력의 증발 등의 모델로 요약되고, 결국 자기-조직적인 기계적 과정에 사로잡힌 인간의 개념으로 이어지는 것이다.

도박적인, 우연에 의한(ALEATORY)

　도박 이벤트는 우연에 지배된다. 퍼포먼스 실습에 계획된 불확정성을 도입하는 것은 특히 1950년대 초반 작곡가 존 케이지(John Cage 1912-92)의 작업과 관련되었다. 1952년 그의 「물의 음악(Water Music)」은, 그 범위나 질에 있어서 예측할 수 없는 소리를 발생시키는 활동을 요구했다: 공연자는 이 그릇에서 저 그릇으로 물을 붓고, 카드를 피아노 줄 안에 돌리는가 하면 건반 뚜껑을 쾅 닫아야 했다.

　이런 실험을 뒷받침하는 철학은 선불교(Zen Buddhism)와 연관되었는데, 이는 구조화된 조직보다 우연성을 중요하게 여긴다. 그러나 도박적인 예술작업은 또한 20세기에 앞서 나타났던 다른 예술 형태에 뿌리를 둔 것이기도 했다. 다다이스트 트리스탄 차라(Tristan Tzara 1856-1963)는 무작위로 선택한 신문 기사를 사용해 시를 창작했다. 장 아르프(Jean Arp 1887-1968)는 작은 종이조각을 떨어뜨려 그것들을 떨어진 자리에 고정시킴으로써 콜라주를 조합했다. 답답한 부르주아 사회의 예술과 아름다움에 대한 지배적 아이디어를 찾아 신중하게 격론을 벌이는 제스처를 취하며, 도박적 기술을 사용한 다다이즘은 개인적 창조성, 구조, 조직화와 통제력에 놓여 있던 가치들

을 조롱하고자 하였다. 그리하여 도박적 작업은 전통, 일반적으로 인
정되는 공식과 의식으로부터의 자유를 요구하는 것이었다. 말하자면
그것은 퍼포먼스에서의 우연의 역할을 공연하도록 대본화된 작업이
었다.

1959년 그런 활동들은 케이지의 학생 중 하나였던 앨런 캐프로
(Allan Kaprow)가 창조한 작업 '*6개 부분으로 된 18가지 해프닝(18
Happenings in 6 Parts)*의 제목으로부터 이름을 얻게 되었다. 독백
은 무작위적으로 조직화된 단어와 어구들의 목록들로 구성되었다.
언어적 텍스트는 통사적 구성의 제약으로부터 풀려나 대신 순수한
소리로 작성되었다. 이런 점에서 **해프닝**들은 '비언어적'이었다. 그들
은, 언어 규칙을 준수함으로써 유지되는 질서잡힌 소통 체계로부터
그들의 거리를 상연해보았다. 그들의 구조는 소통하기 위해서가 아
니라 정보를 억제하기 위해 고안된 것처럼 보였다. 마이클 커비
(Michael Kirby)는 이 구조를 '구획적'이라고 가리켰는데, 이는 자기-
충족적 단위들로 구성된 **해프닝**들을 의미하는 것으로, 18개의 해프
닝들 안에 글자 그대로 세 개의 분리된 방들이 있는 것이었다. **해프**
닝과 '전통적' 연극의 또 다른 차이는, 후자의 경우 '퍼포머는 늘 시
간, 장소, 캐릭터의 매트릭스(를 창조하고) 그 안에서 기능한다는 점
이다(Kirby 1985: 5). **해프닝**의 경우, 퍼포먼스는 '매트릭스화되지 않
는다': 이 개념을 설명하고자, 커비는 쇼의 막간에 세트를 바꿔야 하
는 무대담당자의 상황, 무대 위이긴 하나 공연되는 것은 아닌 상황
을 예시한다. 그는 스포츠 이벤트 또한 메트릭스화되지 않는다고 말
했다. 캐릭터와 나란히 배우를 보여주려고 시도했던 브레히트 이후
의 연대에 온 것은, '새로운 범주가 드라마에 존재하는 바 그것은 시
간, 장소, 캐릭터도 사용하지 않고 연기자의 말들도 사용하지 않는
것이었다'(p.7).

해프닝의 '분류학'을 시도하면서, 다르코 수빈(Darko Suvin)은 '이

벤트'로부터 시작하는데 이는 아이들의 게임 같은 활동과 함께하는 장면이다. 이벤트는 음악과 춤에 연계되는데 '그것들이 정해진 범위에서의 시간-지속을 리듬과 함께 사용하기 때문이다'(1970: 126). 다음은 '도박적 장면'이다. 여기에서 그는, 저자가 선택한 것의 조합(케이지가 물그릇을 요구했던 것처럼)과 우연으로부터 구조가 나오는 음악을 연관시킨다. 다음 범주로 **해프닝**을 논의하면서, 그는 본성으로 도피하려는 욕망 및 '도시적인 미국적 환경을 신체적인 도전 없이 새로운 순수성으로 전환시키려는' 욕망에 모두 주목한다(p.128). 그들은 (시도된) 감각적 재교육의 과정에 의해 작업하며 그리하여 그것들에 대해 유토피아적 충동을 갖는다. **해프닝**의 기술이 공간과 플롯에 매트릭스화 되었을 때(케네스 브라운(Kenneth Brown)의 「*구금실 (The Brig)*」에서처럼) 그들은 액션 시어터로서 발전한다.

1970년 『*드라마 리뷰(The Drama Review)*』에 쓴 글에서 수빈은 **해프닝**에 관심을 보였는데, 이때 수빈은, **해프닝**이 인식의 양상을 간섭한다는 이유에서 해프닝을 승인한 리처드 셰크너(Richard Schechner)와 같은 이들에게 반대되는 논의를 펼쳤다. 이는 단지 형식주의자의 접근이라고 보면서, 수빈은 도박에의 강조가 특수한 역사적 순간과 연결된 이데올로기적 구성이라고 논했다. **해프닝**의 주요 시기는 1950년대 중반부터 1960년대 중반이었다. 수빈은 그 시기를 미합중국의 내적 '침체'가 '미국의 모순을 가려온 미봉책에 대한 충격적 인식의 결론 없는 돌풍 속으로 무너져 내린' 때였다고 묘사한다 … 뉴욕 *보헤미안*들은 유효하고 설득력 있는 외국의 모델도, 강하고 순수한 노동자나 사회주의 운동도 갖고 있지 못했고, 번영의 유혹에 기반을 둔 대중 설득의 새롭고 더 만연한 방식에 예속됐다'(1970: 141). 그래서 **해프닝**은 '매우 드물게 – 이는 분명한 약점인데 – 정치적이거나 경제적인 관계에 그들의 주의를 집중시켰다: 해프닝은 약간 사회적으로 근친교배된 것 이상이었다'(p.140). 동시에, **해프닝**은 또한 아른하임(Arnheim)과 폴라니(Polanyi)같은 인식철학자의 작업들과 함께 발생하였음에 주목해야 한다(핵심어: 운동감각적(Kinaesthetic) 참조). 그들은 지식의 서로 다른 종류들, 그것들 안에서의 신체의 역할에 관심을 가진 이들이었다.

그러나, **해프닝**을 만드는 이들을 '주로 그들끼리 음식 공급하는 고립된 소집단'(p.141)으로 생각하는 태도는 확장되고 자격을 확보할 필요가 있다. 매스커뮤니케이션의 시대에는 가장 신생의 예술적 집단으로 묘사해볼 수도 있다. 영국에서는 1960년대 말에 **해프닝**들이 있었는데, 이는 1968년 5월 파리에서의 학생 저항 운동 및 이벤트를 포괄하는 대항 문화와 연계된 것이었다. 같은 시기에 플럭서스(Fluxus)와 연계된 더 급진적인 요소들이 중요한, 비록 무산되었을지라도, 시도를 보였는데, 도박적 예술 실천을 정치적 방식과 통합시키려는 것이었다. 여기서 도박은 잠재적으로 정치적 도구였다.

1990년대 영국에서, 비록 아무도 **해프닝**에 대해 말하진 않았지만, 도박적 요소들이 결합된 쇼들이 있었다. 특히 출연자가 관객에게 말을 하는 라이브 채널 쇼는, 도박적 요소와 관련해 모든 면에서 위험한 요인을 갖고 있었다. 이벤트는 분명 매트릭스화 되지 않고(명사들이 자신들의 명사다운 가면을 유지해야 한다는 점만 제외하고), 일상생활을, 거리에서의 상호작용 속 일상의 대상들로부터 객석의 '일상적인' 사람들에 이르기까지를 총체화한 것이었다. 분명 거기에는 정치적으로 참조할 만한 지점은 없어 보인다. 이제는 대중 연예 속에 자리 잡은 도박이다. 사행성의 대본화된 틀은 '*빅 브라더*'(채널4) 같은 '리얼리티 TV' 쇼의 기반이기도 하다. 여기서 우연한 인간 상호작용은 드라마의 과정뿐 아니라 누가 유명인사가 될 것이냐 하는 문제까지 결정한다. 하지만 여기에서 관객은 심판자이자 사형집행인으로 자리 잡는다. 그들은 상품 장치를 통제하는 존재감과 함께 유희할 수 있도록 초대된다. 리얼리티 TV에서 사행적 위치와 계약하고 이념적으로 강화되면서 시청자는 소비자 신으로서 그들 역시 유명인 사가 될지 모른다는 약속과 결부된다.

사행성의 이런 최근 예들은, 매스미디어와 대량 소비에 직면한 냉소적 자포자기를 일종의 축제적 냉소주의로 차츰 바꾸어왔다. 여기에서는 모든 일이 일어나고, 모두가 모든 일을 알며 아무것도 문제되지 않는다. 흐트러진 전통 예술에 대해서는 거의 고려하지 않으면서, 1990년대의 사행성은 요령 있는 침묵을 나른다. 하지만 모든 경우에, 사행성은 자유, 혹은 아마도 더 정확히는 그 이미지와 관련되어 있다고 말할 수 있을 것이다.

카타르시스(CATHARSIS)

이 단어는 비극, 실제로는 어떤 진지한 희곡이든, 그 결말부가 관객에게 미치는 효과를 설명하기 위해 매우 자주 사용된다. 그 흔한 근대적 용례에서 '카타르시스적'이란 강렬한 정서의 치료요법적인 배출을 뜻할 수 있고, 이로 인해 단순히 강렬한 정서의 경험을 묘사하는 데 종종 사용되기도 한다. '카타르시스적인' 경험이란 그래서 단지 정서적인 것이다.

비극의 결말은 일반적으로 관객의 정서적 반응을 낳도록 예정되어 있는데, 이는 그들로부터 정서를 이끌어내어 그것을 제거해버리기 위해 그 정서를 표현하게 하고, 그리고는 결국 더욱 고요해진 상태로, 정서적으로 나쁜 것은 제거해버린 상태로 남게 하려는 것이다.

비극의 작용에 대한 이런 일반적 생각은 다소 적대감을 불러일으켰다. 아우구스또 보알(Augusto Boal)은 아리스토텔레스의 이론을 설명하면서, 카타르시스를 문화적 안전장치에 비유했다. 카타르시스가 관객을 소모시키고 안전하게 조용한 상태로 남겨두기 때문이다. 비극적 효과는 관객들로 하여금 그 조용함을 역전시켜야 한다고

- 정치적으로 - 느껴야 할 상황들과 화해하도록 한다. 그러나, 밀링 (Milling)과 레이(Ley)가 지적했듯이, 보알은 실제로 아리스토텔레스 가 쓴 것이라기보다는 자신이 썼다고 생각하는 것에 관여하고 있다. 그의 결론은 '실종된 정서의 창안에 의존하는데, 그것은 연민과 공포 가 아니라, 신비롭게도 *"법에 직접적으로 대항하는 어떤 것*'이다' (Milling and Ley 2001: 154, 원래 강조).

이 용어가 너무나 많은 논의들을 낳아왔고 아리스토텔레스의 비극 론 및 그 정치적 효험을 정의하려는 방식들과 연계되어 왔기에, 아 리스토텔레스가 비극을 정의하면서 이 단어를 단지 한 번만 사용했 다는 점을 지적하기가 놀라울 정도이다: 비극적 행위의 질을 정의해 주는 것은 그것이 '관객으로부터 연민과 공포를 끌어낼 수 있고 그러 한 정서의 *카타르시스* 효과를 가져올 수 있어야 한다는 것이다' (Halliwell 1987: 89). 설명 또는 해명이 부족하여 많은 주석과 논의 들을 필요로 했다. 미메시스란 단어가 그러했듯이, 여기서 사용된 단 어는 영어로 안정적인 번역이 이루어질 수 없다. 스티븐 할리웰 (Stephen Halliwell)은 그래서 다음과 같은 경고를 조언한다:

> [아리스토텔레스가] 이 맥락에서 *카타르시스*란 단어로 무엇을 의미하려 했 는지 우리는 정말 모른다고 일단 그렇게 말하는 것이 좋을 것이다. 그것은 플라톤식 관점에 대한 응답을 제공할 뿐이라고 온건하게 확신할 수 있을 뿐 이다. 플라톤식 관점에 따르면 비극은, 일반적인 심리적·도덕적 행복을 목 적으로 억제되어야 할 감정들을 불러일으키는 것이다(『*국가론(Republic)*』 10, 603-5).
>
> (1987: 89-90)

어떤 주석가들은 이 단어의 사용을 아리스토텔레스의 다른 단어들 의 사용과 연결시키면서 그 의미에 더 다가가려 노력했다. 이들 중

가장 일반적인 예는, 조녀선 리어(Jonathan Lear)에 따르면, 여성의
월경과 같은 의미이다. 비극의 정의에 있어서 그것이 발생할 때, 그
것은 신체의 배출 과정에 연루된 깊은 의미와 관련이 있다. 이는 더
진전된 물음을 낳는다: 무엇이 배출되는가? 어떤 수단으로? 관객의
신체에서인가 연극의 신체에서인가? 공명정대하고 매우 신중한 관점
을 취하려고 하면서 할리웰은 주장한다.

> *카타르시스*는 연민과 공포라는 자연적 감정만 완전히 작동시키는 것이 아
> 니라 인간 세계의 사건들을 이해하고 그에 반응하는 올바른 기능을 이끈다는
> 점에 있어서도 강력한 정서적 경험이라고, 매우 잠정적인 해석을 향해 나아
> 갈 수 있을 것이다.(1987: 90)

할리웰의 공식 이전과 이후에 격렬하게 진행됐던 논쟁들에서 카타
르시스는 배설, 정화 그리고 교육으로 정의되어온 것으로 보인다. 리
어는 그 정의를 내리려는 자신만의 시도를 하면서 이러한 정의들을
거부하고, 아리스토텔레스의 의미를 충족시키는 제약들을 목록화했
다. 여기엔 자신들이 극장에 있다는 사실을 알지만 그 사건들이 자
신들에게도 발생할 수 있다는 가능성을 인식할 수 있고 그래서 안도
하는 만큼 기쁨을 느끼는 관객들이 포함된다. 리어는, 미메시스에 대
한 적절한 반응 - 비극적 기쁨과 카타르시스 - 이 '실제 사건에 대해서
는 전혀 적절하지 않을 것'이라는 점에 대해 아리스토텔레스가 깨달
았을 것이라고 강조한다. 카타르시스는 '적절하게 부적절한 환경' 안
에서 경험되기 때문에 안도하는 것처럼 보일 수 있다(Lear 1992: 334).
리어가 목록화한 제약들은 브레히트와 보알의 가정들에 대해 거리
를 취할 수 있게 해주는데, 그들에 의하면 비극은 관객을 그 고유의
환영적 공간으로 빨아들이고 실제 삶에서의 판단을 허구적 판단으로
대체시키는 것이다. 그 의미를 고정시키려는 또 다른 시도는 1993년

퍼포먼스와 퍼포머티비티에 대한 회의에서 앤드류 포드(Andrew Ford)에 의해 이루어졌다. 『시학(Poetics)』을 『정치학(Politics)』과 함께 맥락화하면서 그는, 아리스토텔레스가 카타르시스를 비극에 대해 교양 있는 반응을 보이지 않는 사람들을 위한 개념으로 제안했다고 주장했다(아리스토텔레스는, 형식이란 주로 교양 있는 관객을 위한 운명에 처해 있다고 전제했기 때문이다).

　카타르시스를 정의하는 일은, 정치적 고려에 의해 적절한 시민적 행위로 가득 채워지고, 이와 함께 공공 정서의 작동에 대한 급진적인 불확정성으로 채워지게 된다. 아리스토텔레스만큼이나 보알은 상연되는 허구에 대한 적절한 정서적 반응에 대해 생각하고 있었다. 이는 아마 놀랄 일이 아닐 텐데, 논쟁을 통해 지속되었던 것은 기본적으로 카타르시스에 대한 논의가 공적 배경에서 인위적으로 유도되는 정서에 대한 논의를 포함하는 것이라는 점이었다. 아리스토텔레스 자신은 비극의 시대(BCE 5세기) 이후에 글을 썼고 그래서 일반적으로 생각되는 비극적 가치로부터는 벗어나 있었다. 그는 매우 다른 사회적 맥락 안에서 잃어버린 공적 정서를 설명하려고 시도했었다. 그리고 이는, 카타르시스에 대한 가장 긴박한 논의의 극단에 주어진 문화적 불연속성의 감각이었다.

　특히 유명한 논의를 영국 르네상스에서 찾아볼 수 있다. 스티븐 오르겔(Stephen Orgel)(1995)에 따르면, 이 시기에 카타르시스란 단어는 극적 예술에 대한 자의식적 이론가들의 논쟁에서 출중한 위치에 있었다. 그들 중 많은 이들에게 동시대 드라마는, 적절한 질서와 예법의 부재를 예시하는 듯한 새로운 상업 연극의 조건 속에서 산출된, 형식의 혼란을 대변하고 있었다. 그래서 그들은 대신 자신들의 참고 지점을 고전주의 시대의 연극적 글쓰기로 돌아가 찾았는데, 이 시기는, 지나고 나서 보니까, 문화적 생산이 더 질서 있었던 것처럼 보이는 때였다. 여기에서 핵심적 인물은, 르네상스적 사고 및 로마의 시인이자 이론가인 호라티우스(Horace)에 많은 영향을 미친 다른 이들과 함께 아리스토텔레스였다.

시에 대한 호라티우스의 관점은 시가 교육적이기도 하면서 즐거움을 주기도 한다는 것이었다; 사실, 시는 즐거움을 창조하기에 교육도 잘할 수 있는 것이었다. 이러한 생각은 즐거움을 기능에 강력히 연결시킨다. 그것은, 진지한 예술이 정서 운용 사업에 관여하는 또 다른 사례이다. 그러므로 교육적 즐거움은, 연극의 효과를 설명하는 방식으로서의 유용성 있는 배출과 연관된다. 각각은 사회를 향해 특별히 호소하는데, 다수의 사람들을 정서적 흥분으로 분명히 밀어 넣을 수 있는 예술의 대중적 출현과 사회적 영향에 대해 사회는 관심을 갖는 것이다.

카타르시스에 대한 논의의 가치는, 예술작품과 사회의 추상적 관계, 그 안에서의 시민 정서의 적절한 지배에 대해 정의할 수 있는 그 능력으로부터 나오는 듯하다. 르네상스에서의 정서적 해방에 대한 반감이 지배되지 않는 사회적 통합에 대한 고려와 연결되어 있었다면, 17세기 후반과 그 이후엔 시민적이고 '이성적인' 부르주아 사회가 발전하면서 카타르시스는 우선 거부당했고 그리고 나서 정서적으로 재정의 되었다. 정서적 재정의를 향한 전환은 레싱(Lessing) 때 나타났는데, 그는 비극을 '연민을 자극하는 시'라고 정의했다: 연민의 상태는 희곡이 끝나면서 마무리되는데, 그 후에야 공포가 뒤따르게 된다(in Carlson 1994: 168). 괴테(Goethe)의 경우, 카타르시스의 중요 요소는 화해와 조화였고, 이는 관객에게서보다 무대의 부분들 사이에서 성취될 수 있는 것이었다. 그래서 카타르시스는 돌연변이적으로 변형되는 것 같다: 연민과 공포의 배출로부터, 교육과의 관계에 있어서 연민과 공포를 강조하는 입장을 거쳐, 공포는 보조적 요인으로 보면서 연민의 배출보다는 창조를 주로 강조하는 입장으로 말이다. 이러한 개념의 변형과 함께, 근대 초기에 공연장에 자주 가는 사람들의 사회적 위치 또한 변해갔다: 그 활동은 점차 개인들과 상류층 신사의 규범에 의해 지배받게 되었다. 18세기에는 도시적 '시민 사회'가 탄생했다. 공포에 대한 연극적 강조가 감소한 이유는, 일을 행하는 고유한 방법에 대한 시민 사회의 관점에 있어서 그것이 덜 중요한 위치를 지니게 되었기 때문이라고 주장할 수 있다.

드라마의 이론으로부터 비롯된 카타르시스에 대한 관심은, 인간 심리학의 탐색이 발달하면서 더욱 광범위하게 신장되고 산재하게 되었다. 19세기 중반에 독일 학자들은, 카타르시스의 과정은 병리학적 정서, 극적 텍스트에 대한 반응 너머 그만의 고유한 심리적 역사를 지니는 무언가의 축출이라고 제안했다. 유명한 사례는 독일 철학자 자코브 베르나이스(Jacob Bernays 1824-81)가 아리스토텔레스에 대해 언급한 것이다: 그는 아리스토텔레스의 카타르시스에 대한 생각을 그 적용에 있어 도덕적이라기보다 의학적인 것으로 해석했다. 프로이트는 베르나이스의 작업을 알고 있었고 경탄했는데, 그와는 아내를 통해 가족으로 연결돼 있기도 했다. 브루어(Breuer)와 함께 프로이트는, 안나 오(Anna O)의 임상 연구에서 묘사된 히스테리를 치료하는 법을 발전시켰고 그들은 그것을 '카타르시스적 방법'이라고 불렀다.

르네상스기에 카타르시스는 공공의 정서를 운영하기 위한 요구로부터 반향을 불러 모았다. 19세기 이후 그것은 의학적 모델로부터 함축을 얻게 되었는데, 그 대중화된 형식 속에서, 의학적 모델은 '이야기 치료'를 통해 억압의 메커니즘을 풀어냄으로써 작동하는 것이었고, 그리하여 그토록 해롭게 억제돼왔던 것들을 풀어주는 것이었다. 사회 공학과 덜 관련 있는, 카타르시스는 개인적 요법의 용어가 되었다. 그러한 치료법은 개인적 위기에 대처하는 방식으로 종종 각자의 선택이다. 용어가 대중화되면서 카타르시스가 제거가 아닌 고급 정서의 경험과 관련된 의미가 되기까지 그것은 짧은 단계였다.

캐릭터, 가면, 사람(CHARACTER, MASK, PERSON)

주류 서구 연극에서, 희곡대본에 제시된 허구적 개인들은 흔히 희곡에 '캐릭터들'이라고 언급되어 있다. 배우들의 작업은 그들이 책임지고 있는 개인들을 '캐릭터화'해서 산출해내고 그 행동의 '동기'들을 발견해내어, 그 노력이 고맙게도, 글로 써진 텍스트가 '살아나는' 결과물로 이끌어주는 것이다.

이와는 대조적으로 '캐릭터'의 최초의 용례는, 개인성이나 내면성과 별로 관계가 없었다. 대신 그 말은 비주류 문학 장르였던 '캐릭터 스케치'와 관련된 것이었다. 이 장르는 오래 전 고대 그리스 작가 테오프라스투스(Theophrastus)에게로 거슬러 올라간다. 그의 작업은 16-17세기 영어로 번역되었다. 그러나, 장 크리스토프 에그뉴(Jean-Christophe Agnew)가 언급했듯이, '캐릭터'가 '도덕적 악덕과 미덕의 인격화'였던 그리스 모델은 17세기 초 영국에서 좀더 전형적인 것으로 변했다. '캐릭터'는 시사적으로 인식되는 사회적 유형(선장, 청교도, 유곽의 여주인 등)에 대한 산문적 증류로서 인기를 얻게 되었다: '캐릭터 책은 보는 이에게 … 당대 영국 사회에 대한 위트 있고 사회 식물학적인 소풍의 기회를 제공했다'(Agnew 1986: 74-5). 그들은 하층사회에 대한 묘사와 예의바른 행동지침을 일깨우는 매뉴얼을 담은 팜플렛과 함께 나타났다. 이러한 사회적 지도의 일반적 담론에 사로잡혀, 희곡텍스트 또한 '캐릭터'를 흥미롭게 인식할 수 있는 사회적 유형들로 정립시켰다.

심지어 18세기 후반에도 '캐릭터'는 여전히 사람의 핵심적인 속성을 한 마디로 증류시킨 것, 그 개인의 요약적 산문으로 이해되었다. 그러한 의미는 인간의 좋은 '캐릭터'를 요구하는 옛날식 광고 업무 등에 다소간 남아 있다. 또한 인간의 자질에 대한 믿을만한 보고인 '캐릭터 레퍼런스'로서 여전히 유지되고 있다.

비록, 최근 서구 연극의 지배적인 실천과 담론에서 '캐릭터'가 입체성 및 깊이, 내면성 등의 개념과 연계되어 있다 해도, 그 단어 자체는 유형화의 의미로 우리에게 다가온다. 그것과 함께, 17세기 초의 희곡에서는 허구적 개인들을 위한 다른 단어를 사용했다. 그 단어는 오래된 라틴 문구에서 친숙한 'dramatis personae'였다. '드라마의 사람들'을 제시하는 활동은, 앤드루 구르(Andrew Gurr)의 의견에 의하면, 이론적 신조어로 이어진다:

> 세기 초에 상연자들이 무대에 나타낸 것은, 그 특징을 묘사하려고 완전히 새로운 용어를 요구할 만큼 충분히 차별화된 것이었다. 이 '역을 맡아 함' ('personation') 이란 용어는 개별적 캐릭터화의 상대적으로 새로운 예술을 제안하는 것으로, 그것은 웅변가의 열정의 표시나 학구적 배우의 캐릭터 유형 성격 묘사와는 구별되는 예술을 뜻한다.(Gurr1970: 73)

'캐릭터화'란 단어가 다소 구체적이지 않긴 하지만, '역을 맡아 함'과 '캐릭터의 성격묘사' 간의 차이점에 대한 핵심은 매우 분명하다.

여기서의 범주화가 꼭, 어느 한쪽의 활동이 다른 한쪽보다 더 '사실같다'(realistic)는 주장으로 이어질 필요는 없다. 영어 단어 'person' 뒤에는 라틴어 페르소나('persona')가 지닌 '가면'(mask)이란 구체적 의미가 유지되고 있다. 17세기 초 코메디아 델아르떼(commedia dell'arte)에선 persona가 통칭되고 있었다: 판탈로네(Pantalone), 일 도토레(Il Dottore), 아를레키노(Arlecchino) 등이 그것이다. 그/녀들은 실제 가면을 쓰지 않음에도 불구하고 배우들의 신체는 특정 페르소나에 관습적으로 연결된 물리적 상황을 확인할 수 있도록 훈련되어 있었다. 가면은 단지 착용되지 않을 뿐, 상연자에 의해 살아나고 있었다. 그것은 그들의 퍼포먼스를 위한 중심 틀을 제공했다. 나아가, 가면은 다른 방법일지라도 상연자 안에 살고 있었다고 말할 수도 있다. 이를테면 코메디아의 공연에서, 가면은 신체적 근육을 통해 작동한다. 상연자의 뇌는, 일상적 존재의 규약과 제약을 놓아준 채 잊고 가는, 가면의 태도로 이끌린다(Webber et al. 1983).

일련의 외적으로 부여된 제스처와 근육 형상을 살아냄으로써 그 신체는 가면을 썼다고 할 수 있을 것이다. 이러한 외부효과나 가면의 의미는, 정치철학자 토마스 홉스(Thomas Hobbes 1588-1679)가 1649년 '사람(person)'이란 단어와 연결시킨 것이었다. 그는 *persona* 로부터의 어원을 지적했는데, 그것은 무대 위에서 위조된 '인간의 *가장된(disguise)* 혹은 *외부적 모습(outward appearance)* 등을 의미하며, 때로는 특히 얼굴을 가면(Mask or Visard)으로 가장한 그 부분을 의미한다'(Hobbes 1976: 217). 이로부터 더 나아가 그는 사람(person) 과 배우(actor) 사이에 유사성이 있다고 말한다: '*사람(Person)은, 배우(Actor)도* 그러하듯이, 무대상에 그리고 일상 대화에 모두 있다; *사람의 역을 맡는다는(Personate)* 것은 *연기하는(Act)* 것 또는 그 자신 또는 다른 사람을 *나타내는(Represent)* 것이다'(p.217). 홉스는 여기서 무대와 '일상 대화'의 연속성을 추정하고 있는데, 사람들 사이의 모든 일들에 있어서 각 부분들은 외부 모습을 신중히 드러내면서 '가면'을 적용하기 때문이다. 그러니까, 고프먼(Goffman)이 일상생활에서 스스로를 제시하는 '얼굴'이란 개념을 공식화하기 300년 전, 시장 사회가 형성되기 시작하던 무렵에, 홉스는 일상의 퍼포먼스라는 개념을 제안했던 것이다.

영어로 쓰이면서 페르소나는 가면과의 연결성을 상실한다. 그 단어의 의미는 점차 '사적인 개인(private person)'을 뜻하는 쪽으로 옮겨가기 시작했다: 이는 사회적 외면보다는 좀 더 심화된 의미로 독특하고 자연적이다. 사적인 자신을 향한 이러한 주목은 19세기 초반에 특별히 힘을 얻었다. 급진적 사상가들은 스스로 억압적이고 부패한 사회적 질서와는 정치적으로 거리를 두었다. 문제가 되는 것은 단지

'낭만주의적인' 시인의 사적인 반응이 아니라 머리에서 배운 환영을 없애려는 노력이었다. 권위적인 리얼리티가 내면적인 데 있다는 쪽으로 강조점이 이동하면서, 외면적 모습은 허위와 관련된 것이 되어갔다. 홉스가 이미 주장했듯이, 가면은 가리우는 것, 뒤로 숨기기 위한 무언가였다. 이런 의미에 이르자, 가면은 가면을 쓴 공연으로부터 멀리 제거된 하찮은 개념이 되었다.

'내면'을 들여다보려는 충동, 그것은 물론 들여다보려는 내면 안에 있다고 전제된 것이지만, 그 충동은 일반적으로 러시아 연극 연출가 스타니슬랍스키(Stanislavsky 1863-1938)의 작업과 관련되어 있다. 조셉 로치(Joseph Roach)가 말했듯, '그의 이름은 "정서적 기억"의 독트린과 연관된 것인데, 디드로(Diderot)에 의해 창안되고 탈마(Talma)와 루이스(Lewis)에 의해 발전된 전통을 따르면서, 배우는 역할에 요구되는 상황 속에서 그 자신의 과거의 정서를 주체적으로 되살리게 된다'(Roach 1993: 197). 로치의 설명에서 디드로와 스타니슬랍스키는 모두 연기의 지속적인 문제를 전달하려 한 주요 인물들인데, 그 문제는 심지어 자연스러움을 유지하면서 어떻게 열정을 주문에 맞춰 생산하느냐는 것이었다. 그들은 각자 자신만의 아이디어를 발전시키면서 당대의 과학적 사고를 사용했다. 스타니슬랍스키에게 있어 현대 과학의 탐구 영역이었던 신체와 정신의 상호관계는, 배우들을 훈련시키는 자신의 시스템을 발전시키는 데 핵심적인 것이었다: '신체와 영혼의 유대는 불가분의 것이다. … 모든 육체적 행위에는 심리적 요소가 있고 모든 심리적 행위에는 육체적 요소가 있다'(in Roach 1993: 205). 모두 합쳐 생각하여, 오랜 기간에 걸쳐 영어로 번역된 스타니슬랍스키의 세 권의 책, 『*배우 수업(An Actor Prepares)*』, 『*성격 구축(Building a Character)*』, 그리고 『*역할 창조 (Creating a Role)*』를 보면, 육체적 성격화의 작업은 심리적, 실제로는 '잠재의식적인' 기술의 발전과 함께 진행된다. '심리-기술적인' 훈런 시스템을 통해 스타니슬랍스키는, 배우가 '육체적 삶을 통해 재귀적으로 역할의 영혼의 삶에 도달할 수 있다'고 주장했다(Roach 1993: 209). 의식을 통해, 잠재의식에 접근할 수 있다. 배우의 훈련이 잠재의식의 반사작용을 자극하는 기술에 집중될 때, 캐릭터의 개념은, 다소 '구축'되는 것이긴 할지라도, 완전히 유기적이고 사적인 것이 된다.

독일 극작가이자 이론가인 베르톨트 브레히트(Bertolt Brecht 1898-1956)는 배우가 역할에 '완전히 융합'되는 데 대해 경고했는데 이때 반대한 부분이 정확히 이러한 효과였다. 배우가 역할에 완전히 융합되면 그것이 너무 '자연스럽고, 다른 방식은 생각할 수도 없는 것처럼 보여서' 관객은 그것을 연기의 기준으로 받아들이게 된다. 브레히트의 프로젝트는 인간 본성을 변화시키는 것이므로, 배우는 그 대신에 그가 사회의 개입에 의해 변화될 수 있는 것처럼 보이는 지점에서 인간을 비추려고 시도해야 한다'(Brecht 1964: 235). 이는 캐릭터화 작업에 대한 배우의 달라진 태도와 캐릭터 그 자체의 달라진 개념 모두를 필요로 한다. 배우는 캐릭터의 불일치에서 깔끔하게 벗어나길 요청받지 않고, 그 대신 그 모순과 불안정성, 그리고 변화 능력을 보여주도록 요청받는다. '감정이입, 혹은 캐릭터와의 자기동일화'가 유용한 연습 도구이긴 하지만, 브레히트에게 그것은 '객관화'의 한 가지 방법일 뿐이다. 해야 할 일은 일관성을 허위로 만들어내는 일이 아니다: '캐릭터의 일관성은 사실 그 개별적 자질들이 서로 모순을 일으키는 방식으로 나타난다'(pp.195-6).

스타니슬랍스키 식 성격화 방식이 막연히 지속되는 데 대한 브레히트의 비주류적 반박은 1965년 그의 추종자인 미국 비평가 에릭 벤틀리(Eric Bentley)에 의해 다시 거론된다. 개인화된 캐릭터에 주어진 가치에 대해 의문을 표하면서, 그는 관객에게 미치는 효과가 대표적이고 일반화된 데서 오지 특수하고 개별화된 데서 오지 않는다고 논의했다. 그의 이런 입장은, '인생 드라마에서 캐릭터의 오리지널 캐스트'는 가족인데 그 드라마는 이후에 '동일한 몇몇 부분에 점점 더 많은 사람이 캐스팅되면서' 다시 상연됨을 관찰함으로써 나온 것이다(Bentley 1965: 36). 이로부터 그는, 행동을 통해 제시되는 극적 유형의 중요성과 유행을 강조하는 데로 옮겨간다. 하지만 유형의 범주 내에서, 비주류로 고정된 캐릭터들은, 원형이 될 수 있는 주류 유형들로부터 분리되어 있다: '전통적으로 고정된 캐릭터들이 사소한 것들 – 집단과 그들의 기벽, 기이함 – 을 유형화했다면, 원형적 캐릭터는 특이성 이상의 더 규모가 큰 것들과 특성들을 유형화 한다'(1965: 49). 그래서 유형화가 널리 퍼져 있는 데 대한 분석은, 신화로서의 드라마의 기능에까지 확장된 범위를 드러낸다.

후기구조주의 사상이 퍼포먼스 이론을 세우기 전에 잘 써진 글을 통해, 벤틀리는 극적 캐릭터가 고정된 전체성이라기보다 연극과 관객 사이의 관계, 심지어는 힘의 장이라는 점을 제안했다. 셰익스피어는 '어떤 자질을 사람들에게 귀속시키는 일이 아니라, 그들이 살아가는 모습을 보여주는 데' 더 관심이 있었다. 그리하여: '우리는 셰익스피어의 캐릭터에 우리 자신을 동일시할 수 있는데, "나는 이 사람이야, 나는 캐릭터의 이런 속성들을 갖고 있어" 하는 식이 아니라 "이 사람이 되어보면, 어떻게 살아갈지 나는 알아" 하는 방식으로 동일시하는 것이다'(1965: 61). 이는 캐릭터가 행동의 기능이라는 아리스토텔레스적인 생각을 다시 언급한 것이기도 하고, 그것의 정신분석을 소화한 세계에서 고정되지 않은 것으로서의 캐릭터를 다시 공식화한 것이기도 하다.

이와 유사하게 J. L. 스티안(J. L. Styan)은 극적 행위주체자의 활동들을 이런 활동들에 의해 창조된 전체적 인상, 즉 '캐릭터'와 분리시켰다. 벤틀리와 스티안을 모두 인용하면서, 버나드 베커먼(Bernard Beckerman)은 '만들어진 캐릭터(character-made)'와 '만들어지는 과

정 중의 캐릭터(character-in-the-making)'을 구분하였다:

> 만들어진 캐릭터(character-made)는 잔상, 스티안의 표현으로는 '산물(a
> product)'로서, 연극이 끝난 후 이미지에 의해 혹은 비평적으로 다루어질 수
> 있다. 숙고하고 설명하기 위해 드라마의 상황으로부터 종종 분리되는 것이
> 바로 이 잔상이다. 우리가 논의하는 전체성이, 만들어지는 과정 중의 캐릭터
> (character-in-the-making)와 동일하지 않다는 점을 알기만 한다면, 실질적
> 으로 해로울 일은 없다… 만들어지는 과정 중의 캐릭터(character-in-the-
> making)는, 분석이 고려됨과 아울러, 결코 전체성으로 간주될 수 없다. 대신
> 그것은 일련의 연속되는 행위의 가능성들이다. 배우가 자신이 발생시키는 인
> 상에 대해 관심이 있더라도, 그는 직접 캐릭터의 인상을 성취할 수는 없다.
> 오히려 그는 제시된 활동으로부터 하나의 이미지가 합쳐지게 된 것을 관객에
> 게 맡겨두어야 한다.

요약하면, '캐릭터는 개인들의 활동에 대해 우리가 부여하는 해석
이다'(Beckerman 1970: 210, 213). 우리가 어디서든 주목했듯이(핵심
어: '운동감각적(Kinaesthetic)' 참조), 베커먼은 인식에 대한 현대의
작업으로부터 많은 영향을 받았다. 20세기 초부터의 형태 철학
(Gestalt philosophy)이 그의 생각을 뒷받침했는데, 이는 스티안의
『*드라마, 무대와 관객(Drama, Stage and Audience)*』(1971)에서도 마
찬가지였다. 여기에서, 서로 다른 모든 행동의 가능성들을 인지적으
로 파악할 수 있는 요약적 인상으로 바꾸는 것은 관객들이다. 시각
이론으로부터 적용시킨 그런 통찰력으로, 1970년 베커먼은 연기자의
작업이 지닌 잠정적 특성에 대한 이후의 강조를 예견하였다. 그의
주장에 따르면, 연기자는 오직 일련의 '행위의 가능성들'을 산출할 수
있다. '캐릭터'라고 불리는 일관된 전체적 관점은 오직 퍼포먼스의
외부에서만 유효하다.

추상적 요약으로서의 캐릭터의 또 다른 버전은, 만프레드 피스터 (Manfred Pfister)가 '인물상(figure)'이란 단어를 사용하면서 제안한 것이다. 이 제안은, 아리스토텔레스를 포함한 모든 다른 이론들이 역사적으로 특수한 종류의 드라마에 묶여 있던 것과 달리, 그렇지 않은 드라마 이론을 발전시키려는 시도 안에서 나왔다. '인물상(figure)' 이 피스터에게 호소력이 있었던 이유는, 그것이 '신중하게 인위적인 무언가를 암시하면서' '개인적 자율성보다 기능성의 인상을 환기시켰기' 때문이다([1988] 1993: 161). 이는 그것을 '실제의' 사람으로 생각하는 일을 방지한다. 그는 그것을 '그것이 수행하는 구조적 기능의 총합'이자 '그것을 텍스트 속 다른 인물상들(figures)과 연결시키는 대조와 상응의 총합'이라고 정의했다(p.163). 그러나 여기에 문제가 있다. 피스터는 초역사적인 공식화를 추구했기에, 역사적으로 매우 특수한 다른 사람들, 캐릭터를 제시한 배우들, 그것을 해석한 관객들과의 관계로부터 '인물상(figure)'(그리고 캐릭터(character)와 사람(person))을 추상화했다. 어떤 이들은 이러한 거래적 관계들이 '캐릭터'의 힘에 결정적이라고 논의할지도 모른다.

낯설게 하기와 소외(DEFAMILIARISATION AND ALIENATION)

브레히트, 마르크시즘 그리고 페미니즘

브레히트가 관객들을 소외시키길 원했다는 이 유머감각 없는 오해가 지속되고 있는 것은, 번역상의 혼동과 관계가 있다. 독일어 Entfremdung과 Verfremdung은 모두 종종 '소외(alienation)'로 이해되기 때문이다. 브레히트 자신은 이 용어들을 잠시 서로 바꿔가며 사용했지만, Verfremdung은 '거리두기', '소원하게 하기' 혹은 '낯설게 하기(defamiliarisation)'로 가장 잘 이해되고 있다. 브레히트의 마르크시즘적 틀 안에서, 인간의 노동과 인간성 그 자체 모두가 자아실현,

자신들의 최선의 상태가 될 수 있는 것으로부터 가로막혀 있다는 의미에서 소외되어 있었다. 선명히 낯설게 만든다는 것은, 억압받는 이들이 그 억압의 형식을 인지함으로써 그것을 극복하도록 도와주기 위해 고안된 정치적 기술이다. 브레히트가 바그너의 *총체예술(Gesamtkunstwerk)*(여기서는 모든 요소들이 전체 안에 통합된다)에 반대했다면, 이 두 사람은 공통 감각을 지니고 있었던 셈이다(같은 의미에서는 아니라고 할지라도). 그것은 휴머니티가 소외되어 있고 예술이 그것을 극복하도록 도와줄 수 있다는 것이었다. 그러나 바그너가 신화에 미적으로 몰입하는 처방을 했다면, 브레히트는 비평적 탐문을 촉진시켰다. 연극에서의 낯설게 하기 효과 - *Verfremdungseffekt* - 는 삶에서의 소외 - *Entfremdungs* - 를 극복하기 위해 고안된 것이다.

　브레히트는 이를 보여주기 위해 무대 우화를 제공하였다. 「*어머니(The Mother)*」(1930)의 장면 13에서, 혁명적 활동가인 펠라지아 블라소바(pelagea vlassova)는 1차 세계대전 때 러시아 황제의 군대에 동전을 기부하려고 기다리고 있는 여성들의 대기행렬에 잠입한다. 이러한 기부는 전쟁을 단축시킴으로써 국가를 도우리라고 선언하는 신호다. 블라소바는 흡사 천진스럽게, 더 많은 탄환은 분명 전쟁을 장기화하리라고 주장한다; 나중에 씁쓸하게도, 각각의 노동계급은 지배 계급을 위해 서로를 죽이게 된다. 신호는 리얼리티를 숨기거나 도치시킨다. 이것이, 라레인(Larrain 1979: 27-31)이 *이데올로기*의 '부정적' 정의라고 규명한 것이다. 장면은 이데올로기가 어떻게 작동하는지 보여준다; 그리고 낯설게 하기가 먼저 어떻게 이데올로기를 동일화한 후 그것이 숨기고 있는 것을 드러내기 위해 이데올로기를 도치시키고 관통하는지 보여준다. 1939년의 에세이에서 발터 벤야민(Walter Benjamin)은, 브레히트 서사극의 과업은 '조건들을 재현하는 것'이라고 썼다. 자연주의에서처럼 그것들을 '재생산'함으로써가 아니

라 노출시킴으로써 '*그것들을 낯설게 만듦으로써*' 그렇게 한다는 것
이다: 이는 '그것들을 방해함으로써' 행해지는 것이다(Benjamin [1939]
1973a: 18, 원래 강조).

  우화라기보다, 그 장면은 확장된 *게스투스(gestus)*라고 부르는 것
이 더욱 정확할 것이다. 스토리보다 더, 그것은 어떤 유형적 조건들
의 형상을 보여준다. 그 장면을 이데올로기의 게스투스로 생각해보
자: 여성들은 신호에 의해 오도된 채 맹목적으로 행렬을 이루고 있
다. 그것은 또한 낯설게하기를 위한 게스투스이기도 하다: 블라소바
는 행렬을 방해하면서, 그 신호 뒤의 진실을 폭로하고 여성들을 계
급의 줄에 따라 나눈다. 더 나아가, 그것은 활동가의 게스투스 혹은
모델을 제공한다. 블라소바는 화가 나서 자신의 정체를 드러낼 때까
지 성공적이다. 그녀의 행동과 그 결과는 관객과 배우들이 함께 생
각해볼 그 무엇이다. 그들은 두 가지를 배운다: 정치적 선동의 기술
에 대한 중요한 질문과; 낯설게 된 시각을 통해 삶 전체를 바라보는
습관이 그것들이다. 세 번째의 근본적인 것은 다음과 같다: 블라소바
는 행렬을 방해함으로써 여성들에게 그들 스스로와 세상을 바꿀 수
있는 실질적인 선택권이 있음을 드러내주었다. 객석과 무대상의 활
동가 또한 그것을 변화시킬 수 있다.

  윌레트(Willett)는 독일어 *gestus*를 '제스처와 골자 양쪽 모두'의 뜻
으로 유용하게 이해했다. 인간 상호작용의 전체적인 관계와 형상은
도식적으로 만들어지고; 인간 행동은 면밀히 조사된다(1977: 173).
여기서 근본적인 것은 *제시(demonstration)*의 기술이다: 퍼포머는 캐
릭터 '옆에'서서 재현의 연기를 직접 지시한다. 게스투스는 두 가지
수준에서 동시에 작동한다: 브레히트 식 배우는 소재를 이야기하고;
극장 안에서 전시의 게스투스를 쓴다. 사실, 배우의 단일한 신체가
동시에 세 사람을 발생시키는 것이다. 거기엔 캐릭터와, 보여주는 배
우와, 연기의 사회적 역할을 취한 사람이 있다. 브레히트 식 연극은

리얼리티의 추상화에도 의존하고, 무대와 객석의 사람들이 지닌 구체적인 리얼리티에도 의존한다. 한편, 브레히트에게 있어 *요소들의 분리* 그 자체는 *낯설게 하기 효과(V-effekt)*이다. 연극적 생산의 수단을 드러내면서, 그것은 무대의 수사학적 기능화 및 재현 장치로서의 그 퍼포머티비티를 전경화한다.

엘린 다이아몬드(Elin Diamond)는, 영화적 장치 안에서의 남성적 시선에 대한 멀비(Mulvey)의 비평(1975)이 브레히트적 기초 위에 있음을 주목했다. 1988년에 첫 출판된 발전된 논의에서, 다이아몬드는 브레히트적 이론과 페미니즘 이론을 각각 어떤 근원적 원리들의 기초 위에서 상호텍스트적으로 읽어야 할 것이라고 요청한다. 페미니즘에 있어서, 이는 '물질적인 사회적 관계와 산만한 재현적 구조 … 관음증적 쾌락과 신체에 연루된 … 에서의 성과 젠더에 대한 분주한 분석'으로 요약될 수 있다. 그녀의 목적은, '*신체적 움직임의 페미니즘적 비평(gestic feminist criticism)*'을 발전시킴으로써, '연극의 특수성'을 발견하는 것이다(Diamond 1997: 44).

핵심적 연관성은 브레히트의 *낯설게 하기 효과*와 페미니즘적 젠더 비평 사이에 있다. 버틀러, 드 로레티스, 그리고 다른 이들은, 그것이 자연발생적인 것으로 보이는 반면 성별을 반영한 신체는 건축물이라고 주장했다(5장 참조). 젠더에 있어서 다이아몬드가 인식한 것은 '작동중인 이데올로기의 완벽한 삽화'였고, 이 건축물에 도전하는 많은 페미니즘 예술 실습에서 브레히트식 낯설게하기의 버전을 인식한다: '유사성에 대한 기대를 전경화함으로써, 젠더 이데올로기가 노출되는 것이다'. 그리고, 젠더가 낯설어질 때, '관객은 … 신호 체계로서의 신호 체계를 볼 수 있다'. 그러므로 이것은 블라소바와 동전 기증 행렬이나 마찬가지 영역인 것이다. 그러나 젠더의 경우에는, 버틀러가 특히 주장했듯이, 이러한 '환영적 덫'이 '*그럼에도 불구하고 신체의 습관과 분리할 수 없고, 체현된다*'(Diamond 1997: 46-7, 원래 강조).

　페미니즘 및 퀴어 연극과 퍼포먼스에서 발전된 전략은, 게스투스의 부분으로서 배우의 역할을 맡은 역사적 인물을 전경화하는 것이다. 퍼포머의 신체는 그 자체로, 비평적이고 해체적인 신체적 움직임의 텍스트의 일부이다. 다이아몬드는 낯설게 하기에 대한 자신의 강조를 정교하게 하려고 브레히트의 *역사화(historicisation)* 원칙을 사용했다. 이는 우화의 요소들이 퍼포머나 관객에게 모두 낯설게 여겨진다는 점을 주장할 뿐 아니라, 그럼으로써 그들 모두 이러한 방식으로 - 즉, 역사적으로 산출된 방식으로 *자신들의* 상황을 보게 된다는 점을 주장하는 것이다. 연극에 있어서, 페미니스트 관객은, 그녀 자신의 신체와 무대상의 신체 모두에 새겨진 성/젠더 체계에 대해 공유되는 낯설게 하기를 즐길 수 있다. 이런 기반 위에서, 생산적인 차이의 연극이 나타날 수 있다(Diamond 1997: 49-54).

프라하학파와 러시아 형식주의

　브레히트의 *낯설게 하기 효과*에 영감을 준 것 중 하나는 1935년에 그가 러시아 형식주의자 빅토르 시클롭스키(Viktor Shklovsky)를 만난 일이다. 시클롭스키와 다른 이들은 문학을 문학으로 만드는 것이 무엇인지 질문했다. *낯설게 하기(priem ostranenie('making strange'))*의 개념은 문학에 있어 단어와 구성들이 그 자체의 것으로 드러나는 방식을 언급하는 것이다. 기호학의 프라하학파는(p.327 참조) '*낯설게 (ostranenie)* 개념을 '*전경화(aktualisace)*('foregrounding')로 응용해서 발전시켰다. 이는 예상하지 못한 언어적 사용이 의식적인 관심을 불러오는 방식에 대해 언급한 것이다. 연극기호학의 선구적 발전 과정에서, 케어 엘람(Keir Elam)이 보고했듯이, 그들은 '퍼포먼스 구조를 여러 요소들의 역동적인 *위계질서(hierarchy)*로 이해'하였다. 말하자면, 배우에 대해 주의력을 고정시키는 것은 무대에서 표현의 다른 문제들을 투명하게 만든다. 그들은 신호 운반수단으로서의 기능 안에서만 작동한다. 그러나 다른 요소를 전경화하면 이러한 자동화를 훼방하게 된다(Elam 1980: 17, 원래 강조).

엘람은 연극과 퍼포먼스가 근본적인 낯설게 하기에 의해 특성화된다고 주장했다: '일반적인 함축적 표지로서의 "연극성"은 전체 퍼포먼스와 그 모든 요소에 속한다'. 관객은, 연극이 인생의 다른 부분들로부터 괄호쳐 있음을 인식하고 그것을 하나의 텍스트로 읽는다. '연극적 기호작용은 언제나, 그리고 무엇보다도 먼저, 그 *자체*를 함축한다'(Elam 1980: 12).

엘람은 공식 용어에 있어서, 투명한 신호 운반수단으로서의 배우와, 게스투스에서 규명되는 육체적/사회적 현존 사이의 분리가 모든 연극의 조건이라고 논의했다. 브레히트 및 그를 모방한 이들은, '두 기능 사이의 극작술적인 쐐기'를 박음으로써 배우를 '불투명하다'고 간주한다. 그것은 '퍼포먼스에 연루된 기호화의 바로 그 과정을 쇼로 삼는 것이다'(Elam 1980: 9). 다이아몬드는 유사한 관점에서 '연기의 모방적 자질에의 도전', 혹은 기호학적 관점에서의 그 '도상성(iconicity)'에 대해 썼다. 도상성(유사성의 메커니즘)은 거부되기보다는 드러난 것이다(Diamond 1997: 45-6).

포스트모던 브레히트

피나 바우쉬(Pina Bausch)를 연구하면서, 노버트 세르보스(Norbert Servos)는 브레히트를 인용한다: '모든 것을 게스투스로부터 취한 연극은 무용을 무시할 수 없다. 움직임의 바로 그 우아함과 품위가 낯설게한다'(Servos 1984: 21). 바우쉬의 댄스 씨어터는 온전히 포스트모더니즘의 소관이다. 그러나 그녀는 또한 브레히트의 계승자로 보여질 수 있다. 그녀의 퍼포머들은 비참함과 희망, 의존의 제스처를 반복함으로써 리얼리티를 사로잡는다. 반복은 낯설게 하기의 장치로

서 연기되고: 그것은 신체/정신의 태도를 전경화한다. 그러나 그것은
또한 신체의 움직임이다: 그것은 *일상 규범(routine)*, 우리의 젠더,
나이와 계급의 질서에 대해 학습된 복종을 체현한다. 비링거
(Birringer)가 썼듯이 퍼포머들은, 우리 모두 문화적으로 새겨진 신체
및 아비투스 내에서의 심층적 호명(p.116 참조)에 발가벗겨지기 위
해 '내부에서부터 외부로' 작용한다(Birringer 1993: 163-5). 세르보스
가 강조한 것처럼, '신체는 더 이상 결말을 향한 수단이 아니다. 그
것은 그 자체로 퍼포먼스의 주체가 되었다'(Servos 1984: 23).

브레히트가 자연주의는 단지 표면적 외관만 다룬다고 경멸했지만,
자연주의는 기본적으로 부르주아 문화의 진실을 폭로하기 위한 움직
임으로서 나타났다. 그것은 아마도 삶의 예정된 객관적 조각을 제공
할 터였다: 어떤 지지자들은 과학적 진실의 측면에서 발언하였다. 이
런 면에서, 그것은 브레히트 서사극과 *아이러니*의 개념을 공유한다.
자연주의와 브레히트주의는 모두 알튀세르(Althusser)가 말한 과학/
이데올로기 이항대립의 소관 안에서 작용하는 것으로 이해된다. 마
르크시즘과 브레히트 모두 실제로 알려질 궁극적이고 객관적인 진실
이 있다고 확신한 것으로 자주 논의된다; 브레히트의 원숙한 희곡의
요지는 표면적으로, 충분한 회의주의가 이데올로기가 숨긴 진실을
폭로하리라는 것처럼 보인다. 그럼에도 불구하고, 다이아몬드가 페
미니즘을 위해 회복시킨 게스투스의 복합성, 브레히트의 극작술이
전체적으로 지닌 *문학화*의 원리, 즉 당신이 그렇게 하고 있다고 서
술하고 선언할 것을 주장하는 일은, 우리가 회고적으로 '해체적' 잠재
력이라고 부를만한 것을 논쟁적으로 구성한다.

'포스트모던'에 대항하는 '모던한' 것의 더욱 따분한 개요는, 포스
트모던한 것이 모더니즘에 의해 전제된 '통일된 주제'를 망쳐왔다고
주장한다. 그러나 카운셀(Counsell)이 환기시키듯, 브레히트는 마르
크시스트 프랑크푸르트학파 및 다른 '비평적 이성'의 지지자들과 광

범위하게 연계되어 있다. 모더니즘 내에서의 이런 주류적 경향은, 통일된 주제에 의해 인식된 투명한 리얼리티에 기초한 휴머니스트적인 인식의 관점을 옹호할 수 없음을 전경화한다(Counsell 1996: 107-10). 서사극은 관객들에게, 그들이 '인정되고, 주관적인 "제시자"(demonstrator)의 위치에서 보게 되는 사건들의 구성을' 목격하고 있음을 강조한다(Counsell 1996: 104-5). 대항적 관점은, 브레히트 식 배우의 게스투스가 권한을 지닌 연기가 되는 그런 퍼포먼스이다: 배우는 이미 알려지고 보장된 진실을 소유하고 있는 어떤 이론적 원칙이나 당파, 마르크시즘의 대표자로 등장한다.

『*포스트모던 브레히트(Postmodern Brecht)*』에서 엘리자베스 라이트(Elizabeth Wright)는 브레히트를 모던/포스트모던 이항대립에 관계짓는 시험을 지휘한다. 그녀는 포스트모던 예술에 대한 리오타르의 주장, '모든 것이 낯설게 하기 효과에 영향받게 되어 있고, 그래서 그 개념은 불필요한 잉여적인 것이 된다'라는 주장을 인용한다. 바로 그 포스트모더니티에 있어서의 '구체성의 기묘함'이 아이러니의 제스처를 납작하게 만들어버린다(1989: 96).

사르트르와 비결정성(undecidability)

1960년, 사르트르는 소르본느(Sorbonne)에서의 강의에서, 서사는 연극적 낯설게 하기의 단지 한 가지 수단이라고 논했다. 역시 마르크시스트였지만, 그 자신의 상황은 브레히트와 달랐다. 그의 연극적 환경은 부르주아적이었다. 1940년대부터 그는 미학적 거리두기의 또 다른 형식을 발전시켰다. 그것은 자신의 *실존주의(existentialism)* 철학, 인간의 주체성이 근본적으로 불안정하고 모호하며 내면적 모순에 사로잡혀 있다는 생각에 일치하는 것이었다. 실존주의적 주체는 매순간 구체적 선택에 직면한다. 그러나 '*나쁜 신념(bad faith)*'의 행동에서 우리는 우리 자신과 세계에 대한 스토리를 만들어내기 쉽고,

우리의 수동성을 변명하기 위해 다른 이들을 위한 대상이 되려고 한다. 사르트르의 희곡 「출구 *없음(Huis clos)*」(1944)는 그 효과에 대한 우화이다. 그러나 관객은 조용히 흡수할 수 있는 실존주의 우화를 단순히 즐겁게 구경하는 것이 아니다. 사르트르 무대의 목적은 객석에서의 주체성을 불안정하게 하는 것이다. 이를 위한 하나의 수단은 배우가 부분적으로 일종의 '이중적 제스처'를 지니는 것인데, 그는 캐릭터에 대해 낯설어하면서 *동시적*으로 그에 동일화한다. 이러한 비결정성은 관객에게 일종의 구토를 불러일으키는 바, 그것은 비평적인 자기-반성으로 이끌기 위해 고안된 것이다.

체현(EMBODIMENT)

희곡이 일관된 대본으로 지면 위에서 읽힐 수 있다고 해도, 그 퍼포먼스는 특별히 신체의 활동이다. 글로 써진 대본에서 주목받지 못하고 사라지는 침묵의 캐릭터도, 육체적 독립체로서 매우 중요해질 수 있다. 대본은 신체적 이벤트를 위한 설명서이자 때로는 기록물이다. 이렇게 가장 기본적인 의미에서 드라마는 신체들의 매체이며, 그 퍼포먼스는 체화된 이벤트이다.

그러나 퍼포밍을 행하는 신체는 자연의 도구 이상이며, 글쓰기에 신체를 부여하는 수단이다. 인간의 신체는 늘 그것이 자라나고 교육받은 사회의 효과들을 실어 나른다. 17세기 귀족계급의 신체들이 입은 의상은, 하이칼라 또는 주름칼라로 둘러싸인 목과 꽉 조인 레이스 코르셋 속 복부로 인해 그들을 크고 답답해 보이게 한다. 이런 면에서 '상류 계급의 자세'는 살기에 적합하게 훈련된 신체이며, 그 육체적 조직화를 통해 계급의 위상을 보여주는 것이다. 프랑스 사회학자 피에르 부르디외(Pierre Bourdieu)는 다음과 같이 썼다. '*명예감 (the sense of honour)*은 문명화된 기질에 다름 아니며, 그것은 몸의 틀과 생각의 틀 속에 새겨져 있고, 각 행위주체자가 도전과 응전의 논리와 일치하는 모든 실천을 낳도록 한다'(1998: 15). 그 '문명화된 기질'은 신체가 자신을 둘러싼 세계와 상호작용하는 활동의 범위를 통제한다. 몸을 구부린다는 것은, 글자 그대로 질서에서 벗어난 상태인 것이다.

신체가 배워온 부담에 주어져 그 기술의 범위를 제안하게 된 용어는 *아비투스(habitus)*이다. 이 단어가 이런 의미로 일찍이 사용된 것은 1934년 마르셀 모스(Marcel Mauss)에 의해서였고(1992), 그는 파리에서 교사직에 있던 민족학자였다. '신체의 기술(Techniques of the Body)'이란 에세이에서 그는 자신의 평생 동안 수영의 기술, 수영을 가르치는 기술이 어떻게 변화되었는지를 적으면서 시작한다: 평영은 자유영으로 대체되어왔다. 유사하게 그는, 전쟁에서 어떻게 영국 병사가 프랑스 삽으로 땅을 팔 수 없었는지에 대해 썼다. 기본적인 활동을 수행하기 위한 육체적 기술이 세대에 따라 그리고 국가적 문화에 따라 달라진다고 할 때, 신체의 '습관'은 개인적 태도나 버릇보다 좀 더 커다란 무언가로부터 비롯되는 것이다.

모스의 논의는 1939년 출판된 노베르트 엘리아스(Norbert Elias)의 『*문명화의 과정(The Civilizing Process)*』에 통합되었다. 예를 들어 테이블 매너의 역사에 주목하면서, 엘리아스(1897~1990)는 기본적이고 일상적인 실천들이 진화해감에 따라 어떻게 신체가 규제되어 갔는지, 어떻게 그 기능을 둘러싼 금기들이 발전해갔는지 보여준다. 모스에 따르면 그러한 실행들은 '그 자신 혼자에 의해서가 아니라 그가 받은 모든 교육에 의해, 그가 속해 있고 그가 점유하는 공간인 사회 전체에 의해 개인에게 조합된' 행동들을 통해 수행된다(1992: 462). 행동이 신체에 대한 사회적 교육을 보여주는 만큼, 그렇게 개인의 의도를 표현하는 것은 아니다. 한 사람이 무언가 먹기 위해 앉는 자세는 그의 계급을 말해준다.

그것을 어구화하는 일은, 모스 및 엘리아스와 더불어, 1930년대에 신체와 사회적 가치에 대해 생각했던 세 번째 사람을 떠올리게 한다. 개인적 상호작용을 뒷받침하는 사회적·경제적 구조를 드러내는 방식으로 배우들과 작업하면서, 베르톨트 브레히트(1898-1956)는 *게스투스(gestus)*라는 개념을 발전시켰다(핵심어: '낯설게 하기와 소외(defamiliarisation and alienation)' 참조). *게스투스*는, 사회적으로 교육된 신체의 상호작용으로서 계급이 개인적 특성보다 크게 표현되는 곳에서 그 상호작용의 순간을 보여준다.

그러나 심지어 게스투스에서 전경화되는 일 없이도, *아비투스(habitus)*는 각 신체의 특성, 신체 고유의 대본의 일부가 된다. 글로 써진 대본을 신체가 상연할 때 그것이 나타난다. 게다가 그것은 관객에게 미치는 효과에 있어 자신만의 범위를 갖는다. 모스는, 1930년대 초반 파리의 젊은 여인들이 영화를 모방하며 어떻게 미국인들처럼 걷기 시작했는지 썼다. 이는, 어린이나 성인들이 '신뢰감을 가진 대상이자 자신에게 권위를 지닌 사람들에 의해 성공적으로 수행된다고 보아온 그런 성공적인 행동들을 모방하는' 신체적 교육의 특수한 사례이다(Mauss 1992: 459). '권위를 인정받은' 행동을 수행하는 사람은 우월권을 지닌다. 그래서 모방적 행동은 이데올로기적인 전파의 기능을 지니며, 그로서 사회적 가치는 그들의 신체를 통해 개개인에게 새겨진다. 말하자면, 모방자는 자신이 모방하는 대상을 향해 심리적·생물학적으로 자리를 잡게 된다. 간단히 말해, 그들은 이동하는 것이다.

모든 신체가 자신의 사회적 교육을 전시한다면, 무대상의 신체 또한 그들의 연극적 교육을 전시한다. 퍼포머는 종종 근육 훈련체계에 따라 엄격하게 연습한다. 특히 무용은 종종, 외적으로 부과된 영역들이 어떻게 내면화되고 전적으로 살아나게 되는지 많은 예들을 제공한다. 그러나 분명한 훈련 없이도 배우는 무대에서 움직이고 서는 특정한 방법에 대해 추정한다. 이러한 추정은 연극적 장르에 대한 의식적인 감각과 '작동하는' 무의식적 조합 양쪽으로부터 나온다. 멜로드라마의 퍼포머는 자연주의 퍼포머와는 다르게 무대 신체를 구축한다. 핀터(Pinter)를 연기하는 기술은 뮤지컬을 연기하는 데는 아마 '적합하지' 않을 것이다.

퍼포먼스에서의 신체는 사회적으로 그리고 연극적으로 만들어진다. 버나드 베커먼(Bernard Beckerman)은 그것에 *실루엣(silhouette)*이란 이름을 붙였는데, 이는 의상 디자인에서 빌어온 이름이었다. 배우의 실루엣은 다른 무엇보다 더, 모스와 부르디외라면 아비투스라고 용어화할, 행위의 학습된 양상이다. 베커먼은 언급했다: '각 역사적 시기 및 그 시기 내에서의 각 사회적 계급은 특징적 자세를 지니는 듯하며, 이 자세는 세계 속 인간의 어떤 우세한 이미지의 산물이다.' 이와 더불어, 모든 연극적 전통 또한 그 실루엣을 지닌다: '부분적으로는 연극적 실천의 결과이자 부분적으로 당대 유행에 대한 반응으로서, 퍼포머가 개별적 캐릭터의 실루엣을 추구해야 하는 만큼 연극적 실루엣은 퍼포머의 기초 역할을 한다'(Beckerman 1970: 228). 그래서 퍼포먼스는 우리에게 두 세트의 신체를 제시한다 – 사회에 의해 대본화된 신체와, 연극적 실천 및 가치에 의해 대본화된 신체가 그것이다. 이런 조건 내에서 심지어 라이브 아트와 같은 형식의 신체는 사회적·연극적 *아비투스*를 싣게 될 것이다.

퍼포밍하는 신체가 문화적 '스크립트'를 실어 나르는 방식에 대한 간략한 개관은, 퍼포먼스 이론가인 파트리스 파비스(Patrice Pavis)에 의해 제시되었다. 그는 문화에 대한 세 가지 정의를 빌어오는데, 그것은 '형상을 짓는 것'으로 '사회적 유전'에 의한 인위적이고 전송된 것이다. 그리고 그는 이를 퍼포먼스에, 특히 퍼포밍하는 신체에 적용시킨다. 그의 주장에 따르면, 퍼포먼스 및 퍼포밍 바디는 '문화의 새김'을 보여주는 것으로, 퍼포밍하는 사람은 '기호나 인공물의 가치를 취하고' 배우-무용수는 '종합적인 행위 규칙'을 '내면화'하고 전달한다. 이로부터 그는 문화상호주의에 대한 논의로 옮겨간다. 그것이 가장 효과적인 때는 '*상호-신체적인(inter-corporeal)*작업으로 받아들여질 때로, 신체적 기술의 교환에 대한 관심이 크면 클수록 그것은 더욱 정치적이고 역사적인 것이 된다는 것이다'(Pavis 1996: 3-4, 15). 이와 대조적으로 유제니오 바르바(Eugenio Barba)는 신체적 기술의 교환을, 다른 퍼포밍의 전통에서 문화 전반에 걸쳐 일반화될 수 있는 제스처와 균형의 기본적 메커니즘을 발견하려는 시도로 사용했다. 이는 신체들을, 그들을 추상화시키는 그들의 특정 문화로부터 벗어나게 하기 위한 의식적인 노력이었다. 서로 다른 퍼포밍 문화를 함께 모으는 일은, 바르바가 연극인류학적인 작업이라고 불렀던 것만큼 정치적인 프로젝트는 아니었다(p.127 참조).

하지만 신체의 스크립트와 추상화된 기술에 대해 말하는 일이, 우리의 출발지점으로부터 우리를 전적으로 멀어지게 하지는 않을 것이다. 퍼포먼스에서의 신체는 육체적 통합체로서 특수한 키와 넓이, 범위와 리듬을 갖는다. 어떤 연극적 양식은 그들의 문화 속 신체에 주어진 규범보다 그리스 비극에서처럼 더 신중하게 신체를 상층화하기도 하고, 노(Noh) 공연에서처럼 더 느리게 만들기도 한다. 많은 종류의 배우 훈련은 모든 행동에 있어서의 심사숙고한 감각을 신체에 교육시키려 하고, 그래서 심지어 가장 본능적인 제스처도 보이기 위해 제공된다. 그 신중한 계획성의 감각은 또한, 배우의 신체가 특별히 그 신체를 위해 제공된 공간, 그 신체를 위해 개방되어야 할 공간을 점유한다는 사실로부터 나온다. 그래서 관객들에게 그들은, 그들만의 신체적 배열 속에서 그들처럼 보이기도 하고, 드러나는 신중성과 공간적 일관성 속에서 그들과는 다른 것 같기도 한, 그러한 신체들에 의해 실행되는 형식 안에 있다.

이렇게 복합적인 육체적 근접성은, 관객이 쇼를 단지 '읽는' 것 이상의 일을 할 수 있도록 보장한다. 핵심어 '현상학'에서 탐색하는 것 처럼, 보는 활동은 육체적으로 제시되는 다른 신체에 대해 육체적으로 적응하고 반응하는 지속적인 활동이다.

감정이입, 공감(EMPATHY)

'공감'이란 단어는 관객의 반응에 대해 토론할 때 나온다. 그 의미는 두 가지 반대되는 입장에 담겨 있다. 첫째는, 이와 유사하고도 더욱 친숙한 '동정(sympathy)'이란 반응과 이를 구별하는 것이다. 두 번째 반대는, 아마도 드라마를 공부하는 학생들에게 가장 잘 알려진 입장일 텐데, 이 단어를 반대말 '소외(alienation)'에 대립시키는 것이다.

동정한다는 것은 누군가를 *위한* 감정이다: 그들은 괴로워하지만 자신의 외부에서만 그렇다. 공감한다는 것은 누군가와 *함께* 느끼는 것이다: 그는 상상적으로 외부에 있지 않고 그들의 처지에 놓여 있다. 그래서 아우구스또 보알(Augusto Boal)은 다음과 같이 말했다: '연기하지 않으면서, 우리가 연기한다는 것을 우리는 느낀다. 등장인물이 사랑하고 미워할 때, 우리도 사랑하고 미워한다'(Boal 1979: 34). 그러니까, 우리가 하고 있지 않은 무언가를 우리가 하고 있다고 느낄 때, 공감의 메커니즘은 환영과 연관된 것처럼 보인다. 그래서 공감은 '끔찍한 무기'인데(p.113), 왜냐하면 그것은 허구와 실제를 구별할 수 있는 능력을 파괴하기 때문이다. 그 작용 방식은 의식을 우회하고, 그럼으로써 관객은 생각하지 않은 채로 허구에 포함되는, '미학적인 삼투'를 겪는다(p.113). 정서는 이해와 합쳐지지 않는다. 그래서 정서는, 고통이 어떻게 발생했는지 이해하려는 노력, 그 고통을 느끼도록 일깨워주는 반응과는 반대되는 것이다. 이러한 반응은 연극학에서 브레히트 및 그의 소위 '소외' 기법과 연관되어 있다(핵심

어: '낯설게 하기와 소외(Defamiliarisation and Alienation)' 참조).

보알에게 있어 그랬던 것만큼 브레히트에게 있어서, 공감은 아리
스토텔레스식 연극과 관련된 것이다: 그는 '비-아리스토텔레스식 드
라마'를 '공감과 미메시스에 의존하지 않는 드라마 유형'으로 정의했
다. 비-아리스토텔레스식 극작술은 '관객을 희곡에 "동일화"시키려는
수법을 사용하지 않는다'(1964: 50 78). 하지만 - 보알의 수사학에도
불구하고 - 아리스토텔레스가 이 모든 출발 지점인지는 분명하지 않
다(밀링과 레이는 2001년에 보알의 오독을 규명하였다: 핵심어 '카타
르시스(Catharsis)' 참조). 아리스토텔레스에게 캐릭터와의 동일화는
오직 관객이 그들 스스로를 그 캐릭터인 것처럼 생각할 때 그 결과
로 발생하는 것이다. 조너선 리어(Jonathan Lear)가 지적했듯이, '우
리는 지나치게 나쁜 것 또는 신과는 동일화할 수 없다: 우리가 그 존
재들로부터 떨어진 거리만큼 우리의 감정도 그들의 감정으로부터 유
사한 거리를 유지해야 하는 것이 분명하기 때문이다. 아리스토텔레
스에게 있어, 우리의 두려움에 대한 우리의 감정과 오이디푸스의 두
려움에 대한 우리의 감정 사이에 중요한 구분이 없는 것은 그래서이
다. 오이디푸스의 공포를 상상적으로 느낄 수 있는 바로 그 가능성
은 우리가 그와 같다는 인식에 기반을 두고 있다: 즉, 그것은 우리
자신에 대해 우리가 두려움을 느낄 수 있는 가능성에 기반을 두고
있다'(Lear 1992: 332). 이런 설명에 의하면 환상에 불과한 속임수를
연기하기 위한 공감 능력은 제한돼있다.

유사성에 대한 인식이 동일화를 이끈다는 아리스토텔레스의 주장
은, 공감에 대한 최근의 일반적 이해 방식과는 역전된 것이다: 일반
적으로 공감은, 유사성과 상관없이 동일화를 발생시키는 기제로 이
해된다. 그러한 개념 이동은 18세기 중후반 '감정'의 문화에 의해 가
능했다. 18세기 후반 그 중에서도 작가 토머스 홀크로프트(Thomas
Holcroft 1745-1809)는, 이러한 공감의 경험과 표현이 학습된 선입견

을 해체하면서 좋은 사람의 유익한 동료 감정으로 이끌 수 있다고 주장했다(Hazlitt 1991도 참조; p.25 참조): 이데올로기적 도구로서의 공감 말이다. 이렇게 18세기에 감성과 감정에 흥미를 갖게 된 이후, 19세기 초반에는 인지, 판타지 및 정신의 분리된 삶 등에 관심을 갖게 되는데, 이는 19세기 후반 심리학의 더욱 자의식적인 과학 과목을 향해 길을 내주었다. 공감의 이론은, 미학에 관심을 가졌던 심리학자 테오도르 립스(Theodor Lipps 1851-1914)에 의해 발전했다. 그가 1897년 제안한 이론에서, *공감(Einfuhlung)*은 두 가지 요소로 이루어져 있다: 인식자는 대상의 특성이나 자질에 대해 반응하고 그와 동시에 자신들의 특성이나 자질을 그 대상에게 투사한다. 과정은 반응적이면서 능동적이다; 그것은 인식된 대상의 내용을 받아들이고 또한 그것을 향해 손을 뻗치며, 그 차별성도 포괄한다. 인식과 육체적 반응 사이의 내포적 관계는 시각 예술 이론가들에 의해 사용되어 운동감각적 반응의 아이디어를 공식화하는 데 이르렀다(핵심어 참조).

그러나 공감의 과정이 지닌 유익성에 대한 의심은, 빌헬름 딜타이(Wilhem Dilthey 1833-1911)의 심리학 관련 글에서 표현되었다. 그가 보기에, 관객 자신의 관심을 이를테면 무대상의 등장인물에게 공감적으로 투사하는 일은, 그들에 대한 이해를 가릴 수 있다. 하지만 그러한 투사는 연기의 새로운 리얼리즘 양식과 원근도법 및 캄캄한 객석 등에 의해 북돋워졌다. 이러한 것들은, 극장에서의 적절한 관람 관계에 대한 새로운 추정으로 이동해갔다. 보알이 공감은 변함없이 아리스토텔레스에게로 되돌아간다고 가정했을 때, 그는 사람들이 극장에서 행하는 일들에 대한 변화된 가정들의 역사를 무시한 것이다. 보알에게 있어서 공감이 관객의 반응을 비정치화하는 것이었다면, 홀크로프트에게 있어 '동정'은 지배적 가정을 무효화하는 것이었다. 이와 유사하게 1993년에, 엘린 다이아몬드(Elin Diamond)는 다음과 같이 논의했다. '정체성의 제약을 기각시키고 그럼으로써 유용한 정치적 효과를 갖기 위한 동일화의 급진적 힘은, 아마도 문화적, 인종적, 그리고 성적으로 서로 다른 사람들 사이의 동일화에서 나타날 것이다'(Diamond 1993: 90).

이에 '공감'에서 '동일화'로의 이동은 새로운 연극적 패러다임에 의해 유도되었다. 다이아몬드의 주장에 근원이 된 것은, 1980년대 중반 경부터 계속 여성주의자들에 의해 행해진 정신분석과의 관계다. 십여 년 후 이 작업을 검토하면서 다이앤 퍼스(Diane Fuss)는 동일화의 기제에 문제점이 나타난다고 했다: '동일화는 자발적이면서 비자발적이고, 필요하면서 어려운 일이며, 위험하고도 효과적인가하면, 자연스런 귀화 과정이면서 부자연스런 변성 과정이다.' 개인적인 정체성의 감각에 도달했는가 하는 것은 일련의 동일화에 의존한다; 퍼스는 세즈윅(Sedgwick)을 인용했다: '무언가라고 정체를 밝히는 것은 항상 무언가*와의*(*with*) 동일화라는 다면적 과정들을 포함해야 한다'. 나아가, 버틀러가 주장한 것처럼, 동일화는 결코 종료되지 않으며 피할 수 없이 동일화에 실패한다. 어떻게 동일화가 기능할 것인가는 미리 알려질 수 없다; 그것들은 '유동적이고 신축성 있으며 변덕스럽다.' 그래서 퍼스는 동일화의 정치성에 대해 다음처럼 주장했다. '동일화의 정치는 복잡하고 의미있는 방식의 조건과 함께 해야 하는데, 이때의 정체성은 지속적으로 타협하면서 위태로워지는 것이어서 누군가는 심지어 동일화에 의해 *당황스러웠다*고 말할 수도 있다'(Fuss 1995: 6-10). 우리가 연극에서 '공감'이라고 부르는 것은 분명 이러한 과정의 일부가 아닐 뿐 아니라, 우리가 흔히 허용하는 것보다 더 헤아리기 힘들면서 더 필요한 것이다.

문화상호주의(INTERCULTURALISM)

1973년 영국 연출가 피터 브룩(Peter Brook)은 배우 단원들을 아프리카로 데려갔다. 프로젝트는 연극의 새로운 언어를 찾는 것이었는데, 그것은 다른 인종과 문화의 사람들에게 이해될 수 있는, 연극의 '보편적' 언어다.

어떤 이들의 요구대로, 이는 문화상호주의의 실험이었고, 서구 연극을 아프리카 관객과 함께 할 수 있는 방법으로 상연해보려는 시도였다. 그러나 '문화상호주의'란 단어는 그때 일반적으로 사용되는 말이 아니었다. 리처드 셰크너(Richard Schechner)는, 국제주의에 대항하는 의미에서 1970년대 초중반에 이 말을 쓰기 시작했다고 말했다:

> 내가 느끼기에 예술가에게 중요한 것의 진정한 교환은, 공식적인 교환을 실제로 제안하는 국가들 사이에서 이루어지는 것이 아니다 … 그 교환은 문화들 사이에서 이루어지는 것으로, 개인들 혹은 비공식적 집단들에 의해 행해질 수 있으며 국가적 경계에는 복종하지 않는다.(1996: 42)

여기서 셰크너의 관점은 그 자신이 1971-2년에 아시아 국가들을 여행하면서 마주친 연극적 형식들을 본인의 연극 제작에 수입했던 데서 영향을 받은 것이다. 그러나 개인을 자유행위자로 보고 공식적으로 국가적인 것의 외부에 있는 것으로 보는 아이디어는, 추정만큼 의문의 여지가 없는 것은 아니다. 적절한 때에 그 문제로 되돌아가 볼 것이다.

브룩이 다른 대륙 아프리카로 출발한 지 4년 후 '문화상호주의'란 단어가 존재하는지는 전혀 모른 채, 러스톰 바루차(Rustom Bharucha)는 캘커타에서 차우(Chhau)라는 무용극을 보았다. 그것은 그를 문화상호주의에 소개시킨 사건이었는데, 그러나 차우 퍼포먼스를 통해서가 아니라 방문 중이던 서구의 문화상호주의자들에 의해 무대 앞에서 행해진 '비공식' 퍼포먼스를 통해서였고, 아마도 이들은 셰크너가 몇 년 전 했을 종류의 투어 중이었을 것이다. 바루차가 본 것은 이

중의 이미지였다: '임시변통 무대에서의 차우 댄스는 문화상호주의자의 기술[카메라]과 신체들에 의해 단절된다'(Bharucha 2000: 20). 그 지점부터 다음 질문들이 따른다: 이 사람들은 누구이며 왜 그들은 그들 뒤에 앉은 모든 이들을 무시했는가? 캘커타의 관객은 그들의 현존으로 인해 차우 댄스로부터 소외되게 되었는가? 혹은, 인디아를 가로지르는 문화 범위에 있어서, 캘커타 관객은 이 지역적 '민속' 형식에 대해 이방인 이상이었는가? '문화상호주의'에 대한 계속되는 탐색에서, 바르차는 문화간의 교환 조건에 대해서만 질문한 것이 아니라 이런 교환의 관계에 있어서 '개인'으로서의 자신의 위치에 대해서도 질문해야 했다.

그것은 브룩과 셰크너가 그들이 무엇을 하고 있었는지에 대해 추정한 것들로 우리를 돌아가게 한다. 브룩은 아프리카로 가기 직전에 이란에 있으면서 「오가스트(Orghast)」(1971)라는 프로젝트 작업을 하고 있었다. 그 목적은, 문화적 참조와의 논쟁에 휘말리는 일 없이, 관객에게 '직접 전달되는 연극적 언어 속 요소들이 있는지 여부를 살피는' 것이었다(Smith 1972: 248). 그는 자신이 국가 혹은 개인적 문화라고 부른, 각각 공식적 단순함이나 개인주의에 의해 손상된 그것 너머로 옮겨가, 사람들을 '보이지 않는 한계' 안의 제약으로부터 개방시킬 수 있는 문화 형태를 발견하고 싶어 했다. 이 '세 번째 문화'는 개인들이 서로간의 깊은 관련성을 찾아내면서 표면적 '매너리즘'을 발견하고 폐기하는 방식으로, 서로 다른 문화들 사이의 연결 고리를 구축함으로써 성취되는 것이다(Brook 1996: 65-66). 그 프로젝트는 브룩이 서로 다른 문화의 퍼포머들을 자신의 국제연극연구센터에 모이게 한 것을 알렸고, 여기서 연극 행위는 '서로 다른 사람들과의 새로운 관계를 세울 필요성으로부터 분리될 수 없게' 만들어진다.

하지만 거기엔 문제가 있었는데, 다양한 퍼포머들은 비록 대표자의 전망에 따라 형성된 것일지라도 다소 동등한 기반 위에서 출발한

반면, 아프리카로의 탐험적 여행이나 인도 형식의 응용 등은 비동등
성을 영구화시킬 수 있었다. 그러한 불균등은 대부분의 분명한 유토
피아적 연극 프로젝트를 관통하는 문화적 스테레오타입화에 의해 유
지될 수 있다. 브룩에게 있어 아프리카로의 여행은 '실제 세계와 상
상적 세계 사이의 뒤얽힘이 가장 자유롭게 일어나는' 장소였다. 그
이유는 '아프리카가 공적 구조는 부족한 상태에서 경이와 웃음의 자
유로운 운동을 우리에게 열어주는 에너지, 힘, 영적이고 상상적인 특
성을 지녔기 때문이다'(Smith 1972: 255). 여기서 명사들이 나열되면
서 아프리카에 대한 태도를 환기시키는데, 이는 20세기 초 모더니스
트 예술가들에게 적용됐던 것이다. 그들은 그 예술 형식을 빌어옴으
로써, 오래되고 죽어버린 서구 문화를 되살리는 데 활용될 수 있는
원시적 에너지를 가진 그런 대륙을 보았던 것이다. 반세기 정도 후,
브룩은 자신이 생각하는 종류의 연극이 어떻게 다른 사람들 사이의
관계를 재구축하면서 전 세계에 퍼질 수 있는지 그 유토피아적 전망
으로 이러한 태도를 다시 언급했다. 그는 그것을, '방대한 국가에 영
향력을' 퍼뜨리는, 코르테즈의 스토리에 비유했다(Smith 1972: 258).
그것은 꽤 문제적인 비유이다: 코르테즈가 퍼뜨린 것은 기독교 신앙
이었고, 계획된 원주민 대학살을 통해서였다. 그러므로 브룩이 아프
리카의 다른 점을 경축하는 것은 얼마간 신경에 거슬리는 일이다:
'성숙한 아프리카 배우는 단지 백인 배우들과 다른 자질을 지닐 뿐이
다 – 노력을 들이지 않는 일종의 투명성, 자기 자신의 정신과 신체
를 넘어서는 유기적 현존 등' – 거기에 사랑스런 리듬 감각을 덧붙
여볼 수도 있을 것이다(in Williams 1996: 72).

  브룩의 열광은 비오둠 제이포(Biodum Jeyifo)에 의해 어떻게 그것
이 두 가지 가정을 돌아 엉기는지 보여주기 위해 풀어졌다: '이상하
게도 친숙하면서 일반적인 서구 연극 전통과 패러다임에 쉽게 동화
된 연극적 표현의, "자발적으로" 새로운 재창조'가 그 하나이고, '시초

의 절대적인 첫 시대'가 또 하나이다(Jeyifo 1996: 152). 제이포의 말
처럼 이러한 가정들은 아프리카 연극에 대한 정통 담론들에 일치하
며, 다음의 세 가지 기본 측면들을 지닌다:

첫째, 아프리카 드라마나 연극에 원산지적인 '본래의' 전통이 존재하지 않
는다는 명제가 있다 … 이 명제는 후에, 아프리카가 정말 원산지적인 연극
전통을 지닌다면 그것은 그럼에도 불구하고 적절히 '유사-연극적'이거나 '최
초의-극적' 특성을 띤 것이라는 점을 '인정하도록' 개정되고 수정되었다. 두
번째 명제는, 유럽과 아시아에 비해 아프리카는 잘 발달된 연극적 전통을 갖
지 못했다는 것인데, 특히 기술, 양식과 미적 원칙 및 시대를 이어온 역사적
전승의 관점에서 그러하다는 것이다.

세 번째 명제가 서구 식민주의의 영향으로부터 나온다. '그 주장
은, 오늘날 대륙의 연극적 표현은 전적으로 혹은 충만하게 서구적
원천과 형식, 전통의 파생물이라는 것이다'(Jeyifo 1996: 153-4). 유
럽 중심적 가치를 지닌 이런 담론에 대항하면서 '아프리카 중심적'인
대안 담론이 부상했다. 그러나, 제이포의 논의에 따르면, 이는 반대
되는 가치, 특히 연극은 제의로부터 드라마로 발전되었다는 생각을
전적으로 받아들이며 형성된 것으로(4장 참조), 영어를 말하는 카리
브해 지역 드라마에 대한 콜레 오모토소(Kole Omotoso))의 작품에
서 예를 들 수 있을 것이다(1982).

올레 소잉카(Wole Soyinka)의 1976년 에세이 '네 번째 무대(The
Fourth Stage)'에서, 원산지 문화에 대한 높은 평가는 유럽 중심적 가
치에 대한 가정과 함께 존재한다: 소잉카는 니체와 그리스 신화를
예시하면서 부분적으로 요루바(Yoruba) 족의 신비의 의미에 대한 사
례를 보여주었다(Soyinka 1988). 단절은, 하나의 문화 기준이 다른
문화에서는 기준이 되지 못할 수도 있다는 생각과 함께 온다. 제이

포가 말했듯이, 이에 따라오는 생각은 다음과 같다. '서구 학계의 비
평적 정통이 "유사-연극적"이며 "최초의-극적인" 특징이라 선언한
아프리카의 연극적 표현과 전통은, 다른 기준의 관점에서 재평가되
었고 연극적 퍼포먼스의 살아 있는 원산지적 전통으로 확인되었다'
(Jeyifo 1996: 156).

브룩의 아프리카 여행이 논쟁적이었다면, 인도 서사시 「*마하바라
타(Mahabharata)*」에 대한 그의 각색 작업(1985)은 심지어 더 날카로
운 비평으로 이어졌다. (요약을 위해서는 Carlson in Pavis 1996 참
조, 브룩의 오리엔탈리즘적인 적용과 그에 대한 인도 정부의 지지에
대한 유창한 응수에 대해서는 Bharucha 1993 참조.) 문화상호적 교
환을 둘러싼 이슈에 대한 비평적이고 심지어 저널리즘적인 인식은
1973년 이후 급속하게 발전되었다. '세 번째 문화'의 연극 혹은 '다문
화적인' 연극을 찾으려는 브룩의 욕구는 그의 작업을 분명한 표적으
로 만들었다. 아마도 덜 선명한 표적은 다른 인물, 우리의 논의를 열
었던 리처드 셰크너일 것이다.

『*문화상호적 퍼포먼스 독자(The Intercultural Performance Reader)*』
에서 셰크너는 상호문화적 활동을 쇼핑의 형식으로 묘사했다: '사람
들은 그들의 문화적 특수성을 경축하기 원할 것이다. 하지만 점차로
그것은, 단순히 자동적인 태생의 문제라기보다 선택의 문제가 될 것
이다. 내가 한 에세이에서 말했던 "선택의 문화"가 점점 다가올 것이
다'(Schechner 1996: 49). 러스톰 바루차는 이것을 '안락한 메트로폴
리스의 내부, 문화가 그 요리법과 함께 손쉽게 소비되는 곳'에 위치
한 신-자유주의적 전망으로 규명한다(Bharucha 2000: 43). 그는 인
도의 하층 카스트 계급인 *달리트(dalit)*가 이 '선택의 문화'에 어느 범
위까지 참여할 것인지 의아해했다. 그리고 그는 민족성이 유동적이
어서 '물물교환될' 수 있는지 질문한다.

여기서 바루차가 '물물교환된다'는 말을 사용한 것은 아마 유제니

오 바르바(Eugenio Barba)와 오딘 극단(Odin Teatret)의 활동을 참고
해서일 것이다. 바르바가 말하길, 그들의 여행에서 오딘의 구성원들
은 연극 그룹 자신들의 프로젝트가 '공동체의 유기적 조직을 위반'하
기 때문에 자신들이 방문한 공동체의 '규칙과 금기'를 깨게 되는 상
황에 대해 조심했다. 그들은, '다양성'의 탐색이 상호 폭로를 의미하
고, 거기에서 연극 집단의 일반적 행동이 그들의 특정한 퍼포먼스보
다 더 중요하다는 점을 깨달았다. 그래서 그들에겐 그들의 것과 교
환으로, '물물교환'의 과정으로 퍼포먼스들이 주어졌다. 이 '물물교환'
의 아이디어는 이전의 텍스트에서 더욱 분명하게 언급되었다. 집단
은 '어떤 것도 "가르치길"' 원하지 않았다. 그래서 사람들이 그들에게
상연하길 요청했을 때, 오딘은 그들이 무엇을 보답으로 줄 수 있냐
고 물었다: '그들은 전문인들이 아니라 지역적인 사람들, 우리에게
춤이나 노래를 기꺼이 "지불"할 사람들을 찾아야 했다'(Barba 1986:
175,159). 그렇게 해서, 오딘의 도착은 요구에 의해 문화상호적 참여
의 특수한 구조를 구축한 듯하다. 바르바가 그들을 두 부족에 비유
하긴 했어도, 그는 또한 그 중 한 부족은 함께 일하도록 선택한 서로
다른 문화로부터의 사람들 모임이었던 반면 또 다른 한 부족은 태생
그대로의 문화에 갇혀 있었다고 자인했다. 물물교환은 허위의 등가
를 생산하도록 부과된 체계가 되었다.

'물물교환'이나 '선택의 문화'를 둘러싼 논쟁들이 빠르게 움직였는
가 하면, 그들은 셰크너가 『퍼포먼스 연구(Performance Studies)』
(2002)를 출간했을 때 영향을 미쳤던 것 같다. 그는 이전의 비평들을
흡수했고, 논쟁적인 문화상호주의와 그 반대, 즉 다문화주의의 허위
적 통합 사이를 구별하기 위해 고통을 겪었다. 바르바가 지적했듯이,
다문화주의는 '점점 더 호주, 캐나다, 영국과 같은 서구 민주 사회의
공식적 문화 정책으로 동일화되어갔기' 때문이다. 그것은 '시민권의
명시적인 공통 틀 짜기에 대해 타협하면서 서로 다른 문화적·민족

적 집단들이 함께 살아가는 일로 간주되었다'(Bharucha 2000: 33). 반대편에서 그에 대해 바라보았던 것처럼, 그것은 문화적 특수성을 지워내고 계급의 견고성을 용해시키며 범주로서의 인종을 탈정치화 시키는 방식으로 이루어졌다.

그런데, 그것이 다문화주의의 위험에 저항하는 위치를 취했다면, 문화상호주의 자체는 모호성과 위험이 없는 것이 아니었다. 그것은 단지 실제로 다문화주의에 저항할 수 있는데, 바루차의 말처럼, 그 지지자들은 어떤 신화와 가정도 거부한다. 이 명제 중 하나는 전지구화의 수사학이며, 그것은 국가적 경계를 용해시키는 '자유화된' 세계 경제와 함께 한다. 또 다른 명제는, 단순히 '인간'으로 보이는 사람들 사이에서 교환이 일어나고 모든 이들이 그들의 근본적인 인간성에 있어서 대략 유사한, 그런 문화상호주의의 버전이다.

보편적 인간 가치를 발견하기 위한 '문화상호주의적' 욕구에 대해 언급하면서, 길버트(Gilbert)와 톰킨스(Tomkins)는 이것이 단지 비-역사적이고 비-문화적일 뿐 아니라 또한 '신-식민주의적'이라고 말한다. 그들의 주장에 따르면, 셰크너, 바르바와 브룩 같은 서구 연극 창조자들은 '연극적 원 재료를 위해 "이국적인" – 흔히 "제3세계의" – 국가들을, 다국적 기업들이 개발도상국으로부터 재료와 싼 노동력을 착취하는 방식으로' 그렇게 채굴하였다(Gilbert와 Tomkins 1996: 10). 길버트와 톰킨스는 탈식민주의적 퍼포먼스를 대조적으로 정의했다.

> 직접적이건 간접적이건, 제국주의 경험에 반응하는 행위; 식민화된(때로는 사전-계약된) 공동체의 지속 그리고/혹은 재건을 위해 공연되는 행위; 사후-계약된 형식의 인식, 때로는 설립과 함께 공연되는 행위; 제국주의적 재현의 기저를 이루는 헤게모니를 심문하는 행위.(1996: 11)

이로부터 그들은 탈식민주의적 작업의 영역을 조사하게 된다.

'탈식민주의적'이란 단어는 '문화상호적'이란 단어보다 일반적으로 사용된 역사가 아마 더 짧을 것이다. 그러나 그 짧은 역사는 일련의 유사한 문제들이 떠오르기에 충분한 시간이었다. 1995년 『*탈-식민주의 연구 독자(Post-colonial Studies Reader)*』의 편집자들이 말한 것처럼, '탈식민주의 연구는 유럽 식민주의의 "역사적 사실" 및 이 현상이 야기시킨 다양하고 중요한 효과들에 기초를 두고 있다'. 그러나 십 년이 넘게, 이 용어의 꾸준하게 초점이 맞춰지지 않은 사용 때문에 그 효과가 떨어지게 되었다. 그래서 그들의 『독자』가 시도한 것은, '"탈식민주의 이론" 자체가 가면을 쓰거나 심지어 불평등한 경제적, 문화적 관계를 영속시키는 듯한 과정에 대해 바로잡아보려는 것이었다. 이 일은 대부분의 문학 이론이 메트로폴리탄의 중심으로부터 벗어나온 것처럼 보일 때 일어났다'(Ashcroft et al. 1995: 2). (서구) 메트로폴리탄에 위치한 '이론'에 미친 영향의 좋은 예는, 다음 해에 나온 파트리스 파비스(Patrice Pavis)의 『*문화상호적 퍼포먼스 독자(Intercultural Performance Reader)*』에서 찾아볼 수 있을 것이다. 내용 목록은 네 부분으로 나뉘며, 그 중 2부는 '서구의 관점에서 본 문화상호적 퍼포먼스'이고 3부는 '다른 관점에서 본 문화상호적 퍼포먼스'이다 - 달리 말하면, 비서구적인 모든 것은 간단하게 비서구적인 것으로서의 가치로 한꺼번에 함께 묶인다. 이 세 번째 파트는 아프리카(나이지리아) 연극에 대한 두 편의 에세이와 마오리 연극(Maori theatre)에 대한 두 편의 에세이를 포함하는데, 이는 브룩 관련 두 편 반, 윌슨 관련 두 편, 바르바 관련 두 편, 그로토프스키(Grotowski) 관련 두 편과 대조적이다. 나머지는 주로 북아메리카/유럽에 관한 것들이다. 『*문화상호적… 독자*』는 전체적으로 미국과 유럽중심주의적 기초에 서 있는 것처럼 보인다.

우리가 언급한 마지막 세 권의 책은 모두 1995-6년에 출간되었다.

1980년대 중반에 출현한 것들일지라도, '포스트모더니즘', '탈식민주의'에 따른 작업들은 1990년대의 특징이 되는 경향을 보였다. 이론의 십 년 주기를 따라, 그 시도는 실제로 학문계와 그 서구 메트로폴리탄적 중심 너머를 내다보았던 것 같다. 그럼에도 불구하고 탈식민주의 또한, 그 효용성을 상실하는 것 같던 동안에조차 출간될 만큼 높은 관심사가 되었다. 그러나, 균질화한 메트로폴리탄과 학문적 문화 외부에서 생각하는 또 다른 방식은 남아 있다. 이것이 '문화상호주의'를 통해 이루어진 것이다.

용어들을 고찰하면서, 파트리스 파비스는 문화상호주의의 소관을 다음으로 정의했다: '종종 거의 잊혀지거나 변형된, 그리고 재건되어야 할, 한 국가의 전통'(Pavis 1992: 20)이라고 말이다. 브라이언 싱글턴(Brian Singleton)의 최근 논문에도 과거와의 작업을 유사하게 강조하는 점이 있다(Kennedy 2003: '문화상호주의'). 거기서 그는 원산지적 예술가를 '그들 자신의 문화적 과거가 현재에 소비될 수 있도록 상상하고 재건할 수 있게끔' '허락받은' 존재로 묘사한다. 그러나 또 다시 이런 정의는, 그 어려움을 고려하지 않는 것은 아니다. 바루차는 '"국가적"이기보단 "지역적"인 고려'에 집중하는 것이 더욱 유용하리라고 제안하면서, 더 나아가, '죽어가는' 비주류 전통을 건강한 지배적 국가 전통을 위한 권력과 우월성에 할당하는 개념을 제안했다: '인도에서의 문화 내적 주도권을 지닌 어떤 과업도 "죽어가는" 전통을 재건하기 위한 것이 아니라, 몹시 다른 시간 틀과 문화적 맥락으로부터 온 "살아있는" 전통들의 번성 안에서 또 그것들을 가로지르며 상호작용과 교환의 새로운 가능성을 창조하려는 것이다.' 파비스의 유럽중심적 관점은, 바루차가 주장하듯이, 유럽 연극 문화에 의해 가정된 '산업화와 자본주의 경제'로 결정된 균질화된 추진력을 갖고 있다. 그와 반대로 '우리는 인도에서 부족, 지역, 민속, 제의, *mofussil* (특정구역 시가지), 도시, 메트로폴리탄적 맥락에서의 더욱 다양하게 단계적 차이를 보이는 문화들을 볼 수 있다'(Bharucha 2000: 62-3). 그러나 유럽 연극에 대한 이런 일반화는 어떤 자격을 요구하는데, 이를테면 조안 리틀우드(Joan Littlewood), 찰스 파커(Charles Parker), 그리고 7: 84 극단 등 서로 다른 프로젝트에서 모두, 영국에서 '문화의 단계적 차이'를 사용하고 탐색했기 때문이다.

파비스는 1997년 강의에서 문화상호주의와 내부적문화주의의 문제로 되돌아간다. 그의 논의는 대체로 연극 및 퍼포먼스 연구의 학제 상태에 관한 것이다. 그의 분석에 있어서 연극학은 지적으로 무기력한 것이다. 그는 '문화상호주의'를 포용하면서 일관된 새 방향을 제공하려는 듯하다. 이는 환상에 불과한 것이다: '만일 다문화주의와 문화상호적 형식 및 다른 문화에 대한 반영이 연극과 그 분석에 대한 우리의 사고를 사려 깊게 변화시켜 왔다 해도 … 전혀 새로운 인식론적 모델을 내놓지는 못해왔다.' 영역을 눈에 띄게 확장시킴에도 불구하고, 그는 '연극과 방법학의 방치'를 확인한다(Pavis 2000: 83). 파비스가 제안한 해결책은 연극학이 스스로를 역사화하되 문화상호주의를 통해 그렇게 하자는 것이었다. 그에게 있어 이는 역사의 탐색만을 뜻하는 것이 아니라, 특히 서구의 전통 탐색을 뜻하는 것이었다. 최근 연극학의 분산된 학제는 '서구적 합리성 및 보편성의 원칙'과 함께 스스로를 응축하고 수축해야 할 것이었다(p.85). 바루차와 다른 이들에 의해 증가한 '문화상호주의'에 대해 공격하는 많은 논리들을 선별하면서, 파비스는 내부적 문화주의를, 학제적 통일성으로 이끄는 문화적 정화의 프로그램 같은 어떤 것을 위한 기반이라고 재정의한다.

과거와 현재의 관계로 이해된 내부적 문화주의의 문제는, 역사적 참여 요소가 나타나지 않을 수도 있다는 점이었다. 동일한 행위주체자가 다른 재료들을 소화한다. 그들은 과정상의 행위 주체자로서 도전받지 않는다. 대조적으로, 바루차는 내부 문화적 프로젝트가 자신에게 미친 깊은 영향에 대해 이야기했다. 그는 '현대 인도 "컴퍼니 씨어터"'에서 「*페르귄트/군데고우다(Peer Gynt/Gundegowda)*」(1995) 를 무대에 올렸다(Bharucha 2000: 71). 스스로에 대해 다음처럼 말 했다: '언어, 노래, 관습, preformance[원문 그대로] 전통, 지역적 지 식의 형식에 있어 세대에 걸쳐 전해 내려온 문화적 유산에 살아 있 는, 특정 공동체의 다양성에 참여하는 것을 유예시킬 수 있는 것은 아니다. 또한, 지역적·언어적 경계를 너머 나타나며 포함되고 새겨 지는 차이들과 연루된 창의적 위험과 유희들을 피할 수 있는 것도 아니다'(p.65). 여기 우리가 설명할 수 있는 최종적이고도 친숙한 반 대항들이 있다: 이론과 실천이 그것이다. 이론적 텍스트의 저자들이 그들이 선택한 논의와 그 '정확성'을 철저히 통제하며 유지되는 듯했 던 반면, 창조적 퍼포먼스의 실천 작업은 모순에 이끌렸다. 그래서 우리는 우리가 출발했던 지점, 피터 브룩의 극단으로 돌아간다: 문화 적 교환에 있어서 개인의 역할에 대해서 말이다. 창조적 과정상의 모순은, 바루차가 주장했듯, 개인 안에서 느껴진다.

「*페르귄트/군데고우다*」 프로젝트의 어려움과 '협상'에 대한 그 자 신의 특수한 핵심점은 오리엔탈리즘에 대한 비평과 관련되어 있다. 그것은 그에게, 자신이 어떻게 그 한판에서 ' "동양"을 연기하는 인도 배우들의 정치적 위험에 대해 얼버무리고 지나갔는지' 지적해주는 것이었다. 그런데, 제작 과정에서, 배우들은 사이드(Said)의 오리엔탈 리즘의 개념을 들었던 반면, '그들은 그들 *자신의* 상상적인 동양을 연기하는 데 더욱 흥미가 있었다. 아이러니하게도 내가 깨달은 것은, 오리엔탈리즘 비평에 있어서, 누군가 그 자신의 아라비안나이트에 대한 환상을 억누를 필요는 없다는 것이었다'(Bharucha 2000: 83-4).

그리하여, 문화상호적 및 내부 문화적 퍼포먼스 실천의 잠재력은, 힘과 부의 전 세계적 분배에 대한 질문 그 이상의 것과 관련될 수도 있다는 것이다. 또한 그러한 실천들은, 그 모든 모순, 동의, 심층적

환상 등과 함께, 우리 자신의 문화적 위치에 대한 탐사를 해나가도
록 촉구할 수 있다.

운동감각적(KINAESTHETIC)

흥분되는 영화의 효과는 관객을 '긴장해서 열중하게' 만드는 것이
다. 축구 경기의 흥분되는 순간, 한 팀이 다른 팀의 골에 바짝 다가
갈 때, 객석의 관중은 보통 일어서게 되고 때론 일제히 숨을 몰아쉬
게 된다. 눈으로 본 것의 결과로서, 흥분의 양면 간의 유사성은 관객
의 근육 상태가 자극받는다는 점이다. 이러한 지각의 형태는 '운동감
각적인' 것으로, 신경과 근육을 통한 지각이다.

이 단어는, 신체와 정신의 관계를 바라보는 새로운 방식의 맥락에
서 19세기 말에 사용하게 되었다. 퍼포먼스와 관련해 이 용어를 사
용한 초기의 가장 유명한 예는, F. 마티아스 알렉산더(F. Mathias
Alexander 1869-1955)의 글에서 볼 수 있다. 낭송에 실패하곤 했던
자기 목소리를 교정하려는 시도로부터 출발하여, 알렉산더는 기본적
으로 척추를 늘이는 데 초점을 둔 신체적 재교육의 기술을 발전시켰
다. 1908년 그는 자신의 통찰력을 '원기왕성한 육체적 건강 발달을
위한 운동감각적 체계의 재교육(Re-education of the Kinesthetic
Systems Concerned with the Development of Robust Physical
Well-being)'으로 출간하였다. 육체적 재교육은 습관적 행동과 학습
된 움직임에 개입하여 그것을 변화시키는 데 목적을 둔다. 좋은 움
직임을 낳으면 그것은 또한 좋은 삶의 공식을 낳는다. 그 기술을 통
해, 알렉산더가 말했듯, 주체들은 '스스로 환경에 적응하는 운동감각
적 방법'을 배운다(in Maisel 1974: xxix).

그래서 우리의 내러티브는, 논의를 열었던 때의 의미와는 다른 운
동감각적 쾌락의 정의에서 시작된다. 신경과 근육을 통한 지각이라

기보다, 우린 여기서 근육 움직임의 감각적 평가에 관심이 있다. 후자의 정의에서 이해되는 운동감각적 의미를 발전시키면서, 사람들은 '문명'의 효과와 싸울 수 있다. 알렉산더의 관점에서, 이는 '전체적 유기성에 대한 반응에서의 결과적 손상과 함께, 인간의 생리적·감각적 장비'를 오염시켰다. 이 점에서, 알렉산더의 신체 재교육 기술은 상연자에게만 적용되는 것이 아니라 문명에 의해 손상되었다고 느끼는 모든 사람들에게 적용되는 것이다. 삼십여 년 후 혹은 좀 더 이후에, 문명의 문제에 대한 매우 유사한 해결책이, 모세 펠덴크라이스(Moshe Feldenkrais 1904-84)가 1943-4년에 행한 일련의 강의들에서 나온다. 그는, 인간의 문제들은, 우세한 경제적·물질적 조건에 적응하는 데서 비롯된다고 논의했다. 그 적응은 심리적인 만큼이나 육체적이며, 실제로 이 둘은, '낮은 운동감각'을 지닌 누군가가 그 움직임 및 상태에 있어서 편안하고 유연하다기보다 오직 '극단적인 비효용성'만을 느낄 때 그에 관련된다(1949: 111). 그리하여 환자의 정신적 치료는 부분적으로 '운동감각의 재교육'에 의존하게 된다(p.155).

이 재교육은 '감각에 있어서의 작은 차이들'에 대한 고양된 지각, 즉 내이(속귀)에 의해 조정되는 '자기수용적 신경 종말'에 의존한다(p.108). 이런 감각의 배움은 지적으로 이루어질 수가 없다. 관찰과 모방에 의존하면서 지적 학습은, 펠덴크라이스가 주장했듯, 완성되지 못한다. 같은 방식으로 알렉산더는 언어적 분석보다 신체적 연습 과정에 집중했다. 초기 단계에서 알렉산더의 학생은 일련의 명령, 예를 들어 서거나 앉으라는 등의 명령에 아무 반응도 하지 않도록 지시받았다. 아무 것도 하지 않음으로써 학생은, 그 지시를 수행하기 위해 근육이 부지불식간에 어떻게 준비하는지 알아채게 된다. 그렇게 습관적이고 무의식적인 행동이 노출될 수 있고, 그럼으로써 변화될 수 있다.

그러나 이런 자기수행용 운동감각 훈련의 개념은, 우리의 논의가 출발했던 지점, 관객이 모르는 사이에 움직이긴 하지만 말 그대로 퍼포먼스에 의해 움직이게 된다는 아이디어로부터는 멀리 떨어져 있다. 하지만 단어 응용의 이동은 알렉산더의 작업에서 예기치 못했던 것이 아니다. 언어적 지시를 의식적으로 거부하는 연습은, 근육이 외부의 언어적 제안에 어떻게 모르는 사이에 반응하는지 보여준다. 더 나아가, 관객에게 악한처럼 변하라거나 희생당해 보라고 지시하는 퍼포먼스는, 이를테면 서스펜스와 동일화 메커니즘을 통해, 관객의 '자기수용적 신경 종말', 그들의 근육 신경에도 작용하는 것이다. 운동감각적 반응이 소리에 의해서도 자극받긴 하지만(Walzer1993), 결정적 진전은 운동감각적 반응과 시각 사이의 연결성에 대한 인식으로부터 온다.

퍼포머의 활동으로서가 아니라 퍼포먼스에 대한 반응 양식으로서의 운동감각적 지각의 개념은, 1970년 버나드 베커먼(Bernard Beckerman)의 『*드라마의 역동성(The Dynamics of Drama)*』에서 명시됐다:

> 연극적 반응이 기본적으로 시청각적 지각으로부터 발생하는 것처럼 보일지라도, 실상 그것은 운동감각이란 말로 더 잘 용어화될 수 있는 지각의 총체성에 달려 있다. 우리는 우리 신체의 집중과 이완의 다양한 정도를 통해 퍼포먼스를 이해한다. 실제적인 경험으로부터 퍼포머들은 "집"이 그들과 함께 있는지 아닌지 느낄 수 있는데, 기본적으로 관객의 근육 긴장의 정도가 그 어떤 명시적 신호보다도 앞서 그들의 주의력의 수준을 알려주기 때문이다. 제대로 말하자면, 관객은 눈으로 보는 게 아니라 폐로 보고, 귀로 듣는 게 아니라 피부로 듣는다고 해야 할 것이다. (p.150)

베커먼은 이 생각을 지각에 대한 동시대 심리학자와 철학자의 책, 특히 루돌프 아른하임(Rudolph Arnheim 1904-)과 마이클 폴라니

(Michael Polanyi 1891-1976)로부터 발전시켰다; 또 한 명의 드라마 학자 J. L. 스티안(J. L. Styan)은 유사한 영향을 받았다(Styan 1971: 65-6). 아른하임의 『예술과 시지각(Art and Visual Perception)』은 1956년에 나왔다. 시지각이 어떻게 작동하는지 설명하면서 이 책은 신체와 뇌의 상호관련성을 탐색하는 데까지 나아간다. 아른하임에게 시지각이란, '긴장의 경험이 내재하는' '운동감각적 지각' 위에 모델화될 수 있었다(Arnheim 1956: 339). 그러니까 비유적으로, '시각적 긴장'의 경험은 시지각이 운동감각적 자극을 동반하고 그에 의해 강화된다는 점을 의미할 것이다. 여기서의 논의는, 알렉산더 및 펠덴크라이스가 치료요법적 발전과의 관계에서 운동감각을 이해했던 입장과 베커먼이 그것을 관객에게 적용시켰던 입장 사이의 연결 고리로 보일 수 있다. 결정적인 이동은, 아른하임이 운동감각적 자극은 '일종의 동적적 반향으로, 늘 꼭 그런 것은 아니지만, 때때로 근육 감각의 인접 매개체에서 일어난다'고 말했을 때(p.339) 이루어졌다. 알렉산더와 펠덴크라이스가 주장한 것은, 한 사람의 지각이 근육의 재교육을 통해 변화될 수 있다는 것이었다; 이에 아른하임은, 근육이 지각과의 관계를 통해 변화한다고 주장했던 것이다.

신체를 지각 활동에 더 철저히 통합시키는 입장은 마이클 폴라니가 제안했다. 그의 책 『암묵적 차원(The Tacit Dimension)』(1967)은 1962년에 있었던 일련의 강연들에 기초한 것이다. 지식을 발생하기 위해 경험이 어떻게 형태를 갖추게 되는가에 대한 그의 관심은, 형태 심리학(Gestalt psychology)으로부터 나왔다. 그가 첫 번째 장에서 논의한 내용은, '신체적 과정이 지각에 참여하는 방식을 설명함으로써 우리는 모든 생각의 신체적 뿌리를 조명할 수 있으리라'는 것이었다(p.15). 신체는 직접적 위협에 의식적으로 반응하기도 하지만, 또한 상급자 사무실의 공적 배치에 무의식적으로 적응하기도 한다. 두 번째 경우에 있어서, '암묵적 인지'를 통해 우리는 공식성에 협조

하는데 이는 근육을 통제함으로써 그 공식성을 우리 신체와 조화시
키는 것 - '혹은 그것을 포함할 수 있도록 우리 신체를 확장시키는
것 - 이고, 그리하여 우리는 그 안에 거주하게 되는 것이다'(p.16).
거기 '거주하는 것'에 의해 무언가를 인지한다는 아이디어를 소개하
자마자, 폴라니는 운동감각 개념에 새로운 차원을 추가할 수 있게
되었다. 이는 19세기 말의 독일 철학에서 나온 것으로(특히 딜타이
(Dilthey)와 립스(Lipps)), 이는 '내재하는 것 또는 공감이 인간과 인
간성을 알게 하는 적절한 수단임을 상정하는 것이다'(p.16)(핵심어
'감정이입, 공감(Empathy)' 참조). 폴라니의 '내재하는 것' 혹은 운동
감각적 인식은 '공감'을 위한 기초로서만 발견된 것이 아니라 그것보
다 더 정밀한 개념으로 발견되었다.

여기서 폴라니의 논리는, 다음과 같이 주장한 베커먼에게 영향을
끼쳤다:

> 우리는 반응하기 위해 정신적으로 극적 신호들을 차별해야 하는 것이 아
> 니다. 지각은 역하지각(알지 못하는 사이에 영향을 미치는 지각)을 포함하며,
> 이는 자극에 대해 초점을 맞춰 깨닫기 전에 그 자극에 신체적으로 반응함을
> 뜻한다. 극장에서는 우리가 그것을 깨닫기도 전에 우리의 신체가 행동의 결
> 과 구성에 이미 반응하고 있다는 것이다.(1970: 150-1)

이는 폴라니의 '암묵적 인지'의 형식이다: 우리의 의식적 주의력이
연극 전체가 '말하고 있는 것'에 집중하는 듯 보이는 반면, 어디에서
든 부분적으로 작동하는 특정 기호와 자극들이 이미 우리 신체에 통
합되고 있는 것이다. 이후에 베커먼은, 운동감각적 지각을 통해 연루
된 것은 심지어 이해력이 부재한 데서조차 기능을 발휘한다고 주장
하면서, 장소, 다른 사람들의 현존 및 시간적 지속 기간 또한 이런
관련성에 이바지한다고 덧붙인다. 이런 요소들이 덧붙여졌을 때, 운

동감각 이론과 현상학적 반응 사이의 밀접한 관계가 분명해진다(핵심어: '기호학과 현상학(Semiotics and Phenomenology)' 참조). 그리하여, 베커먼의 다소 양극적인 표현에서처럼, 거리는 분명 기호학적 반응으로부터 세워지는데 - 그것은 기호 체계를 이해하고 '읽는' 데 기초해 있다. 운동감각적 반응은 기호학적 반응에 선행하여 일어난다.

신체를 수행하고 관찰하는 그 두 가지 활동이 1970년에 나온 베커먼 저서의 핵심이었다. 이런 면에서 그 책은 시기적으로 중요했던 것 같다. 알렉산더에 대한 마이젤(Maisel)의 편집본은 1969년에 나왔고 1974년에 재출간되었다; 윌프레드 바로우(Wilfred Barlow)의 『알렉산더 원칙(The Alexander Principle)』은 1973년에 나왔고; 클라이브 바커(Clive Barker)의 『연극 게임(Theatre Games)』은 1972년에 나왔다. 그런데 이 순간은 서둘러 구식이 되고 주변적인 것이 되어 버린 듯하다. 특히 영화 비평 인문학에서의 영향 및 더욱 일반화된 후기구조주의의 응용으로, 공연된 텍스트를 더 신중하게 '읽는' 접근 방식이 선호된다. 1975년에 출간된 로라 멀비(Laura Mulvey)의 '시각적 쾌락과 내러티브 영화(Visual Pleasure and Narrative Cinema)'는, 상당히 기계적인 '관음증' 이론의 지루한 우월권을 정립시켰다. 그 후 1980년에 메튜엔(Methuen)의 기초적인 문학 시리즈인 '뉴 악센트(New Accents)' 중 하나로 출판된 케어 엘람(Keir Elam)의 『연극과 드라마의 기호학(Semiotics of Theatre and Drama)』은, 신체적 활동과 인지를 드라마 연구로부터 더욱 멀어지게 만들었다. 관객의 반응을 분석하는 효과적 수단으로부터 퇴보하여, 운동감각은 생활 스타일의 개선을 위한 퍼포먼스 훈련의 영역으로 축소되었다. 그것은 심지어 수잔 베넷(Susan bennett)의 『연극 관객(Theatre Audiences)』 (1990)의 색인에도 보이지 않는다.

하지만, 그 단어가 새로워도, 관객과 연관된 신체성에 대한 묘사는 연극적 언급의 단골 특징이다: 포드(Ford)(1995)가 썼듯이, 아리스토텔레스에게 있어 여성과 외국인, 하층 계급 사람들의 반응은 교육받은 남성의 반응보다 더 기본적인 것이었다. 이와 반대로 18세기 중반에, 감성에 대한 숭배는 관객이 자신들의 신체를 울음과 히스테리에 압도당하게 허용하는 관극의 양식으로 이어졌다. 이어서, 19세기 멜로드라마의 육체적으로 불안정한 관객은, 노동 계급의 잘못 관리된 육체성이 어색한 걱정거리였던 고상한 논평가들에 의해 자주 기록되었다.

육체적으로 표현되는 관객 신체에 대한 태도는 운동감각적 자극에 대한 논의의 틀을 제공한다. 그 단어가 19세기 말 신체와 정신의 상호연결성에 대한 것으로 나타났을 때, 그것은 훈련과 통제의 담론 안에 남아 있었다. 그것이 반응 ― 부지불식간의, 그러나 받아들여질 수 있는, 육체적 참여로서 ― 의 이론 안으로 움직여간 것은, 신체의 자유를 통해 이루어지는 혁명에 대해 문화적으로 집착했던 서구에서의 특별한 역사적 순간과 일치하는 일이었다.

미메시스, 모방(MIMESIS)

미메시스(mimesis)는 그리스어 단어다. 영어권 문화 안에서 그 지속성은 중요하다. 고정된, 신뢰할 수 있거나 동의된 영어에서의 동등한 단어가 없기 때문이다. 그것이 다음과 같은 영어 단어와 관련됐음을 발견할 수 있다: 모조(imitation), 재현(representation), 복사(copy), 유사성(similarity), 가짜(fake) 등이 그 단어들이다. 그것을 즉시 번역하려는 시도는 해석의 행위, 그러므로 논쟁의 행위가 된다. 미메시스에 대한 대부분의 글은, 그 의미에 대해서와 마찬가지로 논쟁적이다.

이 논쟁은, 미메시스를 최초로 다룬 이론 중 하나인 아리스토텔레스의 시학 이론에 대한 논평에 존재한다. 권위 있는 번역가이자

편집자인 스티븐 할리웰(Stephen Halliwell)은 그 단어를 '재현'
(representation)으로 만든다. 하지만 이 단어는 폴 우드러프(Paul
Woodruff)가 아리스토텔레스 이론을 명확하게 사용하려고 시도하면
서 거부한 것들 중 하나이다: '아리스토텔레스적 미메시스는 모조
(imitation)나 허구(fiction), 또는 재생산(reproduction)이나 재현
(representation) 또는 가장(make-believe)과 같지 않다; 그것은 표현
(expression)이 아니다; 그리고 그것은 심지어 이미지나 유사성
(likenesses)을 만드는 일도 아니다(1992: 89). 그는 유사성 만들기가
아리스토텔레스의 용법에 가장 가깝다고 주장하지만, 그것조차도 어
떻게 음악이 모방적일 수 있는지에 대해선 설명하지 않는다. 여기에
서 그는 시 뿐만 아니라 음악과 무용에 맞는 정의를 제안한다: '미메
시스는, 제대로 다른 것에 속하는 효과를 가지도록 하나를 배열하는
예술이다'(p.91).

그러나 이 불확실성 내에서, 분명해 보이는 것은 아리스토텔레스
가 플라톤의 이전 이론을 수정하려고 시도했다는 것이다. 『국가론
(Republic)』 3권과 10권에서, 플라톤은 미메시스의 문제 많은 영향에
대해 논한다. 3권에서 그는, 시의 암송과 큰 소리 읽기를 포함하여,
극적인 미메시스에 초점을 맞추고 있다. 그의 주장은, 스티븐 할리웰
(Stephen Halliwell)이 표현한 것처럼, '암송자가 휘말려들고, 그로 인
하여 각 연사가 지닌 정신적, 윤리적 태도를 받아들이게 된다'는 것
이다. 이들 암송자는 교육을 받고 있는 젊은이들이고, 문제는 그 모
방적 행위가 인물 형성에 역할을 한다는 것이다(단어 mimesis는 '모
방적(imitative) 또는 모방하는(emulatory) 행위'에 연결됨); 재현적
(representational) 활동은 심리적으로 동화된 것이다. 이것은 그리하
여, 도시국가의 미래의 보호자(Guardians)는 미덕 이외의 다른 무언
가를 나타낼지도 모르는 모방 시(mimetic poetry)에 분별없이 노출되
어서는 안 된다는 플라톤의 주장에 배경 논리가 된다: 그것은 통치

가 잘된 도시국가로부터 배제되어야 한다(Halliwell 2002: 53, 54).
10권에서 미메시스는 시와 시각 예술에서 모든 재현에 적용되도록
확대된다. 여기에도 역시 배우/암송자보다는 관객에 더 많은 초점이
주어진다. 소크라테스는 관객의 '동정하는(sympathetic)' 반응을, 할
리웰의 단어로, '일종의 즐거운 감정적 양보 또는 항복'이라고 묘사한
다(pp.77-8). 여기와 또 다른 여러 곳에서 관심은 '모방 이미지의 내
재적 본성이 아니라 그들로 만들어진 사용법에 있다'(p.59).

7권에서 플라톤은 아이디어와 외관 사이의 관계를 예증하기 위해
이야기를 들려준다. 여기서 하나의 부산물처럼 나오는 제안은, 미메
시스가 기만을 의도한 고의적인 복사의 형태에 도달할 수 있다는 것
이다. 미메시스와 속임수 사이의 일반적인 연상은 두 가지 주요 방
법으로 작동한다. 가장 간단한 것은 가짜 복사본을 만드는 일과 관
계가 있다: 퍼포먼스에서의 모방적 드라마는 현실과 환상을 구별하
는 관객의 능력을 위협하기 때문에 위험하다. 그러나 미메시스가 더
위험한 곳은, 사회적 상호 작용과 사회 질서에 미치는 그것의 영향
에서다. 그것은 우드러프가 표현했듯이, '연사의 신분에 관한' 속임수
를 생성할 수 있다. 연사 또는 이미지 메이커는 그들이 소유하지 않
은 권위와 지식을 가진 것으로 인정된다.

아리스토텔레스 『시학』 4장의 논증에서 미메시스는 다음과 같이
사용된다고 할리웰은 말한다: '유사성의 분별 … 인식의 적극적이고
해석적인 과정 … 세계에서의 의미에 대한 총기 있는 발견'(Halliwell
2002: 189). 이 설명에 의하면 미메시스에 대한 반응은 결코 수동적
이지 않다. 유사성을 인식하는 일은 연관 짓고 해석하는 것이다. 할
리웰의 주석을 받아들인다면, 미메시스 운용에 대한 아리스토텔레스
의 견해는 우리를 플라톤으로부터 정반대의 극으로 데려간다. 권위
와 지식에 대한 거짓 주장에 놀아나도록 우리를 부추기지 않고, 미
메시스는 현실이 어떤 것일지에 대해 우리가 더 나은 이해를 하도록

해준다(연결 짓고 해석함으로써). 여기서 두 반대되는 입장은, 미메시스의 모든 후속 논의를 통해 계속되는 것 같다. 두 입장은 현실이 무엇인지를 진정으로 알기 위해 노력하느라 바쁘지만, 그들의 차이점은 투박하게 표현해서 이와 같다: 하나는 환영(illusion)에 속아 넘어가는 것을 피하기 위해 현실(reality)에서 복사(copy)를 분리하는 데 관련돼 있다; 다른 하나는 현실을 더 잘 이해하기 위한 방법으로 복사를 사용하길 원한다.

모방적 환영에 대한 의혹이 퍼포먼스 연구를 침해한 가장 유명한 두 가지 주요 영역이 있다. 첫 번째는, 영국 대학입시에서의 연극학 학생들이 고등학교에서 브레히트를 접할 때 그들에게 철저히 주입돼 온 것이다. 그들이 배우는 브레히트는, 환영에 굴복하도록 관객을 부추기는 어떤 연극 형태에든 상반되었다: 대신 그들은 마치 스포츠 행사에서 흥분에 사로잡힐 때조차 논평하고 비판하는 것처럼 무대의 동작을 지켜보도록 되어 있었다. 배우는 '동시에 마음의 과정이기도 한 모조의 행위'를 해내야 한다(Brecht 1964: 196). 순수한 모조, 관찰된 것을 단순히 보여주는 것은 충분하지 않다: 요점은 그것을 반영하는 것이다.

그러나 모방적 환영 또한 의도적으로 그리고 고의로, 협상과 보호의 기술로서 악용되어 왔다. 이러한 전략은, 남성에 의해 통제되는 재현 체계 안에 여성들이 발목 잡혀 있다고 보는 페미니스트들에게 호소력을 발휘해왔다. 그 재현 체계는, 여성이 자신에게 떠맡겨진 이미지로부터 탈출하기 어렵다는 것을 발견하는 곳이기도 했다. 이미지 내에서 그녀는 그녀 자신의 정체성을 갖지 못하고 단순히 남성 재현에 동화된다. 하지만 그에 도전하는 것은 남성적 관점에서, 남자로서 말하는 것을 의미할 수 있으며, 그렇기에 여자로서 그녀의 차이 안에서는 여전히 살고 있지 못한 것이다.

남성 재현 체계에 대한 이러한 저항에는 그 속에서 살아남는 것을

허용하는 몇 가지 버전이 있는데, 그들 중엔 '가장 무도회(masquerade)'
와 '모방주의(mimeticism)'가 있다. 후자의 단어는 프랑스 페미니스트
철학자이자 정신분석학자인 뤼스 이리가레이(Luce Irigaray)가 만든
신조어다. 그것은 '위장(camouflage)'의 아이디어로 연결된다(Whitford
1991: 72). 그러나 모방주의, 또는 그녀가 그것을 호칭한 대로 흉내
내기(mimicry)는, 긍정적인 측면을 가진다: '의도적으로 여성적 역할
을 가정해야 한다. 그것은 이미 종속의 형태를 긍정으로 변환하는
것, 그래서 그것을 저지하기 시작하는 것을 의미한다.' 여성은 그녀
에 대한 남성적 아이디어에 다시 복종하지만, '여전히 보이지 않는다
고 추정되는 것: 언어상 가능한 여성적 작동의 은폐를, 장난기 있는
반복 효과에 의해, "보이는" 것으로 만들기 위해 그렇게 한다'. 동시
에, 이리가레이는 말하기를, 여성은 그것에 의해 완전히 흡수되지 않
는 것을 훌륭히 흉내 내기 때문이라고 한다: '*그들은 또한 어딘가 다
른 곳에 남아 있다*(Irigaray 1994: 124). 페미니스트 퍼포먼스를 실천
하는 이들을 위해 이러한 전략은 미메시스를 무대화하는 데 있어 탐
험을 위한 길을 열었고, 거기에 아직 장난스럽게 거주할 수 있으며,
재현의 남성 체계에 대한 가정을 확인하길 항상 거부할 수 있다. 연
극적 미메시스의 메커니즘에 도전하면서, 페미니스트 연극은 일반적
으로 모방적 실천에 개입하고, 그로 인해 재현과 차이의 통제를 둘
러싼 정치적 투쟁을 추진한다.

　미메시스를 현실을 다루기 위한, 그리고 아마도 현실을 다시 만들
기 위한, 페미니스트 전략으로 간주하는 일은, 단어에 대한 설문 조
사라는 새로운 부문에 들어가는 일이다. 여기서 우리는 미메시스에
대한 접근을 더욱 충분히 보게 되는데, 그 미메시스는 자신의 외부
에 있는 것에 대한 적응과 그에 대한 통제의 부과, 그 사이의 관계에
의해 지배 받는다.

　적응의 과정은, 인간의 생활을 용이하게 하기 위해 자연을 변형시

키는 노동과 연결된다. 복사는 인간을 생존할 수 있도록 하기 위해 만들어질 필요가 있다: '모방적 무용'은 '생산의 실제적 기술'의 일환으로 유래한다. 조지 톰슨(George Thomson)이 1941년에 아테네 연극(Attic drama)의 기원에 대해 설명한 『*아이스킬로스와 아테네 (Aeschylus and Athens)*』에서, 그는 그들의 주식에 관련된 채집생활자의 의례로부터 시작한다. 이 의례들은 극적으로 동물의 습관을 재현한다. 그 원래 기능은 아마도 '그것들이 잡히기 전에 익혀두어야 할 그것들의 습관, 그 종의 행동을 연습해놓는' 것이었다(Thomson 1973: 96, 11). 아마도 같은 방식으로, 이리가레이의 모방주의 개념은 여성들이 남근과 싸우기 위해 남근 미메시스에 대해 배우도록 이끈다.

우리가 다른 곳에서 토론하듯이, 톰슨은 드라마, 시, 그리고 춤의 기원을 모방적 제의에 둔다. 여기 우리의 목적을 위해선, 사냥꾼들에게 그들이 사냥하는 실제 동물에 대해 더 많이 알 수 있게 해준다는 점에서 미메시스가 생산적이라는 데 주목하는 것으로 충분하다. 하지만 모방적 제의는 또한 현실에서 주의를 돌린다는 점에서 생산적이었다; 제의에서 '각 상연자는 리듬의 최면 효과 아래, 현실을 깨닫는 데서부터 물러나며', 이는 새로운 힘으로 충전돼 돌아오기 위해서이다(Thomson 1973: 59). 이렇게 예술적 기원을 생산의 기본 과정 때문으로 돌리는 것은, 톰슨이 그의 세대의 다른 마르크스주의자들과 공유한 분석이었다. 그들 가운데 예를 들어 크리스토퍼 코드웰(Christopher Caudwell)은, 작업 집단에 있어서의 노력을 동시 발생시키는 시의 리듬을 추적했다. 하지만 여기서 미메시스는 육체적 규율을 배우는 것 이상, 목적을 향한 수단, 그 이상에 관한 것이다. 사냥꾼은 동물에 대해 알기 위해, 그렇게 해서 동물을 잡기 위해, 그/그녀가 잡는 동물처럼 되려고 노력한다. 하나의 존재와 다른 존재 사이의 비슷함을 만들어내는 일은, 그래서 생산 과정의 일부이다. 이렇게 무언가들 사이의 비슷함을 만들어내는 일은 발터 벤야민 (Walter Benjamin)이 '모방적 능력'이라고 부른 작업이고, 그는 아마도 톰슨이 '유사성을 생산하는 재능 – 예를 들어, 이것의 가장 오래된 기능은 춤'이라고 말할 때와 똑같은 실천을 마음에서 했던 것이다. 미메시스는 단순히 사냥꾼이 사냥하도록 해주는 데 있어서 뿐 아니라 무언가 사이의 유사성을 수립하는 데 있어, 생산적인 행위라고 일컬을 수 있다. 하지만 벤야민은 그로부터 더 나아간다: 유사성을 생산하는 재능에, 그는 '그들을 인식하는 재능'을 더한다(1978: 333).

유사성에 대한 인식은 복사의 정확성에 대해 주목하는 일 이상의 어떤 것이다. 에세이 '모방적 재능론(Mimetic Faculty)'에서 벤야민은 '마술적 상응성과 유추'에 의해 지배된 고대 세계를 상정한다. 모방적 활동은 무언가들 사이의 숨겨진 유사점, 심층적 상응성을 불러온다. 이러한 유사점을 인식하면서, 사람은 세계의 상호연결성에 대한 깊은 이해를 얻을 수 있고, 그 안에서 생산적으로 존재할 수 있는 능력을 얻을 수 있다.

그러나, 이것은 고대 세계에서의 일이다. 미메시스의 지위는 현대에서 아주 달라진 것 같다. 아도르노(Adorno)와 호르크하이머(Horkheimer)가 1944년에 지적했듯이, 그 초기 형식에서 인류는 자연에 적응했다: 미메시스는 환경의 모조로서, 그 환경은 '내면 세계'가 따르는 법을 배워야 할 대상이다. 여기에서 '문명은 다른 사람에 대한 유기적 적응을 … 미메시스의 조직된 제어로 대체한다'; 그리고 그 후엔 '이성적 실천, 작업으로' 대체한다(1999: 180). 이것은 이미지와 배우에 대한 금지로 이어졌다. 그것은 또한 거꾸로 된 미메시스로 이어졌는데, 그것은 반유대주의, 외부에 대한 내부의 투영 그리고 그 두 가지가 흐려진 것이다.

그러나 이 시기로부터의 미메시스에 대해 가장 유명한 설명을 한 이는 벤야민도, 아도르노와 호르크하이머도 아니었다. 더 친숙한 것

은 1942-5년에 써진 에리히 아우어바흐(Erich Auerbach)(1892-1957)
의 『미메시스(Mimesis)』다. 이 텍스트는 호머(Homer)에서 울프
(Woolf)에 이르기까지 주로 현실의 문학적 재현에 대한 설명이다.
그렇게 그것은 우리가 마주쳐왔던 더 광범위한 사회적·정치적 문제
로부터 멀리 떨어져있다. 여기서 미메시스는 상당히 좁은 의미에서
의 복사와 관련되어 있다. 그래서, 드라마, 연극, 그리고 퍼포먼스의
학생들에게 아우어바흐의 책은 아마도 우리가 논의해왔던 작업의 전
통보다 덜 유용한 듯하다.

그 전통은 퍼포먼스 연구를 위해 중요해진 책에서 1990년대 초에
다시 강조되었다. 『미메시스 및 그와 다른 것(Mimesis and alterity)』
에서 벤야민을 아도르노와 호르크하이머와 함께 묶으면서, 마이클
타우시그(Michael Taussig)는 식민주의 그리고 '원시주의'와 관련하여
미메시스에 대해 숙고했다. 특히 그는, 다른 것에 적응 또는 '항복'하
는 것과 '미메시스를 조직하는 것' 사이의 과도적인 지점으로 샤먼을
이해한다. 감정이입적 마법은 다른 대상을 시각적으로 정확히 복사
해 만들어냄으로써가 아니라, '재현되는 소유물을 공유 또는 획득하
는' 재현 방식을 개발함으로써 작동한다(1993: 47-8). 샤먼이 통제를
추구하고 있는 동안, 그 과정은 다른 대상 속으로 자신을 상실했던
것처럼 이미지 안으로 들어가는 것을 포함한다. 미메시스는 단순히
모조의 능력이 아니라 '감각적으로 아는 능력, 감각적으로, 다른 대
상이 되는(Othering) 능력'을 전개시키는 것이다(p.68). 이 전개 옆에,
미메시스는 다른 대상을 고정시키기 위하여 조직되어 왔다. 반유대
주의에 대한 아도르노와 호르크하이머의 논쟁을 발전시키면서, 타우
시그는 식민지 개척자들이 야만인을 모조함으로써 그들의 권력을 주
장한 방법에 주의한다. 그리고 더 나아가 그는, 미메시스의 기술, 정
신세계에 접근하는 그 권력에 대한 지식이 어떻게 조직적으로 남성
에 국한될 수 있으며 그로 인해 여성과 아이들의 권한을 빼앗을 수

있는지 그 방법에 주목한다.

'조직된' 미메시스를 감각적으로 아는 일에 반대되는 것은, 적응과 통제 도입의 사이에 있다. 여기에서부터 우리의 다음 조치는, 이러한 반대가 단순한 복사, 종종 사기성 종류의 미메시스 개념에 어떻게 연결되는지를 보는 것이다. 우리는 엘린 다이아몬드(Elin Diamond)의 관측을 사용하여 이러한 측면을 어우를 수 있다. 그녀는 미메시스란 단어가 '재현의 활동과 그것의 결과' 양쪽 모두를 언급할 수 있기 때문에 항상 그 단어에 긴장이 있다는 점에 주목한다: '활동'은 생산적인 작업, 현실에의 적응과 현실의 변형이라는 의미를 함축한다; '결과'는 현실의 비활성 복사로 생각된다. 사실 많은 경우 '미메시스'란 단어를 사용하면, 한 번에 둘 다에 관계하기보다는 어느 한쪽의 접근에만 관계되는 경향이 있다. 하지만 다이아몬드에게 있어서, 용어상의 이러한 미덥지 못함은 페미니즘적 미메시스가 무엇인지 정의하려는 그녀의 시도를 위한 유용한 출발점이다.

주요 이론에 대한 능숙한 개요에서, 그녀는 정기적인 논쟁을 반복한다. 플라톤의 관점에서 봤을 때, 여성은 쉽게 환영에 정복되기도 하고 다른 사람을 속이기도 쉽다는 점에서 '모방적' 생물이라는 것이다. 모방적 활동에 종사하는 것은, 따라서 남성을 더 여성스럽게 만들 것이다. 미메시스가 현실의 복사를 만드는 것이라고 스스로 전제함에도, 미메시스를 행하는 과정은 효과를 가진다: 그것은 여성화한다(feminises). 변형을 위한 능력을 축하하기보다는, 초기 시절부터 미메시스는 그 모든 미덥지 못함(slipperiness) 때문에 남성에 의해 반대에 부딪혀 왔다고 다이아몬드는 지적한다. 플라톤의 공격은 아리스토텔레스가 따랐다. 그녀의 말대로라면, 아리스토텔레스는 '유사함 및 즉흥적으로 행하기에 대한 이런 관심을 곧 제거하게 될 것이다'(Diamond 1997: x).

즉흥적으로 행하기(improvisation)란 단어는 다이아몬드의 설명에서 다소 난데없이 불쑥 나타난다. 그것이 비롯된 곳은 아리스토텔레스가 생각했던 퍼포먼스 활동 – 대단한 성직자의 활동 – 이라기보다는, 그 대신 이론적 이진법이라고 제안할 수 있다. 그 이론적 이진법은, 한편에는 남성과 고정성을 지니고 다른 한편에는 여성과 생산적 미끄러짐을 지닌다(그 것을 너무 생물학적으로 생각하지 않을 경우). 다이아몬드는 결국 깔끔한 공식화를 지향한다: '페미니즘의 미메시스는, 만일 그런 게 있다면, 참조적이 아니라 생산적인 현실, 같은 것을 재생산하는 것이 아니라 변화에 맞도록 구성된 현실에 관계할 것이다'(p.xvi).

지금 이 '공식화'는 미메시스에 대한 그러한 접근을 '생산'으로서 상기할 수 있다. 실제로 다이아몬드는 나중에 자신의 책에서, '다른 대상과 *동일하지 않은(nonidentical)* 유사성'에 기반한 미메시스의 급진적 개념을 위해 논의하면서 벤야민을 이리가레이와 함께 나란히 놓고 그들 중 하나를 거론한다(p.174). 문제는, 미메시스에 대한 이러한 생각이 타우시그가 상당히 정기적인 무속적 실천 덕분으로 돌린 것이란 점이다. 그래서, 페미니즘적인 것으로 묘사되거나 또는 급진적인 것으로 묘사될 수도 있는 미메시스에 도착했을 때, 우리는 이전부터 있어 왔던 곳, 남성적이고 전통적인 어딘가에서 우리를 발견하게 된다.

그러나 한 가지 면에서, 다이아몬드의 논의는 미메시스에 대한 우리의 설명을 더욱 주목받게 할 수 있다. 다이아몬드에게 페미니즘 미메시스의 강점 중 하나는, 그것이 '다른 대상을 흉내내어(mimetically) 구현/해석하는 것'을 포함할 수도 있다는 점이다(p.x). '다른 대상'을 구현한다는 이 생각에서 우리는 잠시 쉬어 가고 싶어 한다. 이 지점에서 미메시스는 또 다른 무엇인가로 용해하기 시작한다. 지금까지 우리는 두 쌍의 용어들 안에서 미메시스를 보았다: 첫 번째는, 복사와 속임수; 두 번째는, 생산적인 적응과 제어이다. 각 쌍의 용어 내에서 전경화되었던 것은, 거짓과 진실을 구별하는 작업에서건 또는 생존하고 제어하기 위한 이미지 창출에서건, 인간 행위주체다. 그러나 지금 우리는, 사람이 거기 들어가는 과정, 거기에 복종하는 과정, 혹은 복사로 대체되며 '다른 대상'을 구현하는 과정으로 미메시스를 바라보고 있다. 그 과정은 감정이입의 과정과 매우 유사하다(핵심어 참조).

자아의 상실은 다른 사회에서 부정적으로 보여지기도 하고 긍정적으로 보여지기도 한다. 플라톤에게 있어 모방적 활동은 그 행위주체자에게 유해한 영향, 나약하게 하는(effeminising) 영향을 미치는 것이었다. 샤먼은 정신세계에 사로잡힘으로써 권력에 접근할 수 있었다. 이러한 예들과 나란히 여기에, '흉내 및 전설적인 정신쇠약(Mimicry and Legendary Psychasthenia)'이라는 로제 카유아(Roger Caillois)의 에세이(1935)를 제시해야 한다. 카유아는 곤충과 동물들의 위장 속임수에 대해 논의한다. 어떤 위장 속임수는 곤충을 더 먹히기 쉽게 만들기 때문에, 그는 대체로 '호화로움(luxury) 및 심지어 위험한 호화로움'이라고 결론을 내렸다(1984: 25). 그는 유사함을 찾는 최종 목적이 '*주위에 동화되는* 것으로 나타나리라고' 제안한다. 주체와 공간 사이의 관계는, 공간이 주체성에 변화를 가져오면서 변하게 된다: '개성의 느낌이란, 유기체가 그 주위와 구별되는 느낌, 의식이 공간상의 특정 지점과 연결되는 느낌으로 간주되는데, 그 느낌은 이러한 조건에서 심각하게 훼손되지 않을 리 없다'(pp.27-8). 그는 그 과정을 '공간에의 동화에 의한 비인격화'로 설명한다. 이것은 '개성과 생명의 느낌에 있어서 쇠퇴'를 동반한다(p.30, 원문 역점).

동물의 위장에 대한 카유아의 숙고 밑에는 인류에 대한 생각이 깔려 있다: '이 모조의 효험에 대한 믿음과 결합된, 모조에 대한 압도적 경향이 "원시적"인 상태로 남아 있고, 그 경향은 문명화된 사람에게서도 여전히 꽤 강력하다. 그에게서 그 경향은, 속박 받지 않는 생각

의 진전을 위한 두 가지 조건 중 하나로 계속될 것이기 때문이다'
(p.27). 카유아는 생산적인 모방적 제의에 대한 조지 톰슨(George
Thomson)의 모델을 인정하면서, 이것을 더 큰 어떤 것 안에 위치시
키는데 —그것은 모방하려는 인간의 경향이다(이는, 미메시스가 욕망
과 경쟁의 기초 원칙이라는 르네 지라르(René Girard)의 관점과 비
교 될 수 있을 듯하다: Girard 1996). 그 모조에의 경향은 비인격화
과정으로 이어질 수 있다. 이것은 아마도 생산적 제의보다 죽음 충
동의 개념에 더 가깝다. 미메시스의 매력 중 하나는 지식과 제어에
대한 요구와 관계된 것이 아니라, 정확히 그것들과 반대되는, 인간
행위주체와 개성의 포기, 실제로 공감과 항복과 관계된 것이라고, 그
렇게 주장할 수 있는 것이다.

퍼포머티비티(PERFORMATIVITY)

퍼포먼스 연구는 화행 이론(speech act theory)에서 '퍼포머티비티
(performativity)'의 주요 의미를 끌어낸다. 1962년에 출판된 1955년
강의 시리즈 『말로써 행하는 방법(How to do Things with Words)』
에서 언어 철학자 J. L. 오스틴(J. L. Austin)은 두 종류의 언사를 구별
했다: '인지사(constantives)', 또는 진술; 그리고 그 말해진 것에서 행
동을 수행하는, '내가 당신을 축복한다'와 같은 '수행사(performatives)'
가 그것이다. 그는 또한 언어학에 있어서는, 언사의 성공 또는 '절묘
함(felicity)'이 그 가정된 진실 또는 거짓보다 더 중요하다고 주장했
다. 인지사/수행사(constantive/performative)란 이진법을 설정한 후,
오스틴은 다음 두 가지 기본적인 움직임에서 그것을 해체했다. 첫째,
'암시적(implicit)' 수행사를 확인했는데, 이를테면 '신발을 벗어라!'라
는 명령은 암시적이면서 말해지지 않은 수행적 동사('나는 명령한다
…')로 이루어진다. 둘째, 모든 인지사는 실증되지 않은 가설들(truth

claims)이기 때문에 그들 스스로 암시적 수행사로 간주될 수 있다고 지적한다: '나는 주장한다 …'와 같이.

오스틴은 발언의 세 가지 가능한 측면을 확인했다. '발화'(locution): 기본 이치에 맞도록 언어 규범을 준수하는 것을 넘어, '발화내 행위(illocution)': 발언의 행위에서 *직접* 행해질 수 있는 것이 있었다. 그리고 '발화매개행위(perlocution)': 그것을 통해 덜 직접적으로 행해질 수 있는 것이 있다. 그의 제자 J. R. 서얼(J. R. Searle)은, 간단한 언급조차 대상과 개념을 참조하고 대화 상대를 참조되는 분야로 끌고 가기 때문에 거의 모든 발언은 부득이 발화적(illocutionary) 그리고 발화매개적(perlocutionary)이라고 주장했다. 발화(Locutionary)는 더 이상 중립 지대로 간주될 수 없다. 칼슨이 주목한 것처럼, 서얼은 구조의 추상적 관심사로부터 발언의 구체적인 이벤트: 그것의 의도, 맥락, 효과로 초점을 옮긴다. 칼슨은 서얼을 인용한다: '언어 이론은 행동 이론의 일부분이며', 행동 이론은 '행위의 규칙 지배적인 형태'로서 이해되는 것이다(in Carlson 1996: 61).

언어학의 학문적 틀 밖에서는 더 비판적인 전용이 따랐다. 오스틴은 언어 행위를 직접 발화로 제한했다. 문학 및 연극 형식은 '기생하고(parasitic)' 있다: 그들의 발언은, '실제' 언어 행위에 모방 관계를 갖는 단순한 인용의 행위다, 하지만 데리다는, 인용은 모든 수행적 발언의 성공을 위한 보편적 상태였다고 반박했다: '언어의 일반적인 상태는 반복이다'(Derrida 1977: 172-97). 절묘하게 어울리기 위해, 그들은 이전부터 존재하는 규범에 따라 공식화되어야 한다. 데리다의 개입은, 위계적인 말하기/글쓰기 이진법에 대한 그의 해체와 동일한 정신에서 나왔다: 어떤 발언도, 자유로운 자율적 주체에서 흘러 온다는 의미에서의 독창성을 갖지 않는다. 이것은 비관주의를 암시할지 모른다. 하지만 데리다 역시 인용은 결코 정확하지 않다고 주장했는데, 발언의 맥락이 항상 새롭기 때문이다. 발언이 수행적이기 때문에, 그들은 스스로 잠재적으로 무한한 새 맥락을 창조한다.

1990년대 초의 간행물 시리즈에서 수사학자 주디스 버틀러(Judith Butler)는, 젠더를 수행적 행위로 조명하기 위해 데리다의 중재와 퍼포먼스 연구 양상 모두를 기반으로 했다. 셰크너가 그랬듯이, 버틀러는 산업 사회의 양상들을 전하기 위해 전통적 문화에서의 제의적 이벤트와 경계성(liminality)에 관한 터너의 관측을 적용한다. 하지만 셰크너는 변형적이고 저항적인 실천을 강조하기 위해 경계성의 모델을 사용한 반면, 버틀러는 규범적인 과정을 강조하기 위해 현대 일상생활에서의 제의에 대한 아이디어를 사용한다(p.121 참조). 그리고 이것이 데리다와의 관계다. 버틀러는 젠더를 한 쌍의 끊임없이 반복되는 퍼포먼스로 이해하는데, 이것에 의해 개인들은 강제적인 차이 체계에 따라 사회화되는 것이다. 젠더화된 신체는 이들 반복된 인용들의 퇴적이다. 그 구성적 역할은 그 사이에 눈에 띄지 않고 넘어가는데, 특히 그것들이 퍼포먼스로서 틀에 넣어지지 않기 때문이다. 사실은 강제적으로 제의화된 퍼포먼스의 결과, 그에 따라서 젠더는 자연발생적이고 근본적인 것으로 나타난다.

그러나 이것은 젠더 체계를 난공불락으로 만들진 않는다. 데리다가 한 것처럼, 버틀러는 변환을 위한 장소로서 한 인용과 다음 인용 사이의 구조적 단절을 확인한다. 인용은 결코 정확하지 않고, 고의로 부정확할 수 있다. 언어로서 이해된 젠더 차이의 강제적인 틀 안에 이미 늘 포함되어 있으면서도, 신체의 장난기 있는 발언은 적어도 국지적으로 그 맥락의 틀을 이동할 수 있다. 그리하여 개별 행위주체가 강제적 반복 위에서 변형되어 발견된 경우, 이것 역시 퇴적 효과를 가질 수 있다. 궁극적으로 버틀러가 주장했듯이, 강요된 반복의 틀 내에서의 '젠더의 급진적 확산'은 '반복 자체를 가능하게 하는 젠더 규범을 *대체*할 수도 있다(Butler 1990: 148). 자넬 레이넬트(Janelle Reinelt)가 표현했듯이, '법 자체가 인용된 것에 의존한다'(Kennedy

2003: 1024에서 Reinelt).

맥켄지는, 버틀러가 첫 번째 저서 『*젠더 트러블(gender trouble)*』(1990)의 많은 독자들에게 해야 할 의무가 있다고 느꼈던 '교정(corrective)'에 주목한다. 푸코에 의지하면서 버틀러는 구조적 약점을 지닌 강요된 체제의 모델을 제시했는데, 이는 미시적 규모에서의 저항 행위의 기회를 제공하는 것이다. 하지만 퍼포먼스 연구 공동체와 급진적 동성애 운동(특히 미국에서)이 교차한 데 따른 요소들은, 젠더가 자발적인 퍼포먼스라는 함축을 빠르게 이끌어냈고, 따라서 그녀가 암시하려고 의도했던 것보다 더 쉽게 저항적 의미를 띤 것이었다. 맥켄지는 이것을 그가 '경계적 규범(liminal-norm)'이라고 부르는 것의 덕분으로 돌렸다(Mckenzie 2001: 49-53).

버틀러는 이제 퍼포먼스와 퍼포머티비티 사이의 구별을 명확히 함으로써 사회적 드라마와 미학적 드라마에 대한 자신의 구별을 재강조했다. 젠더의 퍼포머티비티는, 퍼포먼스를 구성하는 공연자의 의지에 대한 '제한된 행동' 행위주체와는 구별될 것이었다. 젠더 규범에 대한 남장 여성(drag king)의 연극적 혼란은 공연자의 젠더화된 주체성을 취소하지 않는다: 퍼포머티비티는 '공연자를 앞서고 제한하며 뛰어넘는 규범의 반복으로 구성된다'(Butler 1993: 234). 레이넬트가 다시 요약하는 것 같이, 되풀이되는 성공적인 반복은 '변화를 어려운 것으로, 심지어 특별한 것으로 만드는 퇴적'으로 이어졌다(Kennedy 2003: 1024에서 Reinelt).

맥켄지는 자신의 더 넓은 논의 틀 안에서 버틀러를 인용하는데, 이 또한 퍼포머티브의 아이디어에 달려 있다. 경계적-규범의 담론이 '권력의 처벌적 형태'로서의 젠더 수행성에 대한 버틀러의 표현을 명료하지 않게 한다면, 경계적 규범 자체는 '퍼포머티브 권력의 효과'로서 가장 잘 이해된다. 퍼포먼스 연구에 대한, 그리고 퍼포먼스 연구 안에서의 위반의 비유가 제의적으로 반복됨으로써, 기술적·상업적인

퍼포먼스에 대한 그 관련성을 불투명하게 하는 정체성을 제공하여
왔다. 이에 반하여, '패러다임을 분리하는 학제적 봉인은 어떤 인용
과도 같은 세력의 압력 아래 침식되고 있다'(Mckenzie 2001: 166).

　맥켄지의 논쟁의 힘이 그로 하여금 버틀러를 '오독'하도록 압박한
반면, 버틀러는 1993년의 에세이에서 사실 더 유토피아적인 위치로
부터 그녀 *자신의* 입장을 바꾸었다고 인정했다(Butler 1993: ix-xii
참조). 여기에서 과정 안에 있는 것은, 그 조건 중 하나에 의해 지배
받더라도, 변증법을 앞으로 뒤로 추적하는 것이다. 따라서, 침전된
반복이 변형을 어렵게 만들고, 젠더 패러디가 그것이 어긴 법을 고
쳐 말하더라도, 남장 여성과 같은 자발적인 연극화는 공적 맥락 및
정신적 맥락 모두에 이를 수 있다. 인용을 방해하고 수행성이 새로
운 방향, 새로운 공간에 휘말리도록 도우면서 말이다. 패러디는 변화
자체가 아니라 변화를 위한 공간을 만든다.

　비슷한 변증법이, 『*퍼포먼스와 문화 정치(Performance and Cultural
Politics)*』(1996)의 편집 서문에서 엘린 다이아몬드(Elin Diamond)가
'퍼포머티비티', '퍼포먼스', 그리고 '씨어터'란 용어를 둘러싸고 벌인
논의에 영향을 미친다. 여기서 그녀는, 로치(Roach)가 '현재'(현재 시
간)는 '심층적 문화 퍼포먼스의 연속적 재연'을 지명하고 위장한다고
주장한 것에 주목한다. 이는 숙명론을 제안할지도 모르지만, 비평은
이러한 퍼포먼스가 '불안정하게 즉흥적으로 행한 것'이라는 점을 상
기시킨다. 버틀러 식 용어로, 로치는 퍼포머티비티에 대해 얘기하고
있다. 그리고, 다이아몬드가 강조하듯이, 무대화된 퍼포먼스의 중요
한 문화적·정치적 기능은 '은닉된 또는 감춰진 관습이 조사될 수 있
는 장소'라는 데 있다. 따라서, '퍼포머티비티가 *하나의* 퍼포먼스에
의지하자마자, 구현, 사회관계, 이념적 호명, 정서적·정치적 효과에
대한 그 모든 질문을 토의할 수 있게 된다'. 퍼포먼스가 '연극'을 그
'억압된' 것으로 발견하는 것은 이러한 의미에서다: 미학적 퍼포먼스

는, 연극이건 라이브 아트건, 그 퍼포머티비티에 있어서의 현재의 흐름과 우리의 몰입을 방해하고 틀 지운다(Diamond 1996: 2-5, 원문 강조).

우리는 어떻게 단어 '퍼포먼스'와 '퍼포머티브'가 다양한 논의를 추구하면서 상대적으로 융합되거나 구별되는지 보아왔다. 오스틴과 특히 서얼의 뒤를 이어, 우리는 다른 맥락에서 이들 단어의 퍼포머티비티를 추적해 왔다고 말할 수 있을지 모른다: 그들의 발언은 무언가를 행하고, 효과적이기도 하다. 그래서, 강제된 반복으로서의 퍼포머티비티라는 버틀러의 의미에 더하여, 우리는 어떤 일을 마친다는 뜻에서의 퍼포머티비티라는 더 일반적인 의미를 가진다. 특히 다른 분야에서, '퍼포먼스와 같은'의 의미로 '퍼포머티브'란 말을 쓰는 매우 일반적인 비유적 용례들도 있다. 또는 무언가에 대해 퍼포먼스의 조건에서 고려한단 점을 가리키기 위해 그 말을 쓰기도 한다-아마도, '치과에서의 퍼포머티브 양상'이란 식으로 말이다. 우리는 또한, '완전히 자기 표현적인 계몽주의적 코기토를 비판한 다양한 이론가들이 스스로 그들 자신의 비평 행위를 퍼포머티브한 것으로 보도록 하는' 과정이 어떠했는지도 보아왔다(1996: 2 Diamond).

질 돌란(Jill Dolan)의 1993년 에세이 '학습의 지리학(Geographies of learning)'은, 연극학이 '문화적 배우들에 의해 상연된 문화적 문제들이 비평적인 연극 제작을 통해 연구되고 조사되는 그런 장소'가 되기를 기대한다. 그것이 무대화한 퍼포먼스 이벤트는 '이미 늘 비판적이고 정치적이면서 차이에 의해 표시되고, 학계 및 직업에 반대되는 관계를 대신할 것이다.' 필수적인 것은 '역사적으로 주변화된 정체성'들이 적극적으로 참여하는 일이다. 주체성에 관해 여전히 지배적인 인문적 담론 안에서 재현되지 않는 그들의 존재에 의해 그 정체성의 '퍼포머티비티'가 전경화되는 사람들; 그러나 아마도 정치적 투쟁에서의 고정된 정체성을 정치적으로 요구할 필요가 있고 요구하길 원할 그 사람들 말이다. 퍼포머티브 정체성은, 퍼포머티브에 대한 포스트모던한 개념에, 그리고 효과적인-퍼포머티브한- 목적에 밀접하게 연합된, 그런 연극 안에 함께 관여한다. '퍼포머티브'는 여기서, 의미들 사이를 생산적으로 이동한다(Dolan 1993: 417-21).

현존과 재현(PRESENCE AND REPRESENTATION)

재현과 현존

'*재현(representation)*'이란 단어는 단지 정확한 모방의 의미뿐만 아니라 환상과 거짓말이란 뜻도 함축할 수 있다. 배우는 자신이 느끼지 못한 감정을 정확히 복사한다. 또한 프랑스의 위대한 연극 이론가인 데니스 디드로(Denis Diderot 1713-84)에 따르면, 분명 자신이 복사하는 감정을 실제로 느끼려 할 때 그는 한심한 연기자가 될 수 있다. 인간 신체에 대한 디드로의 개념은, 조셉 로치(Joseph Roach)의 말로 하면, '생생한 욕망을 지닌, 그러나 의지는 지니지 않은, 가상적으로 영혼 없는 기계'라는 것이다(1993: 130). 여기서부터 배우의 재능에 대한 디드로의 정의를 따라가 보면, '당신이 가정하는 그의 감성에 맞는 모든 것을 살아내는 것이 아니라, 감정의 외적 기호를 완벽하게 모방하여 당신이 그 차이를 말할 수 없는 데서 이루어지는 것이다: 그의 고통스런 울음은 그의 기억에 남겨진 것이고, 그의 절망의 제스처는 미리 준비된 것이다; 그는 자기 눈물이 흘러내리기 시작할 정확한 큐 시점을 알고 있다'(in Roach 1993: 133).

디드로의 관점에서 배우는 도덕적으로 중립적인 통합체이고, '그들은 아무것도 가지지 않았기 때문에 모든 캐릭터를 연기하기에 적절한 존재'이다(Diderot 1883: 65). 그들의 예술은 단지, 생동감을 유지하기 위해 환영을 만들어내는 다른 이들에 의해 실행되는 예술의 확장이다: 거지, 유혹자, 매춘부와 믿음이 없는 사제 등. 그들은 적절하게 조직화된 음성, 얼굴과 신체에 의한 느낌을 가짜로 가장하거나 재현한다. 다른 천재들도 그러하듯 배우를 구별해주는 것은 반영의 능력인데, 그것은 자신으로부터 외부로 선회하고 개인적 감정으로부터 벗어나, 자연의 진실을 객관적으로 관찰하고 탐구하며 이해하기 위한 것이다. 관찰, 반영과 실험이라는 세 단계의 과정을 거치면서 배우는 모든 근육과 목소리의 활동을 이끌어가고 통제해갈 청사진을 창조한다. '훌륭한 배우는 또한 가장 독창적인 꼭두각시이다'(p.62). 아무것도 자발성 또는 순간적인 영감으로 남지 않는다. 그리고, 또 다시 반복해서, 배우는 감동적으로 울어야 할 것이며, 늘 그렇게 준비되어 있어야 할 것이다.

사후 출판된 『패러독스(Paradoxe)』에서 디드로의 관점은 많은 배우들을 분노하게 하는 것이었다. 그는 특히 멜로드라마 정서의 장인인 헨리 어빙(Henry Irving)에 의해 공격받았다. 그러나 단지 그만이 아니었다. 로치가 지적했듯이, 1960년대와 1970년대 이후 연극과 퍼포먼스에서의 많은 실험들은 가식을 팔거나 자신들의 신체를 상품화하는 누군가와 사회적으로 동등한 기계화된 배우에 대한 디드로의 묘사를 던져버리기 위한 시도로 이해될 수도 있었다. 1960년대 아방가르드의 실험은 배우를 텍스트에 대한 아첨으로부터 자유롭게 만들려고 했다. 극작가의 텍스트 내에 제한되어야 한다는 의무는 배우의 자율성을 억제한다. 역시 리허설 과정을 통해 신체를 훈련할 필요는, 그 자신의 신체적 잠재력으로부터 소외되는 상태에 도달한다.

조셉 체이킨(Joseph Chaikin)은 1960년대 후반 실험적 작업을 했던 배우이자 연출가였다. 『배우의 현존(The Presence of the Actor)』(1972)이란 책에서 그는 현존(Presence)은 '누군가에게 주어지면서 다른 이들에겐 부재하는 자질'이라고 썼다(1972: 20). 이는 그것이 일반적으로 어떤 분류하기 힘든 생물학적 여분으로 간주되는 방식이다: 어떤 이들은 단지 '그것을 가지며' 다른 많은 이들은 그렇지 못하다.

그러나 체이킨은 계속해 주장하길, '현존'은 또한 배우의 특수한 행동으로부터 나온 결과임이 점점 분명해져간다고 했다. 체이킨은 그 시대 아방가르드의 일부로 보일 수 있지만, 이는 관객에 대해서뿐 아니라 텍스트에 대한 성향과도 연관된다:

> 그는 자기 음성과 신체를 완전히 이해되고 부여된 의미로서의 재료에 제공한다: 즉, 그가 배우로서의 자신의 과업에 승선하기 전에 그는 텍스트의 주요 의도들에 대한 의미 있는 동의에 도달해 있다. 포기와 통제, 지능과 천진함의 균형을 맞추는 이런 활동이 그의 퍼포먼스를 놀랍게 만든다.

> (1972: 21)

비록 배우가 스스로를 '제공해도', 텍스트가 사전에 충분히 이해되었기 때문에 그것은 완전히 항복의 행위는 아니다. 체이킨이 배우와 텍스트의 관계를 묘사하기 위해 사용한 언어는 파트너십의 언어였다. 관객과의 관계를 위한 그의 언어는 더 명시적으로 관능적인 것이다: '퍼포머가 익명의 관객을 위해 보존하는 것은, 일종의 깊은 리비도적 항복이다'(p.20).

여기에서의 몇 가지 특징들은 체이킨의 묘사를 1960년대 후반의 전형적인 것으로 표시한다. 우선 퍼포머는 작업의 다른 요소들 이상의 가치를 지닌다. 퍼포머는 단지 저자의 텍스트를 위한 운반수단도 아니고 다른 누군가의 비전이 지닌 통제 아래 있지도 않다: '의미 깊은 동의'는 성취되었다. 둘째로 퍼포머는 스스로 해방된 존재의 육체적 방식을 보여주는데, 그것은 학습된 규율로부터 신체를 자유롭게 하려는 대항문화적 노력과 함께하는 것이다. 체이킨은 다음과 같이 언급했다. '나는 사람들을 극장으로 끌어오는 것은 있는 그대로의 삶에서의 한계에 대한 일종의 불편함이며, 그래서 우리는 모델 형식을 통해 그것을 변경하려고 시도한다는 생각을 갖고 있다'(p.22); 그리고는, 자본주의의 성적이고 정서적인 억압적 효과에 대해 쓴 동시대의 위대한 스승 허버트 마르쿠제(Herbert Marcuse)를 인용한다.

아르토와 데리다

체이킨은, 1960년대 후반 실험 연극과 퍼포먼스에 중요한 사후 영향을 미쳤던 '아르토식' 미학 안에만 온전히 자리했던 건 아니다. 『연극과 그 분신(The Theatre and Its Double)』([1938]1970)에서 아르토가 요청했던 '잔혹연극'은 퍼포머, 무대와 관객 사이의 직접성을 필요로 했다. 어떤 단어는 기호 운반수단이라기보다 순전히 소리로만 취급될 터였다. 1968년과 반-베트남전 운동 세대에게 아르토는, 권위의 제약과 부담, 와전으로부터의 해방을 지속적으로 약속해주었다. 퍼포머의 직접적인 현존은 재현의 허위에 대항하는 보증의 형태였다.

현존과 재현을 상반된 용어로 다루면서 재현을 물리치는 순수한 현존의 연극을 요청함으로써, 아르토는 데리다가 나중에 *위계화된 이항대립(hierarchised binary)*이라고 부른 것을 구성하였다. 해체 *(deconstruction)*를 위한 데리다의 비평적 기술은 이것을 붕괴시키려고 고안되었다. 또한 그는 아르토 및 급진적 실험 연극의 그것과는 같지 않은 정치적 프로젝트를 장악하였다. 그들과 마찬가지로 그는 시야 안에 서구적 질서 그 자체를 뒷받침하는 것에 비해 자본주의에 대한 직접적 징후를 덜 가지고 있다. 그러나 그는 근본적으로 다른 결론에 도달한다. 아르토에 대한 그의 작업을 살펴보자.

'잔혹연극과, 재현의 종결(The Theatre of Cruelty and the closure of representation)(Derrida[1966] 1978)'은 세 부분으로 나뉜다. 데리다는 아르토가 연극의 가장 핵심적인 부분을 인식한 데 대해 칭송하면서 아르토의 논의를 제시한다; 그리고는 그의 용어들에 함축된 바에 대해 숙고한다; 최종적으로 그 내용에 대해 생각해온 것과는 또 다른 프레임을 제안한다. 그것은 복합적인 에세이인데, 데리다가 그 자신의 음성과 아르토의 음성 사이를 미끄러지기에 더욱 어렵다; 그는 용어를 정착시키지 않고, 아르토의 논의를 그 자체에 반박하게 하지만, 여전히 아르토를 찬양하면서 그렇게 한다.

첫째, 데리다는 아르토를 요약한다. 아르토는 삶에 대한 반명제로서 인간과 신 양자 모두를 거부한다: 스스로를 신에 의한 삶으로부터 분리시키면서, 인간은 신성한 신을 오염시켰다. 신은 반복과 재현의 원칙과 관련되어 있다: '반복이 있자마자 신이 거기에 있으며, 현존(the present)이 스스로 지키고 보존하며, 즉, 스스로 피한다'. 현존은 - 즉시성의 원칙은 - 삶에 맞추어진다. 재현은 현존을 죽인다. 연극에 관해서라면, '무대((t)he stage)는, 말하려는 의지에 지배되는 한, 다시 말해, 연극적 영역에 속하지 않으면서 거리를 두고 그것을 통치하려는 기본적인 로고스의 배치 틀에 지배되는 한… 신학적인 것이다.' 진정한 무대를 '설립하는 자유'가 회복돼야 하며, '텍스트 및 저자로서의-신'으로부터 해방되어야 한다(Derrida 1978: 234-46). '반복'이란 단어는 불어에서 특별히 날카로운 의미를 지니는데, '반복'이란 뜻과 '리허설'이란 뜻 모두를 포함하기 때문이다. 리허설한다는 것은, 리허설 연습실에서 반복한다는 의미인 동시에 저자로서의-신의 말들을 반복한다는 의미이기도 하다. 또 다른 말장난을 활용하면 받아써지는 것이다. 목표는 연설이라기보다 말해지는 것이다:

> 무대는 그 구성이 전통의 전체성을 따르면서 거기 수반되는 요소들을 편안하게 하는 한 신학적이 된다: 부재하며 멀리 있는 저자-창조자는 텍스트로 무장하고 재현의 시간이나 의미를 감시, 조합, 규정하는데, 이렇게 함으로써 그의 사상, 의도, 생각의 내용으로 간주되는 그를 *재현*하게 된다. 그는 재현이, 대표자들, 연출자나 배우들, 캐릭터를 재현하는 노예화된 해석자들을 통

해 자신을 재현하도록 한다.(Derrida 1978: 235)

많이 인용된 이 구절에서, 데리다는 아르토에 대한 자신의 비평적 이해와 그 자신의 함축적인 위치 사이를 미끄러지는 듯하다. 그것은 종종 데리다의 직접적인 의견으로 받아들여진다.

둘째, 데리다는, 기존의 모든 연극이 어떻게 아르토의 요구에 따라 개선되었는지 묻는다. 준열한 비판이 뒤따르는데, 대립적인 형식들까지 포함하여 모든 서구 연극의 형태들은 궁극적으로 '신학적'이기에 결핍된 것으로 발견된다는 것이다. 그들은 자신들 외부의 그 어떤 권위에 의존하고 그리하여 삶의 순간을 뒤로 미룬다. 데리다는 말한다: '그렇게 불충실의 주제를 열거하면서, 충실함이 불가능하다는 것을 신속히 이해하게 된다.' 그리하여, 만약 아르토가 사실상 불가능한 것을 요구했다면, '어떤 조건 아래서 본격적인 "잔혹연극"이 "존재하기 시작할" 수 있을까?'. 아르토의 현존(presence)은 본질적으로 순수한 *현존-다움(present-ness)*이다. 데리다는 그에게 주석을 달았다: '비재현' 혹은 '원래적인 재현'은 '부피 ⋯ 자신만의 공간을 발생시키는 경험 ⋯ 을 펼쳐가는 것이다 ⋯ 즉, 아무것도 말하지 않은 채 응축하거나 이해할 수 있는 공간의 생산 말이다'(Derrida 1978: 237-47).

이제 세 번째로, 데리다는 '현존하는(present)'에 대해 더 깊이 생각한다. 현존의 바로 그 '현존-다움'은 일종의 '그 자신을 위한 존재하기'를 수반한다. 거기엔 '내부적인 접힘' 혹은 '그 현존하는 행위의 단순한 현존을 훔치는' 중복이 있다. 또한 그것은 연극을 지배할 뿐 아니라, 삶 전체를 지배한다. 아르토는 실제로 불가능한 것을 요구하고 있다. 아르토 프로젝트의 '심오한 본질'은 '*일반적으로 반복을 지우는 것*이다. 아르토의 뛰어난 점은, 경계를 인식하고 그에 대항하여 크게 다루었다는 것이다. 그러나 그가 그 경계를 넘기 위해 선택

한 무기, 순수한 현존의 개념은, 역설적이게도 플라톤 이후 서구 형
이상학 영역의 핵심부에 놓여 왔던 것이다. 직관적으로 아르토는 연
극을, 이 '원시적 반복'의 '억누를 수 없는 움직임'을 경험하기 위한
주요 장치로 인식했던 것이다. 비극이 서구 무대에 적절한 것은, '운
명의 재현으로서가 아니라 재현의 운명에 대해' 그러하다. 달리 말하
면, '원래적인 반복'은 '단일한 근원이 부재한 비극의 근원'에 대한 생
각일지도 모른다. 스스로의 현존–다움을 향한 서구 문화의 깊은 분
투는 무대를 그 가장 정통적인 장치로 만들었다. 연극을 제거한다는
것은 우선 서구 형이상학의 현존 자체의 종말을 수반한다(Derrida
1978: 245-50, 원래 강조).

　데리다가 아르토의 현존 추구를 해체한 지 바로 일 년 후 마이클
프리드(Michael Fried)는, 이후에 포스트모던 작업으로 간주될 것들
의 단순한 '현존'이나 '임시성'에 대항하는 모더니스트 예술의 '현존–
다움' 혹은 '즉시성'을 옹호했다. 진정한 예술 작품은 '지속적이고 전
체적인 *현존다움(presentness)*, 즉 그 자체의 끊임없는 창조에 도달
하는 결과'를 성취할 때, 순식간에 '전적으로 분명히 드러나는 것이
다'. 예술 작업은 그러한 현존을 이루기 위해 '연극을 패배시키는 것
이다'. 그리고 이런 투쟁은 사실 연극 그 자체 안에서 가장 첨예했
다. 그는, 연극(theatre)에서 연극적인 면(theatrical)을 삭제하는 방향
으로 작업한 두 명의 실천적 이론가를 거론한다. 한 명은 브레히트
이고, 또 한 명은 아르토이다(9장 참조). 더 나아가 프리드는 모든
예술 형식들에 대해서도 생각하는데, 이를테면 전적으로 연극성을
용케도 피한 영화가 그 예이다. 영화 현상학은, 배우들이 '육체적으
로 현존하지' 않고 스크린이 '우리에게 특정한 신체적 관계로 … 존
재하는' 그런 대상으로 경험되지 않는다는 점을 칭송하는 듯하다
(Fried 1967: 136-40).

토론토 1980

데리다의 에세이는, 프랑스로부터 서구로 휩쓸려온 후기구조주의 '이론' 열풍의 일부로서, 1978년까지는 영어로 번역되지 않았다. 다른 선구적 이론가들과 더불어 데리다의 영향은, 1980년 토론토 대학에서 있었던 연극 콜로키움에서 느낄 수 있었다. 영향력을 지니게 될 한 발표에서, 조세트 페랄(Josette Féral)은 퍼포먼스를 정의하는 특질 중 하나가 '재현'에 대한 반감이라고 논했다. 퍼포머가, 의미나 재현에 엉겨 붙지 않는 '에너지 흐름을 위한 경로의 포인트'가 되는, 그런 '지속적인 현존'을 퍼포먼스는 성취한다. 퍼포머는 주체의 구성 수준으로 되돌아가고, 관객은 이를 '지식'으로서 받아들인다. 그리하여 퍼포먼스는 '무대 위의 주체를 이해하기 쉽게 해준다'(Féral 1982: 173-8).

페랄에게 있어 퍼포먼스는 '연극적으로 슬로우 모션' 상태이다. 그것은 '연극의 한계'를 점유함으로써 그 '숨겨진 얼굴'을 폭로한다. 그녀는 라캉의 상상계와 상징계의 구별을 연극성의 두 부분을 규명하는 데 적용했다. 첫째는 '*상상계의 리얼리티*로, 이는 주체에서 발원하여 '말하고자 하는 그의 욕망의 흐름'을 허용한다. 둘째는 일련의 '특수한 상징계적 구조'인데, 이는 주체를 상징계적 질서에 고정시킨다. 퍼포먼스와 씨어터 모두 상상계를 다루지만, 씨어터는 상징계적 질서에 묶여 있어 그 객체를 동결시키는 반면, 퍼포먼스는 그 객체들을 작동시킨다. 그리고 이는 연극성을 까발리고, 위치와 욕망의 끝없는 유희를 벌인다. 퍼포먼스는 주체의 기본적 과정에 접근하기 위해, 연극의 '역량'을 무효화한다(Féral 1982: 171-9).

페랄은 현대 퍼포먼스가 '역설적으로', 무대의 재탄생을 위한 아르토의 처방과 닮아 있음을 관찰했다. 이후에 퍼포먼스의 '상징기반적 영역'을 지정하기 위해, 그녀는 데리다의 '주변부' 개념을 불러온다. 이는 일단 '가장 숨겨진' 개념적 혹은 실험적 '틀'을 지정하지만, 그럼으로써 또한 주체의 '가장 중요한' 측면을 지정한다(Féral 1982: 174-8). 페랄이 언급하진 않았지만, 아르토에 대한 그의 에세이에서 이러한 데리다식 특징을 만날 수 있다. 결국 모두가 그렇게 역설적인 것만은 아니다. 데리다는 서구 형이상학의 가장 주변부에서 작업하면서 한 에세이에서 아르토를 조각난 주체로 '무대화'했다. 그래서 우리는 조금 바꿔 말할 필요가 있다. 페랄에 의해 이론화된 현대 퍼포먼스는, *데리다가* 아르토로부터 *읽어낸 것*으로부터 그다지 멀리 있지 않다.

연극성에 대해 조사하면서, 토론토 회의는 의식적으로 북미 퍼포먼스를 그 주요 관심 대상 중 하나로 취했고, 동시대 '이론'을 그 주요 수단의 하나로 취했다. 그러나 이론 자체는 연극에 대해 다소 제한된 선입견을 지니고 있었다. 이를테면, 라캉식의 표명을 하는 페랄의 문구, '고전 연극의 캐릭터처럼 고정된 형상 속에 소외된' (1982: 177)이란 문구는, 질문의 대상이 될 수도 있는 '고전적' 연극에 대한 가정을 담고 있다. 즉, 벤틀리나 베커먼의 캐릭터 모델은 과정상의 고정되지 않은 것으로 이들에 의해 질문이 나올 수도 있는 것이다 (핵심어: '캐릭터, 가면, 사람(character, mask, person)' 참조).

토론토 회의에 대한 샹탈 폰트브리앙(chantal Pontbriand)의 기여 또한 재현과 현존에 대한 토론에 영향력을 미치게 되었다. 그녀는 현대 **퍼**포먼스가 연극보다는 다른 종류의 현존, '새로운-현존(neo-presence)'을 나타낸다고 주장했다. 그녀의 출발점은 페랄의 그것과 유사하다: 퍼포먼스는 '선험적인 어떤 상상적 혹은 초월적 시공간 없이 실제의 시간과 장소에서 펼쳐진다'; '그것은 제시한다(present); 그것은 다시 제시하지(re-present) 않는다'(Pontbriand 1982: 155). 폰트브리앙의 주장은 우리가 **퍼**포먼스의 출현과 관련해 논의했던 현존에 대한 두 가지 담론 사이를 미끄러지면서, 세 가지 논점 사이를 순환한다: 그린버그와 프리드 같은 형식주의자들에 의해 옹호된 '현존다움'; 프리드가 상정한 연극성의 *대용품적인(ersatz)* 현존; 그리고 데리다가 도달 불가능하다고 주장한, '신학적' 연극에 의해 부인된 '현존'을 향한 아르토의 추구가 그것들이다.

발터 벤야민의 '기계적 생산 시대의 예술 작품(The Work of Art in the Age of Mechanical Production)([1936] 1973b)'에 의지하면서, 폰트브리앙은 퍼포먼스가, 인쇄가 그랬던 것처럼, 예술작품의 '아우라'를 민주적으로 감추는 동시에 보는 이의 '특정한 상황' 속에서 그것을 활성화하기도 한다고 주장했다. 연극의 재현으로부터 퍼포먼스의 제시로의 이동은, 아우라로부터 '단순한 실제성'으로의 이동이다. 퍼포먼스는 과정에 기반을 두고 서로 관련되지 않은 단편들을 제시함으로써, 전체성의 형이상학을 거부하는 '급진적 현존'을 성취한다. 그녀는 형식주의적 충동에 주목했는데, 그 충동에 의해 다양한 예술 장르는 기계적 재생산의 도래로부터 그 장르 고유의 특수성을 찾는다는 것이다; 또한 그것은 영화와 퍼포먼스 같은 전적으로 새로운 장르를 예고한다고 주장했다(Pontbriand 1982: 156-7).

폰트브리앙은 퍼포먼스에서의 기계적 매개수단의 사용에 대해 고려했다. 어떤 이들은 그것이 '신학적으로' 거리가 먼 근원을 뜻한다고 의심했지만, 폰트브리앙은 매개가 단지 육체의 확장이며 '에너지의 대체'란 점을 주장하고자 맥루한(Mcluhan)을 동원했다. 벤야민은 영화를 옹호했는데, 그것이 프레임화와 커팅에 의해 더 근접된 리얼리티를 가져오기 때문이었다. 폰트브리앙에게 있어 퍼포먼스도 마찬가지였다. 거기엔 주의 집중을 쉴 수 있는 아무 곳도 없다. 폰트브리앙의 도착 지점은 리처드 포먼((Richard Foreman)이었다. 그의 연극에서의 프레임의 충격적인 움직임, 컷과 지연은, 그의 말대로 하면, '원천을 연상시키기 위해' 고안된 것이다. 그는 말하길, '어떤 종류의 문장(제스처)을 쓰려는 욕망은 살기 위한 욕망에 가깝다'고 했다. 예술의 고유한 기능은 '과정을 의식하는 존재로서의 몰입을 위한 허기를 일깨우는 것'이다(Pontbriand 1982: 157-60).

포먼 연극을 잘 환기시키면서, 폰트브리앙은 한편 **퍼포먼스**를 배타적 장르로 설정했다: 동시대의 '주술적' 퍼포먼스들은 그 어리둥절한 상태 때문에 제외된다. **퍼포먼스**의 이러한 발생학적 특수성은, 그녀가 동원한 '현존'에 대한 두 가지 담론을 둘러싼 미끄러움에 따른 것이다. 퍼포먼스는 모더니즘적 형식주의의 '명상'과는 대조적으로 '충격'을 낳고 실제 상황을 전경화한다. 그러나 그것은 에너지의 작동 원리를 통한 예술 형식으로서의 *일관성*을 성취한다.

폰트브리앙과 프리드 두 사람은 장르의 특수성을 추구했고, 적어도 표면적으로 다른 이유에서이긴 했지만 둘 다 영화를 모범적인 형식으로 보았다. 프리드가 보기에 그것은 궁지에 몰린 신체를 유지하는 것이고; 폰트브리앙에게 그것은 더 근접한 삶에 대한 전의식적(preconscious) 이해를 불러오는 것이었다. 폰트브리앙의 '새로운-현존'은 잡을 수 없는 리얼리티의 입구를 맴도는 것으로, 현존의 현존-다움 안에 있으면서 삶에의 욕망을 체현하고, 데리다가 찾아냈듯이 서구 형이상학의 그 경계들을 직관적으로 특수화한 바로 그 아르토와 아주 흡사한 것이다. 포먼도 동일한 끝 지점에 위치해 있다. 그러나, 새로운-현존 덕분에, 우리는 그것을 이제 고유한 **아트**로 규정할 수 있다. 폰트브리앙이 본 **퍼포먼스**의 '새로운-현존'은, 프리드의 '현존다움'과, 데리다가 아르토를 위해 단계화했던 또 다른 '현존다움' 주위의 춤 사이에서의, 선명한 충돌로 판명된다. 그리고 눈에 띄는 대상과 실제 육체가 과시하는 *대용품적인* 현존은 그 어디에도 보이지 않는다(Pontbriand 1982: 157-60; Auslander 1997: 54-7 참조).

데리다의 흡수

한 시대를 영악하게 돌아보면서, 미카엘 반덴 휴벨(Michael Vanden Heuvel)은 주장하길, 퍼포머에 의해 세워진 현존과, 더 크고 추상적

인 의미로서의 **현존**의 이상(이는 아마 체이킨의 관객을 끌었을 텐데)
사이에 관계가 있다고 했다. 이상으로서의 **현존**의 '힘'은

> 리얼리티의 총체성을 포착하는 동시에 상연해내는, 그리고 그것이 관객에
> 게도 유효하도록 만드는 퍼포머의 능력에 놓여 있다. 한 존재의 가장 깊은
> 직관적 수준을 이해하여 그의 리얼리티에 대한 진정한 파악을 창조하고 표현
> 하는 것처럼 보임으로써, 퍼포머는 이상적 정통 자체의 패러다임이 되었
> 다.(Vanden Heuvel 1991: 44)

퍼포머의 이러한 '능력'은 육체적 기술과 그것이 발생시키는 환영
의 조합에 달려 있다: '훈련되어 퍼포밍하는 신체는, 육체적 아우라
가 **현존**을 포착하고 보장할 수 있으며, 그의 모든 공간적, 시간적,
정신적 충만함 속에서 다시 한 번 리얼리티를 되찾을 수 있는, 그런
권한이 주어진 원천으로서 전시된다'(p.45).

반덴 휴벨의 책은 1991년에 나왔다. 이론의 십년 주기의 정점 가
까이에서, 그의 분석은 무엇이 – '보장된 것', '충만한 것', '정통한 것'
그리고 물론 '그 자체'가 되어 왔는지, 그리하여 유력한 용의자가 되
었는지를 신중하게 규명한다. 반덴 휴벨의 텍스트에서, 1960년대 후
반 체이킨의 결백이 폭로되는데, 이는 그 과도기적 시기에 주로 데
리다의 지도력 아래 후기구조주의가 도래함으로써 이루어진다.

연기에 대한 이해에 데리다의 비평이 흡수된 과정을 1980년대를
통해 추적할 수 있다. 이를테면 필립 아우스랜더(Philip Auslander)의
에세이 '"네 자신이 되어라": 퍼포먼스 이론의 *이성중심주의와 차연*
("Just be your self": *logocentrism and différance* in performance
theory)'은, 차이와 *차연(différance)*에 대한 데리다의 생각을 요약하
는 데서부터 출발한다. 그리고는, 자신의 생각을 재현하도록 규제하
는 저자-창조자의 부재와 함께 '신학적 무대'의 개념을 인용한다. 그

러나 데리다의 생각이 씨어터/퍼포먼스에 관한 글쓰기에 흡수되면
서, 그것들은 이미 있어왔던 개념들에 의해 수정되는 경향이 있었다.

예를 들어 체이킨 및 1960년대 후반의 다른 퍼포먼스 창조자들은,
'저자-창조자'에 의한 지배로부터 자유로워진 무대를 원했다. 이는
데리다가 말한 것에 대한 이해를 발전시킨 맥락 내의 한 요소였다.
데리다에게 있어 로고스는 그 자체로 제시될 수 있는, 결국 신성과
도 같은 것이었다. 신학적 연극의 '텍스트'에 대한 그의 이해는 다음
에 적절히 관련된다: '언어적 직물, 태초에 *말해진* 로고스'(1978: 236)
말이다. 그러나 1960년대 퍼포먼스의 맥락과 그에 따른 사고방식은,
데리다의 로고스를 몹시 편협한 문학적 방식, 즉 저자와 텍스트로서
이해했다. 1980년대 초반에 아우스랜더는 여기에서 더 나아갔지만,
여전히 꽤 문자적인 방식에서였다. 그는, 퍼포먼스의 권위화된 로고
스, 가치의 근원과 원천으로 가정된 지점이 연출자의 개념일 수 있
고 실제로 배우 자신의 것일 수도 있다고 제안했다. 이로부터 그는
배우 자신의 개념, 그 자신의 현존에 대한 개념을 스타니슬랍스키,
브레히트, 그로토프스키의 이론들에서 계속 탐색해 나간다.

아우스랜더는 1992년 『*현존과 저항(Presence and Resistance)*』에
서, 자신의 개요 챕터 중 하나에서 다루었던 주제로 돌아간다. 그것
은 1960년대 실험적 퍼포먼스로부터, 그 '희열의 정치'(셰크너가 빌려
온, 티모시 리어리Timothy Leary의 문구)와 함께, 1980년대 후반의
포스트모던한 실행으로 변화해간 과정을 따라가보는 것이다. 그는
정치적 가치가 현존에 놓여 있다고 요약한다: '다른 이들 앞에 하나
의 살아 있는 인간으로서의 배우의 현존은 그 자체가 영적이고도 심
리적으로 해방되는 것이기에, 관객을 향한 퍼포머의 순수한 제시는
연극이 급진적인 영적/정치적 언급을 할 수 있도록 해주는 최고의
유효한 수단이다'(Auslander 1994: 37). 포스트모던 연극은 재현하지
않고, 제시하는 것이다.

이론의 십년 주기에서 현존이란 단어의 사용은, '통합된 주체'에 대한 잘못된 믿음을 암시하는 경향이 있었다. 낡은 스타일의 연극은 현존을 가진 스타에 대해 일종의 자연적인 질, 그들 자신의 확장으로 이야기한다. 아우스랜더는, 우리가 퍼포머 자체에 대해 갖는 이런 감각이 실제로 하나의 산물이라고, 시공간 및 제스처와 소리 등과의 연관으로 인한 미세-관계들의 효과라고 말할지도 모른다(1997: 36). 그리하여 거기엔 '현존'이란 생각의 두 가지 요소가 있게 된다. 하나는 윤리적/정치적 요소이다: '현존'의 환영을 고무시키는 것은 건강하지 못한 일인데, 왜냐하면 그것은 주체가 통합된 전체라는 환영을 고무시키기 때문이다. 다른 하나는 역사적/미학적인 요소이다: 오래된 연극은 이러한 환영의 생산, 그 '고전적인 현존'에 의해 특성화된다. 새로운 **퍼**포먼스는 이런 환영을 허용하지 않으며, '현존'이 하나의 효과임을 알고 그것을 보여준다.

이러한 가정들에는 심화된 문제가 있고, 그것은 데리다가 '신학적 연극'과 관련된 경우에 대해 과장해서 했던 말로 모두 되돌아간다. 매우 짧은 기간 동안에만 연극은 관객을 '수동적이고' 무비판적인 관점 안에 가두어놓는 시도로서 묘사될 수 있었다. 역사적으로 많은 관객들은 '현존'을 산출하는 기술들을 의식적으로 지켜보아왔다. 이는 또한 동양 연극의 사례이기도 하다. 동양연극의 기술을 분석하면서 연극인류학자 유제니오 바르바(Eugenio Barba)는 일련의 육체적 미세-기술, 학습된 근육 규율에 대해 규명하는데, 이는 그가 '전-표현적(pre-expressive)'이라고 부른 것들을 함께 구성한다. 그것은 퍼포머가 서고, 공간을 차지하며, 육체적으로 '존재하는' 방식이다. 전반적인 신체 규율은 '현존'의 감각을 낳을 수 있는 훈련으로부터 온다. 그 기술을 관객은 지켜보는 것이다.

그러므로, 오래된 스타일의 연극이 윤리적으로 모호한 '현존'의 아이디어를 단순히 영구화한다고는 설명하기 어렵다. 우리가 관심을 가져야 할 것은, 그것이 그렇게 한다는 가정의 성장이다. 이는, 윤리적인 것과 역사적인 것을 조합한 가정의 작동과 관계가 있다. 아마도, 퍼포머의 작업에 대한 초점이 이론가 쪽으로 이동해간 것과도 그만큼 관계가 있을 것이다.

1977년 포스트모더니즘의 문제를 파악하려는 시도에서, 브나무(Benamou)는 우리가 **현존**과 **부재** 사이에서 선택해서는 안 된다는 결론을 이끌어냈다; 우리는 범주들과 그 해체 사이의 비결정성의 영역 안에 있다(Benamou 1977: 5). 한편 일반적인 입장은, 연극이 배우의 현존과 재현되는 인간의 부재 사이에서 그 순환을 상연한다는 것이다; 그리고 역할 아래 배우라는 사람의 부재. 이것은 현존의 집착, 그것의 해체, 혹은 그 양자간의 순환이 될 수 있다(Phelan 1997: 3-4 참조).

기호학과 현상학(SEMIOTICS AND PHENOMENOLOGY)

기호학은 의미가 사회에서 만들어지고 교환되는 방식에 대해 고려한다. 그것은 의미와 소통의 다양한 과정을 설명하고 분석하는 것이다. 간략히 정의하면 기호학은, 기호에 대해 이해하고 연구하는 과학이다.

이 과학은 언어학자 페르디난드 드 소쉬르(Ferdinand de Saussure)가 제네바에서 1906-11년에 학생들에게 한 강의에서 발전된 작업, 그리고 철학자 C. S. 퍼어스(C. S. Peirce 1839-1914)가 미국에서 했던 작업으로부터 출현했다(Hawkes 1978 참조). 수행된 작업을 분석하기 위한 그것의 가치는, 그들이 나타내는 것과 다르고 복잡한 관계 속에 있는 모든 구성 기호들을 위해 언어적인 것과 나란히 비언어적 소리, 이미지, 대상들을 다룰 수 있는 그것의 능력에서 주로 나온다. 이 방법을 처음 연극에 적용한 것은, 1930년대와 1940년대에 작업한 소위 프라하학파 구조주의자들에 의해서였다. 케어 엘람(Keir Elam)에 따르면 그들의 작업은 아리스토텔레스 이후 최초로 드라마 시학을 변화시켰다. 중요한 해는 1931년이었다. 이 해에 오타카 지히(Otakar Zich)의 『드라마 예술의 미학(Aesthetics of the Art of Drama)』과 얀 무카로브스키(Jan Mukarovsky)의 '배우의 현상에 대한 구조적 분석의 시도(An Attempted Structural Analysis of the Phenomenon of the Actor)'가 출판되었다. 그들의 작업은 그 동료들의 작업과 함께, 엘람에 의해 잘 설명되었다(1980). 그는 (보가티레브(Bogatyrev)의 말로) '연극적 기호의 일부를 상연하는 무대상의 사물은 특별한 성질과 자질, 속성을 얻으며 이는 실제 삶에서는 갖지 않는 것들이다'라는 아이디어를 프라하 학파의 기본적 통찰로 규정하였다(Elam 1980: 7). 무대상의 탁자는 정확히 연습실에서 그 위에 겉옷과 가방을 던져놓는 데 써왔던 그 탁자일지 몰라도, 일단 공연 중인 무대 위에서는 인용 부호를 얻으면서 그 자체가 아니라 탁자의 전체적 범주를 재현하게 된다(p.8). 마찬가지로 배우의 모든 씰룩거림은, 심지어 의도하지 않은 반사 행동마저도, 인용으로 보여지고 기호로서 받아들여진다.

프라하학파의 이러한 기본 원리는 1968년 폴란드 기호학자 타데우츠 코잔(Tadeusz Kowzan)에 의해 다시 진술되었다(Elam 1980: 20). 1975년에 나온 확장본 책에는, 연극 기호학의 두 번째 물결이 예고되어 있다. 그 추진력은 파리의 (후기) 구조주의와 이탈리아 기호학에서 각각 부분적으로 나왔다. 파트리스 파비스(Patrice Pavis)의 『연극기호학의 문제들(Problèmes de sémiologie théâtrale)』은 1976년에 나왔고, 안느 위베르스펠드(Anne Ubersfeld)의 『연극 읽기(Lire de théâtre)』는 1977년에 나왔다. 영어권에서는 『드라마 리뷰』지면을 통해 코잔이 소개되었고, 이후에, 볼로냐에서 작업했던 움베르토 에코(Umberto Eco)의 '연극적 퍼포먼스의 기호학(Semiotics of Theatrical

Performance)'(1977)에 대한 화제가 뒤따랐다. 에코는 처음으로 연극 기호학을 정의하려고 시도했다. 그것은, 프라하 학파의 통찰력에 피어스의 접근 방식을 결합한 데 기초하고 있었다. 여기에 그는 어빙 고프먼(Erving Goffman)의 '프레임 분석'(우리가 무언가를 볼 때 거기에 부여하는 의미에 영향을 미치는, 맥락적인 프레임에 대한 분석)을 덧붙였다.

에코에게 있어 '인간 상호작용의 기초적인 메커니즘과 극적 허구의 기초적인 메커니즘은 동일한 것이다'. 그러한 관찰은 편협한 기호학적 분석으로부터 문화적이고 특히 더욱 이데올로기적인 분석으로 나아가는 길을 편하게 해주었다. 따라서 에코가 주목한 코잔의 주장은, 연구 대상이 문학적 텍스트뿐 아니라 '퍼포먼스 혹은 *미장센(mise en scène)* - 그 내부에서의 활동에 프레임을 설정하고 조정하는 육체적 배치라는 점이었다. 이로부터 논문 끝부분에 이르러 그는, 미장센이 이데올로기적인 언급으로서 작용하고, 그에 대한 기호학적 분석 또한 '이데올로기의 생산'에 대한 분석이라고 논의한다 (Eco 1977: 107-17 이곳 저곳).

이런 관점으로부터 사라지게 되는 것은, 미장센의 대안, 퍼포먼스이다. 미장센은 부분적으로 글로 써진 텍스트처럼 행동하도록 여전히 만들어질 수 있었기에 더욱 매력적인 대상이었다: 한편 케어엘람의 『*연극과 드라마의 기호학(The Semiotics of Theatre and Drama)*』은, 상세한 언어적 분석에 의해 뒷받침될 수 있는 행위와 극적 세계의 부분에 개념적으로 자리잡고 있었다. 그러나 아마도 미장센에 초점을 맞추게 된 더 본질적인 이유는, 기호학적 접근이 급증하던 영화 이론에서의 그 동시대적 인기 때문이었을 것이다. 영화 연구는 부상 중인 학문 분야였다; 잡지 『*스크린(Screen)*』을 통해 그것은 가장 새로운 유럽적 사고와 연결되었다; 영화 연구의 분석과 이론화는, 영문학과가 1970년대 후반에 맞서 싸워야 했던 보수적인 짐을 전혀 갖고 있지 않았다. 스스로를 대학의 학제로 정립하면서 영화 연구는, 상대적으로 새로운 다른 학문 분야와는 대조를 이루었다. 드라마는 텍스트 분석, 실제 작업과 역사 사이를 맴돌고 있었다. 무엇보다도 그것은 적극적으로 선명한 이론적 장치를 갖고 있지 않았다. 파트리스 파비스(Patrice Pavis 2000)가 말했듯이, 기호학은 어떤 종류의 극적 이벤트도 분석할 수 있다는 약속을 통해 탄탄한 과학으로서의 카리스마를 지니고 있었다. 그리고 대학의 드라마와 상급학교 수업에 있어서 기호학은 언어적인 것에 대해서만큼 비언어적인 것에 대해서도 철저하게 적용되는 분석의 모델을 제공하였다. 그것은 협약을 갖고 있었고, '이론'으로 알려진 것의 기초를 지니고 있었으며, 그것이 단명하지 않을 것임을 보장하였다. 이러한 협약, 기호의 규명, 그 의미하는 바와 기호의 관계에 대한 정의는, 가르칠 수 있고 배울 수 있는 패키지를 제공하였다.

심지어 기호학의 한 버전은 교재에 들어오기도 한 반면, 그러나 그 지지자 중의 어떤 이들은 자리를 옮기고 있었다. 영화의 미장센은 아무것도 실제로 육체적인 현존을 하지 않는다는 점에서, 연극의 미장센과는 달랐다. 영화화된 신체는 그것과 관계된 행위를 바꿀 수 없다. 미장센 읽기는 읽는 일에 머물고, 퍼포먼스가 일어났던 – 관객의 현존과 함께 – 사회적 상황에 대해선 괄호를 쳐버리게 된다. 관객은, 자신들이 퍼포먼스를 '읽도록' 인지된 프레임 체계가 있다고 할 때 그 체계를 정립시키는 태도, 선입견, 지식들과 함께 한다. 그래서 기호학자들에게, 관객이란 주제가 중요해진 것이다. 엘람은 짧은 섹션들을, 희곡으로부터 의미를 만들어내는 방법에 바쳤다. 에코가 그랬듯이 고프먼으로부터 '프레임'이란 아이디어를 빌어오면서 그는 다음과 같이 주장한다. '모든 관객의 텍스트 해석은, 주제의 문화적, 이데올로기적 배열에 따라 사실상 텍스트를 새롭게 *구성(construction)*하는 것이다'(Elam 1980: 87, 95). 이에 덧붙여 그는 한스 로버트 야우스(Hans Robert Jauss)의 '수용 이론'으로부터 '기대지평(horizon of expectations)'(p.94) 개념을 빌어온다. 이 주장은, 관객들이 텍스트에 대한 지식, 비평가나 친구들의 의견 등을 갖고 이벤트를 대하며, 이벤트를 그것들과 비교한다는 것이다.

하지만 무언가 놓친 것이 있다. 안느 위베르스펠드(Anne Ubersfeld)는 『관객의 학교(L'école du spectateur)』(1981)에서 마지막 장들을 '관객의 작업'과 '관객의 즐거움'에 할애한다. 실제 심신으로 느끼는 즐거움 말이다: 이 개념과 함께 우리는 미장센 '읽기'와는 다소 다른 영역에 들어서서 그 이데올로기적인 의미를 발견하게 된다. 우리는 대신 경험하며 느끼는 영역에 있게 되는데, — 여기에서 대상들은 기호가 아니라 단지 대상들일 뿐이다. 관객들은 미장센을 '읽는' 정신들의 단순한 집합체가 아니다; 관객은 서로서로 관계를 맺는, 그리고 그들이 자리한 공간에 대해 관계를 맺는 신체들의 모임이며, 안구를 움직이는 눈들의 모임이다. '나(I)'는 또한 '눈(eye)'을 갖고 있다.

그 인용은 현상학 이론가인 스탠튼 가너, Jr.(Stanton Garner, Jr.)로부터 따온 것이다. 예리한 저서 『신체화된 공간(Bodied Spaces)』(1994)에서 그는 현상학의 일반적 목표를 정의한다:

> 추상화된 "과학적" 응시에 의해 이해된 대로의 세계(객관적 세계)로부터, 감지하는 주체에게 보여지고 드러나는 그대로의 세계(현상적 세계) 쪽으로 주의를 다시 돌리는 일; 직접적인 경험에서 의식된 대로의 그것들을 추구하기; 환경과 함께 조우한 충만한 지각으로 되돌아가기.(p.2)

현상학의 뿌리는 20세기 초의 철학자 에드문트 후설(Edmund Husserl)과, 더 최근의 철학자 모리스 메를로퐁티(Maurice Merleau-Ponty)에게로 돌아간다. 메를로퐁티의 중요한 기여는, 실제의 물질적 신체, 세계 속에서 실행하는 육체적인 독립체에 기초한 경험과 보는 일을 이론화한 것이다; 단순히 행해진 것이 아니고, 행해지고 있는 것. 퍼 폼하는 신체와 바라보는 신체의 생물학적이고 정서적인 리얼리티에 대해 필요한 주장은, 그 연극적인 배경에 있어서 허버트 블라우 (Herbert Blau)에 의해 확실하게 이루어졌다. 그는 다음에 대해 지적 하였다. 무대상의 퍼포머는 '당신의 눈 앞 거기에서 죽을 수 있고; 사실 그렇게 죽어가고 있다. 모든 퍼포밍 아트 중에서, 연극이 가장 죽음의 악취를 풍긴다'(Blau 1982: 83).

　1990년대 초에 현상학은 후기구조주의자들의 목표 대상이 되었다. 경험하며 느낀 데 대한 현상학의 관심은 더 이상 쓸모없는 것으로만 보이지 않고 반-분석적인 것으로 보였다. 육체적 상황의 살아있는 리얼리티에 초점을 맞추면서, 그것은 역사적 상황, 특히 역사적 과정 의 모순에 대해서는 알지 못한다. 드라마 분야에서, 그 후기구조주의 적 관련성과 함께 기호학의 지배력은, 현상학의 유용성을 탐사하는 데 적대적인 환경을 낳았다. 가너(Garner) 전에 그 일을 한 이가 드 물었지만, 그 몇몇 이들 중에 버트 스테이츠(Bert States)가 있었다.

　스테이츠가 보기에, 현상학은 연극의 모순적 특성을 기호학보다 더 잘 드러낼 수 있다: '현상학적 비평가는 연극이 어떻게 연극이 되 는지 보여주는 데 정진한다 - 즉, 어떻게 연극이 가식을 토해내는지 보여주는데, 그것은 그 가식의 기반을 구성하는 요소라기보다는 또 다른 종류의 리얼리티라고 할 수 있다'. 현상학자들에게 있어 연극의 대상은 이중적인 특성을 지닌다: 그것은 기호들이지만, '자력으로 얻 은' 기호들이다. 기호학이 데이터로서의 '문화적 단위'를 취하는 반 면, 현상학은 그 형성의 조건들을 다룬다(States 1992: 372, 374). 여 기에서부터 가너의 주장은 퍼포먼스 상황의 물질적 리얼리티를 다루 면서 이루어진다. 그에 따르면, 현상학은 후기구조주의의 반-연극성 에 저항하는 수단을 제공한다.

　논쟁들로부터 되돌아가보면, 반대되지만 반드시 상호연결되는 두 가지 접근 방식을 볼 수 있다. 경험적인 것들은 의미의 조건을 제공한다; 파악될 수 없는 것들에 대해 쓰려고 하면서, 현상학은 의미를 필요로 한다. 각각의 이론적 담론은 학문 체계를 위한 서로 다른 방법으로 생산성을 보여왔고, 서로 다른 학문 체계를 낳았다. 연극 기호학은, 상대적으로 늦게, **이론**과 '읽기'의 문화 내에서, 드라마와 연극 이론가들에 의해 수입되었다. 연극 현상학은 퍼포먼스 분석가만큼이나 퍼포먼스 창작자들에 의해 많이 포용되어온 것처럼 보인다 (그런 구별이 허용된다면). 그것은, 의미를 포기한 육체적 이미지의 연극을 이해하는 데만 중요해진 것이 아니라, 그런 연극을 만드는 데 있어서도 중요해진 것이다.

BIBLIOGRAPHY

Adorno, Theodor and Horkheimer, Max (1999) *Dialectic of Enlightenment*, London: Verso.

Agnew, Jean-Christophe (1986) *Worlds Apart: The Market and the Theater in Anglo-American Thought, 1550-1750*, Cambridge: Cambridge University Press. Anderson, Perry (1998) *The Origins of Postmodernity*, London: Verso.

Arnheim, Rudolph (1956) *Art and Visual Perception: A Psychology of the Creative Eye*, London: Faber & Faber.

Artaud, Antonin (1970) *The Theatre and Its Double*, trans. Victor Corti, London: Calder & Boyars.

Ashcroft, Bill, Griffiths, Gareth and Tiffin, Helen (eds) (1995) *The Post-Colonial Studies Reader*, London: Routledge.

Aston, Elaine (1995) *An Introduction to Feminism and Theatre*, London: Routledge. Attali, Jacques (1985) *Noise: The Political Economy of Music*, trans. Brian Massumi, Minneapolis: University of Minnesota Press.

Auerbach, Erich (1974) *Mimesis: The Representation of Reality in Western Literature*, trans. Willard R. Trask, Princeton:Princeton University Press.

Auslander, Philip (1994) *Presence and Resistance: Postmodernism and Cultural Politics in Contemporary American Performance*, Ann Arbor: University of Michigan Press.

Auslander, Philip (1997) *From Acting to Performance: Essays in Modernism and Postmodernism*, London & New York: Routledge.

Auslander, Philip (ed.) (2003) *Performance: Critical Concepts in Literary and Cultural Studies*, London: Routledge.

Austin, Gayle (1990) *Feminist Theories for Dramatic Criticism*, Ann Arbor: University of Michigan Press.

Austin, J.L. (1962) *How to do Things with Words: The William James Lectures Delivered at Harvard University in 1955*, ed. James O. Urmson, London:Clarendon Press.

Banes, Sally (1998) *Subversive Expectations: Performance Art and Paratheater in New York 1976-85*, Ann Arbor: University of Michigan Press.

Barba, Eugenio (1986) *Beyond the Floating Islands*, trans. Judy Barba et al., New York: PAJ Publications.

Barba, Eugenio (1995) *The Paper Canoe: A Guide to Theatre Anthropology*, trans. Richard Fowler, London: Routledge.

Barba, Eugenio and Saverese, Nicola (1991) *A Dictionary of Theatre Anthropology: The Secret Art of the Performer*, London: Routledge.

Barber, C.L. (1959) *Shakespeare's Festive Comedy: A Study of Dramatic Form and its Relation to Social Custom*, Princeton: Princeton University Press.

Barish, Jonas (1981) *The Anti-theatrical Prejudice*, Berkeley: University of California Press.

Barker, Clive (1977) *Theatre Games: A New Approach to Drama Training*, London: Eyre Methuen.

Barlow, Wilfred (1973) *The Alexander Principle*, London: Victor Gollancz.

Barroll, J. Leeds (1974) *Artificial Persons: The Formation of Characters in the Tragedies of Shakespeare*, Columbia: University of South Carolina Press.

Barthes, Roland (1977) 'From Work to Text', in *Image-Music-Text*, London: Fontana/Collins.

Bassnett, Susan (1989) 'Struggling with the Past: Women's Theatre in Search of a History', *New Theatre Quarterly* 18 (5): 107-12.

Bastian, H.C. (1880) *The Brain the Organ of the Mind*, International Scientific Series 29, London: Kegan Paul & Co.

Bateson, Gregory (1972) 'A Theory of Play and Fantasy', in *Steps to an*

Ecology of Mind: Collected Essays in Anthropology, Psychiatry, Evolution and Epistemology, London: Intertext Books.

Battcock, Gregory (ed.) (1968) *Minimal Art: A Critical Anthology*, New York: Dutton. Battcock, Gregory and Nickas, Robert (eds) (1984) *The Art of Performance: A Critical Anthology*, New York: E.P. Dutton.

de Beauvoir, Simone (1997) *The Second Sex*, trans. and ed. H.M. Parshley, London: Vintage.

Beckerman, Bernard (1970) *Dynamics of Drama: Theory and Method of Analysis*, New York: Alfred A. Knopf.

Bell, Catherine (1992) *Ritual Theory, Ritual Practice*, Oxford: Oxford University Press.

Benamou, Michel (1977) 'Presence and Play', in Michel Benamou and Charles Caramello (eds) *Performance in Postmodern Culture*, Madison, WI: Coda Press, pp.3-7.

Benamou, Michel and Caramello, Charles (eds) (1977) *Performance in Postmodern Culture: Theories of Contemporary Culture*, volume 1, Madison, WI: Coda Press. Benjamin, Walter (1973a) 'What is Epic Theatre?', in *Understanding Brecht*, trans. Anna Bostock, London: Verso.

Benjamin, Walter (1973b) 'The Work of Art in the Age of Mechanical Production', in Hannah Arendt (ed.) *Illuminations*, trans. Harry Zohn, London: Collins/ Fontana. Benjamin, Walter (1978) 'On the Mimetic Faculty', in Peter Demetz (ed.) *Reflections: Essays, Aphorisms, Autobiographical Writings*, New York: Schocken Books.

Bennett, Susan (1990) *Theatre Audiences: A Theory of Production and Reception*, London: Routledge.

Bentley, Eric (1948) *The Modern Theatre*, London: Robert Hale.

Bentley, Eric (1965) *The Life of the Drama*, London: Methuen & Co. Bentley, Eric (1967) *The Theatre of Commitment and Other Essays* on *Drama in our Society*, London: Methuen & Co.

Berne, Eric (1968) *Games People Play: The Psychology of Human Relationships*, Harmondsworth: Penguin

Bharucha, Rustom (1993) *Theatre and the World: Performance and the Politics of Culture*, London: Routledge.

Bharucha, Rustom (2000) *The Politics of Cultural Practice: Thinking through Theatre in an Age of Globalization*, London: The Athlone Press.

Birringer, Johannes (1993) *Theatre, Theory, Postmodernism*, Bloomington and Indianapolis: Indiana University Press.

Blau, Herbert (1982) *Take up the Bodies: Theater at the Vanishing Point*, Urbana: University of Illinois Press.

Boal, Augusto (1979) *Theatre of the Oppressed*, London: Pluto Press.

Bourdieu, Pierre (1998) *Outline of a Theory of Practice*, trans. Richard Nice, Cambridge: Cambridge University Press.

Bradley, A.C. (1911) 'Hegel's Theory of Tragedy', in *Oxford Lectures on Poetry*, London: Macmillan.

Bradley, A.C. (1983) *Shakespearean Tragedy*, London: Macmillan.

Bratton, Jacky (2003) *New Readings in Theatre History*, Cambridge: Cambridge University Press.

Brecht, Bertolt (1964) *Brecht on Theatre: The Development of an Aesthetic*, ed. and trans. John Willett, New York: Hill & Wang.

Brook, Peter (1996) 'The Culture of Links' in Patrice Pavis (ed.) *The Intercultural Performance Reader*, London: Routledge.

Brooks, Cleanth and Heilman, Robert B. (1966) *Understanding Drama*, New York: Holt, Rinehart & Winston.

Burke, Kenneth (1945) *A Grammar of Motives*, New York: Prentice-Hall.

Burke, Kenneth (1966) *Language as Symbolic Action: Essays on Life, Literature, and Method*, Berkeley and Los Angeles: University of California Press.

Burns, Elizabeth (1972) *Theatricality: A Study of Convention in the Theatre and in Social Life*, London: Longman.

Burns, Elizabeth and Burns, Tom (eds) (1973) *The Sociology of Literature and Drama*, Harmondsworth: Penguin.

Butler, Judith (1990) *Gender Trouble: Feminism and the Subversion of Identity*, London: Routledge.

Butler, Judith (1993) 'Critically Queer', in *Bodies That Matter: On the Discursive Limits of 'Sex'*, London: Routledge, pp.223–42.

Caillois, Roger (1961) *Man, Play and Games*, trans. M. Barash, New York: Free Press of Glencoe.

Caillois, Roger (1984) 'Mimicry and Legendary Psychasthenia', trans. John Shepley, *October* 31 (Winter): 17–32.

Carlson, Marvin (1994) *Theories of the Theatre: A Historical and Critical Survey, from the Greeks to the Present* (expanded edition), Ithaca, NY and London: Cornell University Press.

Carlson, Marvin (1996) *Performance: A Critical Introduction*, London: Routledge. Carroll, Nöel (1986) 'Performance', *Formations* 3: 62–82.

Case, Sue–Ellen (1988) *Feminism and Theatre*, Basingstoke: Macmillan.

Case, Sue–Ellen (ed.) (1990) 'Introduction' *Performing Feminisms: Feminist Critical Theory and Theatre*, Baltimore: Johns Hopkins University Press, pp.1–13.

Case, Sue–Ellen (ed.) (1996) *Split Britches: Lesbian Practice / Feminist Performance*, London: Routledge.

Caudwell, Christopher (1937) *Illusion and Reality: A Study of the Sources of Poetry*, London: Macmillan & Co.

Chaikin, Joseph (1972) *The Presence of the Actor: Notes on the Open Theater, Disguises, Acting, and Representation*, New York: Athenaum.

Chambers, E.K. (1903) *The Medieval Stage*, Oxford: Clarendon Press.

Coleridge, S.T. (1930) *Coleridge's Shakespeare Criticism*, ed. T.M. Raysor, London: Constable & Co.

Coleridge, S.T. (1985) *The Major Works*, ed. H.J. Jackson, Oxford: Oxford University Press.

Counsell, Colin (1996) *Signs of Performance: An Introduction to Twentieth-century Theatre*, London: Routledge.

Csikszentmihalyi, Mihaly (1975) *Beyond Boredom and Anxiety: The Experience of Play in Work and Games*, San Francisco: Jossey-Bass.

Csikszentmihalyi, Mihaly (1979) 'The Concept of Flow', in Brian Sutton-Smith (ed.) *Play and Learning*, New York: Gardiner Press.

Davidson, Clifford (ed.) (1993) *A Tretise of Miraclis Pleyinge*, Kalamazoo, MI: Medieval Institute Publications, Western Michigan University.

Davis, Tracy C. (1989) 'A Feminist Methodology in Theatre History', in Thomas Postlewait and Bruce A. McConachie (eds) *Interpreting the Theatrical Past: Essays in the Historiography of Performance*, Iowa City: University of Iowa Press.

Debord, Guy (1994) *Society of the Spectacle*, New York: Zone.

Deleuze, Gilles and Guattari, Félix (1984) *Anti-Oedipus: Capitalism and Schizophrenia*, trans. Robert Hurley, Mark Seem and Helen R. Lane, London: The Athlone Press.

Deleuze, Gilles and Guattari, Félix (1988) *A Thousand Plateaus: Capitalism and Schizophrenia*, trans. Brian Massumi, London: The Athlone Press.

Derrida, Jacques (1977) 'Signature, Event, Context', *Glyph* 1.

Derrida, Jacques (1978) *Writing and Difference*, trans. Alan Bass, London: Routledge & Kegan Paul.

Diamond, Elin (1989) 'Mimesis, Mimicry and the "True-real"', *Modern Drama* 32: 58-72.

Diamond, Elin (1992) 'The Violence of "We": Politicizing Identification', in Janelle G. Reinelt and Joseph R. Roach (eds) *Critical Theory and Performance*, Ann Arbor: University of Michigan Press, pp.390–9.

Diamond, Elin (1993) 'Rethinking Identification: Kennedy, Freud, Brecht', *Kenyon Review* 15 (2): 86–99.

Diamond, Elin (1996) 'Introduction', in Elin Diamond (ed.) *Performance and Cultural Politics*, London: Routledge, pp.1–11.

Diamond, Elin (1997) *Unmaking Mimesis: Essays on Mimesis and Theater*, London: Routledge.

Dibdin, Charles, Jr. (1826) *History and Illustrations of the London Theatres*, London. Dibdin, Charles, Sr. (1797–1800) *A Complete History of the Stage*, London: printed for the author, five volumes.

Diderot, Denis (1883) *The Paradox of Acting*, trans. W.H. Pollock, London: Chatto & Windus.

Dolan, Jill (1993) 'Geographies of Learning: Theatre Studies, Performance, and the "Performative"' *Theatre Journal* 45: 417–41.

Dolan, Jill (1995) 'Response to W.B. Worthen', *The Drama Review* 39 (1): 28–34. Dolan, Jill (1996) 'Fathom languages: Feminist Performance Theory, Pedagogy, and Practice', in Carol Martin (ed.) *A Sourcebook of Feminist Theory and Performance: On and Beyond the Stage*, London: Routledge, pp.1–20.

Douglas, Mary (1996) *Natural Symbols*, London: Routledge.

Dryden, John (1968) *Of Dramatic Poesy and Other Critical Essays*, ed. George Watson, London: Dent, two volumes.

Eco, Umberto (1977) 'Semiotics of Theatrical Performance', *The Drama Review* 21 (1).

Elam, Keir (1980) *The Semiotics of Theatre and Drama*, London: Methuen.

Elias, Norbert (2000) *The Civilizing Process: Sociogenetic and Psychogenetic Investigations*, trans. Edmund Jephcott, Oxford: Blackwell.

Eliot, T.S. (1999) *Selected Essays*, London: Faber & Faber.

Esslin, Martin (1976) *An Anatomy of Drama*, London: Temple Smith.

Esslin, Martin (1987) *The Field of Drama*, London: Methuen Drama.

Feldenkrais, Moshe (1949) *Body and Mature Behaviour: A Study of Anxiety, Sex, Gravitation and Learning*, London: Routledge & Kegan Paul.

Féral, Josette (1982) 'Performance and Theatricality: The Subject Demystified', trans. Terese Lyons, *Modern Drama* 25 (1): 170–81.

Féral, Josette (1992) 'What is Left of Performance Art? Autopsy of a Function, Birth of a Genre', *Discourse* 14: 148–9.

Fergusson, Francis (1953) *The Idea of a Theater*, New York: Doubleday Anchor Books.

Ford, Andrew (1995) 'Katharsis: The Ancient Problem', in Andrew Parker and Eve Kosofsky Sedgwick (eds) *Performativity and Performance*, London: Routledge. Foucault, Michel (1979a) *Discipline and Punish: The Birth of the Prison*, trans. Alan Sheridan, Harmondsworth: Penguin.

Foucault, Michel (1979b) 'What is an Author', in Josué V. Harari (ed.) *Textual Strategies*, Ithaca: Cornell University Press, pp.141–60.

Foucault, Michel (1981) *The History of Sexuality*, trans. Robert Hurley, Harmondsworth: Penguin.

Fried, Michael (1967) 'Art and Objecthood', reprinted from Artforum, in G. Battcock (ed.) *Minimal Art: A Critical Anthology*, New York: Dutton, 1968, pp.116–47.

Frye, Northrop (1973) *Anatomy of Criticism: Four Essays*, Princeton: Princeton University Press.

Fuss, Diane (1995) *Identification Papers*, New York and London: Routledge.

Garner, Stanton B. Jr. (1994) *Bodied Spaces: Phenomenology and Performance in Contemporary Drama*, Ithaca, NY, Cornell

University Press.

Geertz, Clifford (1975) *The Interpretation of Cultures*, London: Hutchinson.

Gilbert, Helen and Tompkins, Joanne (1996) *Post-colonial Drama: Theory, Practice, Politics*, London: Routledge.

Giles, Steve (1981) *The Problem of Action in Modern European Drama*, Stuttgart: Akademischer Verlag Hans-Dieter Heinz.

Girard, René (1996) *The Girard Reader*, ed. James G. Williams, New York: The Crossroad Publishing Company.

Goffman, Erving (1956) *The Presentation of Self in Everyday Life*, Edinburgh: University of Edinburgh Social Sciences Research Centre.

Goldberg, Roselee (1979) *Performance: Live Art 1909 to the Present*, London: Thames & Hudson.

Goldberg, Roselee (1988) *Performance Art: From Futurism to the Present*, London: Thames & Hudson.

Goldmann, Lucien (1964) *The Hidden God: A Study of Tragic Vision in the Pensées of Pascal and the Tragedies of Racine*, trans. Philip Thody, London: Routledge & Kegan Paul.

Goldmann, Lucien (1973) '"Genetic Structuralism" in the Sociology of Literature', in Elizabeth Burns and Tom Burns (eds) *The Sociology of Literature and Drama*, Harmondsworth: Penguin.

Goldmann, Lucien (1981) *Racine*, trans. Alastair Hamilton, introduction by Raymond Williams, London: Writers and Readers.

Goldthorpe, Rhiannon (1984) *Sartre: Literature and Theory*, Cambridge: Cambridge University Press.

Goreau, Angeline (1980) *Reconstructing Aphra: A Social Biography of Aphra Behn*, New York: Dial.

Gosson, Stephen (1582) *Playes Confuted in Five Actions*, London.

Graver, David (1995) *The Aesthetics of Disturbance: Anti-art in Avant-garde Drama*, Ann Arbor: University of Michigan.

Green, André (1979) *The Tragic Effect: The Oedipus Complex in Tragedy*, trans. Alan Sheridan, Cambridge: Cambridge University Press.

Gurr, Andrew (1970) *The Shakespearean Stage 1574-1642*, Cambridge: Cambridge University Press.

Halliwell, Stephen (trans and commentary) (1987) *The Poetics of Aristotle*, London: Duckworth.

Halliwell, Stephen (2002) *The Aesthetics of Mimesis: Ancient Texts and Modern Problems*, Princeton: Princeton University Press.

Harris, Geraldine (1999) *Staging Femininities: Performance and Performativity*, Manchester: Manchester University Press.

Hawkes, Terence (1978) *Structuralism and Semiotics*, London: Methuen & Co.

Hays, Michael (1983) Introduction 'The Sociology of Theater', *Theater* 15 (1) : Winter.

Hazlitt, William (1991) *Selected Writings*, ed. and introduced by Jon Cook, Oxford: Oxford University Press.

Hobbes, Thomas (1976) *Leviathan*, ed. C.B.Macpherson, Harmondsworth: Penguin. Home, Stewart (1991) *The Assault on Culture: Utopian Currents from Leftism to Class War*, Stirling: A.K. Press.

Huizinga, Johann (1949) *Homo Ludens: A Study in the Play-Element in Culture*, London: Routledge & Kegan Paul.

Hunt, Albert (1976) *Hopes for Great Happenings: Alternatives in Education and Theatre*, London: Eyre Methuen.

Hutcheon, Linda (1988) *A Poetics of Postmodernism: History, Theory, Fiction*, London: Routledge.

Irigaray, Luce (1985) *Speculum of the Other Woman*, trans. Gillian C. Gill, Ithaca, NY: Cornell University Press.

Irigaray, Luce (1994) 'The Power of Discourse and the Subordination of the Feminine', in Margaret Whitford (ed.) *The Irigaray Reader*, Oxford: Blackwell. Jackson, Shannon (2004) *Professing*

Performance: Theatre in the Academy from Philology to Performativity, Cambridge: Cambridge University Press.

James, D.G. (ed.) (1952) *The Universities and the Theatre*, London: George Allen & Unwin.

James, Mervyn (1983) 'Ritual, Drama and the Social Body in the Late Medieval Town', *Past & Present* 98 (February): 3–29.

Jameson, Fredric (1981) *The Political Unconscious: Narrative as a Socially Symbolic Act*, London: Methuen.

Jeyifo, Biodum (1996) 'The Reinvention of Theatrical Tradition', in Patrice Pavis (ed.) *The Intercultural Performance Reader*, London: Routledge.

Jencks, Charles (1987) *Post–modernism: The New Classicism in Art and Architecture*, New York: Rizzoli.

Johnson, Samuel (1969) *Dr Johnson on Shakespeare*, ed. W.K. Wimsatt Harmondswoth: Penguin.

Johnson, Samuel (1971) *The Complete English Poems*, ed. J.D. Fleeman, Harmondsworth: Penguin.

Jones, Amelia (1998) *Body Art/Performing the Subject*, Minneapolis: University of Minnesota Press.

Jones, Amelia (2000) Survey, in Tracey Warr (ed.) *The Artist's Body*, London: Phaidon.

Jones, Amelia and Stephenson, Andrew (eds) (1999) *Performing the Body: Performing the Text*, London: Routledge.

Jones, Ernest (1949) *Hamlet and Oedipus*, London: Victor Gollancz.

Kane, Nina (nd) 'Humani Nil Alienum: A Post–War History of Theatre at Leeds University', unpublished dissertation.

Kaprow, Allan (1966) *Assemblages, Environments & Happenings*, New York: Harry N. Abrams.

Kaye, Nick (1994a) 'British Live Art' in *Performance Art: Into the 90s*, London: Art and Design Magazine, pp.87–91.

Kaye, Nick (1994b) *Postmodernism and Performance*, Basingstoke: Macmillan. Kennedy, Dennis (ed.) (2003) *The Oxford Encyclopedia of Theatre and Performance*, Oxford: Oxford University Press, two vols.

Kershaw, Baz (1999) *The Radical in Performance: Between Brecht and Baudrillard*, London and New York: Routledge.

Kirby, Michael (1985) 'Happenings: An Introduction', in Mariellen R. Sandford (ed.) *Happenings and Other Acts*, London: Routledge.

Knights, L.C. (1946) 'How Many Children Had Lady Macbeth?', in *Explorations*, London: Chatto & Windus.

Knights, L.C. (1962) *Drama and Society in the Age of Jonson*, London: Chatto & Windus.

Kostelanetz, Richard (1968) *Theatre of Mixed Means*, New York: Dial Press.

Kott, Jan (1998) 'The Eating of the Gods, or *The Bacchae*', in John Drakakis and Naomi Conn Liebler (eds) *Tragedy*, Harlow: Addison Wesley Longman.

Lacan, Jacques (1977) 'Desire and the Interpretation of Desire in *Hamlet*', *Yale French Studies*, 55 (6): 11–52.

Lamb, Charles (1903) 'On the Tragedies of Shakespeare Considered with Reference to their Fitness for Stage Representation', in E.V. Lucas (ed.) *The Works of Charles and Mary Lamb*, Vol. 1, London: Methuen, pp.97–111.

de Landa, Manuel (1998) *War in the Age of Intelligent Machines*, New York: Zone Books.

Lane, Richard J. (2000) *Jean Baudrillard*, London: Routledge Critical Thinkers. Langbaine, Gerard (1971) *An Account of the English Dramatick Poets*, ed. John Loftis, Los Angeles: William Andrews Clark Memorial Library.

Langer, Suzanne (1953) *Feeling and Form: A Theory of Art Developed from Philosophy in a New Key*, London: Routledge & Kegan Paul.

Laplanche, J. and Pontalis, J.-B. (1983) *The Language of Psycho-Analysis*, trans. Donald Nicholson-Smith, London: The Hogarth Press.

Larrain, Jorge (1979) *The Concept of Performance*, London: Hutchinson.

de Lauretis, Teresa (1987) *Technologies of Gender: Essays on Theory, Film and Fiction*, Basingstoke: Macmillan.

Leacroft, Helen and Leacroft, Richard (1958) *The Theatre*, London: Methuen & Co. Leacroft, Helen and Leacroft, Richard (1984) *Theatre and Playhouse: An Illustrated Survey of Theatre Building from Ancient Greece to the Present Day*, London: Methuen.

Leacroft, Richard (1988) *The Development of the English Playhouse: An Illustrated Survey of Theatre Building in England from Medieval to Modern Times*, London: Methuen.

Lear, Jonathan (1992) 'Katharsis', in A.O. Rorty (ed.) *Essays on Aristotle's Poetics*, Princeton: Princeton University Press.

Ley, Graham (1999) *From Mimesis to Interculturalism: Readings of Theatrical Theory Before and After 'Modernism'*, Exeter: University of Exeter Press.

Lukács, Georg (1969) *The Historical Novel*, trans. H. and S. Mitchell, Harmondsworth: Penguin.

Lukács, Georg (1971) *History and Class Consciousness: Studies in Marxist Dialectics*, trans. Rodney Livingstone, London: Merlin Press.

Lyotard, Jean-Francois (1989) *The Postmodern Condition: A Report on Knowledge*, trans. Geoff Bennington and Brian Massumi, foreword Fredric Jameson, Manchester: Manchester University Press.

MacAloon, John J. (1984) *Rite, Drama, Festival, Spectacle: Rehearsals toward a Theory of Cultural Performance*, Philadelphia: Institute for the Study of Human Issues.

McGann, Jerome (1991) *The Textual Condition*, Princeton: Princeton

University Press.

McHale, Brian (1987) *Postmodernist Fiction*, London: Methuen.

McKenzie, Jon (2001) *Perform or Else: From Discipline to Performance*, London and New York: Routledge.

Macherey, Pierre (1978) *A Theory of Literary Production*, trans. G. Wall, London: Routledge & Kegan Paul.

Maisel, Edward (ed.) (1974) *The Alexander Technique: The Essential Writings of F. Matthias Alexander*, London: Thames & Hudson.

Malone, Edmond (1790) 'An Historical Account of the English Stage', in Vol. 1, pt 2 of *The Plays and Poems of William Shakespeare*, ten volumes, London: H. Baldwin. de Marinis, Marco (1983) 'Theatrical Comprehension', trans. Giovanna Levi, *Theater* 15 (1: Winter).

Marranca, Bonnie (ed.) (1996) *The Theatre of Images*, Baltimore: Johns Hopkins University Press.

Martin, Randy (ed.) (1998) *Chalk Lines: The Politics of Work in the Managed University*, Durham, NC: Duke University Press.

Massumi, Brian (1992) *A User's Guide to Capitalism and Schizophrenia: Deviations from Deleuze and Guattari* Cambridge, MA: MIT.

Mauss, Marcel (1992) 'Techniques of the Body', in Jonathan Crary and Sandford Kwinter (eds) *Incorporations*, New York: Zone.

Millett, Kate (1972) *Sexual Politics*, London: Abacus

Milling, Jane and Ley, Graham (2001) *Modern Theories of Performance: From Stanislavsky to Brecht*, Basingstoke: Palgrave.

Mills, C. Wright (1999) *The Sociological Imagination*, New York: Oxford University Press.

Mitter, Shomit (1992) *Systems of Rehearsal: Stanislavsky, Brecht, Grotowski and Brook*, London: Routledge.

Moore, Honor (ed.) (1977) *The New Women's Theatre*, New York: Vintage.

Mulvey, Laura (1975) 'Visual Pleasure and Narrative Cinema', *Screen* 16 (3: Autumn).

Nagler, A.M. (1959) *A Source Book in Theatrical History*, New York: Dover Publications.

Nietzsche, Friedrich (2000) *The Birth of Tragedy*, trans. Douglas Smith, Oxford: Oxford University Press.

Omotoso, Kole (1982) *The Theatrical into Theatre: A Study of the Drama and Theatre of the English–speaking Caribbean*, London, Port of Spain: New Beacon Books.

Orgel, Stephen (1995) 'The Play of Conscience', in Andrew Parker and Eve Kosofsky Sedgwick (eds) *Performativity and Performance*, London: Routledge.

Pater, Walter (1889) 'Style', in *Appreciations: With an Essay on Style*, London: Macmillan, pp.1–36.

Pavis, Patrice (1983) 'Socio–Criticism', trans. Helen Knode, *Theater* 15 (1: Winter). Pavis, Patrice (1992) *Theatre at the Crossroads of Culture*, trans. Loren Kruger, London: Routledge.

Pavis, Patrice (ed.) (1996) *The Intercultural Performance Reader*, London: Routledge.

Pavis, Patrice (2000) 'Theory and Practice in Theatre Studies in the University', *Studies in Theatre and Performance* 20 (2): 68–86.

Percy, Thomas (1765) *Reliques of Ancient English Poetry*, three volumes, London. Pfister, Manfred (1993) *The Theory and Analysis of Drama*, trans. John Halliday, Cambridge: Cambridge University Press.

Phelan, Peggy (1993) *Unmarked: The Politics of Performance*, London: Routledge. Phelan, Peggy (1997) *Mourning Sex: Performing Public Memories*, London: Routledge.

Pitkin, H.F. (1967) *The Concept of Representation*, Berkeley: University of California Press.

Plant, Sadie (1992) *Most Radical Gesture: Situationist International in a Postmodern Age*, London: Routledge.

Polanyi, Michael (1967) *The Tacit Dimension*, London: Routledge & Kegan Paul. Pollock, Griselda (1987) 'Feminism and Modernism', in Rozsika Parker and Griselda Pollock (eds) *Framing Feminism: Art and the Women's Movement 1970–1985*, London: Pandora, pp.79–122.

Pontbriand, Chantal (1982) 'The Eye Finds no Fixed Point on Which to Rest ···', trans. C.R. Parsons, *Modern Drama* 25 (1): 154–62.

Postlewait, Thomas and McConachie, Bruce A. (eds) (1989) *Interpreting the Theatrical Past: Essays in the Historiography of Performance*, Iowa City: University of Iowa Press.

Puchner, Martin (2002) *Stage Fright: Modernism, Anti-Theatricality, and Drama*, Baltimore: Johns Hopkins University Press.

Redfield, Robert (1962) 'Civilizations as Cultural Structures', in Margaret Park Redfield (ed.) *Human Nature and the Study of Society*, Chicago: University of Chicago Press.

Reinelt, Janelle G. (1992) 'Introduction: Feminisms', in Janelle G. Reinelt and Joseph Roach (eds) *Critical Theory and Performance*, Ann Arbor: University of Michigan Press.

Reinelt, Janelle G. and Roach, Joseph R. (eds) (1992) *Critical Theory and Performance*, Ann Arbor: University of Michigan Press.

Reinhardt, Nancy S. (1981) 'New Directions for Feminist Criticism in Theatre and the Related Arts', in Elizabeth Langland and Walter Gove (eds) *A Feminist Perspective in the Academy: The Difference it Makes*, Chicago: University of Chicago Press.

Rich, Adrienne (1980) 'Toward a Woman-centered University' (1973–4), in *On Lies, Secrets and Silence*, London: Virago.

Roach, Joseph R. (1993) *The Player's Passion: Studies in the Science of Acting*, Ann Arbor: University of Michigan Press.

Rose, Martial (1979) *The Development of Drama in Higher Education, 1946-1979*, Winchester: Winchester Research Papers in the Humanities.

Rozik, Eli (2002) *The Roots of Theatre: Rethinking Ritual and other Theories of Origin*, Iowa City: University of Iowa Press.

Sandford, Mariellen R. (ed.) (1995) *Happenings and Other Acts*, London: Routledge. Savage, George (1959) 'American Colleges and Universities and the Professional Theatre', *New Theatre Magazine: The Quarterly Magazine of Repertory and University Drama* 1 (October): 8-12.

Savran, David (1988) *Breaking the Rules: The Wooster Group*, New York: Theatre Communications Group.

Sayre, Henry M. (1989) *The Object of Performance: The American Avant-Garde Since 1970*, London: University of Chicago Press.

Schechner, Richard (1988) *Performance Theory*, London: Routledge.

Schechner, Richard (1992) 'A New Paradigm for Theatre in the Academy', *The Drama Review* 36 (4): 7-10.

Schechner, Richard (1996) interviewed by Patrice Pavis, 'Interculturalism and the Culture of Choice', in Patrice Pavis (ed.) *The Intercultural Performance Reader*, London: Routledge.

Schechner, Richard (2002) *Performance Studies: An Introduction*, London: Routledge. Schiller, Friedrich (1989) *On the Aesthetic Education of Man in a Series of Letters*, trans. Reginald Snell, New York: Continuum.

Schneider, Rebecca (1997) *The Explicit Body in Performance*, London: Routledge. Servos, Norbert (1984) *Pina Bausch-Wuppertal Dance Theater, or, The Art of Training a Goldfish*, Cologne: Ballett-Bühnen Verlag.

Shepherd, Simon and Womack, Peter (1996) *English Drama: A Cultural History*, Oxford: Blackwell.

Sidney, Philip (1975) *A Defence of Poetry*, ed. J.A. Van Druten, Oxford: Oxford University Press.

Singer, Milton (ed.) (1959) *Traditional India: Structure and Change*, Philadelphia: The American Folklore Society.

Singer, Milton (1972) *When a Great Tradition Modernizes: An Anthropological Approach to Indian Civilization*, London: Pall Mall Press.

Smith, A.C.H. (1972) *Orghast at Persepolis: An Account of the Experiment in Theatre Directed by Peter Brook and Written by Ted Hughes*, London: Eyre Methuen.

Smith, Owen (1998) 'Developing a Fluxable Forum: Early Performance and Publishing', in Ken Friedman (ed.) *The Fluxus Reader*, Chichester: Academy Editions.

Southern, Richard (1948) *The Georgian Playhouse*, London: Pleiades Books.

Soyinka, Wole (1988) 'The Fourth Stage: Through the Mysteries of Ogun to the Origin of Yoruba Tragedy', in *Art, Dialogue and Outrage: Essays on Literature and Culture*, Ibadan: New Horn Press.

Spolin, Viola (1963) *Improvisation for the Theatre: A Handbook of Teaching and Directing Technique*, London: Pitman Publishing.

Spurgeon, Caroline (1935) *Shakespeare's Imagery and What it Tells Us*, Cambridge: Cambridge University Press.

Stanislavsky, Konstantin (1936) *An Actor Prepares*, trans. E.R. Hapgood, London: Geoffrey Bles.

Stanislavsky, Konstantin (1951) *Building a Character*, trans. E.R. Hapgood, London: Reinhardt & Evans.

Stanislavsky, Konstantin (1963) *Creating a Role*, trans. E.R. Hapgood, London: Geoffrey Bles.

States, Bert O. (1992) 'The Phenomenological Attitude', in Janelle G. Reinelt and Joseph R. Roach (eds) *Critical Theory and*

Performance, Ann Arbor: University of Michigan Press.

Stiles, Kristine (1990) 'Performance and its Objects', *Arts Magazine* 65 (3: November): 35–47.

Stiles, Kristine (ed.) (1998) *Out of Actions: Between Performance and the Object 1949–79*, curated by Paul Schimmel, London: Thames & Hudson.

Styan, J.L. (1971) *Drama, Stage and Audience*, Cambridge: Cambridge University Press.

Sutton–Smith, Brian (1979) 'Epilogue: Play as Performance', in Brian Sutton–Smith (ed.) *Play and Learning*, New York: Gardiner Press.

Suvin, Darko (1970) 'Reflections on Happenings', *The Drama Review*, 14 (3): 125–44.

Taussig, Michael (1993) *Mimesis and Alterity: A Particular History of the Senses*, London: Routledge.

Thomson, George (1973) *Aeschylus and Athens*, London: Lawrence & Wishart. Turnbull, Colin (1990) 'Liminality: A Synthesis of Subjective and Objective Experience' in Richard Schechner and Willa Appel (eds) *By Means of Performance: Intercultural Studies of Theatre and Ritual*, Cambridge: Cambridge University Press. Turner, Victor (1975) *Drama, Fields, and Metaphors: Symbolic Action in Human Society*, Ithaca, NY and London: Cornell University Press.

Turner, Victor (1982) *From Ritual to Theatre: The Human Seriousness of Play*, New York: PAJ Publications.

Turner, Victor (1992) *The Anthropology of Performance*, New York: PAJ Publications.

Turner, Victor (1995) *The Ritual Process: Structure and Anti–Structure*, New York: Aldine de Gruyter.

Ubersfeld, Anne (1981) *L'école du spectateur*, Paris: Editions Sociales.

Vanden Heuvel, Michael (1991) *Performing Drama/Dramatizing*

Performance: Alternative Theater and the Dramatic Text, Ann Arbor: University of Michigan Press.

Vernant, Jean-Pierre and Vidal-Naquet, Pierre (1990) *Myth and Tragedy in Ancient Greece*, trans. Janet Lloyd, New York: Zone Books.

Vince, R.W. (1989) 'Theatre History as an Academic Discipline', in Thomas Postlewait and Bruce McConachie (eds) *Interpreting the Theatrical Past: Essays in the Historiography of Performance*, Iowa City: University of Iowa Press.

Walzer, Robert (1993) *Running with the Devil: Power, Gender, and Madness in Heavy Metal Music*, Hanover, NH: University Press of New England.

Warton, Thomas (1774-81) *History of English Poetry*, three volumes, London. Webber, M., Stephens, C. and Laughlin, C.D (1983) 'Masks: A Re-examination, or "Masks? You mean they affect the brain?"', in N.R. Crumrine and M. Halpin (eds) *The Power of Symbols: Masks and Masquerade in the Americas*, Vancouver: University of British Columbia Press.

Whitford, Margaret (1991) *Luce Irigaray: Philosophy in the Feminine*, London and New York: Routledge.

Whitford, Margaret (ed.) (1994) *The Irigaray Reader*, Oxford: Blackwell.

Wickham, Glynne (1962) *Drama in a World of Science and Three Other Lectures*, London: Routledge & Kegan Paul.

Wiles, Timothy J. (1980) *The Theater Event: Modern Theories of Performance*, Chicago: University of Chicago Press.

Willett, John (1977) *The Theatre of Bertolt Brecht*, London: Eyre Methuen. Williams, David (1996) 'Remembering the Others that Are Us: Transculturalism and Myth in the Theatre of Peter Brook', in Patrice Pavis (ed.) *The Intercultural Performance Reader*, London: Routledge.

Williams, Raymond (1966) *Modern Tragedy*, London: Chatto & Windus.

Williams, Raymond (1973) *Drama from Ibsen to Brecht*, Harmondsworth: Penguin. Williams, Raymond (1981) *Culture*, London: Fontana.

Williams, Raymond (1983) *Writing in Society*, London: Verso.

Wilson. F.P. and Wilson, John Dover (1956) *Sir Edmund Kerchever Chambers 1866–1954*, Proceedings of the British Academy, Vol. 42, London: Oxford University Press. Wollen, Peter (1993) *Raiding the Icebox: Reflections on Twentieth–Century Culture*, London: Verso.

Woodruff, Paul (1992) 'Aristotle on Mimesis', in A.O. Rorty (ed.) *Essays on Aristotle's Poetics*, Princeton: Princeton University Press.

Wooler, T.J. (ed.) (1814–16) *The Stage*, London.

Wooler, T.J. (ed.) (1817–24) *The Black Dwarf*, London.

Worthen, W.B. (1995) 'Disciplines of the Text/Sites of Performance', *The Drama Review* 39 (1): 13–28.

Elizabeth Wright (1989) *Postmodern Brecht: A Re–presentation*, London: Routledge. Wyndham, H.S. (1906) *The Annals of Covent Garden Theatre from 1732 to 1897*, two volumes, London: Chatto & Windus.

Zarrilli, Phillip B. (1986) 'Towards a Definition of Performance Studies', Parts I and 2, *Theatre Journal* (October): 372–6; (November): 493–6.

Zurbrugg, Nicholas (1998) 'A spirit of large goals: Fluxus, Dada and Postmodern Cultural Theory at Two Speeds', in Ken Friedman (ed.) *The Fluxus Reader*, Chichester: Academy Editions.

■ INDEX

A

action 액션 47, 151, 196, 219, 237-44

Action Theatre 액션 씨어터 246

Adorno, Theodor 테오도르 아도르노 231, 301

Adult Education 성인교육 27-30

Adult Education Committee 성인교육위원회 27

Aeschylus 아이스킬로스 40; *Oresteia* 「오레스테이아」 108

Agnew, Jean-Christophe 장 크리스토프 에그뉴 254

Alexander, F. Mathias(1869-1955) 마티아스 알렉산더 289-91, 294

alienation 소외 138, 261-2, 274

Alter, Jean 진 앨터 125

Althusser, Louis 루이 알튀세르 81, 116, 267

amateurs/ism 아마추어/리즘 28, 66

Anderson, Laurie 로리 앤더슨 128, 131

Anderson, Perry 페리 앤더슨 146-7

Aristotelian tradition 아리스토텔레스식 전통 12, 34, 37, 259, 275

Aristotle(384-322 BCE) 아리스토텔레스 9, 99, 327; action 액션 219, 237-44; Bradley on 브래들리 47-8; catharsis 카타르시스 248-53; Dryden on 드라이든 34-5; mimesis 미메시스 295-8, 303; patriarchalism 가부장제 106-8; *Poetics* 『시학』 86-9, 185, 295-8; Sidney on 시드니 31-2; tragedy and identification 비극과 동일화 275-6

Arnheim, Rudolph(1904-2007) 루돌프 아른하임 241, 247, 291-2

Arp, Jean(1887-1968) 장 아르프 244

Artaud, Antonin(1896-1948) 앙토냉 아르토 94, 96-9, 103,

229; Derrida on 데리다 119, 223, 315-8; Performance 퍼포먼스 121, 207-8, 215; psychoanalysis 정신분석 99; *Theatre and its Double* 『연극과 그 분신』 315

Association for the Education of Women 여성교육협회 61

Association for Theatre in Higher Education(ATHE) 고등교육연극협회 105, 154, 156

audience response 관객 반응 129; Coleridge 콜리지 40-2; Hazlitt 해즐릿 44; Johnson 존슨 38, 40; 'reception' '수용 이론' 330

Auerbach, Erich(1892-1957) 에리히 아우어바흐 302; *Mimesis* 『미메시스』 302

Auslander, Philip 필립 아우스랜더 202, 210, 216, 324-5; 'Just be yourself' '"네 자신이 되어라"': 퍼포먼스 이론의 이성중심주의와 차연' 323; *Presence and Resistance* 『현존과 저항』 324

Austin, Gayle 게일 오스틴 109, 111

Austin, J.L. J.L. 오스틴 306-7, 311; *How to do Things with Words* 『말로써 행하는 방법』 306

B

Bacchae, The 「바커스의 시녀들」 90

Baker, Bobby 바비 베이커 202

Baker, George Pierce 조지 피어스 베이커 22

Banes, Sally 샐리 베인즈 120

Barba, Eugenio 유제니오 바르바 182-3, 189, 273, 282-3, 284, 285, 325

Barish, Jonas 조나스 배리쉬 229

Barker, Clive 클라이브 바커 176, 181, 294; *Theatre Games* 『연극 게임』 176, 294

Barlow, Wilfred 윌프레드 바로우 294; *Alexander Principle* 『알렉산더 원칙』 294

Barthes, Roland 롤랑 바르트 224, 226, 232

Bassnett, Susan 수전 바스넷 68

Bateson, Geoffrey 제프리 베이트슨 178

Baudrillard, Jean 장 보드리야르 146, 218

Bauhaus 바우하우스 141

Bausch, Pina 피나 바우쉬 266-7

Beauvoir, Simone de 시몬 드 보부아르 211-2

Beckerman, Bernard 버나드 베커먼 241, 259-60, 272, 291, 293-4, 320; *Dynamics of Drama* 『드라마의 역동성』 241, 291

Beckett, Samuel 사무엘 베케트 230, 231

Bell, Catherine 캐서린 벨 166, 173, 175

Benamou, Michel 미셸 브나무 191, 326

Benjamin, Walter 발터 벤야민 130; aura 아우라 231, 232; epic theatre 서사극 261-3; mimesis 미메시스 300-4; 'Mimetic Faculty' '모방적 재능론' 301; 'Work of Art' '기계적 생산 시대의 예술 작품' 321

Bennett, Susan 수잔 베넷 294; *Theatre Audiences* 『연극 관객』 294

Bentham, Jeremy 제레미 벤담 162

Bentley, Eric 에릭 벤틀리 258-9, 320

Berlin, University of 베를린대학 145

Bernays, Jacob(1824-81) 자코브 베르나이스 253

Bharucha, Rustom 러스톰 바루차 279-80, 282, 284, 286-8; *Peer Gynt/Gundegowda* 「페르귄트/군데고우다」 288

Big Brother 「빅 브라더」 247

Birringer, Johannes 요하네스 비링거 267

Black Mountain College 블랙 마운틴 칼리지 126, 133

Blau, Herbert 허버트 블라우 216, 224

Blue Blouse 블루 블라우스 극단 133

Boal, Augusto 아우구스또 보알 248-9, 250, 251, 274-5, 276

Board of Education 교육 위원회 27, 61

body 신체 51-2, 164; body art 신체 예술 207-10; Artaud and 아르토 97; corporeality 육체성 32-3, 40; 'decided' '결정된' 183; embodiment

체현 44, 56, 269-74, 310;
explicit 명백한 209-10; Fried
and 프리드 205-6; gested
몸이 움직여진 263, 264,
266-7; 'inter-corporeal'
'상호-신체적인' 273; liminal
경계적인 160-1; as machine
기계와 같이 312, 313;
physical/social 육체적/사회적
172; surrender 항복 314;
techniques 기술 70-1, 273;
see also kinaesthetic
운동감각적

Bogatyrev, Petr 표트르 보가티레브
327

Bourdieu, Pierre 피에르 부르디외
269, 272

Boyd, Neva L. 네바 L. 보이드
181

Bradley, A.C.(1851-1935) A.C.
브래들리 45-8, 50;
Shakespearean Tragedy
『셰익스피어의 비극』 47-8

Braidotti, Rosi 로지 브라이도티
119

Bratton, Jacky 재키 브래튼 59,
69

Brecht, Bertolt(1898-1956)
베르톨트 브레히트 9, 84,
141, 218, 245; character
캐릭터 258; defamiliarisation
낯설게 하기 220, 261-8;
distanciation 거리 두기 130;
gestus 게스투스 263-5, 271;
identification 동일화 250;
275; *lehrstück* 학습극 113,
114, 229; mimesis 미메시스
298; modernism 모더니즘
229-31; *Mother* 「어머니」
262

Brecht, George 조지 브레히트
136, 196

Brechtian 브레히트식 129

Breton, André 앙드레 브르통
137, 141, 144

Breuer, Lee 리 브루어 128-9

Breuer, Josef 조셉 브루어 253

Bristol, University of 브리스틀
대학 21-4, 25, 29, 64

Brook, Peter 피터 브룩 90, 174,
185, 190, 277-80, 282, 284,
285, 288; *Mahabharata*
「마하바라타」 282; *Orghast*
「오가스트」 90, 279

Brooks, Cleanth(1906-94)
클리언스 브룩스 49-50, 88;
Understanding Drama
『드라마의 이해』 49, 88

Brown, Kenneth 케네스 브라운
246; *The Brig* '구급실' 246

Burke, Kenneth 케네스 버크 71,
79, 90-1; *Grammar of
Motives*『동기의 문법』71

Burns, Elizabeth 엘리자베스
번스 77, 78, 79, 80;
Sociology『문학과 드라마의
사회학』78; *Theatricality*
『연극성』77, 78

Burns, Tom 톰 번스 71, 78

Butler, Judith 주디스 버틀러
164, 212, 227; constructed
body 구성된 신체 264;
Gender Trouble『젠더
트러블』309; performativity
퍼포머티비티 116, 308-11

C

Cage, John(1912-92) 존 케이지
126, 133, 206, 244-6

Caillois, Roger 로제 카유아
177-8, 179, 305-6; *Man,
Play, Games*『인간, 놀이와
게임』177; 'Mimicry' '흉내
및 전설적인 정신쇠약' 305

Cambridge, University of
케임브리지 대학교 28

Cambridge School of Classical
Anthropology 고전인류학
케임브리지학파 62, 89, 90,
149, 169

Carlson, Marvin 마빈 칼슨 111,
125-8, 132-3, 307 116

Carnegie Institute of Technology
카네기 공과대학 22

Caro, Anthony 앤서니 카로 205

Carroll, Nöel 노엘 캐롤 13,
120-3, 195, 207

Case, Sue-Ellen 수-엘렌 케이스
105-6, 107-8, 110, 112-4,
203; *Performing Feminisms*
『퍼포밍 페미니즘』105;
Feminism and Theatre
『페미니즘과 연극』107

Castelvetro, Lodovico 로도비코
카스텔베트로 32, 87

Caudwell, Christopher 크리스토퍼
코드웰 300

Caxton, William 윌리엄 캑스턴
152

Centre for Cultural Studies,
Birmingham University
버밍엄대학교 문화연구센터 78

Chaikin, Joseph 조셉 체이킨
313-5; *Presence of the Actor*
『배우의 현존 』313, 323

Chambers, E.K.(1866-1954)
E.K. 챔버스 28, 61-2, 65,
66; *Medieval Stage*『중세의
무대』61-2; *Elizabethan
Stage*『엘리자베스 1세 시대의
무대』61

chat show 토크 쇼 247

Chekhov, Anton 안톤 체홉 55

Clark, T.J. T.J. 클락크 200

Clarissa 클래리사 152

Coghill, Neville 네빌 코그힐
24-25, 26; and 'style'
'스타일' 25

Coleridge, S.T.(1772-1834)
새뮤얼 테일러 콜리지 40-2,
43-5, 51

Collier, John Payne 존 페인
콜리어 59 ; *History of
Dramatic Poetry*『영국
극시의 역사』59

Colston symposium 콜스턴
심포지엄 23

comedy 희극 33, 34-5, 40

commedia dell' arte 코메디아
델아르떼 255-6

commodity culture 상품 문화
209-10, 247-8; and
consumerism 소비지상주의
217

Constructionism 구성주의 124,
132, 141

Cortez 코르테즈 280

Counsell, Colin 콜린 카운셀
267-8

Crohn-Schmitt, Natalie 나탈리
크론 슈미트 126

Csikszentmihalyi, Mihaly 미하이
칙센트미하이 179-80, 181

cultural performance 문화적
퍼포먼스 72, 79, 148, 160-1,
186-90

Cunningham, Merce 머스 커닝햄
126, 133

D

Dada 다다 124, 132, 133, 134,
136, 137, 142, 146, 199,
244

Davis, Tracy 트레이시 데이비스
68

Debord, Guy 기 드보르 137-40,
210; *Society of Spectacle*
『스펙터클의 사회』138

Deleuze, Gilles 질 들뢰즈 119,
144-6, 163; *Thousand
Plateaus*『천개의 고원』145,
163, 165

Derrida, Jacques 자크 데리다 161, 202, 206, 210, 212; Artaud 아르토 119, 315-8; citation 인용 222, 307; *différance* 차연 115, 323; margin 주변 319; 'Theatre of Cruelty' '잔혹연극과, 재현의 종결' 315-8; theological stage 신학적 무대 215, 223, 316-7, 323-4, 325

Dessau Bauhaus 데사우 바우하우스 132-3

Diamond, Elin 엘린 다이아몬드 216, 266, 267; defamiliarisation 낯설게 하기 264-5; identification 동일화 276-7; mimesis 미메시스 303-4; *Performance and Cultural Politics* 『퍼포먼스와 문화 정치』 310; performativity 퍼포머티비티 310

Dibdin, Charles, Jr. 찰스 딥딘 주니어 63; *London Theatres* 『런던 극장의 역사와 삽화』 63

Dibdin, Charles, Sr.(1745-1814) 찰스 딥딘 63; *History of Stage* 『무대의 완전한 역사』 63

Diderot, Denis(1713-84) 데니스 디드로 257, 312-3; *Paradoxe* 『패러독스』 313

Dilthey, Wilhelm(1833-1911) 빌헬름 딜타이 276

Diploma in Dramatic Art, University of London 런던 대학교 드라마 예술 과정 28

Dolan, Jill 질 돌란 105, 108-9, 110, 111, 156-7, 311-2; *Geographies of Learning* '학습의 지리학' 311

Douglas, Mary 메리 더글라스 172, 173, 189; *Natural Symbols* 『자연의 상징』 189

Downes, John 존 다운스 59

Drama in Adult Education 성인 교육에서의 드라마 27

Drama Review, The 『드라마 리뷰』 80, 105, 246, 327

Dryden, John(1631-1700) 존 드라이든 33-5, 38-40, 42, 43, 53; 'Dramatic Poesy' '극적인 시에 대한 에세이' 33

Duchamp, Marcel 마르셀 뒤샹 130

Duchet, Claude 클로드 뒤셰 81

Duncan, Isadora 이사도라 던컨 126

Duve, Thierry de 티에리 드
뒤브 213

E

early modern drama/Elizabethan
초기 근대극/엘리자베스 시대
극 31, 51, 171, 221, 222,
251-2; Renaissance 르네상스
55-6, 61, 83, 106
Eco, Umberto 움베르토 에코
327-8, 329; *Semiotics*
'연극적 퍼포먼스의 기호학'
327-8
Edinburgh, University of
에딘버러 대학교 71, 78
education 교육 27-30, 41, 252
Elam, Keir 케어 엘람 265-6,
294, 327, 328; *Semiotics*
『연극과 드라마의 기호학』
294, 328
Elias, Norbert(1897-1990)
노베르트 엘리아스 70, 82,
270; *Civilizing Process*
『문명 화의 과정』 270
Eliot, T.S.(1888-1965) T.S.
엘리엇 50-3, 79; 'Four
Elizabethan Dramatists'
'4명의 엘리자베스 시대

극작가' 51; 'Dramatic
Poetry' '극시에 관한 대화'
52
Ellis, Havelock 해브록 엘리스
61
empathy 감정이입, 공감 31-3,
258, 274-7
Engels, Friedrich 프리드리히
엥겔스 83
English, Rose 로즈 잉글리시
202
epic 서사시 35, 82; theatre
연극 268
Esslin, Martin 마틴 에슬린
86-7, 89-90, 91, 174;
Anatomy 『드라마의 해부』 86
everyday life(performativity in)
일상생활(에서의 퍼포머티비티)
10, 71-3, 77-8, 79, 167,
168, 183

F

Falk, Sawyer 소이어 포크 23
Feldenkrais, Moshe(1904-84)
모세 펠덴크라이스 290
feminism 페미니즘 11, 12, 123,
218; criticism 비평 105, 108,
109-11, 112-4, 115-7; gender

젠더 115-7; gestus 게스투스 267; mimesis 미메시스 298-9, 302-4; Performance 퍼포먼스 198, 200-2, 207-14; positionality 위치성 108-11, 202-3; postmodernism 포스트모더니즘 198, 202-4; representation 재현 117-9; theatre history 연극사 68-9; theatre studies 연극학 104-6, 108; tragedy 비극 106-8

Féral, Josette 조세트 페랄 319-20

Fergusson, Francis 프란시스 퍼거슨 88, 89, 90, 240; *Idea of a Theater*『*연극의 아이디어*』 88

Festa, Angelika 앤젤리카 페스타 118

film studies 영화 연구 78, 104

Fluxus 플럭서스 134-7, 146, 196, 201, 247

Ford, Andrew 앤드류 포드 251

Ford, John 존 포드 84; '*Tis Pity She's a Whore*'「*그녀가 창녀인 것은 유감*」 84

Foreman, Richard 리처드 포먼 124, 128, 129, 197, 220, 242

Foster, Hal 할 포스터 198, 210; *Anti-Aesthetic*『*반-미학*』 198

Foucault, Michel(1926-84) 미셸 푸코 119, 130, 210 ; discipline 훈육, 규율 217; *Discipline and Punish*『*감시와 처벌*』 162; episteme 에피스테메 224; *History of Sexuality*『*성의 역사*』 115; knowledge and power 지식과 권력 143-4, 161-2, 309; reading 독서 227, 228; sexuality 섹슈얼리티 115, 117

Frankfurt School 프랑크푸르트학파 267

Frazer, James(1854-1941) 제임스 프레이저 62, 92

Freud, Sigmund 지그문트 프로이트 46, 99-100, 164, 209, 253; 'Psychopathic characters' '무대의 정신병질적 인물들' 100; Freudian 프로이트 학설의 138, 191

Fried, Michael 마이클 프리드 193, 194-5, 204-6, 229-30, 318, 320-1, 322

Fuss, Diane 다이앤 퍼스 277

Futurism 미래파 124, 132, 133, 134, 136, 140, 199

G

Garner, Stanton 스탠튼 가너 330; *Bodied Spaces* 『신체화된 공간』 330

Garrick, David(1717-79) 데이비드 개릭 36, 37

Geertz, Clifford 클리포드 기어츠 188

Gesamtkunstwerk 총체예술 230

Gestalt philosophy 게슈탈트 철학(형태 철학) 260

gestus 게스투스 263, 265, 266, 267, 271

Gilbert, Helen 헬렌 길버트 284

Giles, Steve 스티브 자일스 238

Girard, René 르네 지라르 92, 93, 306; *Violence and Sacred* 『폭력과 성스러움』 92

Goethe, Johan Wolfgang von(1749-1832) 요한 볼프강 본 괴테 252

Goffman, Erving(1922-82) 어빙 고프먼 71, 72, 73, 74, 78, 79, 178, 184, 256, 328; frames 프레임, 틀 328, 329;

Presentation of Self 『일상생활에서의 자신의 제시』 71

Goldberg, Roselee 로즈리 골드버그 123-5, 132-3, 134; *Performance* 『퍼포먼스: 라이브 아트 1909년에서 지금까지』 123; *Performance Art* 『퍼포먼스 아트: 미래파에서 현재 까지』 128

Goldman, Lucien(1913-70) 루시앙 골드만 75-6, 78, 80, 82; *Hidden God* 『숨은 신』 75 ; *Racine* 『라신』 74

Graham, Martha 마사 그레이엄 126

Granville Barker, Harley 할리 그랜빌 바커 28

Graver, David 데이비드 그레이버 228-9, 232

Green, André 앙드레 그린 99-100, 102; *Tragic Effect* 『비극적 효과』 99

Greenberg, Clement(1909-94) 클레멘트 그린버그 121, 193-4, 199, 205, 207, 211, 320

Grotowski, Jerzy(1933-99) 예지 그로토프스키 90, 174, 185,

189, 285, 324

Guattari, Félix 펠릭스 가타리 144-6, 163, 165; see also Deleuze, Gilles 질 들뢰즈

Gurr, Andrew 앤드루 구르 255

Gurvitch, Georges 조르주 귀르비치 72, 74

Guthrie, Tyrone 타이론 거스리 23

H

habitus 아비투스 267, 270, 271, 272

Halliwell, Stephen 스티븐 할리웰 249, 250, 296-8

Halprin, Anna 안나 핼프린 127

hamartia 하마르티아 48, 238-9

Happenings 해프닝 122, 127, 199, 242, 245-7

Harris, Geraldine 제랄딘 해리스 198, 202-4; Staging Femininities 『여성성의 무대화』 198, 202

Harvard University 하버드대학교 22

Hauger, George 조지 하우거 29

Hays, Michael 마이클 헤이스 79-80

Hazlitt, William(1778-1830) 윌리엄 해즐릿 44

Hegel, G.W.F.(1770-1831) G.W.F. 헤겔 45-47, 83, 238

Heilman, Robert 로버트 헤일먼 49-50, 88; Understanding Drama 『드라마의 이해』 49, 88

Hermann, Max 막스 헤르만 65

Higgins, Dick 딕 히긴스 134

Hobbes, Thomas(1588-1679) 토마스 홉스 256-7

Holcroft, Thomas(1745-1809) 토마스 홀크로프트 275-6

Home, Stewart 홈 스튜어트 134; Assault 『문화에 대한 공격』 134

Homer 호머 302

Hone, William(1780-1842) 윌리엄 혼 60-1; Ancient Mysteries 『고대 신비극의 묘사』 60

Horace 호라티우스 31, 252

Horkheimer, Max 막스 호르크하이머 301

Huizinga, Johann 요한 호이징아 176-7, 178; Homo Ludens 『호모 루덴스』 176

Hull, University of 헐대학교 29

Hunt, Albert 앨버트 헌트 181;
Hopes for Great Happenings
『위대한 해프닝을 위한 희망』
181
Husserl, Edmond 에드문트 후설
330
Hutcheon, Linda 린다 허천 192

I

Ibsen, Henrik 헨릭 입센 55
Illich, Ivan 이반 일리치 181
imitation 모조, 모방 42-3, 92;
see also mimesis 미메시스
interculturalism 문화상호주의
155
International Centre of Theatre
Research 국제연극연구센터
279
International School of Theatre
Anthropology(ISTA)
국제연극인류학회 182-3
interpellation 호명 116, 267
intertheatricality 상호연극성 69
Irigary, Luce 뤼스 이리가레이
202-3, 299, 304
Irving, Henry 헨리 어빙 313

J

Jackson, Shannon 섀넌 잭슨 10,
22
James, Mervyn 머빈 제임스
188-90
Jameson, Fredric 프레드릭
제임슨 81, 147; *Political
Unconscious* 『정치적 무의식』
81
Jauss, Hans Robert 한스 로버트
야우스 329-30
Jencks, Charles 찰스 젠크스
192
Jeyifo, Biodum 비오둠 제이포
280-2
Johns, Jasper 재스퍼 존스 195
Johnson, Samuel(1709-84)
사무엘 존슨 36-38, 40, 43
Jones, Amelia 207-8, 211-2;
Body Art; Artist's Body
『신체 예술; 예술가의 신체』
214
Jones, Ernest 어니스트 존스
100; *Hamlet and Oedipus*
『햄릿과 오이디푸스』 100
Jonson, Ben 벤 존슨 34, 36,
50-1; *Volpone*「볼포네」 51
Joyce, James 제임스 조이스 231

Judd, Donald 도널드 저드 204
Judson Church 저드슨 교회 127

K

Kant, Immanuel 임마누엘 칸트
43, 211
Kaprow, Allan 앨런 캐프로 127,
134, 136, 196, 199, 242,
245; *Assemblages* 『아쌍블
라주, 환경과 해프닝』 196
Kaye, Nick 닉 케이 135;
*Postmodernism and
Performance*
『포스트모더니즘과 퍼포먼스』
192
Kelly, Mary 메리 켈리 201
Kershaw, Baz 바즈 커쇼 125,
146, 216-8, 225, 232;
Radical in Performance
『퍼포먼스의 급진주의자』 146
kinaesthetic 운동감각적 207-8,
241, 289-95
Kirby, Michael 마이클 커비
197, 245
Kirstenblatt-Gimblett, Barbara
바버라 키르슈텐블랏 김블렛
151
Knights, L.C. L.C. 나이츠 42-4;

'How many children'
'맥베스 부인의 아이들은 몇
명인가?' 48
Kokoshka, Oskar 오스카
코코슈카 229
Kostelanetz, Richard 리처드
코스텔라네츠 126, 128
Kott, Jan 얀 코트 90, 174
Kowzan, Tadeusz 타데우츠 코잔
327, 328
Kuhn, Thomas S. 토마스 S.쿤
216

L

Lacan, Jacques(1901-81) 자크
라캉 100-3, 210, 319
Lamb, Charles(1775-1834) 찰스
램 44
Landa, Manuel de 마누엘 드
란다 243
Lane, Richard 리처드 레인 146
Langbaine, Gerard 제라드
랭베인 59; *English Dramatick
Poets* '영국 극시인들에 대한
해설' 59
Langer, Suzanne 수잔 랭거
239-41; *Feeling and Form*
『감정과 형식』 239

Lauretis, Teresa de 테레사 드 로레티스 115-7, 218, 264

Leacroft, Helen 헬렌 리크로포트 66; *Theatre*『연극』66

Leacroft, Richard 리처드 리크로포트 66; *Theatre*『연극』66; *Theatre and You*『극장과 당신』66; *Theatre Royal*『로열 극장: 레스터에서의 드라마에 대한 계획』66

Lear, Jonathan 조너선 리어 250, 275

Leary, Timothy 티모시 리어리 324

Leavis, F.R. F.R. 리비스 79-80

Leeds, University of 리즈 대학교 29-30

Lefebvre, Henri 앙리 르페브르 139; *Critique of Everyday Life*『일상생활에 대한 비평』139

Lenin/ism 레닌/주의 114, 135, 139

Lessing, Gotthold Ephraim 고트홀트 에프라임 레싱 252

Lewis, George Henry(1833-1911) 조지 헨리 루이스 257

Ley, Graham 그레이엄 레이 249

Libation Bearers, The「신에게 술을 바치는 사람들」46

liminal/ity 리미널/리티 149, 159-60, 180-1, 185; liminal norm 경계적 규범 160, 164; and poesis 포에시스 242

Lipps, Theodor(1851-1914) 테오도르 립스 276

Littlewood, Joan 조안 리틀우드 181, 287

Living Theatre 리빙 씨어터 122

Lukács, Georg(1885-1971) 게오르그 루카치 80, 82-5, 210; *Historical Novel*『역사소설론』82-5; *History and Class Consciousness*『역사와 계급 의식』138, 140

Lyotard, J.-F. J.-F. 리오타르 119, 141, 142, 144, 161, 162, 164, 191, 268; *Postmodern Condition*『포스트모던 조건』142, 191

Lyrical Ballads, The『서정민요집』42

M

MacAloon, John 존 맥아룬 79; *Rite, Drama*『제의, 드라마, 축제, 스펙터클』79

McConachie, Bruce 브루스 맥코나치 67; *Theatrical Past* 『연극의 과거에 대한 해석』 67

McGann, Jerome 제롬 맥간 227

McHale, Brian 브라이언 맥헤일 129, 130

Macherey, Pierre 피에르 마셔레 81; *Literary Production* 『문학 생산의 이론』 81

Maciunas, George 조지 마시우나스 135-6

McKenzie, Jon 존 맥켄지 158-66, 309-10; *Perform or Else* 『공연하거나 그렇지 않거나』 158, 164

McLuhan, Marshall 마샬 맥루한 321

Maisel, Edward 에드워드 마이젤 294

Mallarmé, Stéphane 스테판 말라르메 231

Malone, Edmond(1741-1812) 에드몬드 말론 58-60

Malone Society 말론 학회 62

Manchester, University of 맨체스터대학교 29

Mandel, Ernest 어네스트 만델 147

Manet, Edouard(1832-83) 에두아르 마네 200

Marcuse, Herbert 허버트 마르쿠제 163-4; *Eros and Civilization* 『에로스와 문명』 163

Marinetti, Filippo Tommaso (1876-1944) 필립포 토마소 마리네티 133

Marinis, Marco de 마르코 드 마리니 80; 'Theatical Comprehension' '연극적 이해: 사회-기호학적 접근' 80

Marranca, Bonnie 보니 마란카 128-31, 225

Marx, Karl 칼 마르크스 40, 77, 160, 204; Marxism 마르크시즘 74, 78, 82, 92, 112, 191, 267-8, 300; Western Marxism 서구 마르크시즘 140, 147

Massumi, Brian 브라이언 마수미 144, 145, 146

Maturin, Charles 찰스 마투린 41; *Bertram* 「버트럼」 41

Mauss, Marcel(1872-1950) 마르셀 모스 70, 82, 270, 271, 272

Merleau-Ponty, Maurice 모리스 메를로퐁티 330

Millett, Kate 케이트 밀레트 107

Milling, Jane 제인 밀링 249

Mills, C. Wright C. 라이트 밀스 73

mimesis 미메시스 231, 240, 266, 295–306

mimetic dance 모방적 춤 92

mimeticism 모방주의 298-9

minimalism 미니멀리즘 193–5

Minturno, Antonio 안토니오 민투르노 34

mise en scène 미장센 328–30

modernism/ist 모더니즘/니스트: antitheatricality and Fried 반연극성과 프리드 193, 204-6, 318; critical realism 비평적 리얼리즘 267-8; dramaturgy 드라마트루기 231; 형식주의 formalism 121, 200; high 하이 45, 146-7, 228, 232; versus postmodernism 대 포스트모더니즘 73, 130, 147, 217-8, 232

Moholy-Nagy, Laszlo 라즐로 모호이너지 133

Morris, Robert 로버트 모리스 200–1, 204; Site 「사이트」 200

Moscow Art Theatre 모스크바 예술극장 171

Mukarovsky, Jan 얀 무카로브스키 327

Mulvey, Laura 로라 멀비 117, 264, 294

N

Nagler, A.M. A.M. 내글러 65, 66; Source Book 『연극사의 사료집』 65

New Criticism 신비평 48–50, 74, 88, 239-40

New School for Social Research 사회 연구를 위한 새로운 학교 134

New York University 뉴욕대학교 148

Nicoll, Allardyce 앨러디스 니콜 28, 64; Development of Theatre 『연극의 발전』 64

Nietzsche, Friedrich(1844–1900) 프리드리히 니체 93-8, 103, 143, 191, 230, 281; Birth of Tragedy 『비극의 탄생』 94

Noh theatre 노 연극 273

Northwestern University 노스웨스턴대학교 154, 181

O

Odin Teatret 오딘 극단 283
Oedipus Rex 「오이디푸스 왕」
108
Oldenberg, Claus 클라우스
올덴버그 196
Omotoso, Kole 콜레 오모토소
281
Ong, Walter J. 월터 J. 옹 106
Orgel, Stephen 스티븐 오르겔
251
Oxford, University of
옥스퍼드대학교 24, 25, 28-9,
61

P

Paik, Nam June 백남준 135
Parker, Charles 찰스 파커 287
Pater, Walter(1839–94) 월터
페이터 194-5
Pavis, Patrice 파트리스 파비스
80–1, 272-3, 285-7, 327,
329; *Intercultural
Performance Reader*
『문화상호적 퍼포먼스 독자』
282, 285; *Problémes de
sémiologie théâtrale*

『연극기호학의 문제들』 327;
'Socio-criticism' '사회적-
비평' 80
Peirce, C.S. C.S. 퍼어스 326
Performance Group, The
퍼포먼스 그룹 171, 174, 220
performativity 퍼포머티비티 232,
306–12; Butler 버틀러
308–11; Deleuze and
Guattari 들뢰즈와 가타리
144-6; Derrida 데리다
307–8; feminist praxis
페미니즘 실천 방식 109–12;
gender 젠더 115-7;
linguistics 언어학 306-7;
performatives 퍼포머티브
165, 306; postmodern
포스트모던 152, 197-8, 224;
subjects and objects 주체와
대상(객체) 162–3
Pfister, Manfred 만프레드 피스터
261
Phelan, Peggy 페기 펠란 118-9
phenomenology 현상학 211,
274, 330–2
Picasso, Pablo 파블로 피카소
209
Pinter, Harold 헤롤드 핀터 272
Plant, Sadie 사디 플랜트 142-3,

144, 146

Plato 플라톤 144, 210, 231, 318; mimesis 미메시스 296–7, 303, 305; *Republic* 『국가론』296–7

poetry 시 31–3, 35, 38, 48–50, 50-1, 92; spatial poetry 공간적 시 96-7

Polanyi, Michael(1891–1976) 마이클 폴라니 247, 292–4; *Tacit Dimension* 『암묵적 차원』292

Pollock, Griselda 그리젤다 폴락 201-2; *Framing Feminism* 『페미니즘 틀 짜기』201

Pollock, Jackson 잭슨 폴록 121-2

Pontbriand, Chantal 샹탈 퐁트브리앙 320–2

Postlewait, Thomas 토마스 포슬웨이트 67; *Theatrical Past* 『연극의 과거에 대한 해석』67

postcolonial 탈식민주의적인 285-6

postmodern/ity 포스트모던/니티: characterised by performance 퍼포먼스에 의해 특성화된 191–2, 197; dissent and resistance 반대와 저항 140-1, 210-1; feminism 페미니즘 198, 202, 203-4; Marxism 마르크시즘 140; performativity 퍼포머티비티 151-2, 162, 164; presence 현존 324–6; subjectivity 주체성 208; V-effect 낯설게 하기 효과 268; versus modernism 대 모더니즘 73, 129-30, 147, 162, 206, 217-8, 267-8

postmodern theorists 포스트모던 이론가들 112, 120-1, 146, 164-5, 203, 211

poststructuralist/ism 후기구조주의/자 210; dissent 반대 141; dominance in the 1980s 'theory' decade 1980년대 '이론' 시대에서의 우세 105, 120, 323; Marxism 마르크시즘 78, 81; materialist feminism 유물론적 페미니즘 109-11; postmodernity 포스트모더니티 140, 146; semiotics 기호학 327

post-war Britain 전후 영국 27, 30, 66

presence 현존 38, 151, 223–4,

312-26

Prague School 프라하학파 265,
327-8

process 과정 165, 167, 171-3,
190, 224

psychoanalysis 정신분석 78,
99-103, 105, 113-4; feminist
페미니스트 110, 277

Puchner, Martin 마틴 푸치너
229-32; *Stage Fright* 『무대
공포』 229

R

Rauschenberg, Robert 로버트
라우센버그 126, 195

Records of Early English Drama
초기 영국 드라마의 기록 65

Redfield, Robert 로버트
레드필드 187-8

Rees, Terence 테렌스 리스 64;
Theatre Lighting 『가스의
시대에서의 극장 조명』 64

Reinelt, Janelle 자넬 레이넬트
111, 308, 309

Reinhardt, Nancy S. 낸시 S.
라인하르트 104-5, 106-8

*Report of the Oxford Drama
Commission* '옥스퍼드

드라마위원회의 보고서' 28

representation 재현 144-5, 200,
202, 298-9, 312-26

Restoration 왕정복고시대 33,
36, 61

rhythm 리듬 51, 240-1, 273,
300

Rich, Adrienne 애드리안 리치
106

ritual 제의 86, 89-93, 103,
168-75, 308

Roach, Joseph 조셉 로치 257-8,
310, 312

Robertson, Tom 톰 로버트슨 95

Rose, M. M. 로즈 25

Rosenberg, Harold 해롤드
로젠버그 121

Rozik, Eli 엘리 로직 174

Russian Formalism 러시아
형식주의 265

S

Sartre, J.-P.(1905-80) 장 폴
사르트르 139, 268-9; *Huis
clos* 「출구 없음」 269

Sayre, Henry M. 헨리 M.
세이어 198-9, 202, 206,
213-4; *Object* 『퍼포먼스의

대상』 198, 206

Schechner, Richard 리처드 세크너
324; anthropology 인류학 73,
168, 186, 308; braid model
많은 끈 갈래 모델 122, 171,
174, 185; Cambridge School
캠브리지 학파 169; emergence
of Performance 퍼포먼스의
출현 134, 165-6, 215-6;
Happenings 해프닝 245-7;
interculturalism 문화상호주의
278-9, 282-4; models of
drama, script, performance
드라마, 스크립트, 퍼포먼스의
모델 218-23, 229, 232;
Performance Studies 퍼포먼스
연구 148-61; *Performance
Studies* 『퍼포먼스 연구』 150,
283; *Performance Theory*
『퍼포먼스 이론』 153, 170,
174, 218; play 플레이, 놀이
178; ritual process 제의적
과정 169-75; social drama
사회극 184-5

Schiller, Friedrich(1759-1805)
프리드리히 쉴러 176, 178;
Aesthetic Education 『미학적
인간 교육』 176

Schlemmer, Oskar 오스카 슐레머
132-3

Schneeman, Carolee 캐롤리
슈니먼 200-1, 207-8, 212

Schneider, Rebecca 레베카
슈나이더 203-5; *Explicit
Body* 『퍼포먼스에서의 명백한
신체』 209

School of Dramatic Study and
Research, East London
College 이스트 런던 칼리지
드라마 학습 연구학교 28

Screen 『스크린』 78, 328

Searle, J.R. J.R. 서얼 307, 311

Sedgwick, E.K. E.K. 세즈윅
277

semiotics/ology 기호학 80, 104,
265-6, 326-30

Servos, Norbert 노버트 세르보스
266

7:84 theatre company 7:84 극단
287

Shakespeare, William 윌리엄
셰익스피어 227; Bentley on
벤틀리 259; Bradley on 브
래들리 46-8; Chambers on
챔버스 61; Coleridge on
콜리지 40, 42; Eliot on 엘리
엇 50; *Hamlet* 「햄릿」 46,
100-2, 238; *Henry VI*

「헨리6세」 85; Johnson on 존슨 36-40; *King Lear* 「리어왕」 82; *Macbeth* 「맥베스」 44-5, 46; Malone on 말론 58-60; New Criticism 신비평 48-9; *Othello* 「오셀로」 48; *Richard 2* 「리처드2세」 61; *Romeo and Juliet* 「로미오와 줄리엣」 84

Shelley, Percy 퍼시 셸리 64; *Mask of Anarchy* 「무정부상태의 가면」 70

Shepard, Sam 샘 셰퍼드 220-1, 227, 228; *Tooth of Crime* 「범죄의 위력」 220, 227

Sherman, Cindy 신디 셔먼 118

Shklovsky, Victor 빅토르 시클롭스키 265

Sidney, Philip(1554-86) 필립 시드니 31-33, 42, 43, 53; *Defence of Poetry* '시의 옹호' 31

Singer, Milton 밀튼 싱어 72, 80, 148, 186-8, 190; *Traditional India* 『전통적 인도』 188

Singleton, Brian 브라이언 싱글턴 286

Situationism 상황주의 134, 137-40, 141-2, 144

Slater, Montagu 몬터규 슬레이터 65-6

social drama 사회극 73, 79, 167-8, 172, 184-5, 211

Société d'Histoire du Théâtre 연극사학회 65

Sophocles 소포클레스 47

Sorbonne 소르본느 268

Southern, Richard 리처드 서던 64; *Georgian Playhouse* 『조지 왕조 시대의 극장』 64; *Open Stage* 『조사와 실제로 본 개방 무대와 근대 연극』 64

Soyinka, Wole 올레 소잉카 281; 'Fourth Stage' '네 번째 무대' 281

Spivak, Gayatri 가야트리 스피박 111

Split Britches 스플릿 브리치스 117-8

Spolin, Viola 비올라 스폴린 181

Sprinkle, Annie 애니 스프링클 202

Spurgeon, Caroline 캐롤라인 스펄전 49; *Shakespeare's Imagery* '셰익스피어의

이미저리' 49

Stanislavsky, Konstantin(1863-1938)
콘스탄틴 스타니슬랍스키 48,
220, 257-8, 324; *Actor
Prepares* 『*배우 수업*』 257;
Building a Character 『*성격
구축*』 257; *Creating a Role*
『*역할 창조*』 257

States, Bert O. 버트 스테이츠
331

Stein, Gertrude 거트루드 스타인
231

Stevens, John 존 스티븐스 54;
Antient Abbeys 『*고대
수도원의 역사*』 60

Stiles, Kristine 크리스틴 스타일스
206-7, 212, 213

Stockhausen, K. K. 슈톡하우젠
136

strategic essentialism 전략적
본질주의 111, 202-3

structure of feeling 감정 구조
54-5, 74-6, 123, 188

Styan, J.L. J.L. 스티안 259-60;
Drama, Stage, Audience
『*드라마, 무대와 관객*』 260

Summers, Montague 몬태규
서머스 61

Surrealism/ist 초현실주의/자 124,
132, 137, 141

Sutton-Smith, Brian 브라이언
서튼-스미스 178-9

Suvin, Darko 다르코 수빈 245-6

T

Talma, François Joseph
(1763-1826) 프랑소와 조셉
탈마 257

Taussig, Michael 마이클
타우시그 302, 304; *Mimesis*
『*미메시스 및 그와 다른 것*』
302

Theater 『*씨어터*』 79-80

Theater Journal 『*씨어터 저널*』
105

Theaterwissenschaft '연극학'
연구소 65

Theatre Notebook 『*연극 노트*』
65

Theatre of Images 이미지 연극
128-31

Theatre of Mixed Means 혼합
수단의 연극 128

Theophrastus 테오프라스투스
254

Thomson, George 조지 톰슨
91-2, 93, 300, 306;

Aeschylus 『아이스킬로스와 아테네』 91, 300
Tomkins, Joanne 조앤 톰킨스 284
Toronto, University of 토론토대학교 319
tragedy 비극: Aristotle on 아리스토텔레스 86-7, 237-9; Bradley on 브래들리 45-8; Coleridge on 콜리지 40-4; Derrida on 데리다 316-8; Dryden on 드라이든 34-5; Hazlitt on 해즐릿 44-5; Hegel on 헤겔 45-7; Johnson on 존슨 36-8; Lukács on 루카치 82-5; men and 남성 106-8; Nietzsche on 니체 94-5; production and 생산 92; psychoanalysis and 정신분석 99-103; ritual and 제의 89-91; Sidney on 시드니 31-3; Williams on 윌리엄스 53-4
Tretise of Miraclis Pleyinge '기적극에 관한 논문' 175
Trotsky/ism 트로츠키/주의 138-9
Turnbull, Colin 콜린 턴불 185-6; 'Liminality' '리미널리티' 185

Turner, Victor(1920-83) 빅터 터너: body 신체 172; communitas 코뮤니타스 190; cultural performance 문화적 퍼포먼스 188; liminality 리미널리티 159, 308; play 플레이(놀이) 180-1; Schechner 셰크너 172, 174-5, 185; social drama 사회극 73, 79, 167-8, 184-5, 211
Tzara, Tristan(1856-1963) 트리스탄 차라 244

Ubersfeld, Anne 안느 위베르스펠드 327, 330 ; *L'école du spectateur* 『관객의 학교』 330; *Lire de théâtre* 『연극 읽기』 327
unities 삼일치 32, 34

Vanden Heuvel, Michael 미카엘 반덴 휴벨 223-5, 232, 322-3
Van Gennep, Arnold 아놀드 반 게넵 159, 168

Verfremdungs-effekt 낯설게
하기 효과 220, 261-6
Vernant, Jean-Pierre 장-피에르
베르낭 92-3, 238-9, 243
Vince, R.W. R.W. 빈스 67
Vostell, Wolf 볼프 포스텔 136;
Fantastic Architecture
『환상적인 건축학』136

W

Wagner, Richard 리처드 바그너
230, 262
Warton, Thomas 토마스 와튼
60
Wickham, Glynne 글린 웍캠 22,
26-7, 29
Wiles, Timothy 티모시 와일스
242
Willett, John 존 윌레트 263
William of Orange 오렌지공
윌리엄 36
Williams, Raymond(1921-88)
레이몬드 윌리엄스 53-56,
74-77, 78, 79, 81, 82, 188;
Culture 『문화』 80 ; *Drama
from Ibsen to Brecht*
『입센부터 브레히트까지의
드라마』 55; *Modern Tragedy*

『현대비극』 76
Wilson, F.P. F.P. 윌슨 62
Wilson, John Dover 존 도버
윌슨 62
Wilson, Robert 로버트 윌슨
124, 128, 129, 197, 220,
285
Wise, Arthur 아서 와이즈 29
Wollen, Peter 피터 울렌 137-9,
140-1
Women and Theatre Program
여성과 연극 프로그램 109
Woodruff, Paul 폴 우드러프
296, 297
Wooler, T.J.(?1786-1853) T.J.
울러 63, 69-70; *Black Dwarf*
『검은 난쟁이』 69-70; *The
Stage* 『무대』 63, 70
Woolf, Virginia 버지니아 울프
302
Wooster Group 우스터 그룹
231
Worthen, W.B. W.B. 워선
225-8
Wright, Elizabeth 엘리자베스
라이트 268; *Postmodern
Brecht* 『포스트모던 브레히트』
268
Wright, James 제임스 라이트 59

Y

Yale University 예일대학교 22,
79
Yeats, W.B. W.B. 예이츠 230,
231
Yoruba Mysteries 요루바 족의
신비 281

Z

Zarrilli, Phillip 필립 자릴리
148-50, 216
Zich, Otakar 오타카 지히 327;
Aesthetics 『드라마 예술의
미학』 327
Zurbrugg, N. N. 주르부룩 146

드라마 / 씨어터 / 퍼포먼스

초판 1쇄 인쇄 • 2014년 12월 22일
초판 1쇄 발행 • 2014년 12월 29일

지은이 • 사이먼 셰퍼드 / 믹 월리스
옮긴이 • 정우숙
발행인 • 박성복
발행처 • 도서출판 연극과인간
　　　　서울특별시 강북구 노해로25길 61(수유2동 252-9)
등　록 • 제6-0480호
등록일 • 2000년 2월 7일
전　화 • (02) 912-5000
팩　스 • (02) 900-5036
www.worin.net

ⓒ 정우숙, 2014

ISBN 978-89-5786-524-8 93680

값 20,000원